ANTHOLOGIE
DE LA POESIE
FRANCO
MANITOBAINE

J. R. LÉVEILLÉ

ANTHOLOGIE DE LA POÉSIE FRANCO MANITOBAINE

LES ÉDITIONS DU BLÉ

Les Éditions du Blé
remercient chaleureusement
le Conseil des Arts du Canada,
le Conseil des Arts du Manitoba,
le Secrétariat d'État,
le Conseil de la langue française
du Gouvernement du Québec et
Francofonds pour leur contribution à la publication de cet ouvrage.

Couverture
Gouvernement provisoire de 1870 (Archives provinciales du Manitoba)

Photos
p.125, 151, 221 (Archives provinciales du Manitoba)

p.145, 181, 189,
   207, 243, 267, 291 (Archives de la Société historique de Saint-Boniface)

p.233 (Archives de la Compagnie de Jésus)

p.261, 271, 365 (Centre d'études franco-canadiennes de l'Ouest)

p.281, 467 (Archives des Éditions du Blé)

p.301, 355 (Direction des ressources éducatives françaises)

p.317, 345, 389, 461, 537 (Archives de La Liberté)

p.441 (Archives des Éditions des Plaines)

p.333, 341, 373, 383, 417, 473, 481, 497, 513, 519 (Fournies par les auteurs)

Maquette de la couverture et conception graphique:
Bernard Léveillé

Anthologie de la poésie franco-manitobaine
   Poèmes.
   Comprend des références bibliographiques.
   ISBN 0-920640-69-9

1. Poésie canadienne-française - Manitoba.
2. Poésie canadienne-française - 19e siècle.
3. Poésie canadienne-française - 20e siècle.
4. Poésie canadienne-française-Manitoba-Bibliographie.
   I. Léveillé, J.R. (J. Roger), 1946-
   II. Titre.
PS8295.5.M3A58 1990 C841'.5408 C90-097092-8
PQ3917.M32A58 1990

Les Éditions du Blé
C.P. 31, Saint-Boniface (Manitoba) R2H 3B4

Remerciements

Un projet comme celui-ci n'est jamais réalisé sans la participation de nombreuses personnes.

Il faut tout d'abord souligner la contribution inestimable de M. Rossel Vien qui a été infatigable dans sa recherche et dont la connaissance de l'histoire du Manitoba a permis des recoupements et des renseignements biographiques des plus appropriés. Il a d'ailleurs, lui-même, rédigé un bon nombre des biographies.

L'intérêt de nos collaborateurs (dont les notices biographiques apparaissent ci-après) pour la littérature franco-manitobaine a permis d'étoffer cette anthologie de présentations historiques et de critiques pertinentes, et d'amorcer ainsi une réflexion qui fait sérieusement défaut dans nos institutions et périodiques.

Il faut évidemment remercier ceux sans qui ce livre n'existerait pas, nos auteurs, ainsi que leurs familles, qui ont bien voulu fournir des textes "introuvables", des inédits, des renseignements ou documents iconographiques, et qui nous ont permis de reproduire des textes pour lesquels ils détenaient les droits d'auteur.

Cette recherche et cette présentation n'auraient pas été si bien menées n'eût été de l'appui discret des "travailleurs" de la Société historique de Saint-Boniface, de la bibliothèque municipale de Saint-Boniface, de la bibliothèque du Collège universitaire de Saint-Boniface, des Archives provinciales du Manitoba et de celles de l'Archevêché de Saint-Boniface; et bien sûr de l'assistance des collaborateurs et collaboratrices des Éditions du Blé, particulièrement Sylvie Ross, Dominique Legrand, Donald Goulet et Lionel Dorge; des précieux conseils de Suzanne Corbeil et de Rosmarin Heidenreich; ainsi que de l'aide de tous nos correspondants qui ont bien voulu répondre à nos demandes de renseignements. Il faut également souligner le travail de M. Bernard Léveillé qui s'est chargé de la production de cette anthologie.

Il faut étendre, avec plaisir, notre reconnaissance au Conseil des Arts du Canada et au Conseil des Arts du Manitoba qui subventionnent les publications des Éditions du Blé; et tout particulièrement à ceux qui ont accordé un appui financier extraordinaire à cette publication : Le Secrétariat d'État, le Conseil de la langue française du Gouvernement du Québec, et Francofonds qui reconnaissent chacun à leur manière la vivacité de la langue française au Canada.

Enfin, nous remercions les Éditeurs qui nous ont autorisé à reproduire des textes ou fragments dont ils conservent l'entier copyright : Les Éditions Asticou pour Paul Savoie – *La maison sans mur*; Les Éditions Louis-Riel pour Berthe de Trémaudan– *Méli-mélo*; Les Éditions Mortagne pour Placide Gaboury – *Le voyage intérieur*; Les Éditions du Noroît pour Paul Savoie – *Soleil et Ripaille*, et *Bois brûlé*; Les Éditions des Plaines pour Marie-Thérèse Goulet-Courchaine – *Manie Tobie: femme du Manitoba*; pour Alexandre Amprimoz – *Changements de tons*; pour J.R. Léveillé – *Le livre des marges*, et *Extrait*; Poetry Windsor Poésie pour Léo Brodeur - *Ophélie*; Les Éditions Prise de Parole pour Alexandre Amprimoz – *10\11*, et *Bouquet de signes*; pour Placide Gaboury – *Lignes\Signes*; Les Éditions Saint-Germain-des-prés pour Alexandre Amprimoz – *Conseils aux suicidés*; Les Éditions Tout-Neuf pour Léo Brodeur – *Trois marguerites pour un ordinateur*, et *Mille ordinateurs pour une marguerite*.

Collaboration

Alexandre Amprimoz est poète et professeur à l'Université Brock, à St. Catherines, en Ontario. Voir l'article qui lui est consacré dans cette anthologie.

Tatiana Arcand, d'origine ukrainienne, est née en Angleterre. Elle est diplômée du Royal Conservatory of Music de Toronto et détentrice d'un doctorat de l'Université du Manitoba. Elle est présentement professeure de langues et de littérature française au Collège

universitaire de Saint-Boniface. Tatiana Arcand a récemment publié aux Éditions des Plaines une nouvelle dans *Sous le soleil de
l'Ouest*, et un conte pour enfants, *L'aventure de Michel*.

Glen Campbell, professeur titulaire de français à l'Université de
Calgary, est l'auteur de nombreuses publications sur la poésie de
Louis Riel. En 1977, il a publié, avec Gilles Martel et Thomas
Flanagan, *Louis Riel: Poésies de jeunesse*, livre qui s'est vu
décerner le prix Champlain. Glen Campbell a également été rédac-
teur du volume IV des *Écrits complets de Louis Riel* (1985), aux
Presses de l'Université de l'Alberta.

Lise Gaboury-Diallo est professeure de français au Collège universitaire de Saint-Boniface. Elle détient un doctorat de l'Université de
Paris-Sorbonne (1987) où elle a présenté, en collaboration, une
communication sur "La femme dans la littérature québécoise".
Depuis, elle s'intéresse particulièrement à la littérature française
de l'Ouest canadien, dirigeant des cours de littérature franco-
manitobaine au Collège universitaire de Saint-Boniface. Elle a
donné plusieurs conférences et publié des articles sur des auteurs
français immigrés, comme Georges Bugnet et Maurice Constantin-
Weyer.

Guy Gauthier est un poète et dramaturge qui, jusqu'à récemment, a
vécu à New York où il a fait jouer une vingtaine de pièces. Voir
l'article qui lui est consacré dans cette anthologie.

Rosmarin Heidenreich est présentement professeure au Collège
universitaire de Saint-Boniface, après avoir enseigné à l'Université
de Fribourg, en Allemagne. Elle a écrit de nombreux articles tant en
français, en anglais qu'en allemand, sur la littérature canadienne,
et sur la théorie du texte, entre autres. Mme Heidenreich a préparé
des émissions pour la télévision allemande à Baden-Baden, ainsi
que pour la B.B.C. Elle est responsable de la section française de la
revue *Prairie Fire*, et collabore au *Dictionary of Contemporary
Criticism* que préparent des chercheurs de l'Université d'Ottawa.
Mme Heidenreich vient de faire paraître *The Postwar Novel in
Canada – Narrative Patterns and Reader Response* aux Presses de
l'Université Wilfrid-Laurier (1989).

Ingrid Joubert est professeure de Lettres françaises et canadiennes-françaises au Collège universitaire de Saint-Boniface depuis 1973. Elle se spécialise dans la littérature francophone hors Québec, avec un intérêt marqué pour le théâtre franco-manitobain. C'est à ce titre, d'ailleurs, qu'elle a été professeure invitée à l'Université de Trèves en Allemagne en 1988. En plus des nombreuses préfaces qu'elle a rédigées pour les publications des maisons d'édition franco-manitobaines, elle écrit dans *Études canadiennes* et contribue régulièrement à *Canadian Literature*. Ingrid Joubert a publié sur l'oeuvre de Jean-Paul Sartre, **Aliénation et liberté dans "Les chemins de la Liberté"**, Paris, Didier, 1973.

Louise Kasper est professeure de français à l'Université du Manitoba où elle a mérité en 1989 le Olive Beatrice Stanton Award qui récompense l'excellence dans l'enseignement. Elle s'intéresse particulièrement à l'écriture féminine et à la théorie contemporaine. Elle a publié des articles et préparé des communications sur la littérature française, québécoise et manitobaine, sur l'art visuel au Manitoba et sur les études interdisciplinaires. Louise Kasper a été membre du conseil d'administration des Éditions du Blé, et siège présentement au conseil national de l'Association canadienne des humanités.

Hubert G. Mayes est professeur et historien. Il a enseigné la littérature française à l'Université de Winnipeg. Voir l'article qui lui est consacré dans cette anthologie.

Kenneth W. Meadwell est directeur du département de français à l'Université de Winnipeg. Ses articles critiques ont paru dans *Voix et images*, *Oxford Companion to Canadian Theatre*, *Études canadiennes*, *Canadian Literature*, *Dictionary of Literary Biography* et *Profiles in Canadian Literature*. Il a donné diverses conférences dans les domaines du roman québécois et de la théorie littéraire, à Budapest, Paris, New York, la Nouvelle-Orléans, Los Angeles et San Francisco.

Rossel Vien est écrivain, traducteur et chercheur. Voir l'article qui lui est consacré dans cette anthologie.

Avant-propos

Des débuts modestes de l'aventure poétique franco-manitobaine, Louis-Arthur Prud'homme, s'adressant au Québec, écrivait déjà, en 1915 : "Si l'Ouest ne peut se flatter d'avoir produit des poètes consacrés par les Muses et la voix populaire, notre indigence ne va pas cependant jusqu'au dénûment [sic] complet. Nos quarante-cinq degrés de froid n'ont pu éteindre tout à fait le souffle poétique parmi nous, encore qu'ils n'aient produit, il est vrai, que des vers de la classe du folk-lore[1]." A-t-il tout à fait raison? C'est ce que nous verrons. Il est certain, toutefois, qu'il ne faut pas se conter des histoires, surtout en poésie; nombre de textes qui figurent dans ces pages n'auraient pas paru dans une anthologie dont les critères seraient purement littéraires. D'ailleurs, plusieurs auteurs que nous publions ici ne se considéraient pas et ne se considèrent pas poètes. Certains sont, avant tout, historien, dramaturge, romancier; d'autres ont rimé, parfois de bons vers, au cours de leurs autres occupations. L'amateur saura distinguer.

Mais l'histoire littéraire du Manitoba français n'ayant pas encore été écrite, nous avons voulu donner à cette anthologie une perspective tout autant historique qu'esthétique. Et la poésie, plus que toute autre forme littéraire, s'y prête. Les extraits de pièces de théâtre ou de roman demeurent insatisfaisants. À la rigueur, une anthologie de nouvelles est propice. Mais la poésie, plus que tout, s'insinue partout et permet par sa fréquence et ses niveaux d'intensités, comme par ses modes, de tracer un début d'histoire littéraire.

Nous espérons donc que cette anthologie puisse intéresser tout autant l'amateur de poésie que les enseignants et les étudiants de nos collèges et universités où l'on enseigne, enfin, la littérature franco-manitobaine depuis la fin des années 70.

Pour ce faire, nous avons cru bon d'inclure dans cette première anthologie du genre au Manitoba français à peu près tous ceux qui ont manifesté une intentionnalité littéraire, qu'il s'agisse de vers de circonstance, ou autres. La plupart ont publié leurs écrits, soit sous forme de recueil, soit dans les pages des divers périodiques qui ont paru au Manitoba français.

Cela veut dire que nous avons inclus, outre nos véritables poètes (ceux qui font de l'écriture poétique une pratique), des hommes de théâtre, comme André Castelein de la Lande qui ne semble avoir composé que quelques poèmes, surtout légers; des personnalités connues, comme le curé Jean-Marie-Arthur Jolys et le juge James-Émile Prendergast; des individus, comme certains pères jésuites, qui ont oeuvré dans le milieu pédagogique et intellectuel de la province; des poètes populaires qui ont rimé les saisons et l'actualité; et d'autres qui ont écrit des vers pour enfants. Toute une gamme de la poésie qui s'est écrite au Manitoba français depuis le début du XIXe siècle jusqu'à ce jour.

Nous n'avons pas, cependant, cherché à y joindre les nombreux individus, à la plume facile, qui étaient connus dans des petits cercles pour avoir le mot juste et l'alexandrin approprié à la commémoration.

Quantités de noms apparaissent une ou deux fois dans la grande variété de périodiques qui ont vu le jour au Manitoba français, et si nous avons choisi d'inclure dans cette anthologie des gens qui ne se seraient pas arrogé le titre de poète, nous n'avons pas voulu retenir chaque nom qui est apparu, à l'occasion, dans un journal ou une petite feuille locale.

Malheureusement, dans certains cas, nous n'avons pu inclure certaines personnes, comme le père Joseph Blain s.j. qui avait une réputation de poète. Dans sa nécrologie publiée dans *Les Cloches de Saint-Boniface*, le 10 octobre, 1925, on dit : "Il était aussi poète. Il a laissé des poésies françaises et surtout des petits poèmes latins qu'il offrait en hommage de fête." *Le Bonifacien* d'octobre 1945 l'identifie comme "artiste et poète". On sait qu'il a écrit du théâtre, qu'il s'est fait le traducteur du poète William Henry Drummond (1854-1907), qu'il était un des animateurs du cercle littéraire *L'Académie française* au Collège de Saint-Boniface; et quoique nous ayons retrouvé nombre de ses traductions, nous n'avons pu mettre la main sur une seule de ses compositions françaises. Même les archives des Jésuites à Saint-Jérôme n'ont aucun document poétique du père Blain.

Nous n'avons pu retracer non plus aucune composition d'un M. Thomas identifié comme poète par Mme Fortuné Mollot, musicienne, qui est venue avec son mari, peintre paysagiste de Lyon, France, s'établir à Fannystelle au Manitoba au début du XXe siècle. Madame Mollot aurait connu le célèbre Rubinstein qui aurait été le professeur de piano de sa fille Gabrielle. Noël Bernier dans son livre, *Fannystelle, une fleur de France éclose en terre manitobaine*[2], indique que le salon de Madame Mollot "devint immédiatement une manière de petit cénacle pour les jeunes Français qui vivaient maintenant dans la Prairie... Dans cette maison accueillante on faisait non seulement de la littérature et de la musique, mais on y dînait avec entrain." Et il cite cette dame qui identifie M. Thomas comme un des poètes qui auraient fait de la littérature dans son salon : "M. Pierre Rosenberg (le frère de l'abbé) était très gai, très beau causeur. Il avait pour ami M. Thomas, qui, au contraire, était silencieux mais plein d'esprit. Il était poète, faisait des chansons sur tout le monde, surtout sur moi. Que de rires dans mon petit salon en les écoutant." M. Thomas était-il vraiment poète ou avait-il un bel esprit, tout simplement? Nous n'avons pu découvrir aucun document qui ferait de lui, ou d'autres qui auraient fréquenté ce salon, un poète.

On remarquera aussi que nous avons accordé un espace assez généreux à nos poètes (sauf dans le cas de René Brun qui a publié en 1910 un recueil, *Vers les cimes*, dont nous n'avons retrouvé qu'un seul poème). La raison est simple : la vaste majorité des textes – jusqu'en 1970 environ – sont peu disponibles, et nous avons jugé bon de rendre accessible un échantillon assez vaste de la production des divers auteurs. C'est aussi le critère qui nous a guidé dans la sélection des poèmes chez nos contemporains; nous avons voulu donner un choix de toutes leurs productions poétiques pour en souligner la gamme et l'évolution.

Enfin, nous avons ajouté, à l'occasion, généralement en appendice, des textes dont l'intérêt est davantage historique que poétique. C'est le cas de *La chanson du Collège de Saint-Boniface*, dont le refrain est bien connu.

Quels sont les poètes et les poèmes d'origine franco-manitobaine? D'abord, nous avons retenu tout poème qui a été écrit en
français par des Franco-Manitobains de naissance, bien qu'ils aient
pu oeuvrer ou publier ailleurs. Pour cette raison, nous avons inclus
deux poètes, George Morrissette et Guy Gauthier, qui écrivent
principalement en anglais, mais qui ont rédigé quelques textes en
français. Quoiqu'il ne faille pas juger leur écriture sur ces seules
compositions françaises, nous avons cru bon de les intégrer à cette
anthologie parce qu'ils ont mené, plus que d'autres, une "carrière"
de poète.

Ensuite, toute poésie qui a été publiée en français par des
éditeurs franco-manitobains. C'est le cas, par exemple, de Michel
Dachy, poète belge qui a émigré à Montréal. Il a ensuite vécu
quelques années en Alberta, et pendant cette période, il a fait
publier *Persévérance* aux Éditions du Blé de Saint-Boniface.

Puis tout poème qui a été écrit en français, au Manitoba, par
des Manitobains non francophones, ou par des émigrés, en majorité des Français, venus s'établir au Manitoba.

Vient aussi la poésie française qui a été composée par ceux qui
ont habité le Manitoba pendant un certain nombre d'années. C'est
le cas de nombreux Jésuites qui ont enseigné au Collège de Saint-
Boniface. C'est le cas aussi du poète et professeur Alexandre
Amprimoz qui a vécu au Manitoba de 1978 à 1985 – nous avons
donc retenu un échantillon des six recueils français qu'il a écrits ou
publiés lors de son séjour au Manitoba.

Nous incluons également des auteurs comme Berthe de
Trémaudan dont la majorité des poèmes n'ont pas été écrits au
Manitoba, mais qui y a longtemps résidé, au point d'y être identifiée, et qui a été fortement marquée par son séjour. En ce sens, nous
ajoutons des personnalités qui se rattachent à l'histoire du Manitoba mais dont l'oeuvre a été composée avant leur arrivée. C'est le
cas du Québécois J.-E. Prendergast qui est venu au Manitoba en
1882, mais dont le recueil *Soir d'automne* avait été publié et reçu
élogieusement, au Québec, l'année précédente.

Le lecteur trouvera, outre un choix de poèmes[3] représentatifs
de la production de l'auteur, une biographie (plus élaborée qu'il
n'est coutume dans ce genre de livre afin que débute une certaine
mise en contexte pour une histoire éventuelle de la littérature au

Manitoba français), une bibliographie, et parfois une bibliographie critique sélective, particulièrement dans le cas de nos contemporains, allant du simple compte rendu à des articles plus détaillés. Enfin, nous avons demandé à des écrivains et professeurs intéressés à la littérature franco-manitobaine de faire une présentation plus analytique de l'oeuvre de certains de nos auteurs. Nous avons accordé ce traitement à presque tous les poètes contemporains, Corbeil, Amprimoz, Savoie, etc.; et nous avons regroupé les auteurs qui en étaient à leurs premières oeuvres. Nous nous sommes penchés, bien sûr, sur l'oeuvre de Louis Riel dont la pratique poétique, messianique ou pas, l'a accompagné toute sa vie, et qui ne figure pourtant dans aucune anthologie de poésie de langue française au Canada. Nous avons également jeté un coup d'oeil sur le phénomène des poètes "populaires" qui sont nés au tournant du siècle.

D'autres mériteraient qu'on s'y arrête un jour. L'oeuvre, si brève soit-elle, d'Alexandre de Laronde appelle une attention particulière; comme celle de Pierre Lardon, laquelle, malgré l'inégalité de ses modes majeur et mineur, constitue une production assez volumineuse pour être regroupée et présentée. D'ailleurs, n'a-t-il pas dit lui-même de sa production, dans une lettre adressée au secrétaire de la Société historique de Saint-Boniface, le 30 janvier 1934: "... vous voyez par là que le titre d'homme de lettres et de poëte de Saint-Boniface n'a pas été volé."

Mais comme savent tous ceux qui s'engagent dans ce genre d'entreprise, l'oeuvre à faire est presque toujours à compléter. Nous espérons donc simplement placer une des premières pierres à la pyramide inversée de cette recherche, convaincu qu'il viendra, comme disait un poète, des plus grands, "d'autres horribles travailleurs" pour s'intéresser à cette littérature franco-manitobaine qui reste à découvrir, et qui n'est pas issue de ce que d'autres ont qualifié de "chimères pan-canadiennes[4]". Bien au contraire.

J.R.L.

---

1. Louis-Arthur Prud'homme, "La littérature française au Nord-Ouest", *Mémoires de la Société Royale du Canada*, série III, vol. IX, décembre 1915, p. 256-7.

2. Noël Bernier, *Fannystelle, une fleur de France éclose en terre manitobaine*, Saint-Boniface, Société historique de Saint-Boniface, 1939.

3. L'ordre de présentation, s'il y a lieu : biographie, bibliographie, bibliographie critique sélective, poèmes, analyse.

   Plutôt que de surcharger le texte d'une pléthore de "sic", nous avons, dans la majorité des cas, corrigé les fautes de grammaire, puisqu'il s'agit, avant tout, de coquilles dans les copies manuscrites ou imprimées des poèmes que nous avons obtenus; et nous avons laissé tels quels les passages douteux dont la structure ne permettait pas d'interprétation. Les chercheurs pour qui la forme originelle est importante auront recours aux sources que nous citons.

4. Jean-Guy Rens et Raymond Leblanc, *ACADIE EXPÉRIENCE - Choix de textes acadiens: complaintes, poèmes et chansons*, Montréal, Parti Pris, 1977.

Introduction

Lieu et coordonnées
de la poésie franco-manitobaine

Si certains, comme Annette Saint-Pierre[1], font commencer la littérature "franco-manitobaine"[2] en 1886, d'autres, comme Louis-Arthur Prud'homme[3], la font remonter près de 150 ans plus tôt, au moment de la découverte de l'Ouest par La Vérendrye, et des écrits s'y rapportant. Par contre, il est plus facile d'assigner un début à la *poésie* d'expression française au Manitoba. On peut faire remonter les origines de la poésie franco-manitobaine aux chansons de Pierre Falcon, au début du XIXe siècle, bien que Ghislaine Gravel ait écrit que "l'Ouest s'est montré incapable d'inspirer des poètes[4]", et qu'elle identifie le romancier français établi en Alberta, Georges Bugnet, comme le premier, en 1938[5], à écrire de la poésie:

> *Fait curieux à noter, c'est que les provinces de l'Ouest à l'encontre du Québec, n'ont eu qu'un seul poète pour chanter leurs paysages ou leur histoire, et encore n'a-t-il écrit que deux ou trois poèmes.*[6]

Déjà, en 1915, Louis-Arthur Prud'homme écrivait au sujet de *La chanson de la Grenouillère* de Pierre Falcon:

> *Le premier effort de ce genre, en date de 1817, aboutit à une chanson assez cocasse. C'est toujours plus gai que la complainte de Cadieux; mais je ne voudrais pas dire qu'elle a autant de mérite. Pierre Falcon, brave Métis, sans la moindre culture intellectuelle, en est l'auteur. C'est déjà assez dire ce qu'elle vaut comme oeuvre d'art.*

*Ce coureur de bois est troubadour à sa façon. Les règles de la prosodie,
voire de la grammaire, ne l'embarrassent pas plus que les canons du
fort Douglas. Quand on est trappeur on attrape la rime comme on
peut; et quand on court la prairie, on ne s'amuse pas à mesurer les
pieds d'un vers. Cette pièce originale ne manque pas cependant de
piquant et de teinte locale. L'Ouest lui a fait un accueil triomphant.
Elle est passée de bouche en bouche, parce qu'elle synthétise un
événement historique qui eut une portée immense sur les destinées de
l'Ouest.[7]*

C'est pour ces chansons "engagées" qu'il faut retenir Falcon.
En effet, quoiqu'il ne s'agisse pas de poésie proprement dite, il ne
s'agit pas non plus de simples ritournelles ou ballades pour Voyageurs – bien que ceux-ci chantaient les chansons de Falcon. La
poignée de chansons qui subsistent des dizaines qu'il aurait composées font de lui le "trouvère" franco-manitobain dont les "chansons de geste" rappellent les luttes et les exploits d'un peuple, les
Métis, qui tentait d'établir un pays "français" dans la vallée de la
Rivière-Rouge. C'est un début "poétique" semblable à la tradition
orale des chansons populaires au Québec par où, disent justement
Mailhot et Nepveu dans leur anthologie de la poésie québécoise,
"la Nouvelle France et l'Acadie plongent à travers le Moyen Âge
dans la nuit ou la lumière des Temps[8]".

Si ces auteurs ont pu éliminer cette riche tradition orale de leur
anthologie, vu la grande diversité des *écrits* poétiques québécois, la
modeste production franco-manitobaine ne nous le permet guère.
D'ailleurs les chansons de Falcon sont représentatives de ce que
sera la poésie franco-manitobaine en ses débuts, celle d'une parole
qui revendique la justice politique, la reconnaissance culturelle et
linguistique, la liberté religieuse, et qui se manifeste dans la lutte
pour sauvegarder la terre métisse:

*En arrivant à la Grenouillère
Nous avons fait trois prisonniers;
Trois prisonniers des Arkanys
Qui sont ici pour piller not' pays.*

*Étant sur le point de débarquer
Deux de nos gens se sont écriés*

Deux de nos gens se sont écriés
Voilà l'Anglais qui vient nous attaquer.
(La chanson de la Grenouillère)

Il s'agit d'une reprise à bien des égards des luttes et revendications qu'a connues le Québec à ses origines, captées dans les poésies "patriotiques". Quoi d'étonnant que chez un peuple qui lutte pour exister, dans un pays qui se construit, ce soit précisément cette lutte qui inspire. Cet engagement dans les événements historiques caractérise la poésie franco-manitobaine à l'époque de la fondation de la province. Il constitue un cri qui serait valable à l'heure actuelle, car les Franco-Manitobains luttent toujours pour le respect de leurs droits. Mais il est demeuré absent du discours poétique au cours des crises constitutionnelles des décennies 1970 et 1980. La thématique du "pays à bâtir" réapparaîtra à l'ère contemporaine. Mais la facture de cette nouvelle poésie sera plus universelle moins didactique; elle intégrera davantage l'expérience franco-manitobaine à des considérations plus formelles, particulièrement chez Paul Savoie (dont les titres de deux recueils sont révélateurs: *La maison sans murs* et *À la Façon d'un charpentier*); même chez J.R. Léveillé:

Où trouver, moi,
dans la ligne, le lieu
et où placer, haut
dans les pages, le toit
Où étendre, où élever,
où tendre, moi
(Abscisse)

De ce sentiment d'exil chez-soi, de ce manque de sécurité, de cette maison sans murs, ou de ce pays sans patrie, Mailhot et Nepveu diront qu'il constitue le mythe romantique par excellence dans la poésie du XIX siècle au Québec:

Les Canadiens français se voient comme LES DERNIERS HURONS décimés, fiers, supérieurs (intérieurement) à leurs vainqueurs.[9]

Ce qui est mythe romantique au Québec est davantage une réalité pour les Métis qui sont liés par le sang à ces "Hurons" :

C'est toi, pâle étranger, c'est toi qui fus le traître,
Qui causas nos malheurs, hypocrite assassin;
Tu vins, on te reçut; de tout on te fit maître,
Nous jurant d'être ami, tu nous serras la main.
Tes rêves d'ambition, ta funeste présence,
Ont chassé le bonheur, ont ravi ma fierté;
Oh! rends-moi ma patrie! Apporte l'espérance!
Ramène le passé, rends-moi ma liberté!

dira Alexandre de Laronde, Métis, dans *Le chant de mort du dernier Pied-Noir*, un prédécesseur au *Speak White* de Michèle Lalonde selon Sante A. Viselli[10].

Cette poésie teintée de luttes politiques, de revendications culturelles, de ferveur religieuse qui n'est pas étonnante vu le rôle que le clergé a joué dans le peuplement de l'Ouest, est continuée et plus particulièrement exemplifiée par Louis Riel, le père du Manitoba:

Je t'aime et te chéris comme on fait d'une épouse.
L'orangiste te tient, mon âme en est jalouse.
*(Province du Manitoba – **Écrits complets**, p. 221)*

La poésie du chef métis tourne autour des deux grands pôles de la Langue et de la Foi. Il écrit de la nation métisse:

Elle n'eut pas peur de défendre
Le droit à la propriété,
L'honneur qu'à tout homme on doit rendre
Le droit civil; la liberté:
La liberté religieuse
Et politique en même temps.
....
Chez les Métis, l'état, l'église,
De tout temps, n'ont jamais fait qu'un.

Tous deux avaient pour entreprise
De sauver les droits de chacun.
(Écrits complets, p. 206-207)

Le titre de son recueil posthume est exemplaire à cet égard, **Poésies religieuses et politiques**. C'est le titre choisi par ses proches qui voulaient préserver une certaine image du "héros", mais qui caractérise bien la majorité des écrits poétiques de Riel que Glen Campbell, dans l'article qu'il lui consacre dans cette anthologie, résume admirablement sous les trois thèmes de nationalisme métis, patriotisme manitobain et zèle religieux. Ce ne sont pas là forcément les critères d'une grande poésie, et malgré la profondeur des sentiments, l'émotion ne se traduit pas toujours en lyrisme. Empruntant souvent la forme de la fable ou de l'épître, l'essentiel de l'oeuvre poétique demeure didactique et moralisateur, plein de plaidoyers et de diatribes. La défense "législative" d'un pays porte plus à des résultats prosaïques que poétiques.

Riel s'est fait la voix de son peuple, et il vaudrait la peine que soient analysées cette conception et cette présence de la *voix* dans la poésie de celui qui signera, dans ses derniers écrits, "Louis 'David' Riel, Prophète, Pontife Infaillible, Prêtre Roi":

Quand je vous parle, c'est la voix de Dieu qui sonne
Et tout ce que je vous dis est essentiel.
   Je suis le joyeux téléphone
....
Je parle au nom de Dieu qui condamne et pardonne
(Écrits complets, p. 146)

Ce n'est pas la mission prométhéenne ou prophétique du Poète, telle qu'elle a pu être conçue à travers les âges, depuis les oracles grecs, qui est évoquée ici, mais la conception prophétique que Riel a de sa propre personne et de sa mission. Ce n'est pas la poésie qui est l'oracle de Dieu, mais Riel même. Ce n'est pas la voix poétique du texte qui parle "divinement" pour ainsi dire, mais la personne prophétique de Riel qui utilise la versification, comme il le fera de la prose , pour véhiculer sa pensée.

Pourtant la composition de vers, autant en français qu'en

anglais, l'a occupé toute sa vie, et, à ce titre, mérite notre attention. L'écriture poétique, dit Glen Campbell, fut une "catharsis émotionnelle", une façon pour Riel de se pencher non seulement sur ses troubles personnels, mais sur ceux de la Rivière-Rouge.

Mais le père du Manitoba a aussi composé des pièces plus lyriques, plus légères, des poèmes d'amour parfois fort juteux:

> *Je trouve les baisers de sa bouche, aussi frais*
> *Que la chair et le jus du bon melon français.*
> (***Écrits complets**, p. 218*)

Dans *Cloches du soir*, on retrouve des échos verlainiens. Dans *Mon nom c'est Baptissiez Ledoux*, il sait émouvoir et défendre les "petits" dans un ton simple, quasi parlé. Ses poèmes plus longs, plus ambitieux, contiennent des passages vraiment émouvants, mais le pays qu'il chante est généralement "territoire législatif", alors que dans ses compositions plus simples, il réussit davantage à intégrer les images du pays réel au paysage intérieur du poète:

> *Voici le sombre automne*
> *Avec ses vents de froid*
> *Qui d'un cri monotone*
> *Soupirent avec moi.*
> *La nature est mourante*
> *Quand viennent les frimas.*
> *Et ma force expirante*
> *Me parle du trépas!*
> ....
> *Privés du doux feuillage*
> *Les oiseaux de nos bois*
> *Sur un autre rivage*
> *Font entendre la voix.*
> *Ici, plus d'allégresse!*
> *Le deuil est sous mes pas.*
> *Et le mal qui m'oppresse*
> *M'apporte le trépas.*
> (***Poésies de jeunesse***)

On reconnaît facilement dans *Un jeune malade* une oeuvre de jeunesse, assez traditionnelle, mais l'auteur réussit ce qu'il atteint rarement dans ses envolées plus didactiques: allier, avec prescience peut-être, son pays (un pays de froid et de frimas) au mal indéfini qui l'oppresse (celui d'être Métis – c'est déjà une dualité – dans une terre anglaise). C'est un pays qu'il aime, mais qui est froid, ou plutôt qui lui est froid parce qu'on l'en exile. C'est dans les textes les plus dépouillés qui approchent la chanson, et qui conservent ainsi un charme moyen-âgeux, qu'il intègre le mieux le paysage à sa plainte, et qu'il retrouve son véritable pays poétique, son mal, sa lutte:

> *Tandis qu'Izard restait plaintive*
> *Isaure quittait le séjour.*
> *L'écho répétait sur la rive*
> *Le doux accent de son amour.*
> *Izard, Ô mon Izard chérie*
> *Si au rivage tu m'attends*
> *Je reviendrai passer ma vie*
> *Aux bords du fleuve Saint-Laurent.*
> ....
> *Adieu! Adieu! ma fiancée*
> *Ô c'est en vain que tu m'attends.*
> *Je meurs : je quitte ma pensée*
> *Aux bords du fleuve Saint-Laurent.*
> *(Tandis qu'Izard...–* **Poésies de jeunesse***)*

Riel n'a certes pas été le premier à chanter le Saint-Laurent, et si nous citons ce texte, c'est que le Québec a été une terre d'adoption pour celui qui y fut éduqué. Sante A. Viselli a parlé de poésie d'exil[11] pour qualifier une certaine poésie franco-manitobaine, et dans le cas de Riel qui a dû souvent s'exiler dans d'autres terres, tantôt québécoises, tantôt américaines, l'expression a un sens très réel. Mais il faudrait aussi parler de poésie d'aliénation pour décrire cette poésie "engagée" des débuts, puisque le poète ne peut "être" en son propre pays, même s'il l'habite. Et c'est bien être aliéné que d'être fier de sa naissance mais incapable de jouir de ses droits:

Je suis métisse et je suis orgueilleuse
D'appartenir à cette nation
....
Les Métis sont un petit peuple encore
Mais vous pouvez voir déjà leurs destins
Être haïs comme ils sont les honore.
(La Métisse – **Écrits complets**, *p. 88-89)*

Le Métis Alexandre de Laronde atteindra, parmi les premiers poètes, une expression lyrique des plus émouvantes. Lorsqu'on vit dans un pays où l'on se sent en exil chez soi, les frontières qui délimitent notre être renferment une terre déserte:

Où sont mes prés fleuris, mes forêts centenaires?
Où sont mes bois épais, sombres, silencieux?
Où sont mes lacs d'azur, mes sentiers solitaires?
Où s'est enfui l'élan qui passait en ces lieux?
Pour moi, tout est douleur, hélas! où sont mes frères?
Où sont ceux que j'aimais? ceux qui m'étaient si chers?
Réveillez-vous, enfin, nobles races guerrières!
Accourez à ma voix, ranimez mes déserts.
(Le chant de mort du dernier Pied-noir)

Ce déracinement du paysage ("une maison sans murs" dira Paul Savoie en 1979), ce déracinement du Pied-noir (une âme sans corps – "Il aura mon âme au bec", écrira Saint-Denys Garneau) éveille, momentanément, la révolte:

Viens, oh! viens, de ma main, viens, ma flèche rapide,
Percer un coeur ingrat, de ta pointe d'acier;
Viens venger sur ce coeur, une race intrépide,
Car en vengeant ma mort, on venge un peuple entier.

Mais comme chez Riel, Langue (culture) et Foi vont main dans la main. Alors que Riel a pu se forger un nationalisme messianique (au prix, mental et physique, qu'il a dû payer), la passion de Laronde aboutit à un abandon. En un sens, il est doublement aliéné, tant de l'extérieur que de l'intérieur: la lutte pour la terre métisse se trouve en opposition non seulement aux revendications des autres (des orangistes, des blancs, par exemple), mais aussi au concept d'un autre pays, qui n'est pas de ce monde, un paradis spirituel qui donne lieu à la résignation:

> *Pardonne, ô Robe Noire, un accès de vengeance,*
> *Le sang de mes aïeux égare ma raison*
> *Pour moi, dis à ton Dieu d'accepter ma souffrance,*
> *Tu m'as dit, bien souvent, qu'il était juste et bon.*

Laronde, dont l'oeuvre retrouvée est peu abondante, consacrera pourtant un poème entier, intitulé *Vocation et sacrifice*, à l'oeuvre du missionnaire.

Dans *Le Naufrage de l'Auguste*, c'est le Québec de 1761 qui sert de symbole à cette aliénation:

> *Du Canada français, Québec n'est plus la reine;*
> *L'Angleterre triomphe, et son fier étendard*
> *Sur nos toits démolis flotte libre à la brise;*
> *Vainqueur, enfin, Murray, de son plus froid regard,*
> *Condamne, des vaincus, l'engeance qu'il méprise –*
> *...............................*
> *Pêle-mêle entassés, comme vils animaux,*
> *De nobles Canadiens, leurs enfants et leurs femmes,*
> *Encombrent ce navire; ils quittent leurs hameaux*
> *Exilés et bannis par des édits infâmes,*
> *Que d'angoisses, grand Dieu! Quels spectacles navrants!*

L'image de cette défaite du peuple canadien-français, ou pareillement, des injustices commises à son égard à la Rivière-Rouge, fait de lui, et pour longtemps, un étranger dans son propre pays; c'est une heure noire qui hante le discours poétique à ses débuts. Peut-être pas cette même *Heure noire* dont parle sur un ton plus romantique le Parisien immigré René Brun :

> *Et quand viendra le soir, prie, afin que je puisse,*
> *Endurer sans faiblir mon douloureux exil,*
> *Et boire jusqu'au fond le fiel de mon calice,*
> *Et supporter l'hiver qui n'aura d'avril...*

mais une heure semblable, un minuit sans midi, un hiver sans
printemps, une patrie (âme) sans terre (corps), un espace qui n'a
pas lieu (n'est-ce pas l'*Abscisse* de Léveillé cité plus haut?). C'est
une image qui disparaîtra longtemps du discours poétique, pour
revenir, plus subtilement, dans la poésie de Louis-Philippe
Corbeil.

Ce nuage sombre sera remplacé par les "fleurons de lis" de ces
autres exilés, les immigrés français venus au Manitoba, et les
Québécois, principalement le clergé, qui ont séjourné plus ou
moins longtemps dans cette province. Les Français, en particulier,
peuvent toujours s'identifier à un sol natal bel et bien à eux, et à une
source poétique qui alimente depuis des siècles la littérature de
France. Pendant cette période, la poésie deviendra l'apanage de
l'élite intellectuelle, assurée dans ses convictions et ses croyances.

Le premier venu des poètes "étrangers", l'abbé Georges
Dugas, a passé un peu moins du quart de sa vie au Manitoba, de
1866 à 1888. Et quoiqu'on ait dit de lui qu'il fut l'historien populaire du Nord-Ouest canadien, et qu'il ait pris intérêt à la vie
culturelle de l'Ouest, du Manitoba en particulier, sa poésie "paysagiste" relève bien plus de paysages idéalistes que de la prairie:

> *L'hiver s'annonce, et depuis trois matins,*
> *Enveloppé dans son manteau d'hermine,*
> *Belle toison de neige cristalline,*
> *Il se promène en roi sur nos chemins.*
>
> *Adieu les fleurs, orgueil de nos jardins.*
> *Sous un linceul de blanche mousseline*
> *Il a caché le rosier, l'aubépine,*
> *Enseveli l'oeillet et les jasmins*
> *(Hiver)*

Qui a vu le jasmin au Manitoba? Ces sonnets à l'épice des
quatre saisons semblent peu influencés par les particularités
régionales si ce n'est par la neige. Ce sera bien plus comme "animateur culturel" que Dugas jouera un rôle littéraire au Manitoba.

On retrouve une même généralité de ton chez Gaston Guénebault. Ce Français venu très jeune au Manitoba y a vécu plus de
soixante ans jusqu'à sa mort; pourtant sa poésie n'en témoigne

guère. On peut déceler le fondement de son Art Poétique dans ce poème dédicacé à Édouard Pailleron de l'Académie Française:

> *Je voudrais te dire pourquoi*
> *Je trouve belles*
> *Ces rimes qui charment le coeur*
> *Cette pensée*
> *Qui pour l'âme est une douceur*
> *Une rosée.*

Cette correspondance que Guénebault entretient avec les écrivains de France situe bien ses allégeances poétiques et la source de son inspiration, qui remonte loin, et qui, à cet égard, est déjà "intertextuelle". Thierry Maulnier écrira dans son **Introduction à la poésie française**:

> *La poésie française se défie de toute matière brute, et n'accueille volontiers les objets, les êtres, les sentiments que perfectionnés et ennoblis par une cohabitation déjà longue avec la littérature, qui les élève à la dignité de thèmes.*[12]

La nature qui apparaît dans *Variétés* de Guénebault est comme celle de Dugas, des plus idéalisées:

> *La fleur entrouvrait son riant corsage,*
> *Que venaient dorer les reflets du jour.*
> *Voltigeant joyeux dans le frais bocage,*
> *L'oiseau gazouillait des chansons d'amour.*

> *Les parfums s'offraient à la brise*
> *Où folâtraient les papillons.*
> *Tout ce qui chante et ce qui grise*
> *Me mettait au coeur des frissons.*

Chez Pierre Lardon aussi, qui est venu de France au Manitoba à l'âge de quarante-deux ans et qui y a passé la moitié de sa vie, le pays semble un canevas qui sous-tend autre chose. Sa *Rêverie sur la plage du lac Winnipeg* est avant tout rêverie; elle n'a rien à voir avec le lac Winnipeg. La pièce aurait pu tout aussi bien être écrite sur le bord du lac Supérieur ou du lac Léman. On pourrait croire que *La Semeuse* représente des scènes typiques des prairies, mais l'histoire est bien plus biblique qu'agricole :

> *Je vais la conter pour la gloire*
> *Des bonnes gens du Canada;*
> *Aussi pour que ce bon exemple*
> *Soit un levain pour la vertu*

La morale de *La fermière canadienne* d'Armand Chossegros est, elle aussi, évangélique. Elle véhicule le stéréotype de la femme qui existe pour servir à la fois l'homme et Dieu :

> *Vase parfumé de célestes fleurs,*
> *Sois sous le gazon l'humble violette*
> *Qui répand dans l'air son odeur discrète,*
> *Emplis ta demeure heureuse et proprette*
> *De douces senteurs.*

> *Quand tes bras, le soir, plieront de fatigue,*
> *Tu béniras Dieu comme tu le dois;*
> *Des petits enfants tu joindras les doigts,*
> *Et la nuit, le ciel sur tes calmes toits,*
> *Ouvrira ses digues.*

Néanmoins, à part les poètes métis, Chossegros a été avec Jean-Marie-Arthur Jolys un des premiers à parler du pays manitobain.

Né en France, Armand Chossegros est arrivé au Québec à l'âge de vingt ans et fut ordonné prêtre en 1898. Il séjournera pendant dix ans (1903-1913) au Manitoba où, à l'instar de Georges Dugas, il contribuera au développement culturel de la communauté francophone. Son *Paysage d'hiver manitobain* est, comme *La vallée de Qu'Appelle* de Laronde, pure poésie descriptive, mais elle parle bien du Manitoba:

> *La neige a recouvert la monotone plaine,*
> *Et la morne blancheur s'alanguit et s'endort;*
> *Les trembles, les guérets, l'immensité sereine*
> *Écoutent les soupirs de la bise du nord.*

Le sucre du Manitoba est peut-être davantage un souvenir du Québec qu'une expérience typique du Manitoba. Quoiqu'on y fasse encore couler le sucre (les pères Trappistes le font toujours dans la région de Holland), c'est loin d'avoir été un mode de vie auquel on identifierait le Franco-Manitobain :

Quand nous aurons bu la fine ambroisie
En l'assaisonnant d'un refrain vainqueur,
En nous chantera l'ardente liqueur
Qui fera monter la jeunesse au coeur
    Et la poésie.

Car ce cordial, nourricier d'espoir,
Riche du trésor des sèves champêtres
Et des chauds ferments du sol des ancêtres,
Fait vibrer en nous le printemps des êtres,
    L'âme du terroir.

Pour le lecteur moderne, "la poésie" qu'il évoque est bien plus sucrerie qu'autre chose. Ces compositions, parfois plaisantes, constituent une écriture qui relève davantage de l'exercice de versification que d'une pratique poétique. Tout comme il a perpétué le stéréotype (mais il n'était pas le seul[13]) de la femme fidèle à la maison, Chossegros a reproduit à quelques reprises des clichés racistes sur les autochtones; attitude sans doute issu d'un parti pris religieux vis-à-vis des récalcitrants au baptême. Dans *Au grand découvreur*, il parle du "perfide Sioux", expression qu'il répète dans sa traduction (*Les Cloches de la deuxième cathédrale de Saint-Boniface*) du poème de J.G. Whittier (*The Red River Voyageur*) alors qu'elle ne figure même pas dans l'original, ce que lui reproche Hubert Mayes (voir Appendice G).

Avant Chossegros, Jean-Marie-Arthur Jolys fut le premier dont la poésie parla du Manitoba :

Les buffalos s'en vont d'un galop furieux
Le muffle sur le sol et du feu dans les yeux.
Les deux pieds de devant, les deux pieds de derrière
Tour à tour d'un seul coup s'en vont frapper la terre.
Ils sont déjà bien loin : quelques instants de plus,

À l'horizon là-bas, les voilà disparus.
Grisée au doux parfum de sa robe fleurie,
Sous les derniers rayons du soleil chargés d'or
Je vois sous le zéphyr qui la caresse encor
Dans le calme du soir, s'endormir la prairie.
(La prairie vierge)

Ce Breton de vingt et un ans, comme Chossegros après lui, a immigré au Canada où il fut ordonné prêtre. Il passa un an au Québec puis vint passer les plus de cinquante dernières années de sa vie au Manitoba.

Son *Hiver au coin du feu* décrit un climat typique de la province:

Les nuits vont resplendir de clartés si étranges
Qu'un soleil, semble-t-il, de ses puissants rayons
Embrase tout le nord, et se perd dans les franges
De quelques merveilleux et vastes pavillons.

Mais chez Jolys aussi la poésie demeure souvent un tremplin vers l'au-delà, un prétexte à la morale vertueuse; pas étonnant chez un pasteur venu fonder deux paroisses.

La folle du logis arrive, elle m'emporte
Vers les Immensités. Manitoba, adieu!

    Je franchis l'espace
    Rapide, joyeux.
    La terre s'efface,
    Je fuis vers les cieux.
    ....
    Divine harmonie,
    Célestes accords!
    Douceur infinie,
    Tout puissants transports!
    Harpes angéliques
    J'entends votre voix.
    Vos divins cantiques

> *Chantent sous les doigts*
> *D'anges en extase*
> *(L'hiver au coin du feu)*

Et Jolys, comme d'autres, se laisse aller à la description de paysages, sinon idéalisés, du moins inspirés par une autre terre, une autre patrie. *Maison amie* doit tout autant à l'Europe qu'au Canada :

> *Là-bas, dans ce buisson d'aulnes et d'églantiers,*
> *Un rossignol redit sa preste ritournelle*
> *Tandis que deux pinsons, fuyant à tire-d'aile*
> *Vont se faire la cour sous les chênes altiers.*

Les aulnes sont plus particuliers à l'Europe qu'aux plaines du Manitoba. On retrouve ce discours européen dans *La dernière absolution:*

> *...........Les soldats allemands*
> *Sont broyés aux longs cris de "Rheims" et de "Termonde"*
> *Et nos héros à nous, haletants et sanglants,*
> *Enivrés et vainqueurs sont grands comme le monde.*

Toutefois, le Manitoba est devenu la patrie adoptive de Jolys. Et à la suite de Riel qui, dans un poème déjà cité, a introduit la nouveauté du *téléphone* dans sa poésie, Jolys sera le premier à inclure l'apparition d'innovations technologiques dans ses vers. Il faut se rappeler que la fin du XIXe siècle fut non seulement une période de perturbations sociales et politiques relatives à l'établissement d'une nouvelle province, mais une époque de bouleversements technologiques importants dus aux modes de transport et à la transformation mécanique de l'agriculture. En introduisant dans sa poésie les prosaïques moissonneuses, batteuses et lieuses, Jolys capte une réalité bien manitobaine. Sa *Chanson d'automne* est loin d'être verlainienne, mais elle est typique des récoltes de l'Ouest, il ne s'agit pas d'une scène imaginaire:

> *Là-bas! ronfle comme un tonnerre*
> *La batteuse aux poumons puissants.*

Elle s'entoure de poussière
Comme d'une gloire d'encens

La vaste gueule en gouffre avide
Happe la gerbe en mugissant,
Le cylindre en tournant la vide
Et le blé d'or coule à torrent.

Cette "gloire d'encens" que découvre Jolys dans la moisson souligne la constante religieuse des poèmes à l'époque. La poésie demeure souvent un prétexte à l'exposition morale. Ces gens, curés, membres de l'élite, ne pouvaient s'imaginer un discours qui ne soit pas offert à la gloire de Dieu. Après tout, ils étaient venus fonder de nouvelles paroisses, vivre dans des communautés "françaises" où la Foi se portait à la défense de la Langue.

Les vendeurs chassés du temple et *Jésus dormait* sont d'inspiration biblique. De fait, trois des six poèmes du recueil *Rêves du soir* de Jolys affichent un sujet religieux, et le premier, *L'hiver au coin du feu* ne peut s'empêcher de se transformer en un tremplin vers l'au-delà.

Tout comme le peuplement de l'Ouest se fait par les paroisses, la parole poétique passe plus par le pastorat que par le pastoral. *Au grand découvreur* de Chossegros est un exemple caractéristique de cette mission : "La Vérendrye, au nom du Christ et de la France" vient conquérir un empire. Les images qui décrivent le découvreur ne peuvent qu'évoquer le Christ:

Ses pieds s'ensanglantaient aux ronces des savanes;
Les gouttes de sueur perlaient sur les roseaux

C'est au prix de sacrifices qu'il paie cette conquête du pays "païen":

En pleine barbarie, en pleine solitude,
Les arcs empoisonnés, le tomahawk païen
Massacrèrent son fils et son missionnaire

Il transforme la prairie "vierge" (dirait Jolys) en y apportant la civilisation, la culture:

Où paissaient les bisons, un océan immense
De froments d'or ondule au gré du vent berceur,
Pour celui qui jeta la féconde semence

qui est celle du bon grain, et non de l'ivraie:

Qui fraya le sentier évangélisateur

Son *Naufrage du Titanic* est une espèce de Tour de Babel, symbole des écueils de la vie et de la petitesse humaine; un appel à la reconnaissance de la grandeur divine:

Seigneur, ayez pitié des choses éphémères
Qui vont aux profondeurs chercher leurs froids suaires.
Ne laissez pas sombrer, ô Dieu clément et doux
Les esprits immortels nés d'un souffle de vous.
....
Ô Maître Souverain, ayez pitié de nous,
Vous êtes le Seul Grand et l'humaine science
N'est qu'un roseau tremblant devant votre Puissance.

Suite à une poésie de l'aliénation vient une poésie de l'abnégation: ces vers exhortent au sacrifice.

Ces religieux éduqués connaissent les règles de la Rhétorique et de la Versification, et les textes précédents de Chossegros montrent bien qu'il sait les manipuler. Mais ces poèmes demeurent essentiellement des sermons, imagés, pour l'édification du peuple. C'est le "Verbe" que conjuguent aussi les membres laïcs de l'élite. *Souvenir pieux* de Guénebault présente un ton religieux; *Acrobate*, comme le précédent, se penche avec pitié sur les démunis; *Variétés* propose une reconnaissance de la Création. Les quelques poèmes d'André Castelein de la Lande se résument à des vers de circonstance, comme l'indique le titre de l'un d'eux, *À Mgr Prud'homme*. Dans sa comparaison des attributs de la Française et de la Canadienne, il conclut:

Jésus ouvre ses bras à la Canadienne,
Pour jouir du bonheur dans l'infini des cieux
(La Canadienne)

C'est à Pierre Lardon que revient l'honneur d'avoir fait paraître le premier recueil de poésie au Manitoba français. Et ce livre aussi en dit long sur ce qui s'écrivait, ou du moins se publiait alors. Ses *Poésies de Saint-Boniface* ne renferment pas principalement des poèmes au sujet de Saint-Boniface; de ce fait, elles reflètent peut-être la société d'alors. Les poèmes se rattachent au Manitoba par des acrostiches dédicacés à certaines personnalités d'ici, mais ils sont dans leur ensemble dédicacés à la Supérieure Générale des Soeurs Grises à Montréal. Même l'acrostiche intitulé *L'Hôpital de Saint-Boniface* est dédicacé à l'ancienne supérieure de l'Institut Ophtalmique de Montréal. Des seize pièces, cinq s'adressent à des gens d'ailleurs, de Montréal et d'Ottawa principalement; six traitent des oeuvres de charité des religieux et religieuses; à cela, il faut ajouter un texte biblique, *Marthe et Marie*, un *Sermon* et une *Morale*; deux pièces s'adressent à l'élite de la ville, et une au premier ministre du Canada. Les thèmes sont universels et parlent des "oeuvres spirituelles" des personnalités à qui les poèmes sont dédicacés. La forme de l'acrostiche prédomine. L'acrostiche tient évidemment du genre littéraire, mais relève surtout de la poésie de circonstance, et parle éloquemment de la fonction de la poésie dans le Manitoba français du début du XXe siècle.

D'ailleurs, tous n'apprécient pas ce qu'un éditorial du *Manitoba* qualifie de "rimettes". L'éditorial du 9 septembre 1914, vraisemblablement de la main de Noël Bernier, voit la création d'un nouvel hebdomadaire, *Le Démocrate*, comme une vanité littéraire de Lardon qui en sera le rédacteur:

> *Il faut être juste, cependant, et avouer que la publication du* Démocrate *répondait à une nécessité, – une nécessité un peu personnelle, si vous voulez, mais une nécessité très réelle: procurer au sieur Lardon un journal qui consentît à insérer ses oeuvres! Le pauvre grand homme a tâté tous nos journaux français, qui à tour de rôle paraissent avoir refusé sa viande creuse, – ces fameuses poésies où l'indigence de la forme et la pauvreté de la rime ne le cèdent qu'à la pénurie de la pensée. Le* Manitoba *toujours compatissant, avait publié en son temps et après bien des sollicitations du reste, quelques rimettes lardonniennes. Conséquence: nous avons eu très chaud en corrigeant nos épreuves, et nos plus fidèles amis nous ont accablés de reproches amers! Tout récemment encore ces vers ont rendu malade*

jusqu'à l'évanouissement une petite feuille qui leur donnait asile.
   Cependant, infortunés lecteurs du Démocrate, *préparez-vous l'estomac, car on va vous bourrer magnifiquement avec ce que les autres journaux, respectueux des goûts esthétiques de leur clientèle, ne publient pas. On va vous gaver impitoyablement de cette versification extraordinaire où il n'y a que du ventre et des queues. Si vous êtes charitables vous accepterez comme fiche de consolation cette pensée que vous serez les seuls à endurer ce supplice, car l'auteur a écrit avarement au bas de ses oeuvres la rigide formule prohibitive:* Tous droits réservés! *Comme si, quelqu'un, grand Dieu, avait jamais eu l'intention de reproduire!*[14]

Il ne faut pas cependant réduire la poésie de celui qui aurait rédigé, selon ses propres mots, "huit manuscrits de poésie[15]" à de purs poèmes de circonstance. Mais il est important de souligner ce qu'on choisissait de publier à l'époque, et dans **Poésies de Saint-Boniface**, même les poèmes les plus innocents comme *Les bonbons* et *Bulle de Savon* se terminent par un voeu pieux:

> ...... *Voici : Accueillez bien nos voeux :*
> *Que chaque jour apporte un baume précieux*
> *Aux labeurs incessants de votre vie sainte,*
> *Que Dieu garde vos jours libres de toute crainte.*
> *(Les bonbons)*

Lardon a aussi laissé un grand nombre de poèmes d'importance religieuse qui ne sont pas circonstantiels, *La Mort, Marthe et Marie*, et *Sphinx*. Ce dernier évoque un concept fondamental à la religion: le dénuement. Cette idée fait suite au concept de la résignation que nous avons relevé chez de Laronde:

> *À quoi bon s'envoler jusqu'au-dessus des nues*
> *Pour n'éprouver enfin que des déconvenues!*
> *Il faut si peu de biens pour goûter le bonheur.*

C'est une adéquation acceptable pour un peuple considéré comme dirait Rimbaud de "race inférieure"; ces "petits" que défendait Riel, et qui acceptent leur croix. Mais il n'est pas certain que Lardon se fasse uniquement l'écho social de la voix du temps.

Quoiqu'il ait écrit : "J'ai fait une belle propagande catholique et artistique au Canada...[16]", il laisse glisser:

> *Il croit bien à la Providence;*
> *Tout au moins, souvent il le dit*
> *(Contradictions)*

À la voix publique s'ajoute une voix plus personnelle. Le poète semble chercher *sa* vérité. Leurs thèmes ne sont pas absolument nouveaux, mais des poèmes comme *Réflexions*, *Rêverie sur la plage du lac Winnipeg* et *Contradictions* font état d'un déchirement intérieur. Le poète, laissant de côté les vertus de la religion, se trouve aux prises avec le sens existentiel de la vie:

> *Suis-je seul à souffrir? Non, cette humanité*
> *Est toute comme moi parfaite absurdité*
> *..........................*
> *Mais au fond tout est un, tout est même néant*
> *Jusqu'au jour fortuné de son dernier moment.*
> *(Réflexions)*

Ce questionnement devient une quête de bonheur:

> *Nous volons de partout caressant de nos ailes*
> *Le Plaisir, cet enfant plus doux que le satin;*
> *Aussitôt qu'il est mort, nous chatouillons son sein*
> *Il renaît murmurant : "Oh! que vous êtes belles!*
> *(La tentation)*

Le poète adopte une morale à la Horace et à la Ronsard:

> *Si tu veux..................*
> *Perdre ainsi ta jeunesse en vains raisonnements,*
> *Voir le seul idéal, croire trop aux serments,*
> *Les heures, sois-en sûr, te seront bien amères!*
> *..........................*
> *Amis, ne faites pas cette folie,*
> *Riez! laissez-vous prendre par la vie*
> *Qui chante autour de vous et répand la gaîté.*
> *(Rêverie sur la plage du lac Winnipeg)*

Mais les heures deviennent, en effet, amères, et le poète désabusé. C'est une recherche du bonheur qui, comme pour bien des Romantiques et Symbolistes avant Lardon, est minée par la fuite du temps:

> *On nous dit que le temps s'envole,*
> *Que d'un pas rapide il s'enfuit;*
> *Tout ici-bas a son symbole;*
> *La vie est jour, la mort est nuit*
> ....
> *Il cherche ce qu'il faut qu'il fasse*
> *Pour se bâtir un paradis.*
> *Jamais cette béatitude*
> *Ne subsiste quand il la tient;*
> *Et vivre dans l'inquiétude*
> *Lui paraît le souverain bien.*
> *(Contradictions)*

"Comment, prisonnier de son rôle public, le poète canadien-français peut-il écrire une poésie personnelle? James Prendergast choisit de s'exiler au Manitoba", écrit Jean Royer dans son *Introduction à la poésie québécoise*[17]. En effet, on vient de voir quelles contradictions et quels conflits cela peut poser chez Lardon. James-Émile Prendergast et René Brun par la suite ont réussi à créer une oeuvre intime sur des sujets plus personnels. Mais Prendergast n'est ni Claudel ni Saint-John Perse; il semble avoir entendu la question que pose Jean Royer et n'a publié qu'un recueil avant de se taire et de se consacrer aux fonctions du rôle public qui a associé son nom pour toujours à l'évolution et à l'histoire du fait français au Manitoba.

Son *Soir d'automne* a été publié au Québec en 1881, l'année avant qu'il ne vienne s'installer au Manitoba. Il s'agit d'un dialogue à la Musset entre le Poète et sa Muse, qui suscite de l'intérêt lors de sa parution:

> *Nous le citons ici à cause des grandes espérances qu'il donna aux*
> *lettres canadiennes dans sa jeunesse*[18].

Que *Soir d'automne* soit une espèce de dialogue indique bien que l'auteur se penche sur des considérations davantage poétiques

et intérieures. Alors que bon nombre de poètes, autant parmi les
Franco-Manitobains que les Québécois, s'occupent principalement de causes patriotiques et religieuses, Prendergast s'approche
de la condition existentielle du poète.

> *Sans pouvoir parler de "vocation de la transcendance" comme dans*
> *le cas de Saint-Denys Garneau, il est possible d'affirmer que pour la*
> *première fois un poète québécois aborde cette question de l'exil*
> *terrestre et de la quête icarienne de l'idéal.*[19]

Le fait que Prendergast ait pu fréquenter d'autres écrivains
québécois et côtoyer les mouvements littéraires de l'époque où
certains combats esthétiques avaient déjà été livrés, le libérait peut-
être davantage que ses confrères manitobains d'un certain carcan
académique et utilitaire.

René Brun est venu au Manitoba de France, en 1904, à l'âge de
vingt-cinq ans, mais il est mort prématurément dix ans plus tard. Il
annonçait lui aussi une recherche plus personnelle dans une poésie
"symboliste":

> *À l'heure où le Destin, dans un geste tragique,*
> *Va fermer le chemin de rêve où nous allions;*
> *À l'heure où le Bonheur, fragile et chimérique*
> *Va s'envoler, astre malade et sans rayon...*
> *(L'Heure noire)*

Il serait faux de dire que ces poètes ont peu écrit parce qu'il
n'existait pas d'infra-structure littéraire, – prenons Louis Riel
comme exemple – mais il est clair qu'il y avait peu d'avenues de
publication pour ces poètes. Comme il est souligné dans l'Appendice A de cette anthologie, il n'y a jamais eu au Manitoba
français de véritable revue littéraire, ni de chapelle littéraire. Ce
sont les institutions éducatives et les divers hebdomadaires qui ont
dû veiller à la diffusion de la "littérature". De ce fait, les premières
publications de nos poètes ont paru ailleurs, au Québec plus
précisément.

Pierre Falcon évidemment est un barde. Il n'est pas clair
jusqu'à quel point il était lettré, mais il fait partie d'une véritable
tradition orale : ses chansons étaient transmises de bouche à or-

eille. C'est au docteur F.A.H. Larue qu'il revient d'avoir fait
paraître au Québec le premier texte poétique franco-manitobain. Il
publie, en 1863, presque cinquante ans après qu'elle fut composée,
La chanson de la Grenouillère, dans son anthologie de chansons
populaires du Canada[20]. Elle fut reprise dans une version légèrement différente en 1871 par Joseph James Hargrave[21].

C'est au Québec également que Riel fera publier ses premiers
vers, trois poèmes dans *L'Opinion Publique* du 19 février 1870, de
Montréal, qui venait de voir le jour. Son mémoire *L'Amnistie* sur les
causes des troubles du Nord-Ouest et les négociations qui ont
amené leur règlement a été publié, de son vivant, à l'Imprimerie du
Nouveau Monde, à Montréal également, en 1874. Et c'est à Montréal, en 1886, que sera publié, de façon posthume, à l'Imprimerie
de l'Étendard, un choix de poèmes que sa famille et ses amis, plus
intéressés à l'éloge politique qu'à l'élocution poétique, intituleront
Poésies religieuses et patriotiques.

Des auteurs que nous avons retenus pour cette anthologie,
James-Émile Prendergast, fils natif du Québec, sera le premier, en
1881, à faire paraître, au Québec, un recueil de poésie, *Soir d'automne*, avant qu'il n'abandonne la poésie pour la politique.

Les Poésies de Saint-Boniface de Pierre Lardon forment le premier recueil de poésie édité au Manitoba français. Il fut imprimé en
1910 par le journal *Le Nouvelliste* qui, en cette occasion, s'est transformé en maison d'édition pour celui qui fut son collaborateur
entre 1907 et 1911. La même année, *Le Nouvelliste* qui se voulait
journal politique *et* littéraire publia *Vers les cimes* de René Brun qui
était l'adjoint au rédacteur-fondateur du journal, Claudius Juffet.

Devant l'absence de maisons d'édition, c'est bel et bien les
hebdomadaires qui agirent comme éditeurs, non seulement pour
la poésie, comme nous venons de le voir, mais plus particulièrement pour les essais. Ainsi *La Libre Parole* (1916-1927) publia les
ouvrages de son fondateur Auguste-Henri de Trémaudan, et *La
Liberté*, ceux de son rédacteur, Donatien Frémont.

De fait, l'édition, sa présence ou son absence, joue un rôle
primordial dans l'évolution de la poésie franco-manitobaine.
L'édition – à part les rares sorties des hebdomadaires dont nous
venons de parler, et les quelques publications à compte d'auteur,
comme *Rêves du soir* que Jean-Marie-Arthur Jolys fit imprimer en
1915 – ne se pratiquait à peu près pas avant la fondation, en 1974,

des Éditions du Blé, la première véritable maison d'édition franco-manitobaine. Ce sera un point tournant pour la littérature française au Manitoba.

Il n'y a donc rien d'étonnant que la responsabilité soit échue aux journaux et périodiques de faire paraître dans leurs pages les textes poétiques des écrivains de la communauté. Tâche qu'ils n'ont accompli qu'incidemment (voir Appendice A).

Du premier de ces hebdomadaires, *Le Métis*, jusqu'à *La Liberté* d'aujourd'hui, c'est une place modeste qu'on a réservée à nos poètes. Il est surprenant qu'ils aient subsisté et persévéré. Mais il n'y a rien de surprenant à ce qu'on s'occupe plus de politique que de poétique en ces débuts d'une nouvelle province, où l'on est préoccupé par les progrès de la colonisation, la percée du chemin de fer, le bilinguisme provincial, les luttes linguistiques et scolaires. De fait, l'interdiction du français dans les écoles du Manitoba[22] a eu un effet direct sur les lettres franco-manitobaines :

> *It is a privilege to state, that in spite of great obstacles, literature in the French language by Manitoba writers does exist and holds an honorable place in any complete story of the cult of the pen in the province. The word "great" obstacles is used deliberately because some forty years ago the use of French as a Maternal tongue in Manitoba schools was outlawed on the occasion of a reaction against multilingual education. To have produced a Gabrielle Roy, in spite of such limitations, speaks much for the continued loyalty to the French tongue on the part of parents, teachers, cultural associations, radio and press.[23]*

D'ailleurs le mandat des nombreux journaux qui furent fondés est avant tout politique (à caractère soit libéral, soit conservateur) ou religieux – ce qui expliquerait la prédominance des poésies patriotiques et religieuses.

> *Il arrive même – la chose est en général désastreuse – que l'éditeur soit un intellectuel. Est réputé littéraire ce qui est perçu comme tel par ces censeurs préalables qui, objectivement opposés à elle ou non, reproduisent les goûts divers, parfois antinomiques, mais toujours fermés en un système, de la classe dirigeante.[24]*

En plus, comme le suggérait plus haut Jean Royer, le rôle public du poète influe sur sa poésie. Pierre Lardon, par exemple, a exercé une activité journalistique dans à peu près tout ce qui existera comme presse francophone à l'époque. Il lancera en plus son propre journal, *Le Démocrate*, qui deviendra *Le Fanal de Saint-Boniface*; et il sera aussi rédacteur au quotidien *Winnipeg Free Press* de 1914 à 1921.

L'activité de Lardon dans le monde de la presse le transformera en poète artiste éditeur. S'il n'a publié qu'un recueil, il faisait imprimer de courts poèmes sur des cartes postales qu'il illustrait lui-même. C'est une activité littéraire-artistique qui a été pratiquée par les poètes, un peu partout, en tout temps, dans le mouvement surréaliste, dans l'édition de livres d'art et de poésie, comme le fit Roland Giguère, ou de livres-objets comme chez Claude Péloquin, pour ne mentionner que quelques exemples.

L'activité poétique de ces gens fait partie d'une plus vaste activité intellectuelle par laquelle l'élite voit à l'expansion de la vie culturelle de l'époque. Lardon, par exemple, donne des conférences sur une variété de sujets, dont une, en 1917, sur la poésie française de Malherbe à Corneille.

René Brun était reconnu comme un militant libéral. Son activité intellectuelle s'étendait au journalisme; il fut rédacteur au *Nouvelliste* puis au *Soleil de l'Ouest*. À cela se joignent toutes sortes d'activités artistiques. Arrivé au Manitoba, il devint professeur de chant au Collège de Saint-Boniface, et chef d'orchestre au grand hôtel Royal Alexandra. Photographe réputé, ses services avaient été retenus par le *Winnipeg Free Press*.

Son activité littéraire s'est étendue également au théâtre et au roman. Au théâtre, il rédigea quelques pièces et fonda le Club Dramatique de Winnipeg en 1910. La qualité plus indépendante et personnelle que nous avons remarquée dans sa poésie, loin des normes de l'époque, se manifeste également dans un roman-feuilleton qu'il faisait paraître dans les pages du *Nouvelliste*. *La Muse Fatale* qui fit son apparition en 1907 dut être interrompue puisque le feuilleton suscita la réprobation de Monseigneur Langevin. Cette censure souligne à quel point l'Église avait de l'influence, et explique pourquoi nombre des parutions poétiques reflétaient les phares jumeaux (Langue et Foi) de l'époque.

Une activité intellectuelle semblable occupe le curé Jean-Arthur-Marie Jolys. En plus de ses tâches de pasteur, ce prêtre fonda une chorale, un organisme patriotique associé à la Société Saint-Jean-Baptiste et des sociétés de mutualité et d'agriculture.

Son activité littéraire s'accompagne d'un travail journalistique comme collaborateur au *Manitoba* qu'il alimente d'articles de toutes sortes. Ses *Pages de Souvenirs* furent éditées au Québec en 1914 après avoir paru dans *Le Manitoba* au cours de l'année 1890. En 1914, son activité poétique devient presque fébrile; il fait paraître treize poèmes dans le journal, et l'année suivante édite, à son propre compte, ses *Rêves du soir*. Il a également rédigé un roman inédit et quelques petites pièces de théâtre qu'il faisait jouer dans les écoles.

Dans le cas de Prendergast, l'activité poétique semble avoir cessé au Québec. Notons toutefois qu'il trempera, lui aussi, sa plume dans l'encrier du journaliste et fondera trois journaux (libéraux) dont l'existence fut éphémère. Il sera, en outre, un des présidents du Cercle littéraire Provencher fondé en 1882.

De fait, si petite soit la place qu'ils font à la poésie, les hebdomadaires manitobains accordaient souvent une plus large part aux poètes du Québec et de la France qu'aux auteurs de la province. Les écrivains français occupent une place assez considérable. On reproduit des classiques, Boileau et Racine; Hugo aussi est très à la mode, et on retrouve des échos de sa philosophie poétique dans les vers des auteurs franco-manitobains. Le romantisme et le lyrisme sont représentés aussi par Musset; puis le Parnasse par Théophile Gautier, et François Coppée qui est le seul de ces poètes à avoir été publié au Manitoba de son vivant.

Le premier texte poétique à être publié au Manitoba français est la chanson *Le Dieu du Libéral*, attribuée à Pierre Falcon, dans *Le Métis* du 23 novembre 1871. Si on excepte cette tradition orale, le premier texte "écrit" est un poème de Pamphile Lemay qui paraît la semaine suivante. De 1871 à 1925, on accueillera, en outre, dans les pages des hebdomadaires les poésies québécoises d'Octave Crémazie, de William Chapman, de Louis Fréchette, de Nérée Beauchemin et d'Albert Lozeau, tous des poètes patriotiques et religieux de la fin du XIXe siècle au Québec qui s'inspiraient du Romantisme et du Parnasse. Jean Royer résume admirablement cette période représentative de ce qui s'est écrit au Québec comme plus tard au Manitoba:

> *Forte de son héritage français, où l'on reconnaît un patriotisme puissant et un goût développé pour l'expression poétique, cette poésie s'alimente surtout à deux pôles d'attraction: le patriotisme et la religion. Ajoutons à cela le romantisme que viennent de découvrir les poètes canadiens-français et nous aurons compris le ton et le rôle qu'ils se sont donnés jusqu'à la fin du siècle.*[25]

Un examen cursif indiquera à quel point il y avait un léger décalage entre ce qui s'écrivait au Manitoba français et au Québec où la société avait passé par des bouleversements historiques semblables à ceux que vivait le Manitoba; et décalage plus important par rapport à ce qui s'écrivait en France où la modernité de la poésie avait dépassé ce qu'apportaient les immigrés, soit le Romantisme et le Parnasse, c'est-à-dire ce qui avait déjà été récupéré par la société.

Outre les journaux, ce sont les institutions pédagogiques, particulièrement le Collège de Saint-Boniface, qui assureront la propagation culturelle et littéraire.

> *La première institution de la langue française de l'Ouest est bien le collège de Saint-Boniface. Il constitue notre véritable forteresse contre l'assimilation des autres races. C'est de ce centre d'enseignement supérieur que se répandent la lumière, l'activité et le mouvement intellectuel. Une étude des séances académiques données dans cette institution m'entraînerait trop loin.*[26]

Lorsque l'abbé Georges Dugas vient au Manitoba en 1866, c'est précisément pour assumer le poste de directeur du collège qu'il occupera pendant trois ans. Il réorganise le cours classique et recrute des étudiants, dont le futur poète métis, Alexandre de Laronde, qui est ainsi initié à la Versification, aux Belles-Lettres et à la Rhétorique, et dont Monseigneur Jubinville, qui le trouvait fort éloquent, dira qu'il excellait "dans les joutes littéraires".

Dugas, comme Brun après lui, joindra un intérêt musical à ses poursuites littéraires en fondant une fanfare, et un chœur de chant.

Bien d'autres participent à cette formation culturelle, dont le père Joseph Blain, natif de Napierville au Québec (1859), et dont nous n'avons pu retrouver, comme nous l'avons indiqué dans l'avant-propos, aucune composition poétique française originale. Il fit partie de la première équipe des Jésuites qui vinrent à la Rivière-Rouge en 1885.

Il débute comme professeur des jeunes, mais passe ensuite à l'enseignement des Belles-Lettres et de la Rhétorique (1885-1890). Nommé préfet des études en 1910, il rêve, dit-il dans un mémoire de 1916, de transformer le collège en "université catholique". Il aurait écrit des poèmes, "introuvés", et il s'est fait le traducteur du poète William Henry Drummond (1854-1907), surnommé "the poet of the Habitant", qui a eu son heure de gloire bien qu'aujourd'hui il soit presque oublié. Le père Blain a récité certaines de ces traductions, dont *Johnnie Courteau*, *Le Curé de Calumet*, *Mon frère Camille*, *Le Docteur Fiset*, et *Le Coteau de Saint-Sébastien* aux séances de l'Académie française du Collège de Saint-Boniface.

L'Académie française avait été créée en 1884 et poursuivra ses activités jusqu'en 1918.

> *Deux sociétés littéraires ou académies, l'une française et l'autre anglaise, sont organisées pour les élèves qui veulent s'exercer à l'art de parler et d'écrire. Ceux qui font partie de ces académies doivent prendre une part active à leurs travaux. Ils s'exercent ainsi à la diction, à la composition et à la critique littéraire.*[27]

Mais il n'y avait pas que des séances régulières, les portes étaient aussi ouvertes au public:

> *Le programme comprenait soit conférence, soit débat avec essais, déclamations, critique littéraire, chant et musique quand on y comptait des artistes.*[28]

dit Jean-Joseph Trudel dans un article où il identifie Blain comme "un poète et un artiste". Mais à ces activités littéraires, comme on le voit, s'adjoignent de multiples activités "culturelles":

> *Lors de célébrations spéciales, on pouvait réunir dans une même séance du chant choral, de la musique instrumentale, de courtes*

pièces ou des extraits, des déclamations, des discours, un débat ou
une discussion publique sur un sujet d'actualité.[29]

Le père Blain se fit aussi dramaturge; le drame dont il est
l'auteur, *Aulneau-La Vérendrye,* raconte le "massacre", en 1736, de
vingt et un explorateurs par une bande de Sioux au lac des Bois. La
pièce fut jouée en 1908. Blain avait pris part aux recherches se
rapportant à la découverte du site du fort Saint-Charles, érigé par
La Vérendrye au lac des Bois en 1732, et aux événements touchant
le "massacre". Cette expédition et ces recherches conduiront à la
création de la Société historique de Saint-Boniface.

L'épisode suscita beaucoup d'intérêt dans la presse, et un
grand émoi dans la population, particulièrement auprès de la
communauté jésuite (ce qui explique sans doute pourquoi dans ses
poésies, le père Armand Chossegros a caractérisé les Sioux de
"perfides").

De fait, Chossegros et Blain ont enseigné au Collège de Saint-
Boniface à la même époque. Chossegros a été directeur de l'Académie française de 1903 à 1908. Sous sa direction, on se mit à
débattre davantage des sujets littéraires et à présenter des textes
originaux. Il donna lui-même des conférences sur divers écrivains
français, dont Lamartine. *La Chanson du Collège,* paroles de Chossegros, musique du père Paul de Mangeleere, fut inaugurée à une
des séances de l'Académie. Si Blain s'est fait le traducteur de
Drummond, Chossegros a popularisé en français le célèbre poème
de Whittier, *The Red River Voyageur.* Chossegros a aussi mené une
grande activité théâtrale au collège. Il a mis en scène de nombreuses pièces, dont *Polyeucte* de Corneille, y intégrant des extraits
de l'opéra de Gounod.

Grâce à la contribution de Blain, de Chossegros, et d'autres, les
étudiants ainsi que le public ont été sensibilisés à la critique et à la
création littéraires, à l'appréciation poétique, musicale, théâtrale et
artistique.

C'est ainsi qu'ils [les Jésuites du collège] ont produit une nouvelle
génération de Manitobains capable d'inspirer à une population,
accablée sous les exigences immédiates de la survie, le goût d'un style
de vie imprégné de valeurs supérieures.[30]

À part quelques exceptions, la production poétique est pourtant demeurée largement circonstancielle et déclamatoire. L'activité littéraire ne représentait qu'une facette d'une stratégie de formation culturelle. Ce n'est pas dire que cette activité ne fut pas sérieuse; Chossegros par exemple poursuivra sous le pseudonyme d'Edmond Léo son travail littéraire comme chroniqueur littéraire au journal *Le Devoir*, de 1922 à 1928. Son enseignement des classiques, de la littérature française, son activité culturelle lui ont bien servi, dit-il[31], lorsqu'il se mit à rédiger ses propos pour *Le Devoir*.

Parmi ce vaste mélange d'activités et de spectacles culturels, il convient de souligner, ici, l'importance du théâtre, comparativement à la poésie, au Manitoba français. Un examen cursif des genres littéraires pratiqués montre que le théâtre a été, et demeure, la forme privilégiée[32].

À défaut de maison d'édition, on a mis en scène les pièces des poètes-dramaturges et des autres écrivains comme Auguste-Henri de Trémaudan. André Castelein de la Lande, à lui seul, a composé une cinquantaine de pièces.

Divertissement avant tout, le théâtre remplit un rôle éminemment social. Il permet à la communauté de se regrouper pour entendre *en français* les grands classiques ou des pièces faites sur mesure. Les spectateurs voient leurs confrères évoluer sur scène et viennent les applaudir. Le théâtre est un rassemblement au même titre que ces grands regroupements politiques où la minorité revendique ses droits. Le rassemblement, la présence physique de la scène et des comédiens sont importants pour ceux qui sont peu nombreux. Cela apporte un sentiment de sécurité à une population qui craint pour sa survie.

La lecture, acte individuel et solitaire, semble rébarbative aux Franco-Manitobains qui, étant donné leur situation minoritaire, préfèrent dans leurs activités intellectuelles et culturelles une activité de groupe, le spectacle plutôt que l'intériorité. Ceci expliquerait amplement pourquoi les poètes ont pris tellement de temps à se trouver une voix personnelle, et pourquoi on a tardé à mettre sur pied une société éditrice. C'est un problème qui existe toujours à l'heure actuelle:

Nevertheless the problems of reception and institutionalization in our heavily institutionalized culture remain unresolved for Franco-

*Manitoban writers. Apart from St.Boniface's two publishing houses
and bookstores, the French-speaking community in Manitoba has
virtually no literary infrastructure. Except for the occasional book
launching, there are no readings or other opportunities for writers
(and readers) to meet. There are no French writing workshops or
seminars, or other facilitating mechanisms for publication. None of
the province's four universities offers creative writing courses in
French. There are no local magazines or other media that would
provide a regular forum for French literary writing, criticism and
review.[33]*

La scène, comme la reprise de la dernière Cène, offre un climat
social plus puissant, semble-t-il, que les exhortations poétiques.
C'est sans doute une des raisons pour laquelle le Cercle Molière a
pu se mériter le titre de plus ancienne troupe de théâtre au Canada.
L'activité socialisante du spectacle plus que le "contenu" de la
pièce entre en jeu ici. Le Franco-Manitobain a l'occasion de se
retrouver devant un événement "culturel" qui se déroule "en
français". Preuve de son existence. Spectacle et promotion de
l'identité linguistique. Le théâtre permet et systématise ce que
Robert Escarpit a appelé "la diffusion par rassemblement[34]". Il est
un acte vivant:

*...le théâtre est à chaque représentation une expérience originale
vécue par la salle et les acteurs ensemble. Chaque fois un univers
imaginaire et réel tout à la fois est concerté et construit sur place.[35]*

D'ailleurs comme le fait remarquer Ingrid Joubert, dans un
article intitulé *Current trends in Franco-Manitoban Theatre*, les
créations locales contemporaines semblent préoccupées par la
question de l'existence même de la minorité franco-manitobaine,
"they all seem to revolve around the ethnocide of a minority to
whom the martyrdom of Louis Riel has become emblematic[36]".

Cette popularité du théâtre fait encore concurrence
aujourd'hui à la lecture et demeure un problème réel, non seulement pour le poète, mais pour l'écrivain franco-manitobain. L'élite
s'abonne à la saison théâtrale du Cercle Molière, un peu comme les
grandes sociétés commerciales se réservent des loges de luxe au
Skydome de Toronto. Malgré certains problèmes d'abonnements

qu'elle a connus récemment, la troupe attire presque toujours des foules, peu importe, en général, le genre de théâtre qu'elle présente, alors que les lecteurs des maisons d'édition franco-manitobaines sont plus rares. Et selon un sondage mené pour le Cercle Molière, c'est une élite semblable à celle de jadis qui assiste aux spectacles:

> *Le sondage a révélé que la majorité de ceux qui assistent au Cercle Molière habite à Winnipeg. Généralement, ils assistent seulement au Cercle Molière et ils parlent principalement le français à la maison. Ils ont au-delà de 40 ans, leur formation académique est surtout libérale et leur revenu domestique familial est entre 40 000$ et 60 000$.*[37]

Cette cohabitation du théâtre et de la poésie dans l'histoire littéraire du Manitoba français se poursuit en cette fin de siècle. De nombreux poètes s'intéressent activement au théâtre. Guy Gauthier a écrit et a fait jouer une vingtaine de pièces en marge de son oeuvre poétique. Paul Savoie, d'abord reconnu comme poète, a écrit des textes pour accompagner une chorégraphie. Il a aussi rédigé deux pièces qui n'ont pas encore été mises en scène, dont une comédie musicale *Mimi's Bar & Grill* avec la comédienne Marie-Lynn Hammond. Gilles Cop vient de faire jouer sa pièce *Victor* au Cercle Molière (avril 1989). Louise Fiset aussi a conjugué sa carrière de comédienne à celle d'auteure. Sa pièce *Letinsky Café* a été jouée par le Cercle Molière en février 1987. Charles Leblanc, comme on le constatera dans sa biographie, a été comédien et fondateur de plusieurs troupes de théâtre. Sa poésie reflète jusqu'à un certain point son concept d'un théâtre "efficace", pas tout à fait "Brechtien", un peu "marxisant". Enfin, Rhéal Cenerini a également composé pour le théâtre. Quoiqu'on puisse trouver des allusions à Louis Riel et au Christ dans sa pièce *Aucun Motif* jouée au Collège de Saint-Boniface en mars 1982, cette production dramatique doit plus au théâtre de l'absurde qu'à la scène politico-religieuse à laquelle il est revenu récemment (mars 1990) avec *Kolbe*.

Il faut noter toutefois, malgré l'accueil foncièrement social accordé au théâtre, que chez ces auteurs contemporains, il y a le désir de briser les modèles conventionnels auxquels s'agrippe la minorité, et où, peut-être, elle s'enlise. Comme le note Ingrid Joubert au sujet d'*Aucun Motif:*

> *This ironic play with actantial models seems to correspond to the desire to tear down the walls of a ghetto and to stage transformable models, or at least easily overthrown models, following political tendencies. By exploding the conventional processes of the theatre, the ironic parody of "Aucun Motif" is at once a critique of the aesthetic and ideological conformism of a minority, and the active exploration of artistically and socially creative possibilities.*[38]

Après l'activité culturelle "académique" du Collège, et celle plus "sociale" de la scène théâtrale, il faut rappeler le rôle de ces salons de société qui s'organisaient, principalement dans des regroupements de Français venus s'établir au Manitoba, tant à la ville qu'à la campagne, comme celui de Mme Fortuné Mollot à Fannystelle, vers la fin des années 1880, que nous avons évoqué dans l'avant-propos. Mme Mollot était pianiste et son mari peintre-paysagiste. On peut imaginer les discussions littéraires et artistiques au premier plan de ces rencontres auxquelles se mêlaient les dernières nouvelles de France, la musique et la bonne chère. Mme Mollot identifie M. Thomas comme un des poètes de son salon. Mais nous n'avons pu retrouver aucune trace "littéraire" de cet "écrivain".

Gaston Guénebault, cet autre Français venu participer à la fondation de Fanny-Lux, le phalanstère jumeau de Fannystelle, a-t-il eu l'occasion de fréquenter le salon de Mme Mollot? On ne le sait pas. Mais il est certain qu'aux activités pédagogiques et théâtrales, aux rassemblements culturels, s'ajoutaient l'activité des petits salons, à caractère plus musical chez les Marius Benoist par exemple, où l'on promouvait la vie littéraire et développait le sentiment artistique. C'est ainsi que l'élite cultivait son bon goût et se raffermissait dans la conviction que le Manitoba resterait français.

Pourtant, il n'y a pas un "isme" à découvrir dans la poésie franco-manitobaine du début du XXe siècle. D'ailleurs, Paris demeure la Mecque pour les Français expatriés, et Montréal, le Paris littéraire du Canada pour les Québécois et les Franco-Manitobains.

Déjà épisodique, la poésie se fera plus rare. De Laronde écrit ses textes entre 1880 et 1890. Guénebault chevauche la fin du XIXe et le début du XXe siècles. Les autres publient au cours des années 1910, à part Castelein de la Lande dont les quelques poèmes datent du début des années 1920, qui sont également la période de sa production dramatique. D'ailleurs, la production théâtrale des années 20 et 30 constitue un corpus bien plus imposant que celui des recueils poétiques. Puis, de 1930 à 1940, ce sont les essais historiques qui domineront la production littéraire.

Peu d'activité dans les lettres franco-manitobaines au cours des années 40 et 50, à moins d'évoquer le nom de Gabrielle Roy qui avait déjà quitté sa terre natale pour aller écrire au Québec; et de sa soeur Marie-Anna Roy qui est partie habiter l'Alberta pour ensuite revenir dans sa province d'origine.

En poésie, on retrouve quelques parutions dans les revues et journaux, tant laïcs que religieux. Le journal *La Liberté et le Patriote* (qui redeviendra simplement *La Liberté* en 1971), continuera le rôle "littéraire" assuré auparavant par d'autres hebdomadaires, particulièrement dans le cas de Manie Tobie, le pseudonyme de Marie-Thérèse Goulet-Courchaine, qui est pratiquement devenue la poète attitrée du journal au cours des années 60. Cette amie de Gabrielle Roy a exemplifié ce groupe de poètes populaires, nés au tournant du siècle, qui ont surtout publié au cours des années 60 et au début des années 70.

Il s'agit bien d'une poésie populiste, amusante, divertissante, quelquefois sérieuse, généralement rimante. Avec ces auteurs, la poésie a quitté les nues de l'Académie et du Parnasse pour descendre auprès du peuple. En effet, la poésie et la prose de Manie Tobie étaient attendues et lues avec avidité par les résidants non seulement de Saint-Boniface, mais des petites communautés francophones à travers la province.

Dans l'essai qu'il lui a consacré, René Juéry résume bien la portée de cette poésie:

> *L'auteur écrivant pour ces monstres boulimiques que sont les journaux n'a pas le temps de polir son oeuvre. Les pièces, généralement très courtes, se réduisent parfois à de la prose rimée. Elles retiennent cependant de la poésie deux caractéristiques essentielles : la condensation de l'effet recherché sur quelques mots ou expressions privilégiées et la re-création de l'objet perçu – ici l'événement – en vue de*

son intégration dans le milieu où évolue le poète. Il s'agit donc moins
d'exprimer des accents personnels que de remplir la fonction d'histo-
rien au service de la communauté, et ce, dans la coulée d'une tradition
orale.[39]

Voilà qu'elle rejoint Falcon et la kyrielle des poètes "intellectuels" qui ont meublé les premiers vingt ans du XXe siècle au Manitoba. Mais chez Manie Tobie, les événements peuvent être de plus
ou moins grande importance historique; tout y passe, aussi bien
l'assassinat de Kennedy et l'envolée des astronautes que le port de
la mini-jupe et Gilbert Bécaud.

Il y a aussi chez elle un fort sentiment d'appartenance. Elle
était fière de ses origines métisses; et, des vingt années qu'elle fut
institutrice, elle en passa dix, des plus heureuses, sur des réserves
indiennes. C'est cette proximité aux sources qui a produit certains
de ses plus beaux vers.

Manie Tobie ne se fatigue pas de chanter "mon Manitoba", ses
saisons, ses us et coutumes. Mais comme le laisse entendre René
Juéry, il y demeure souvent une intention didactique, celle de
propager la foi par la langue et la culture. Même *Octobre* qui,
pourtant, peint une toile presque japonaise :

Octobre a coloré la pourpre des montagnes
Et la paille jaunie de nos vastes campagnes.
On dirait qu'un fusain a dessiné l'ombrage
Que fait la branche nue au nouveau paysage.

se termine par une intervention pieuse:

Mois perlé de rosaires, fais hommage à la Vierge.

En cela, ses écrits ne sont pas si différents de ceux de ses
prédécesseurs qui ne peuvent s'imaginer une parole qui ne s'élève
comme un encens vers le Très-Haut. À bien des égards, la société
n'a pas encore beaucoup changé entre la première et la seconde
moitié du XXe siècle.

Sa contrepartie masculine, Fernando Champagne, a un style
plus ample et moins événementiel. C'est avec candeur et humour
qu'il réfléchit, dans *La plus belle chose*, aux "grandes questions de la

vie". Sa poésie n'en sera pas moins religieuse; au contraire, il composera une grande quantité de poésie mariale, mais souvent avec fantaisie, comme dans *Marché avec la Sainte Vierge*. D'ailleurs, Champagne ne se prend pas au sérieux:

> *On me reprochera, l'aurais-je mérité?*
> *D'employer trop souvent le mot "éternité".*
> *(Introspection)*

Plus simples, moins pondérés que les poètes précédents, ces écrivains populistes conservent toutefois à peu près les mêmes thèmes : le paysage manitobain et le paradis céleste.

Champagne publie dans les journaux, *La Liberté*, *Le Courrier*, et dans le quotidien *Winnipeg Tribune*. Ses textes paraissent surtout au cours des années 70; la plupart restent inédits. Il est venu à la poésie par la voie de la scène, comme tant d'autres. Il était reconnu comme déclamateur, et au cours des années 30, il a participé à des tournées de financement pour le journal *La Liberté*, puis pendant les années 40 et 50, il fit de même pour la radio française de CKSB. L'on voit encore ici à quel point la poésie est utilitaire: elle sert la Cause.

Champagne participait à ces séances, où figuraient musiciens et comédiens, en récitant des textes, particulièrement ceux de Jean Narrache, un autre écrivain "populiste". Ces déclamations étaient fort appréciées. Champagne y ajoutait des compositions de son propre cru qui étaient, elles aussi, applaudies. C'est ce voisinage avec le peuple qui fit la popularité de ces poètes. D'ailleurs Champagne se sentait plus près de l'agriculture que de la culture intellectuelle, ayant abandonné ses études au Collège de Saint-Boniface pour retourner à la terre.

Un autre qui "se mêlait à toutes les oeuvres de survivance" dira Lionel Groulx, fut Godias Brunet. Quoiqu'il puisse être lyrique, comme dans *Au cimetière*, il a le sourire fermement planté au coin des lèvres. Il fait paraître les quelques poèmes qu'il a écrits dans les pages de *La Liberté*.

La bonne humeur marque aussi la poésie de Berthe de Trémaudan. Ce n'est qu'à l'âge de soixante-douze ans qu'elle décide de se mettre à écrire en jetant un regard sur l'expérience de vingt-trois ans de vie passée dans le nord du Manitoba. Ses vers sont publiés en Colombie-Britannique et en Alberta, mais quelques poèmes à la fin de son livre de souvenirs, *Au nord du 53ᵉ*, décrivent plus particulièrement sa vie manitobaine. Malgré les difficultés d'une telle vie à l'époque, elle apprend la débrouillardise, et c'est cette qualité qui lui permet de rimer sans amertume sur les petits faits quotidiens.

Gilles Cop continue aujourd'hui cette tendance populiste. Descendant d'une famille d'agriculteurs, il aime, comme Champagne, parler sans façon des choses de la vie. Il raconte franchement et simplement les petites aventures quotidiennes, quoiqu'il soit d'une autre génération, et que les aventures soient plus épicées. Notons que Cop est aussi comédien, et récemment dramaturge. Ainsi, ses poèmes semblent être de courtes pièces, drames ou comédies, animées par la repartie. Certains de ses poèmes ont été mis en scène au théâtre d'été du Cercle Molière.

Nous ne voulons pas suggérer que la poésie franco-manitobaine doive traiter uniquement de paysages manitobains, ou qu'elle doive s'enraciner dans une écriture régionale, bien au contraire. Mais en se penchant non seulement sur le fond et la forme, mais aussi les conditions de formation de cette poésie, il devient possible de déterminer en quoi elle est ou n'est pas franco-manitobaine, et d'en tracer l'évolution et l'histoire.

De fait, toute une écriture contemporaine, particulièrement en poésie, cherchera à se dégager de certains éléments "folkloriques" qui sont perpétués encore aujourd'hui, notamment dans des romans "du terroir"[40] allant de *La fille bègue* d'Annette Saint-Pierre au best-seller *Tchipayuk* de Ronald Lavallée. Ce retour narratif et descriptif aux "racines" continue d'être encouragé afin de définir l'identité franco-manitobaine, d'en cerner l'héritage et d'en promouvoir les valeurs.

> *For practical purposes, recent Franco-Manitoban poetry and prose fiction can be situated between two poles, one characterized by works with an explicitly or implicitly local (often strongly folkloric) thematic and formally traditional treatment, the other by a non-regional, avant-gardistic focus.*[41]

Cette "tradition" s'avère non seulement populaire au Manitoba, mais "exotique" et rentable à travers le monde, particulièrement en Europe. Le roman "métis" **Tchipayuk**, publié chez Albin Michel en 1987, constitue le premier best-seller franco-manitobain (100 000 exemplaires vendus, suivi d'une consécration dans la collection, *Le Livre de Poche*). C'est un succès commercial qui dépasse ceux de Gabrielle Roy, et qui permet à ce roman de se comparer favorablement à la récente vogue des best-sellers québécois.

Louis-Philippe Corbeil a été le premier des poètes franco-manitobains à véritablement concevoir la poésie non point comme le reflet d'une existence ethnique mais comme une manière d'être dans le monde, comme la voix personnelle d'un individu face à sa condition d'être humain, comme un refuge contre l'absurdité de la vie, comme un souffle vital dont l'expression est suprême, quitte à transgresser le discours dominant. En ce sens, il a été le premier de nos poètes, on pourrait dire "poète maudit" pour indiquer la réception qui lui a été faite.

Tandis que certains éditeurs et rédacteurs de journaux ont pu à l'occasion soutenir une certaine production poétique, d'autres ont failli l'écraser. C'est le cas de Louis-Philippe Corbeil. Encore jeune homme, il a eu "deux tentations de publier" comme il l'a admis dans une interview à la télévision de Radio-Canada[42]. Dans la première instance, il a fait parvenir un poème au journal *La Liberté*. Son rédacteur, Donatien Frémont, aurait répondu qu'il s'y trouvait des fautes de métrique, des enjambements, une pauvreté de rimes et une absence de ponctuation qui rendaient le tout illisible.

Frémont connaissait peut-être sa versification, mais il était loin de reconnaître la poésie. D'ailleurs, il n'était pas entiché des poètes, qualifiant même son compatriote Guénebault de rimeur. La lettre de réprobation n'a pas empêché Corbeil d'écrire, heureusement, car elle aurait mis fin à la carrière du doyen de nos poètes actuels, et du premier à avoir fait de l'écriture poétique une pratique.

Dans le deuxième incident, l'étudiant s'est presque fait renvoyer du Collège de Saint-Boniface lorsque le recteur aurait mis la main sur un poème traitant de la résurrection de Lazare. Le poème se terminait par cette réflexion de Lazare sur son passage de l'autre côté : "Il n'y a rien."

Ces deux incidents ont longtemps découragé Corbeil de montrer ce qu'il écrivait. Et sans la présence de maisons d'édition proprement littéraire à l'époque, Corbeil, qui s'est exilé en Australie en 1973, a dû attendre la venue d'éditeurs franco-manitobains aux cours des années 70, et plus précisément l'année 1984 avant qu'on se penche sur sa création littéraire oeuvrée en silence. Sa réputation de poète n'était pas inexistante; au contraire, elle était notoire. Mais à une époque où la versification était encore à la commémoration, l'engagement de la langue poétique au plus profond de l'orifice existentiel était mal vu dans une communaute encore fortement religieuse et conservatrice. Louis-Philippe Corbeil était l'enfant terrible de la littérature franco-manitobaine, aussi modeste qu'elle fut alors. De fait, il était peut-être mieux apprécié comme poète de "l'autre côté de la rivière", dans certains cercles littéraires anglais où il lisait en compagnie d'écrivains comme Maara Haas, que dans son "village" comme il appelait Saint-Boniface et dont il aurait pu dire, pour emprunter à Baudelaire, "je te hais autant que je t'aime", mais qu'il n'a jamais cessé d'évoquer, à sa façon, dans maints poèmes, et dont il louange la rivière en la comparant à la Seine de Paris:

l'autre hiver j'ai vu la Seine
à travers les arches vieillies de ses ponts
où circulent vos bruits clabaudeurs
l'ombre de vos noyés flotte encore
sur l'onde fatiguée de les porter
à l'aube j'attends sur les rives de la Rouge
au chant des poissons dans le clapotis de l'eau
les canots oniriques
qui m'apportent le matin
des cargaisons de songes
l'autre hiver j'ai vu la Seine
pleurer pendant que moi-même je pleurais
l'hiver sur la Rouge
....
peuple de Paris
espèce de frères en allés à la dérive
venez sur les rives de ma Rouge
réapprendre à flâner dans le songe
(Poème manitobain)

En général, la poésie de Corbeil se rapproche davantage de la
fin du XIXe siècle que des temps modernes. "Je suis né trop tard"
répétera-t-il. Mais peu importe, sa poésie est la première, au Manitoba français, à se pencher sur la parole qu'elle profère et sur la
raison d'être de cette parole. Faisant sienne la devise de Rimbaud
"la vraie vie est absente", cette poésie est une interrogation quotidienne de l'existence et une quête de ce que serait la "vraie" vie où
il serait "loisible de posséder la vérité dans une âme et un corps"
(écrit Rimbaud dans *Une Saison en enfer):*

> *Le mal est une sphère et l'âme en est le centre*
> *les jours en mal de maux se cachent dans l'absence*
> *(Journal de bord du Gamin des Ténèbres)*

Cette poésie est une longue plainte, comme un souffle continu,
le premier cri qui a projeté le nouveau-né dans le monde qu'il veut
déjà quitter pour d'autres rives:

> *Je suis l'errant de la grande nuit*
> *depuis l'enfance évadé de la lumière*
> *je perce au hasard dans la nuit ronde*
> *de grands trous dans le mystère du ciel*
> *pour épier la profondeur de l'infini*
> *(Je suis l'errant...)*

L'espace devient ici le lieu d'enjeu du poète, il n'est plus
simple paysage descriptif, mais dimension de son être ou non-être:

> *L'attente que je porte est une illusion*
> *Qui gonfle éperdument de folles joies le ventre*
> *De l'espoir, jouet de l'ultime passion*
> *Recousant l'avenir que la pensée éventre.*
>
> *Je quitte cet emblème où avorte l'oubli*
> *Et plonge dans le vide inerte de mon âme*
> *Qui se mêle à l'inutile aurore qui bruit*
> *À l'horizon gris que l'existence réclame.*
> *(Au Cabaret)*

On n'a qu'à regarder le poème suivant pour voir comment la poésie de Corbeil intègre le paysage à sa parole même :

C'était encore au temps des avoines dorées
le grillon aussi gras que la moisson d'automne
crevait l'air atone de ses cris mélancoliques
l'espace fuyant saignait à tous ses horizons
....
Tou rêveur dans les foins d'or de mes prairies
je cherchais l'auberge aux quatre coins des vents
pour déposer sur le traversin chaud du silence
cette pauvre tête habitée par les furies.
(C'était encore au temps...)

Si une heure noire pèse sur cette poésie – il est clair que le pays de Corbeil est hanté, son paysage mangé, par les grands thèmes de l'absence, de la nuit et de l'oubli – ce n'est plus une aliénation culturelle qui domine ici, mais une aliénation existentielle. Ce n'est plus un paysage descriptif que le poète cherche à pénétrer, même pas un pays que le poète essaie d'habiter, mais le lieu même de sa parole, de son engendrement ontologique. L'espace est la substance de ses visions, le champ que traverse sa parole, le canevas où se dresse ses songes, où le poète se cherche :

Au-delà des azurs, au-delà des étoiles
La prunelle fouille et sonde, cherche et se voile,
L'immense vide vole à l'audace irritée
L'avare sentiment de son identité
(Après une promenade au cimetière)

Mais il n'y a :

Aucune porte dans l'ennui
où essaie de s'envoler
maint songe ailé
(Aucune porte dans l'ennui...)

Il ne reste que la voix du poète; la première, pourtant, à être ainsi entendue au Manitoba français :

et le noyé du rêve écoute se former une plage
baignée par l'eau apaisée de toutes les dérives
où sombrent tous les rêves

mort! tu vomiras de tes entrailles mon poème
afin qu'il chante pour le noyé du songe
dans ses longues pérégrinations sur les flots
(C'est le noyé du songe...)

Bien qu'on ait tenté de le décourager d'écrire à ses débuts, Louis-Philippe Corbeil, pour sa part, a joué un rôle considérable dans la vie littéraire des années 60. D'abord dans une espèce de salon très informel chez lui où se rencontraient principalement des collégiens intéressés à la littérature, la philosophie et les beaux-arts. Guy Gauthier et J.R. Léveillé, entre autres, l'ont fréquenté. Puis comme commis à la Librairie Lumen de Saint-Boniface, laquelle se séparait, petit à petit, de son prédécesseur, la Librairie Fides, une succursale de la maison d'édition québécoise catholique. Alors qu'on retrouvait principalement des manuels scolaires et des livres "classiques" sur les rayons, il encourageait les propriétaires du commerce à y mettre du "nouveau". Même si ses propres écrits s'apparentaient plus à l'atmosphère baudelairienne et à l'éclat mallarméen qu'au formalisme moderne, et même si ses goûts de lecture penchaient davantage vers Léautaud que l'avant-garde, cela ne l'empêchait pas de proposer aux clients, en plus du "nouveau roman" français, la littérature québécoise qui commençait à s'imposer : Marie-Claire Blais, Anne Hébert, Paul-Marie Lapointe, Paul Chamberland, Roland Giguère, Hubert Aquin, même des textes comme *Calorifère* de Claude Péloquin, ou les *Cent Mille Milliards de Poèmes* de Raymond Queneau. Ce fut une contribution intellectuelle importante à l'éclatement des cadres littéraires à la fin des années 60, et au début des années 70.

Deux autres poètes, de la génération suivante, feront carrière principalement au Québec. Placide Gaboury et Léo Brodeur ont tous les deux poursuivi une carrière universitaire, d'une part, et une oeuvre aux connotations "spirituelles", d'autre part.

L'oeuvre de Brodeur, en particulier, semble avoir été rédigée entièrement dans l'Est du pays. Mais son poème, quasi japonais, *Imagier québécois – 57 –*, capte une scène, toute aussi mentale que physique, qui aurait pu être manitobaine:

La neige passe
  au-dessus de la neige

en faisant une ombre blanche
qui emporte le temps.

et qui fait écho au poème "manitobain" de Gaboury:

Il a neigé des soleils d'or!
et tous les astres sont en choeur
avec l'immense valse toute blanche.
(Neiges infinies)

La neige étendue comme la vaste plaine projette, toutefois, dans son horizontalité incroyable, une dimension verticale :

ce ne sont pas les flocons
  se berçant qui tombent

c'est le jardin tout recueilli
qui monte vers son rêve
(Brodeur – Première neige)

Comme quoi, pour les écrivains nés de l'étendue de la plaine, cette recherche de coordonnées marquera toujours leur littérature:

The belief in accessible horizon is symptomatic of a psychological need to derive identity from a clearly defined land.[43]

L'enjeu de l'animus et l'anima, âme et corps, peuple/pays:

Il est deux nuits

Celle d'où l'on ne peut sortir
corps mortel

Celle que l'on fait secréter
à son âme
(Brodeur – Deux nuits)

Le paysage devient le langage du corps où se trouve captive l'âme du poète, où se joue une dialectique, semblable à celle de Saint-Denys Garneau, bien que moins tragique :

Je suis une cage d'oiseau
Une cage d'os
avec un oiseau
(Saint-Denys Garneau – Cage d'oiseau)

Donne à boire ô nuit
Verse-moi ta grande épée du rêve
Que je brise en moi
La pierre amère de ma mémoire
(Brodeur – Insomnie)

Quoique Brodeur se préoccupe de plus en plus de questions religieuses et culturelles, les enjeux de la poésie sont chez lui plus complexes que chez Gaboury, c'est-à-dire plus troubles. L'acte poétique est un agent dans cette échappée de la gravité terrestre. Chez Gaboury, l'écriture, plus clairement religieuse au début, devient plus "spirituelle" à mesure que l'écrivain s'intéresse à l'ésotérisme du Nouvel-Âge. La poésie de Gaboury reflète la conviction qui le fit entrer dans la Compagnie de Jésus. Chez lui, la création (ou le créé, la nature, le pays, le paysage) est un reflet du Créateur:

Il a neigé des milliers d'ostensoirs
trempés d'un vin en brume fourmillante
coulé emmi l'encens d'une Cène.
....
Il a neigé des neiges infinies.
(Neiges infinies)

L'écriture est plus condensée et plus mystique chez Brodeur :

poisson résurrectionnel
tu es la plus totale suspension dans l'absolu
mesurable
à l'éclat de l'unique rayon
de ton oeil d'or

dans l'indigo
(Marine)

On retrouve, chez Gaboury, non pas précisément un langage de *Correspondances* comme l'a proposé Baudelaire, mais plutôt le concept d'une nature qui parle, avec optimisme, avec espérance, d'une transcendance:

Ce soir
Nous ne sommes plus à l'ombre
Mais à la lueur de l'arbre
- Ses mains de phosphore
Ont fait fondre la nuit -
Nos corps s'auréolent
....
Et la sagesse se lève
Au coeur de l'arbre
Comme un astre
Dans la nuit verte
(Marronniers en octobre)

où tous les êtres se retrouvent unis dans une espèce de *Ronde du Monde:*

Chantant que la ronde
Est poème des mains
Dansant que le monde
Est poème de liens

Du religieux au spirituel, ces poèmes décrivent le voyage intérieur qu'a été la quête de ce chercheur de libération, et qui l'a entraîné des structures plus établies de la religion chez les Jésuites à un retour à la nature et aux voies plus ésotériques du possible (voir sa bio-bibliographie).

Pour Rossel Vien, c'est à peu près le contraire qui se produira. Ce Québécois composera la majorité de ses oeuvres dans l'Ouest. De sang mêlé et de naissance québécoise, Rossel Vien se reconnaîtra dans "l'exil" de ceux qui sont venus habiter le Manitoba avant lui:

Mon peuple en est un de paroisses et de fidélité.
Il a fait son temple en exil,
Invisible sous la grande clarté,
Fouillant le nord et cherchant l'été.
....
Il a posé ses pieux dans les horizons étrangers.
(Mon peuple)

Cette identification entraînera Vien à écrire plusieurs textes sur l'histoire de l'Ouest canadien. Il contribuera, tant comme chercheur que comme journaliste, à la connaissance du Manitoba français. Sa poésie, qui a paru irrégulièrement dans les hebdomadaires locaux comme dans les journaux du Québec, dans *Le Devoir* par exemple, accorde une place importante au pays manitobain qui apparaît surtout dans ses cycles de transformation:

Que j'aime et qu'il faut aimer
Les lenteurs de cycle,
Les tournants de saison, d'avant-saison,
Dont raffole notre Nord.
(Hésitations)

Il s'agit donc d'une poésie qui cherchera non pas tant un lieu (puisque l'auteur s'identifie avec des "exilés"), mais une *Durée:*

Insolente durée
....
Résistante durée
....
Durée que l'on cherche, durée qu'on poursuit,
Durée à étreindre.

L'écriture, nous dit-il dans *Le maintenant*, réussit à s'approcher du moment présent qui serait en quelque sorte le début d'une continuité:

Et je touche et je presse
Ce présent découvert

Ici projeté
Hors du mouvement,
Ici déposé.

Mais la tentative s'avère presque impossible:

Je veux le cerner, lui
Qui ne se borne pas,
Le retenir, lui
Qui ne se retient pas.

Ce qui semble permanent est soluble. La poésie de Vien baigne dans le fluide. Le cycle des saisons est avant tout signalé dans sa fluidité:

Neige de mai
....
Venez, passez!
Fondez en crépitant
....
Neige éclatée,
Visiteuse de mai,
Éphémère aventure
(Neige de mai)

Combien dures et aimables
Les mares de mars
Qui tremblotent à midi
Et gèlent à minuit.
(Hésitations)

Quelle eau ruisselle
Là, sur le pavé,
De glace fondue, de gelée
Eaux d'automne qui refusent
De s'enterrer,
De sécher.
(Un matin)

La poésie de Vien témoigne d'un "équilibre instable" (selon le titre d'un roman du Franco-Manitobain Louis Deniset), mais où le poète au sang mêlé se reconnaît:

Et que tu fais foisonner
Mes sangs frileux
À l'égal des petites ruines,
Mobiles sur le pavé...
(Un matin)

Ruines mobiles? En effet! Même le *marbre*, qui figure peut-être le buste du poète, est perçu comme agrégat plutôt que comme bloc:

C'est un beau marbre veiné
Qui me regarde
Que j'ai sculpté de force
Terrible
....
Je me dis qu'il faut être ruines
Telle nuit telle année
Pour entendre au jour venu
Un tintement de source
Courant dans l'air depuis
Le centre dernier

Et pour voir en étranger
Les dépouilles de soi
En dépôt minéral
(Marbre)

Du reste, le premier vers de ce poème aux échos de l'Ecclésiaste se présente sous le signe de l'eau:

Un pleur long à choir

Vanitas vanitatum! La non-permanence des choses occasionnée par la fluidité apparaît parfois comme une punition pour celui qui cherche à se fixer :

Tu es reproche
Pour un sang blotti,
Pour nos peaux confortables.

Tu es supplice et tu précipites
Dans l'évanescence de mort
Un champ qu'on croyait toucher,
Une terre qu'on collait exprès
À nos pieds
(Neige de mai)

La seule permanence est celle de la fluidité elle-même. Vien ne peut être plus clair dans un poème, *La mer*, qui n'est évidemment pas particulièrement manitobain (quoiqu'on ait vu chez Louis-Philippe Corbeil, et qu'on remarquera chez François-Xavier Eygun, que plaine et mer sont souvent interchangeables):

Elle est celle qui va
Et qui n'a pas de maître
Et qui ne finit pas
De mourir et de naître.

Si tu le veux, un soir,
Toute amarre écartée,
Nous descendrons la voir
Dans ses vagues salées.

L'abîme s'ouvrira,
Et sans plus de murmure
Nous ensevelira
Pour des ondes futures

Cette image de "mouvement perpétuel" reviendra de plus en plus dans la poésie contemporaine franco-manitobaine où la poésie apparaît comme un circuit signifiant.

À la fin des années 60 et au début des années 70, l'hebdomadaire *Le Courrier* prend la relève des journaux comme *La Liberté* et publie de la poésie de temps en temps. La section française de cet hebdomadaire bilingue, dirigée d'abord par Raymond Hébert, puis par Rossel Vien, a été la première à publier des poèmes de Louis-Philippe Corbeil. *Le Courrier* était avant tout un journal de nouvelles locales, mais il a prêté ses pages à des comptes rendus de publications et de spectacles, et à quelques poésies, témoignant peut-être, en raison de sa nature "bilingue", d'une ouverture aux formes littéraires plus "nouvelles", moins protectrices de la Culture.

Déjà, Guy Gauthier s'était détourné, par esprit de rébellion, de la langue française, optant de faire ses études dans les collèges et universités de langue anglaise; son oeuvre a été écrite principalement en anglais. Jeune étudiant, il en a eu assez, a-t-il confié dans une entrevue à Radio-Canada, de se faire répéter le kyrié franco-manitobain: "Parle français!"

Il n'est pas surprenant, par contre, que George Morrissette compose une oeuvre en anglais, quoiqu'il ait été élevé dans une famille métisse. Il est d'origine ukrainienne.

Ils seront, entre Corbeil et la génération de Savoie et Léveillé, les écrivains de cette heure, et elle a sonné en anglais. On ne peut symboliser plus clairement une rupture avec le passé. La présence de l'anglais reviendra dans les oeuvres de certains poètes contemporains, particulièrement dans deux textes de J.R. Léveillé, *Extrait* et *Montréal poésie*, mais son utilisation fait alors partie d'une vaste trans-littérature où toutes les langues communiquent. Charles Leblanc et Janick Belleau ont intégré quelques poèmes anglais à leurs recueils français, tandis que Paul Savoie et Alexandre Amprimoz ont plusieurs livres de poésie anglaise à leur actif.

Au cours des années 60 et au début des années 70, ce sont surtout les journaux des étudiants du Collège de Saint-Boniface qui assureront la promotion des poètes. *La Liberté* continuera à publier des feuilletons, comme *Les va-nu-pieds* de Madeleine Laroche, mais la poésie disparaîtra de ses pages.

De ces journaux estudiantins, *Le Bonifacien* avait déjà, au cours des années 40, publié les premiers poèmes de Gaboury. Mais à compter des années 60, ces journaux ont pris une tournure plus spécifiquement littéraire et philosophique. C'est dans *Frontières*, où il fut rédacteur, que J.R. Léveillé ainsi que Paul Savoie firent leurs débuts. Suivirent *Populo* et *Le Réveil* qui débordèrent le cadre collégial en publiant, à l'occasion, des textes qui ne provenaient pas des étudiants.

Cette époque marque aussi la fin du régime jésuite au Collège de Saint-Boniface et le début de la laïcisation du vénérable institut. Au cours des années, les journaux étudiants sont devenus des organes de libération au sein même d'un institut de la Culture, libérant ces jeunes d'un ancien régime axé sur la Langue et la Foi. À certains égards, ces journaux continuaient le travail de l'ancienne Académie française du Collège, mais en ouvrant les cadres vers une plus grande universalité de pensée.

C'était aussi le début de la présence envahissante des médias, principalement anglophones au Manitoba; et tout menaçant qu'ils purent être pour une minorité, ils constituèrent une ouverture qui s'est accompagnée, pour les jeunes, d'une invasion musicale, non négligeable, britannique et californienne ("The West is the best" – The Doors), et de l'ère des hippies.

Le régime du Collège lui-même se modifiait. La structure très régimentée du cours classique s'assouplissait. L'enseignement du grec avait fait son temps, et celui du latin prenait fin. Au terme d'une langue morte, les poètes ont pu découvrir une langue proprement poétique, qui se parlait, et qui ne revendiquait plus uniquement un lieu linguistique et culturel, politique ou social. Pour cette raison sans doute, le langage poétique a peu participé aux revendications politiques de la minorité qui n'ont cessé de s'exacerber jusqu'aux années 80. Pas de *Speak White* de Michèle Lalonde. Le discours poétique et le discours politique[44] liés au début sont maintenant distincts. L'écriture poétique ou littéraire, tournée vers sa spécificité, libérait l'écrivain de son état de minoritaire, d'exilé chez-soi, en s'engageant dans des problématiques plus universelles, en se tournant vers les langues du monde.

Cela coïncidait avec l'enseignement des jeunes Jésuites qui, en compagnie de laïcs plus nombreux, assuraient encore le cours classique au Collège de Saint-Boniface. Ils s'intéressaient tout autant à l'existentialisme de Sartre et à l'empirisme de Hume et de Locke qu'aux penseurs grecs et au thomisme. Le "nouveau roman" était à l'ordre du jour. Corneille faisait place au théâtre de l'absurde. La poésie trouvait ses racines chez Baudelaire, Verlaine et Rimbaud pour conduire à Char, Éluard, Saint-John Perse.

Philosophie, littérature et un certain épicurisme s'y mêlant, les Cahiers des finissants de l'époque sont devenus, toute proportion gardée, de petits manifestes qui dépassaient largement le cadre régulier de ce genre de publications. Ils prônaient une attitude et un style de vie loin de l'enracinement franco-manitobain.

À cette époque, on vit aussi la parution de certains opuscules poétiques, polycopiés, dans le cadre des activités scolaires; par exemple, *Correspondance* de Gérald Dupont et *Miroir de glace* de Martial Marcoux, aux Éditions Boîte-Aux-Lettres conçues pour l'occasion, en 1965. Ces textes parlent bien plus d'enthousiasme adolescent que de poésie; les auteurs, qui n'ont rien écrit depuis, seraient les premiers à le reconnaître. Ces opuscules témoignent toutefois d'un besoin d'infra-structure littéraire.

Déjà, à la fin des années 60, on assiste à la parution de textes plus longs, à compte d'auteur: *Alouette de prairie* de Godias Brunet (1967) et *Tombeau* de J.R. Léveillé (1968). Ces textes furent imprimés sur les presses de Canadian Publishers où les Oblats publiaient *La Liberté et le Patriote*. Une fois de plus, un journal se prêtait à l'édition. En 1976, François-Xavier Eygun participe à la création de la revue *Voix des jeunes* qui eut quatre parutions. Cette revue ainsi que *Le Réveil* ouvrirent leurs pages aux poèmes d'Eygun, de Charles Leblanc et de Rhéal Cenerini, entre autres.

Mais le véritable point tournant fut la fondation en 1974 des Éditions du Blé, une première maison d'édition véritablement franco-manitobaine. Cette maison sans but lucratif a été créée pour assurer la publication au Manitoba de textes qui, malgré leur valeur littéraire ou historique, n'auraient peut-être pas vu le jour ailleurs, étant donné les contraintes de rentabilité qui existent sur le marché du livre. Mandatées de publier des textes français d'auteurs franco-manitobains, ou des textes se rapportant au Manitoba et à l'Ouest canadien, qui enrichiraient le patrimoine littéraire et l'héritage culturel, les Éditions du Blé ont fait paraître en l'espace d'une quinzaine d'années toute une gamme de livres: poésies, romans, essais, théâtre, livres d'art et de musique, livres pour enfants. Le premier livre publié par la maison fut un recueil de poésie, *Salamandre* de Paul Savoie.

Ces premières années ne se sont pas passées sans conflit puisque deux membres du Conseil d'administration des Éditions du Blé ont décidé de fonder leur propre maison d'édition. En 1979, Georges Damphousse et Annette Saint-Pierre, convaincus de la viabilité d'un commerce privé dans le monde de l'édition française au Manitoba, ont créé les Éditions des Plaines.

Les Éditions des Plaines ont offert un certain nombre de textes poétiques, principalement en leur début; d'abord une ré-édition des *Poésies religieuses et patriotiques* de Louis Riel, et une première compilation des textes de Manie Tobie, puis quelques textes plus modernes de J.R. Léveillé et d'Alexandre Amprimoz. Mais l'aventure poétique de cette maison s'est limitée à cela, car les co-propriétaires ont jugé que la poésie n'est pas rentable. Ils se sont depuis détournés de ce genre de publication pour éditer ou rééditer un certain nombre de textes de valeur historique qui n'étaient plus disponibles : les pièces en un acte d'André Castelein de la Lande, les romans de Georges Bugnet, par exemple.

Les Éditions du Blé pour leur part, sous la direction de Lionel Dorge, ont décidé en 1984 de créer une collection *Rouge*, pour assurer non seulement la publication de poésie, mais aussi de textes plus *modernes*, afin que dans une situation extrêmement minoritaire, les critères de publication ne soient pas exclusivement d'ordre pécuniaire.

On peut noter à cet égard qu'un des recueils les plus populaires, puisqu'il a été réédité, est *Solévent* de Jacqueline Barral. Il faut classer ce livre dans la littérature pour enfants plutôt que dans le domaine littéraire, mais la popularité de ces rimes parle éloquemment des problèmes de réception que connaît, ici comme ailleurs, la poésie.

Nous n'insisterons pas plus qu'il ne faut, sauf pour la mettre dans le contexte de cette introduction, sur la production de ces poètes du Blé, nés après la Deuxième Guerre mondiale, puisque leurs oeuvres sont suffisamment analysées dans les sections qui leur sont consacrées.

Mais soulignons qu'avec la fin du régime classique au Collège de Saint-Boniface et qu'à compter de l'existence de maisons d'édition franco-manitobaines, la modernité est entrée dans la littérature. À cela correspond aussi la fondation, en décembre 1968, de la Société franco-manitobaine, organisme politique chargé de défendre les droits de la minorité française au Manitoba, ainsi que le don du journal *La Liberté*, offert par les Oblats, à la communauté franco-manitobaine, en 1971. La Société franco-manitobaine prenant en charge la politique, et la *Liberté* l'actualité locale et régionale, la scène s'ouvrait à une littérature, du moins à une poésie qui ne serait plus embarrassée du fardeau de la défense des valeurs culturelles.

Le mandat de ces maisons d'édition étant, surtout, de publier

des textes d'auteurs franco-manitobains, les écrivains, et les poètes
en premier lieu, ont pu se détourner d'un certain folklore et faire
publier leurs textes sur leurs seuls mérites littéraires, n'ayant plus
à se plier à certaines convenances ou à certains critères de lisibilité,
ou encore au programme politique que pourrait exiger un journal.

Ainsi, ces poètes n'ont pas cherché à revendiquer la terre, le
pays, ou leur appartenance à un peuple, mais l'être au-delà des
frontières de la patrie et des paramètres socio-culturels – l'écriture
en français, et l'existence d'une littérature franco-manitobaine
étant suffisamment le garant de leur identité.

Nourris aux mouvements médiatiques naissants, aux courants
de pensée européens, ce n'est pas une identité culturelle qu'ils
cherchaient à définir, ni un pays à conquérir; ils désiraient tout
simplement entrer, par leur spécificité d'expression, dans la
généralité de l'écriture du monde:

> ... works like [these] bear witness to the fact that there is sufficient
> confidence on the part of the developing literature to create, from the
> regional specificities of a very small linguistic and cultural minority,
> a universal paradigm which is ready to measure itself against the
> parameters created by the major works of our time.[45]

Ce n'est pas dire que l'on ne puisse pas retrouver chez eux une
certaine "spécificité régionale" comme le laisse entendre Rosmarin
Heidenreich, mais elle est, comme chez Corbeil, l'humus où
pousse leurs propres fleurs du mal, le matériau qu'utilise le poète
pour rejoindre les grandes considérations communes à la poésie à
travers le monde. Si on prend Paul Savoie comme exemple, ce n'est
pas qu'il veuille apprivoiser un espace particulièrement franco-
manitobain qui serait "enfin" son identité; c'est qu'il désire,
comme dans *À la Façon d'un charpentier*, esquisser un lieu où lui,
poète d'origine franco-manitobaine, peut tracer par sa parole sa
place dans le monde, à travers ses données franco-manitobaines.

Ce "bâtir", que nous avons relevé chez nos premiers poètes
métis qui cherchaient à instaurer ici leur pays, revient donc chez
Savoie. Mais Savoie est plutôt un constructeur moléculaire dont la
phrase, s'assemblant hic et nunc, demeure un voyage perpétuel
dans le circuit des coordonnées de temps et de lieu:

Il n'y a jamais de porte entre moi et l'ombre
jamais de séparation entre tant de pas;
je marche sans cesse
vers chaque instant de pénombre,
je pense à toi qui peut-être n'existes pas.

La fin de chaque souffle te recrée devant moi.
Chaque début de nuit ranime ta présence :
tes mains dont chaque geste est son unique loi,
la parole incessante créée dans la violence.

Dans un regard perdu, il n'y a pas de grâce;
et je n'espère pas, je ne crois même plus
qu'au bout d'un autre temps
ou dans un autre espace,
je verrai la frontière des instants révolus.
(Le labyrinthe)

Cette identité poétique est celle de l'acrobate sur la corde raide, en équilibre sur la ligne tendue jusqu'à son prochain vers, et ainsi de suite, comme l'araignée qui tisse son parcours incessant:

Il n'y a pas ici de point-limite marqué
(La balançoire)

La poésie de Savoie est ponctuée à l'occasion d'images issues de ses racines franco-manitobaines où "autel", "Dieu", "génuflexion", "impuissance", etc., réapparaissent, mais ce sont avant tout des racines mathématiques, des "logarythmes", des coéfficients lourds de sens sans doute, mais incorporés à la quête et à l'écriture essentiellement libres:

ce que tu as fait
aucune loi ne l'exigeait de toi
ce que tu es devenu
n'était pas inscrit
sur l'édit de naissance
(La montagne du sang du soleil)

C'est la parole qui libère, mais qui questionne aussi les dimensions de l'être :

C'était dans quelle litière,
j'étais dans quelle affirmation
marginale d'être, entre quels
corps dédoublés
....
J'étais seul,
enfoui dans une multiplication
d'autrui
ayant à déduire une oeuvre
dans l'immensité
(Les dimensions)

Si les origines franco-manitobaines de Savoie interviennent – il reviendra se pencher sur son passé dans *À la Façon d'un charpentier*, et sur son pays d'origine dans *Bois brûlé* –, elles entrent en jeu du fait que le pays et l'identité franco-manitobaine sont encore, et seront sans doute toujours, à "édifier", comme l'est l'acte poétique lui-même, ce pont qui brûle derrière soi:

La Vérendrye passe
et laisse derrière lui une clairière,
plusieurs gerbes,
un tourbillon

la clôture fend
lorsque l'ouragan s'en prend
aux racines

le collège, la cathédrale
s'effondrent
dans un bruit sourd

les digues ne suffisent pas

la Rouge submerge tout

la débâcle entraîne avec elle
   le rêve trop fragile

il reste un bruit de hache,
      quelques clous,
   un pont vers l'intérieur
   (Bois brûlé, p. 94.)*

Alors qu'au début les poètes franco-manitobains semblaient attachés à décrire des événements historiques ou de circonstance, nous voyons ici une différence: ces événements sont des incidents de parcours – non seulement paroissiaux, mais existentiels – intégrés au circuit de la voix personnelle du poète; faits et paysage sont incorporés au verbe du poète qui les prend en charge pour nous entraîner là où nous allons, là où nous sommes, non pas dans l'avenir, l'à-venir, mais dans le "venir", le passage ("La Vérendrye passe" – et comme lui, le poète est avant tout un explorateur):

ce qui reste pareil, ce sont les
saisons – ou, plutôt, la succession
des saisons – ou presque, car
même ceci n'est plus pareil. l'automne,
celui qui transparaît dans cette
épaisseur de vitre, semble venir
de plus loin, non d'espaces
élargissants, mais d'une surface
rivée au temporel. et il ne s'y trouve
aucun lien avec une saison précédente
ou un éventuel début de saison nouvelle.
(J'aimerai une femme brune)

Voilà une durée véritable, non pas précisément délimitée de *a* à *b* dans l'espace et dans le temps, mais signe de ce "dur désir de durer" dont parlait Éluard.

Si le fait d'être minoritaire a joué un rôle dans la poésie franco-manitobaine c'est celui d'avoir propulsé l'écrivain franco-manitobain dans "l'équilibre instable" du circuit poétique où il réussit à créer aujourd'hui des oeuvres riches, différentes de celles des autres pays, mais portant, dans ses différences, sur les conditions de ses possibilités en tant que langage poétique, et ainsi de son existence.

Il faut croire que l'écrasement que ressentait la minorité dans l'étendue des prairies a été le tremplin qui aurait poussé Corbeil à vouloir percer des trous dans l'horizon pour s'échapper de l'autre côté, Savoie à considérer la poésie comme une salamandre qui pouvait vivre dans le feu de ses contraintes d'où brille sa parole, ou Léveillé à voir l'écriture comme un phénix renaissant de ses cendres, chaque nouvelle incarnation étant un fragment à intégrer et à interpréter dans l'ensemble des langues éclatées du monde.

Un peu comme la **Salamandre** de Savoie, l'*Oeuvre de la première mort* de J.R. Léveillé est:

> *délire de cendres*
> *divine passion du passage*
> *en la souveraine parole*
> *(Âge)*

Mais là où Savoie est moléculaire, plus intérieur, le "bâtir" donnant lieu à un langage ressuscité, la poésie de Léveillé est plutôt atomique, plus extérieure, se dirigeant vers un langage de la manifestation. Sa recherche poétique:

> *Voyage*
> *dans la parole*
> *Où trouver, moi,*
> *dans la ligne, le lieu*
> *(Abscisse)*

le pousse à rassembler et à reconstituer les fragments qui seraient des indices de l'origine de sa parole; chaque livre devenant comme l'histoire morcelée, recomposée d'un Big Bang:

> *Je suis le nomade*
> *celui dont le premier*
> *nom est effacé*
> *celui sans nom*
> *innommé et l'innommable*

déploiement
dont le parcours effectué
est d'accomplir
la distance de ce renversement
(Le livre des marges)

Il est facile de voir dans ce "nomadisme" le symbole du minoritaire qui a un chez-eux sans chez-lui. Mais par sa parole, le poète peut renverser cet état de choses. Les vastes horizons et ciels étoilés des prairies deviennent comme chez Mallarmé, la scène inverse de l'écriture noire sur la page blanche:

Que délire
m'est la parole

jet sidéral

danse dans le déclin
et le décor
tranchant d'horizon
descente du soleil
croissant désir
de la couche
autre lame du lit
que triomphale tu surgisses
Tête travestie
de la nuit
(Oeuvre de la première mort)

Les indicatifs régionaux deviennent des prétextes à textes, les lieux-dits des lieux *dits*. La plage dans les écrits de Léveillé représente un paysage bien manitobain, celui des vastes étendues de sable des lacs à peine moins grands que les Grands Lacs. Mais comme dans son roman, *Plage*, cette plage n'est qu'une page (P(L)AGE) qu'elle (L) habite, où elle, l'écriture, circule et suit son cours:

Puis les vagues. Encore les vagues. Et l'eau qui réinvente à chaque vague de transparents mouvements. À n'en plus finir.

et dont le mouvement perpétuel entasse ligne sur ligne pour enfin aboutir à quelque chose comme un livre. On peut appliquer à ces écrits ce que Pierre Nepveu dit de certains textes de Nicole Brossard:

> ... *c'est tout autant, à l'inverse, de faire de la pure textualité une manière d'être, un discours qui dit et performe ce réel contemporain comme un ensemble de traces errantes, de bribes fantômatiques...*[46]

Les livres de Léveillé se composeront de plus en plus de ces traces et de ces bribes. *L'incomparable* est assemblé à partir de fragments de Sappho, où le texte de Léveillé et celui de Sappho dialoguent avec d'autres textes littéraires, philosophiques et critiques. Comme Andy Warhol (qui mérite d'ailleurs plusieurs pages dans *Montréal poésie)*, Léveillé ira chercher ses matériaux dans une matière déjà existante. *Extrait* est constitué d'extraits de textes publicitaires. *Extrait,* a-t-il dit lors d'une interview à Radio-Canada, "donne la souveraineté au mot". On peut évoquer "la disparition élocutaire du poète" chez Mallarmé, "qui cède l'initiative aux mots". *Montréal poésie* se compose de fragments de textes et de signes écrits et visuels que l'auteur a recueillis dans quatre grandes villes du monde. Le livre, devenant objet, artefact archéologique de l'histoire humaine, revêt un aspect plus visuel (voir les extraits cités dans cette anthologie). *Montréal poésie* tient son titre d'une publicité de métro à Montréal, indiquant ainsi que la poésie est un lieu signifiant de la circulation des sens. À Montréal, s'ajoutent, Paris, New York et Winnipeg. Identifiant Winnipeg comme une des quatre grandes villes du monde, Léveillé sort la minorité franco-manitobaine de son isolement pour l'intégrer au Global Village de Marshall McLuhan où tous les langages sont reliés.

Quel est cet univers d'écriture et de signes dans lequel nous vivons? Voilà la question que se posent de plus en plus les textes de Léveillé qui fait peu de distinction entre prose et poésie; ce sont pour lui des stratégies de "différance" comme dirait Jacques Derrida. Ces écrits veulent rejoindre les grandes théories de la deuxième moitié du XXe siècle. Il n'y a pas pour Léveillé d'autre parole que chacune qui se dit. Enchérissant sur Julia Kristeva, il dira dans *L'incomparable:*

La parole est la pensée.

C'est tout un enjeu et Alexandre Amprimoz, lui, écrira:

Tu te le dis: c'est la fréquentation de la pensée qui sera difficile à instaurer en ce nouveau monde.
(Changements de tons)

Mais c'est ce que tentera de faire cette poésie qui se veut, comme celle de Charles Leblanc par la suite, libératrice :

Je reviens à cette écriture ouvrière que j'ai apprise de vous les grands méconnus. Je songe aux frères enchaînés, je voudrais les libérer par l'écriture comme jadis nous l'avions fait par la prière.
(Le chien et le rêve)

C'est une ouverture à d'autres langues et cultures que transmettent les origines méditérranéennes d'Alexandre Amprimoz, qui écrit en italien, en espagnol, en anglais aussi bien qu'en français, et dont l'éducation et les travaux universitaires lui donnent la clé des théories modernes, de sorte que son écriture participe déjà à un vaste intertexte poétique. Son poème *10\v*, à l'instar de Rimbaud, sait mesurer:

L'étoile a pleuré rose au coeur de tes oreilles
(Rimbaud)

mais le soleil pleurait rose
aux coeurs de vos humides
baromètres
(10\v)

Cette poésie devient donc, grâce aux multiples influences où elle a baigné, une espèce de sonde à travers le temps et l'espace qui permet, au-delà des limites des peuples et des frontières des pays, de souligner les correspondances et de saisir l'enjeu de l'existence:

la voix de l'érable
fait écho au coeur des palmiers

tu goûtes au sein de l'aube
et tu devines que ce vent glacé
vient de quitter un peuple d'oliviers

avec ses mirages
la neige t'aide à t'agrandir

il faut descendre
*   au fond*
*   des choses*
pour voir le temps meubler l'espace
(Silences d'une vie lointaine)

Et si ce n'est pas à la poésie d'Amprimoz ("on chante le pays selon sa voix", écrit-il dans *Wagon ouvert*), qui a vécu sept ans au Manitoba, qu'il faille demander de rendre compte de la transformation poétique des composantes franco-manitobaines, son écriture demeure à l'écoute de son histoire:

Si l'on ne veut pas confondre foi et religion il ne faut pas avoir peur
de déshabiller la réalité.
*   ....*
Puis soudain la réalité remet sa robe.

Voilà un février manitobain, ce café est infect. Mon écriture mettra-
t-elle une étincelle dans la paille de ces tristes bureaux.
(Changements de tons)

L'écriture chez Amprimoz prône une activité intensément transformatrice. D'ailleurs, la traduction, ou la "méta-traduction" comme il la qualifie dans **Vers ce logocentre**, fait partie de l'acte poétique:

En d'autres termes si nous commençons tous par traduire nous ne
restons pas tous en dessous d'une écriture première.
(Deux points contre le soir)

Et sa poésie veillera à ce que les voix, toutes les voix qui ont revendiqué, entre chien et loup, la vérité et la liberté de l'être, ne soient pas oubliées:

sur l'étendue du corps vespéral
l'esprit vient lentement se coucher
élégance canine creusant son sommeil
parmi les blanches fourrures
d'un ciel toujours plus bleu

ô la trompeuse paix
où le vent fait taire
l'écho du pendu
c'est la plaine à louis
(Au pays de Riel)

En ces quelques lignes, Amprimoz a su, plus que ses prédécesseurs européens du début du XXe siècle, capter et traduire en vers cette géométrie manitobaine dont les coordonnées, comme entre chien et loup, risquent de se confondre dans une paisible étendue, bien que s'y dresse la voix de la potence où s'est éteint le rêve de Riel.

L'étendue de la prairie peut être une "trompeuse paix", comme l'hiver un ensevelissement où la distinction se perd:

je n'est pas un autre en hiver
(Chant solaire)

ou encore, comme l'automne qui le précède:

on n'a guère le temps
de se pencher
sur une feuille
que la suivante...
....
quelqu'un a laissé la fenêtre ouverte

un flocon de neige
vient se poser sur mon livre
(Septembre à Winnipeg)

C'est comme si le nivellement de la plaine cherche à tout balayer:

c'est une ville plus triste que les autres
....
ouverte à tous les vents
comme la plaine

Mais où l'oreille, comme l'écriture, doit rester à l'affût:

mais les pères
aux oreilles gelées
ont passé l'âge
des dialogues de sourds

qui saura lire tous ces rêves
sur ces lèvres gercées

Question d'impression! Celle des mots sur la page traduit celle des sens, mène une lutte contre l'ensevelissement de l'être dans le décor de l'existence, contre l'envahissement de la vie intérieure par le vacarme du monde ("où le vent fait taire \ l'écho du pendu"), contre la dictature de l'idéologie:

Être, même si ce n'est plus tellement à la mode. Pouvoir vivre ses
impressions.... Être l'artisan du texte.
(Changements de tons)

Cette écriture, comme le *souffle* de Corbeil, est une façon d'être dans le monde:

... il faudra finir par s'inventer pour survivre.
(Contre moi le soir)

Mais pour ce faire, le poète, comme Orphée, devra descendre

aux enfers, au fond de lui-même, pénétrer au-delà de la trompeuse paix jusqu'au bout de la nuit :

Laisser la nuit devenir ton texte.
(Changements de tons)

Même s'il risque de tout perdre:

Contre moi le soir a fini par avoir le dernier mot. La signification n'est ici qu'une silencieuse cascade. Dans ce vide, dans cet échec total je fuis les bibliothèques infernales où l'on persiste à photocopier les traces de certains nuages primitifs. Face à l'exil crépusculaire de l'imagination il faudra finir par s'inventer pour survivre.
(Contre moi le soir)

Cette aventure, comme le souligne Kenneth Meadwell dans cette anthologie, place Amprimoz (comme Corbeil, comme Savoie) sur une corde raide, entre la lucidité et la folie. Ce fut depuis toujours l'enjeu des poètes maudits:

tu rêves de caravelles
au bord d'hypothèses
et de poètes qui démontrent
sur le fil des falaises
la caresse de la mort
(L'antichambre du sommeil)

Cette corde raide, c'est souvent un "toujours l'ailleurs" (comme le suggère le titre d'un poème), lieu d'exil d'où s'élève la voix déchirée du poète:

Ô mais comment résoudre
la prose d'un nouveau poème
sinon par le voyage dans l'absence
....
je veux crier tout le mal
que fait un tel exil
(L'antichambre du sommeil)

Mais c'est en osant cette aventure dans l'absence, en osant frapper aux portes des pierres tombales, en osant passer outre que le poète, comme a dit Rimbaud, "arrive à l'inconnu" et rapporte du "nouveau":

laisse-moi chercher aux sentiers
des tombes l'ombre de nouveaux
poèmes
laisse-moi

moi que les dieux ont béni
au coin de la raison
avec un empire de folies
(Prose pour personne)

D'ailleurs, cette folie que côtoie le poète est peut-être moins un enfer que la soi-disante vie:

La folie est une vie qui vaut la peine d'être hurlée.
(La folie)

Et finalement, c'est peut-être une plus grande sagesse:

L'homme instruit devrait être libre, comme le poète au bord de la falaise. À l'ombre de nos arbres morts la meilleure révolution n'est autre que le travail sur le savoir.
(Changements de tons)

L'écriture permet alors le retour à la vérité, à la vraie vie:

et je me dis
que j'aimerais refaire le chemin
menant du manuscrit
à l'arbre
(On ne remonte pas la danse)

En osant ce "voyage dans l'absence", la sonde poétique peut prélever ce qui a été tu:

ô la trompeuse paix
où le vent fait taire
l'écho du pendu
c'est la plaine à louis

Et dès lors, la *plaine à louis* (pleine à l'ouïe) crie à tue-tête

si l'horizon
sous le pas de louis
et la voix de pierre
nous enferme

scintille alors la lame
pour libérer l'oreille
(**Changements de tons**, p. 12)

Ce pari de l'écriture permet à l'homme de passer le Styx:

Laisser la nuit devenir ton texte. Connaître le savoir du travail. Déjà
tu vois venir un autre monde.
(**Changements de tons**, p. 84)

Au fond, cette parole s'étend comme une ligne de vie suspendue au-delà de la mort.

Ce n'est pas uniquement par son travail d'écrivain qu'Alexandre Amprimoz a pu faire participer la poésie franco-manitobaine aux grands courants de l'écriture poétique à travers le monde. Comme professeur de français au Collège St. John's de l'Université du Manitoba, et comme critique littéraire, il s'est évertué à répandre et à faire connaître cette littérature.

Il a traité de la littérature franco-manitobaine lors de nombreux colloques et conférences, en faisant, notamment, un état de compte de cette poésie dans le cadre du premier colloque sur la poésie manitobaine en 1978. Il a rédigé quantité de comptes rendus des publications des maisons d'édition de Saint-Boniface; et ses articles et critiques ont fait valoir la modernité de la nouvelle poésie au Manitoba français. Il a été le premier à souligner l'importance de l'oeuvre de Paul Savoie.

Amprimoz a aussi collaboré avec Hubert Mayes en tant que membre du Bureau de direction du Centre d'études franco-canadiennes de l'Ouest. Le CEFCO fut fondé en 1975 par Robert Painchaud (qui en eut l'idée), Georges Damphousse et Annette Saint-Pierre (ces deux derniers sont co-propriétaires des Éditions des Plaines) pour encourager la connaissance, particulièrement littéraire, de l'Ouest canadien.

Le bulletin du CEFCO a publié quelques poèmes, dont certains de Hubert Mayes. C'est dans le deuxième numéro du bulletin qu'Amprimoz a compilé une première liste des poètes franco-canadiens de l'Ouest[47].

Sous la direction d'Annette Saint-Pierre, le Centre d'études franco-canadiennes de l'Ouest, tant par ses publications que par ses colloques, a attiré l'attention des chercheurs sur la littérature d'expression française dans l'Ouest. Le Centre a publié un *Répertoire littéraire de l'Ouest canadien* en 1984, dont les articles furent principalement rédigés par Rossel Vien et Annette Saint-Pierre. Ce répertoire donnait suite aux premières recherches entreprises par le Centre de ressources éducatives françaises du Manitoba (maintenant la Direction des ressources éducatives françaises) qui a publié une première plaquette, *Auteurs francophones des prairies*, en 1981. La Direction des ressources (DREF) a ensuite collaboré avec la télévision de Radio-Canada à Winnipeg pour produire une série de *Portraits d'auteurs* où figurent certains de nos poètes.

Curieusement, plusieurs des poètes de la nouvelle génération viennent, comme au début du XXe siècle, du Québec et de la France. Pour certains d'entre eux, comme pour leurs prédécesseurs, une importante activité théâtrale – que nous avons soulignée – se joint à leur oeuvre littéraire. Ces jeunes écrivains ont cependant une vision du théâtre qui n'est pas uniquement représentation et rassemblement social, mais transformation également; et ils ont composé au Manitoba une oeuvre poétique qui allie leurs impressions et expériences de la plaine aux considérations tant formelles que thématiques de la modernité.

Plusieurs textes de Charles Leblanc prennent la forme d'une espèce de journal poétique de ses pérégrinations à travers le pays, comme le suggère *Automne '72: en tournée à travers le pays*, le premier poème de *Préviouzes du printemps*. Le mode du "journal" continue la circulation du sens que nous avons relevé chez Savoie, Léveillé et Amprimoz. Et dans ce journal poétique, le verbe n'est plus subjugué par les événements, c'est lui qui les conjugue dans une tapisserie textuelle qui prend en considération l'état social de ceux qui, à Winnipeg comme ailleurs, sont les petits du monde, les oppressés, les démunis, rejoignant ainsi certaines des préoccupations chères à Louis Riel et à Alexandre de Laronde:

> à Winnipeg la neige tellement molle un soir le son répercuté dans le saxophone crasse les doigts fous dans les cheveux par le semi-trailer de l'hiver je me pense dangereux pour la constipation mondiale ici ceux qui meurent ce sont les Indiens entendre Buffy Ste-Marie "my country tis of thy people you're dying" agonie de la main gauche dans les bars cheap de l'abrutissement mains grises et calleuses

Cette écriture comme la sonde poétique d'Amprimoz fouille les strates de l'archéologie humaine. Et là où Amprimoz, dit Kenneth Meadwell dans cette anthologie, lutte "contre la dégradation de la pensée humaniste", Leblanc veut, pour à peu près les mêmes raisons, que sa poésie (comme son théâtre), soit efficace. C'est une écriture où les mots s'en prennent aux maux:

> pousser son crayon
> le travail d'écriture n'est pas suicidaire
> comme quelques nombrils
> la peau par en-dedans
> et les idées inversées
> voudraient nous le faire croire et penser
> par leurs
> je me moi tout seul
>
> Le texte justement
> ouvre les sens sait où il va germer
> dans tel oeil dans telle bouche
> dans tels yeux dans tels bras
> qui comprennent pour qui
> contre qui et pourquoi
> la lutte
> (Télégramme sur l'écriture)

Malgré que les eaux de la vie moderne où vogue le poète puissent être troubles, comme le laisse entendre le titre de son deuxième recueil, *d'amours et d'eaux troubles*, c'est une écriture qui sait naviguer, poésie positive qui annonce les "préviouzes" d'un printemps possible.

Mais pour se libérer, il faut jusqu'à un certain point reconnaître et dépasser ses racines:

> *(tombez ô flocons*
> *pour enterrer définitivement*
> *le Nelligan tapi(s) en chacun de nous)*

Hommage à celui qui a chanté si admirablement mais avec tant de déchirure la beauté de l'hiver. Mais tout en reconnaissant ses racines nationales et poétiques, Leblanc se détourne de la folie et du suicide ("le travail d'écriture n'est pas suicidaire"). Le poète en quittant le Québec pour le Manitoba n'abandonne pas une culture pour une autre. Il laisse derrière lui ses attaches pour s'identifier avec la condition humaine partout où l'esprit souffle:

> *quand on écoute*
> *on remarque la rumeur:*
> *les indiens les métis*
> *veulent des terres leurs enfants*
> *(pas un quarante onces de plus)*
> *les ouvriers se questionnent*
> *sur la marchandise politique*
>
> *à Winnipeg à Régina*
> *ça cherche*
>
> *les gros bonnets occupent le terrain*
> *on dirait une tempête se prépare :*
> *je mets mes bottes je mets mes gants*
> *on regarde autour*
> *et nous sommes nombreux*
> *dans la grange dans l'usine sur la rivière*
> *et devant leurs parlements*

à première vue
cependant
c'est plat
comme le dos de ma main
(Prairie Wind)

Tout comme la poésie d'Amprimoz qui, dans *Au pays de Riel*, reconnaît malgré les apparences ("ô la trompeuse paix") la réalité de l'aventure franco-manitobaine, celle de Leblanc décèle la voix réelle dans le vent qui souffle, et qui apporte malgré l'illusion du paysage ("c'est plat \ comme le dos de ma main") la tempête des revendications du peuple qui se soulève.

Mais la poésie de Leblanc, comme le reconnaît Amprimoz lui-même, s'articule selon une nervure bien différente:

This "Science-friction for our time" echoes the rock-poetry of Lucien
Francoeur, stressing typical themes of street literature, such as social
injustice and tender love.[48]

La modernité de l'expression emprunte souvent aux néologismes, à l'anglais ou au joual pour se dire :

faut bien qu'on s'parle on est toué deux
y a des problèmes les murs nous jasent
il n'y a pas qu'toi qui pogne le feu
la marde se pense selon les classes
....
pour bien comprendre quessé qui s'passe
y faut s'plugger sur notre concret
s'habituer à un autre point de vue
où on s'en va le ch'min est raide
(Le sexe le frette et le lavabo)

Cette poésie est une espèce de blues de l'ouvrier où foisonnent des formes de la vie urbaine, des rythmes rock, où l'on retrouve (comme dans **Montréal poésie** de Léveillé) flashes, citations et fragments éclatés; même dans la texture du chant "agricole":

(agréable   agricole)
        tel. H. avant 6h.
        au point fixé

découpage montage lutte
(pellicule du savoir)
très impressionné
il lut :
    "you are as innocent as a bathtub
    full of bullets" m. atwood"
(Impro. film et histoires vraies : fragments éclatés)

Louise Fiset rejoint Charles Leblanc dans ces aspects du langage urbain:

Arrêt stop
Avance
Burn your wheels
Wheel n'deal
Coca-Cola
Slam les brakes
pi vat'coucher
Oublie
pas
Si
T'as
Le
Temps
D'aller te faire checker au garage
(La mentalité d'un char)

On reconnaît ici, comme chez Leblanc, une syntaxe du graffiti,
l'apparition de l'anglais et quelques phrases joualisantes.

Mais avec Louise Fiset et Janick Belleau, l'imaginaire féminin
entre pour la première fois dans la littérature franco-manitobaine.
Leur écriture signale une prise de conscience du corps féminin – et
donc souvent de l'humiliée – dont elles veulent reprendre possession pour l'exprimer dans ses propres droits et selon ses propres

réalités. C'est d'abord une révolte contre "l'establishment" formulée avec assez de violence chez Fiset:

> *Carrément détraquée*
>   *vertement bouillonnée*
> *je mijote un nouveau plan*
>   *pour faire sauter*
>   *les têtes de pétard*
>   *et*
>   *leurs mains galeuses*
>   *et*
>   *leurs lignes dirigées*
>
>   *Du bien comment penser*
>   *Du bien quoi penser*
>   *Du bien fill-in-the-blanks savoir penser*
>   *..................*
>   *moi... vous croyez*
>   *causin' fuckin' commotion*
> *(Je dérange tout)*

404 BCA – Driver tout l'été, c'est la saison en enfer de Louise Fiset. Pendant l'été 87, l'auteure a été "driver" pour les effeuilleuses dans le territoire du strip-tease des plaines. Ce recueil raconte donc la descente dans le circuit du strip-tease, univers qui à la fois fascine et repousse l'auteure. Comme le théâtre, la rampe du strip est une scène. Ici le corps de la femme est exhibé, ainsi que sera exposé l'être du poète.

Ces poèmes sont comme des tatouages sur l'expérience de la vie. Dans leur fureur et leur "surrealistic evocation of traumatic and alienating experiences[49]", leur écriture rappelle, dans son style, le torturant procédé qui extirpe de la chair l'image de beauté. Mais cette scène est un lieu où les femmes sont dépossédées, où elles sont humiliées, déchiquetées, décortiquées:

> *Elles n'ont plus de faces*
> *Corps, même pas*
> *Une jambe, un sein*

> *Un vagin, si elle veut bien*
> ....
> *Froid, strip caverneux*
> *où il n'est même plus permis de se défendre*
> *(Le songe de tout un été)*

Même si le lien n'est pas décrit explicitement dans ce recueil, la violence faite à la femme est en parallèle avec celle faite aux droits de ceux qui ont tenté de vivre en français dans la vallée de la Rivière-Rouge. C'est l'oppression du plus faible par le plus fort :

> *un gros poing d'homme*
> *slammé fort sur ma table*
> *(Chienne)*

Le recueil se divise en trois sections inter-tissées. D'abord, des poèmes urbains où, sous le faux brillant du chrome et des spots, scintille la violence du macho, où est épinglée l'asservissement de la femme, qui alternent avec d'autres textes plus pastoraux où la nature représente, bien qu'elle soit elle aussi troublée, un idéal de sérénité, un Éden à trouver, une innocence à la Rousseau:

> *Une très vaste vallée, l'espace a décidé*
> *Une toute petite rivière rouge, aussi longue et serpentée*
> *Et là-bas loin*
> *S'abreuve cheval sauvage*
> *De la vallée de la rivière rouge*
> *(La Vallée de la Rivière Rouge)*

Et, dans l'alternance des poèmes urbains et pastoraux, l'auteur, dans une troisième série, "Miroirs", vient à prendre conscience d'elle-même; identité qui n'est peut-être pas claire, mais qui est bien à elle:

> *Pis un jour*
> *Elle s'est retrouvée*
> *Face à un mur de bois*
> *À côté d'une voix familière*
> *(Miroir VI)*

Pourtant, dans cette vallée de la Rivière-Rouge se cache, derrière les apparences, comme nous l'ont dit Amprimoz et Leblanc, autre chose:

Pourtant c'te rivière-là
A un nom terrifiant
Pis une couleur toute rouge
                    pas petite violette des champs
                    ou rose sauvage de La Broquerie

ROUGE de colère, de honte, de passion comme
un oignon, d'indignation, de corruption,
d'inspiration et d'ablutions, de carêmes
(La Vallée de la Rivière Rouge)

Ou encore, comme dans *Au pays de Riel* d'Amprimoz où le vent cherche à étouffer la vérité de la voix:

Au coeur de la vallée paisible
Le fantôme de la femme rouge
S'écroule sans un son
Balayé par le vent

Et moi
je me retrouve
les jambes coupées par la terreur
l'unique terreur
du fantôme de la femme rouge
qui court toujours dans cette paisible vallée

mais
ce n'est pas
ma voix
qui
crie
non
(La terreur de la femme rouge)

Non, cette voix, ce n'est pas la voix du poète, c'est la voix qui lui a été faite, c'est le circuit (représenté par le monde du strip) dans lequel elle est entrée de par sa condition de femme:

La trame sonore
De la tête du raisin sans pépin
      Est venue au monde
      Des quatre langues
      La bonne et la mauvaise
      La fourchue pis la croche

....

La trame sonore
de la voix du raisin sans pépin
A deux tracks
La redoutable et la redoutée
Une petite orange dans ma main
Pour me rappeler
On an' Off
      La vision de la vieille femme
      Qui chantait Joyeux Noël
      Au travers du lit
      Violence en tête
(Les histoires de ma tête ne font même plus de bons fantômes)

Sa voix demeure devant elle. À découvrir. À expérimenter. À façonner. La descente dans l'enfer du strip qui a été à la fois repoussante et fascinante (puisqu'après tout, elle joue le jeu de "driver") l'a conduite nez à nez avec la réalité. Elle a découvert ce qui n'était pas sa voix, mais elle n'a toujours pas la sienne:

Faut bien arrêter de driver
Mais
Elle ne savait plus comment parler
(Miroir VI)

C'est une poésie plus lyrique, sensuelle, que l'on retrouve chez Janick Belleau, mais carrément féministe, sans le militantisme toutefois de certaines auteures québécoises. Le recueil, **L'en-dehors du désir**, est divisé en cinq parties qui miment, dit Louise Kasper dans l'essai qu'elle consacre à Belleau dans cette anthologie, "les cinq positions de la danse classique" correspondant "symboliquement aux différentes 'positions' amoureuses". Ces positions amoureuses soulignent, en effet, l'évolution de l'amour chez Belleau; le passage de l'amour conjugal, représenté par la famille, qu'elle soit déchirée ou non:

> *Vous ne doutez pas qu'elle ait une existence malheureuse*
> *Un époux et quelques enfants*
> *(Vous l'aimez toujours)*

à l'amour hétérosexuel qui est une guerre:

> *Il insiste, elle refuse.*
> *Que faire?*
> *Il suit la voi( ) de la viol\ence.*
> *(Playboy)*

et dont l'issue ne peut, de toute façon, que reconduire au circuit fermé des devoirs conjuguaux:

> *Désolée*
> *... que mon ventre te fasse signe de vie*
> *(Désolée)*

> *Ça durera toute la vie*
> *   le temps de quelques oeufs.*
> *(... tenir une anguille par la queue)*

et dont elle décide de s'écarter:

> *Désolée*
> *... de partir sans laisser de trace.*
> *(Désolée)*

Je ne te quitterai jamais
  et puis c'est le départ vers d'autres eaux.
(... tenir une anguille par la queue)

Le formalisme même de la structure du recueil nous laisse
entendre que ce n'est pas dans un univers particulièrement "local"
ou "régional" que s'engage le travail poétique de Belleau:

Et, vous avez détesté ce train
qui vous ramenait vers une réalité toute montréalaise.
(New York, New York)

Ce n'est pas une identité "nationale" qu'elle cherche à assumer,
mais une identité "féminine". Elle veut se coucher sur toute l'étendue de l'univers féminin où sa poésie l'engage comme une Sappho
moderne:

Partons en délire sur les cordes de la lyre.
Vers un ailleurs poétique à la recherche d'un fragment
à l'odeur d'iris.
De quels yeux tu m'aimes!
(Sapphos modernes[50])

C'est une écriture qui, se dégageant de la culture phallocra-
tique, veut dresser son hommage, comme sur le mont Rushmore –
non pas au patriarcat impérial cette fois – mais à la femme, à
l'aimée:

Pendant que tu diriges tes affaires à l'antillaise,
je grave sur le versant de la montagne, ce poème pour toi.
(Affaire-s à l'antillaise)

Et les signes de cet univers ne seront pas liés à une seule
localité. À la Danse, qui est tout aussi bien indice de mouvement
que de position, s'allie le Voyage. Ces amantes circulent partout
dans l'univers des femmes: chez Gertrude Stein et Alice B. Toklas,
dans la rue de Fleurus à Paris, chez Évita Peron en Argentine, à
New York, aux Antilles, à la Martinique et à la Dominique. Ces
derniers emplacements ne sont peut-être pas les îles grecques de

Sappho, mais elles sont semblables à celles-ci, des îles chaudes qui ont la couleur de l'"autre":

> *Tout le monde est noir...*
> *(Solidaire, solitaire)*

Le voyage qu'effectue constamment l'aimée (l'autre) dans le circuit de Belleau permet à l'amante (Je) la remémoration (je me souviens donc je suis), et donc la découverte de son identité par la reconnaissance de sa semblable (autre):

> *Ta chambre avec balconet vue sur la mer des Caraïbes*
> *te comble d'un bonheur candide.*
> ....
> *J'imagine déjà la jolie couleur de ta peau*
> *quand tu me reviendras.*
> *(Antigua, aqua)*

Un peu gidien (mais ce n'est pas, ici, une référence déplacée), ce circuit du désir qui s'écrit:

> *Te retrouverai-je mon inaccessible?*
> *Ici ou ailleurs?*

> *Et comment te reconnaîtrai-je dans une autre vie?*
> *L'intensité du désir suffira-t-elle?*
> *(Te re-trouver pour mieux te re-prendre)*

> *Du coup, j'ai une envie folle d'ouvrir mon parachute et*
> *de voler plus vite que les années-lumière, vers toi.*
> *De l'indigo plein la vue.*

> *Est-ce ainsi que les femmes vivent?*
> *Avec des états d'âme couleurs mauve et violine?*
> *(Les bleus de l'air*[51]*)*

Au-delà du monde *violent*, l'auteur découvre un univers *violine*. Car cette poésie ne parle qu'une langue : la couleur de la femme:

Cherche âme-soeur
Perdue depuis un millénaire et des poussières
Langue: femme. Couleur: lavande.
Vous vous reconnaissez?
Trouvez-moi: nous nous ressemblons.
(Espace publicitaire? Annonce communautaire)

Cet appel permet la rencontre, permet au désir de s'assouvir sous le signe de la plus fluide des substances, la mer d'Égée où les "fille[s] de la nature" se retrouvent dans l'immensité joyeuse de l'orgasme océanique:

Elle mouillait, vous mouilliez.
C'était fluvial!

Fébrilement, votre majeur l'excitait.
Il devançait le train.
Elle vous susurrait des vagues.
Votre bouche cherchait son sein, votre port d'attache.
Et puis, sans crier gare, elle a largué les amarres.
(New York, New York)

Tu t'endors, heureuse, en me serrant dans tes bras.
Je m'envole au-dessus de l'océan.
(Affaire-s à l'antillaise)

S'il peut y avoir un petit vestige d'air parnassien qui souffle en cette fin du XXe siècle dans la poésie franco-manitobaine, c'est dans les poèmes de Michel Dachy et de François-Xavier Eygun qu'il s'agite, alors que dans les poèmes de Rhéal Cenerini, c'est le bon air franc et réaliste de la campagne qui se lève. Ceci dit, notons immédiatement que les poèmes de Dachy et d'Eygun relèvent plus du lyrisme et de l'intériorité que de l'art pour l'art, mais il y a un souci de beauté formelle, brève et ciselée dans leur poésie, qui n'est pas sans évoquer les *Émaux et Camées* de Théophile Gautier. Cet intérêt dénote avant tout la reconnaissance de la langue poétique comme une forme à travailler. "La forme du poème et ses artifices: vers, rimes, césures, rejets etc., ont pour but de créer une synesthésie", écrit Eygun dans la préface de son recueil, *L'Écharpe d'Iris*.

La poésie de Michel Dachy publiée au Manitoba se tourne vers la nature, du paysage des Rocheuses jusqu'aux plaines des prairies. Chez lui, l'acte poétique est une méditation qui part "à la recherche d'une harmonie intérieure" *(Recherches II)*. C'est en établissant, comme le moine zen, un état intérieur non-trouble, malgré le tourbillon des apparences, qu'il peut entrer en contact avec l'existence dans toute sa simplicité et sa vérité:

> *Le poète est!*
> *Il crée!*
> *Il enfante!*
> *Dans la douleur, dans la solitude, dans la beauté...*
> *Et, grâce à sa pureté intérieure,*
> *Indispensable à la création vraie,*
> *À la création qui parle,*
> *À la création qui réconforte, qui réjouit,*
> *Il se transforme en magicien du verbe.*
> *Et il doit faire admirer son spectacle*
> *Par la plus simple prosodie,*
> *Par les multiples aspects de son talent,*
> *Par les règles les plus élémentaires*
> *Qui régissent la vie.*
> *Parvenir à un dépouillement des sens,*
> *À une approche immédiate de l'existence.*
>
> *Une feuille d'érable frémit...,*
> *   une main s'anime...*
> *(Féerie)*

De fait, nature et humanité ne font qu'un dans cette poésie de l'immanence:

> *La continuité de ces lignes*
> *Dessinées par le corps humain,*
> *Que l'on retrouve dans la nature :*
> *Des cheveux, des yeux, des mains,*

Pendus haut, poussant partout,
Et même ailleurs!
(Portrait)

En se dépouillant, en faisant le vide, le poète peut s'unir à la nature et se reconnaître:

je respirais la nature,
je refondais en neige,
je redevenais flocon,
je recoulais en ru,
je pénétrais les rochers,
je rechantais le printemps disparu,
je rééclairais en soleil,
et je me retrouvais.
(Privilège)

dans un acte poétique continu qui laisse des traces toujours à refaire:

C'est un art cher à Neptune
Qui ne manque pas
De le polir sans cesse,
Vague après vague,
Marée après marée...
(Empreintes)

La Nature nous parle de notre nature; cette poésie est donc loin d'être régionale. C'est en connaissant ses possibilités qu'elle peut s'exprimer librement, à l'exemple du Bouddha:

La grenouille connaît son élan,
Et malgré tout, s'arrête et sourit.
(Murmures)

Voilà la **Persévérance** optimiste du poète.

La poésie de François-Xavier Eygun a des objectifs semblables:

La poésie, née de la vie, associée à cette vie, aspire au dépassement de cette dernière...

....

... la poésie se voudrait cette lueur de l'intérieur qui transfigurerait notre vision de la nature en général...

(Préface – **L'Écharpe d'Iris***)*

Mer et ciel sont déjà, chez ce poète d'origine française, de vastes étendues où cette "vision" transfigurée peut s'écrire:

Les détours de cet oeil
sont des rêves froissés
de longues vagues hachées
avec dans leurs replis
deux taches d'horizon
(Qui vivra verra)

Mais en faisant l'expérience de la plaine, le poète découvre une étendue où, comme chez Corbeil, ciel, mer et plaine sont interchangeables:

Que vienne la moisson
des astres à l'abundon
(Le moule des pensées)

Ses *Congères* sont des vagues de neige sur l'océan gelé des prairies:

Le vent a façonné sa course
de mille chants, écueils figés
en longs glacis d'ordres aigus

ces veilleurs d'un long souffle
se statuent de neige et d'ombre

marées d'un soir, le poids du vent,
grand désert, s'élance
en courbes de silence.

Ce poème n'est pas sans rappeler *Le vierge, le vivace et le bel aujourd'hui* de Mallarmé, surtout lorsqu'on se rend compte que la plaine devient le lieu même de l'espace:

> *mirage, mirage, migration sans bouger*
> *la plaine est ce vase*
>   *où repose l'espace.*
> (Plaines)

Espace que le poète définit aussi comme "absence de lieu". Chez Eygun, comme nous l'avons vu chez d'autres, la plaine risque de tout ensevelir:

> *Le tout est calme et lointain*
> *à bout de souffle le jour*
> *se perd dans la plaine.*
> (Migrations)

Il n'y a que l'écriture qui puisse meubler cet espace:

> *Les mots se signent*
> *arabesques colorées*
> *au rhythme des syllabes*
> *danse du ventre*
> *les mots se meuvent*
> *anguilles exotiques*
> *dans la paume saisies*
> *se réchauffent, s'agitent*
> *rêves électriques*
> *communiquent le chant*
> *à la fuite du temps*
> *à l'absence du lieu.*
> (Les mots se signent...)

L'acte poétique est la coordonnée de temps qui donne momentanément lieu à l'espace, comme la trace sur la page blanche, ou le grain de sable qui se dépose dans l'huître:

Un poème a pour origine un point précis dans le temps, impression,
vision, sentiment, mais ce n'est qu'un prétexte, une ancre accrochée
au capital commun des hommes, un peu comme la perle qui se choisit
un grain de sable pour devenir.
*(Préface – **L'Écharpe d'Iris**)*

Par le mot, la plate étendue vibre et étincelle:

Superbe éclatement
où le sens bouleversé
cueille la beauté
(Une fleur de parfum)

Voilà la "migration sans bouger":

Perce-neige
c'est la fin d'une absence
l'étincelle d'un printemps
doute d'où tout s'exhale
(Doute)

Congère de silence ou perce-neige dans l'étendue enneigée de
la plaine, miroitement blanc dans la blancheur, c'est le reflet qu'il
faut saisir, car, comme chez Léveillé, il n'y a qu'une seule parole,
celle qui se dit:

Passant crois-moi
cueille ton ombre
cueille tes mots
l'éternité vois-tu
l'avenir l'a cueillie.
(Passant crois-moi...)

L'acte poétique toujours momentané et toujours à répéter,
changeant comme le chatoiement de l'écharpe d'Iris, permet à la
page de se transformer en poème, à l'horizontale plaine de signi-
fier, c'est-à-dire de s'élever à la verticale ("superbe éclatement \ où

le sens bouleversé \ cueille la beauté"), au poète de s'élever en albatros, non captif "du sol où le plumage est pris" (Mallarmé), mais "prince des nuées" (Baudelaire):

> *Du vol des mouettes blanches écumes lâchées*
> *le message des eaux aux astres révulsés*
> *dessaisit la mer de ses furies passées*
> *l'oiseau hésite, cueille sa proie lascive*
> *et la rapte aux flots beauté ivre cachée*
> *entre l'envol et l'eau l'espace d'un soupir.*
> *(La mer est ce relent...)*

L'envol de la poésie franco-manitobaine en quête de la "beauté ivre cachée " n'aura-t-il existé que " l'espace d'un soupir "? L'activité poétique de cette fin de siècle semble indiquer le contraire.

Deux siècles de poésie d'expression française au Manitoba auront produit un corpus modeste, certes. Mais plusieurs textes de la fin du XIXe siècle et du début du XXe peuvent se comparer favorablement à ce qui s'écrivait à peu près à la même époque ailleurs au Canada français. De fait, la poésie franco-manitobaine, à ses débuts comme à l'époque contemporaine, forme, à certains égards, un microcosme de l'aventure poétique québécoise. On y retrouve la poésie patriotique et religieuse du début de la colonie, avec ses réussites, ses échappées lyriques, ainsi que sa versification boursouflée; puis la découverte de la véritable voix de la poésie, plus personnelle, plus existentielle, où les mots disent le désir et la difficulté de l'individualité de l'être. Et depuis 1975, on y aperçoit, en condensé, la multiplicité des mouvements qui ont marqué l'évolution de la poésie au Canada comme ailleurs.

Bien sûr, ces transformations ne se sont pas manifestées avec l'ampleur, la force de frappe, et les répercussions culturelles qu'ont pu représenter la révolte créatrice de *Refus Global* ou le projet militant et nationaliste de *Parti Pris* au Québec, ou le bouleversement théorique de *Tel Quel* en France. Aurons-nous même réussi à cerner une poésie qui serait bel et bien franco-manitobaine? D'ailleurs est-il nécessaire de le faire aujourd'hui? Alors qu'à " la littérature conçue comme un projet fondé sur une mémoire collective et une visée totalisante, se sont substituées la pluralité, la diversité, la mouvance des textes, comme l'eau toujours changeante d'un même fleuve : le fleuve sans fin de l'Écriture, utopique et extatique, s'écoulant éternellement vers le Nouveau et l'Inconnu, répétant éternellemet son murmure et son incantation[52]. À une époque où, au Québec, on parle de littérature " post-québécoise ", il suffira peut-être, même dans cette première approche de la poésie franco-manitobaine, d'avoir tracé les contours de cette aire de lancement d'où se sera envolé le chant poétique vers les espaces intertextuels.

L'abandon d'une revendication " nationale " ou " collective ", si l'on peut ainsi caractériser bon nombre des poésies du début, a donné suite à une voix plus personnelle pour conduire à la découverte du texte lui-même et de ce que certains ont appelé la "textualisation". La présence des femmes sur la scène poétique et théâtrale a introduit une nouvelle dimension dans l'écriture. Les femmes apparaissent, enfin, comme sujet parlant. Elles ont donné une écriture plus intime, moins " voilée "; elles se sont prises elles-mêmes comme sujet de leur écriture. L'urbanisation du décor a remplacé le pittoresque bucolique. Les slogans syntaxiques ont bousculé la rêverie romantique. La prairie s'est concrétisée, son étendue sans fin s'est trouvée court-circuitée, comme l'avait prédit McLuhan, dans le réseau médiatique moderne qui a beaucoup fait pour " bâtir " le pays poétique franco-manitobain; la plaine est devenue un vaste tympan à l'écoute d'une "prose transsibérienne". Nous avons ensuite assisté à un retour au lyrisme qui a cohabité avec certaines tendances du formalisme.

En cette fin de siècle, c'est la poésie, cette fois, plus que le théâtre qui rend compte de ce nouvel " hétéroclisme " culturel. La défense d'une langue et d'une culture proprement franco-manitobaine a donné lieu à la multiplicité des voix poétiques et à l'expression de la diversité des expériences. Certains diront peut-être que ne pouvant vivre pleinement leur langue dans une terre majoritairement anglaise, les poètes se sont inventés un univers verbal dans lequel ils se sont réfugiés. Mais rappelons, comme le dit justement Jean Royer, que " le poème participe d'un langage qui va contre tous les autres langages y compris ceux des discours exclusivement politiques et savants[53] ".

D'utilitaire (c'est-à-dire idéologique), la poésie est devenue utile; utile pour ceux qui veulent découvrir le monde dans le langage, ce langage qui dit le monde. La poésie est libératrice, même dans une situation minoritaire extrême. Le fait même de son existence, au Manitoba, dans des conditions difficiles, témoigne de la nature et de la puissance de la poésie qui reflète sans nul doute ce qu'est la parole humaine à travers tous ses langages : sa distinction spécifique dans l'univers (je parle donc je suis), l'articulation de son être, peut-être même l'art de la conscience.

En effet, la poésie doit être entendue et écoutée partout, de la plus vociférante de ses manifestations à son plus simple murmure. Ceux qui ferment l'oreille à son activité diverse pour mieux protéger le "nationalisme" de leur propre littérature, tombent dans le plus insidieux piège idéologique. La poésie devrait être sans frontière. Et si l'étendue des vastes plaines a pu enseigner une leçon aux poètes franco-manitobains, c'est précisément celle-là. Celle d'accepter, même " l'espace d'un soupir ", cette " beauté ivre cachée " où qu'elle se trouve, afin de figurer quelque chose comme le miroitement d'une existence dans la nuit des galaxies.

----

1. *Répertoire littéraire de l'Ouest canadien,* Saint-Boniface, Centre d'études franco-canadiennes de l'Ouest, 1984, p. ix.

2. Nous utiliserons cette expression, même au début (c'est-à-dire avant la fondation de la province du Manitoba en 1870), pour désigner les écrits de *langue française au Manitoba.*

3. Louis-Arthur Prud'homme, "La littérature française au Nord-Ouest", *Mémoires de la Société Royale du Canada,* série III, vol. IX, décembre 1915, p. 248.

4. Ghislaine Gravel, *L'Ouest canadien dans le roman de langue française,* thèse de maîtrise, Université de Montréal, 1949, p. 3.

5. Georges Bugnet, *Voix de la solitude,* Montréal, Éditions du Totem, 1938. Un premier poème de Bugnet, "Le Coyote", a paru dans le *Courrier de l'Ouest,* le 14 mai 1908. Dans sa thèse de doctorat, *Georges Bugnet, homme de lettres canadien,* présentée à l'Université Laval en 1967, Jean Papen fixe la composition de ce poème au 12 janvier 1908.

6. Ghislaine Gravel, op. cit., p. 2.

7. Louis-Arthur Prud'homme, op. cit., p. 257.

8. Laurent Mailhot et Pierre Nepveu, *La Poésie québécoise des origines à nos jours*, Montréal, L'Hexagone, coll. Typo, 1986.

9. Mailhot et Nepveu, ib., p. 6.

10. Sante A. Viselli, "Le Répertoire littéraire de l'Ouest canadien : une mise en valeur de notre littérature et de notre histoire", *Bulletin du CEFCO*, Saint-Boniface, Centre d'études franco-canadiennes de l'Ouest, nᵒ 18, octobre 1984.

11. Sante A. Viselli, ib.

12. Thierry Maulnier, *Introduction à la poésie française*, Paris, Gallimard, 1939, p. 36.

13. Voir Claire Dayan-Davis, *Le rôle de la femme dans le roman franco-canadien de l'Ouest*, thèse de maîtrise, Winnipeg, Université du Manitoba, 1989.

14. *Le Manitoba*, 9 septembre 1914.

15. Pierre Lardon, Lettre au secrétaire de la Société historique de Saint-Boniface, Archives de la S.H.S.B., le 30 janvier 1934.

16. Pierre Lardon, ib.

17. Jean Royer, *Introduction à la poésie québécoise*, Montréal, Leméac, coll. Bibliothèque québécoise, 1989.

18. Jules Fournier, *Anthologie des Poètes Canadiens*, Montréal, Granger Frères, 1920.

19. Guy Champagne, "Soir d'automne", *Dictionnaire des Oeuvres littéraires du Québec*, vol. 1, Fides, 1978.

20. F.A.H. Larue, "Les chansons populaires et historiques du Canada", *Le Foyer Canadien*, tome 1, Québec, 1863.

21. Joseph James Hargrave, *F.R.G.S. Red River*, 1871, imprimé pour l'auteur par John Lovell.

22. On pourra consulter, entre autres, sur cette question : Jacqueline Blay, *L'article 23*, Saint-Boniface, Éditions du Blé, 1987.
Lionel Dorge, *Introduction à l'étude des Franco-Manitobains*, Saint-Boniface, La Société historique de Saint-Boniface, 1973.

23. R. Durocher, o.m.i., "French Canadian Literature in Manitoba", *Canadian Author and Bookman*, XXXIV, Fall 1958, p. 4.

    "C'est un privilège de pouvoir dire que la littérature d'expression française au Manitoba existe malgré de grands obstacles, et qu'elle mérite une place honorable dans toute l'histoire du culte de la plume dans cette province.
    J'utilise l'expression "grands obstacles" à bon escient puisqu'il y a quarante ans l'utilisation du français comme langue maternelle dans les écoles a été interdite à la suite de réactions contre l'éducation multilingue. L'existence, malgré ces restrictions, d'écrivains comme Gabrielle Roy témoigne éloquemment du dévouement des parents, des enseignants, des associations culturelles et des média à l'égard de la langue française." (Nous traduisons)

24. Robert Escarpit, *Le littéraire et le social*, Paris, Flammarion, coll. Science de l'homme, 1970, p. 33.

25. Jean Royer, op. cit., p. 23.

26. L.-A. Prud'homme, op. cit., p. 261.

27. *Annuaire du Collège de Saint-Boniface*, 1911, p. 16.

28. Jean-Joseph Trudel, "Souvenirs d'un ancien", *Le Bonifacien*, Saint-Boniface, octobre 1945.

29. Gérard Jolicoeur, *Les Jésuites dans la vie manitobaine (1885-1922)*, Saint-Boniface, Centre d'études franco-canadiennes de l'Ouest, 1985, p. 102.

30. Gérard Jolicoeur, ib., p. 112.

31. Armand Chossegros, *Nouvelles de la Province du Bas-Canada*, mai 1928.

32. Le livre d'Annette Saint-Pierre, *Le Rideau se lève au Manitoba*, Éditions des Plaines, Saint-Boniface, 1980, montre à quel point le théâtre a été populaire. Écoles, académies, collèges, paroisses, troupes individuelles ont présenté des pièces écrites au Manitoba et ailleurs.

33. Rosmarin Heidenreich, "Recent trends in Franco-Manitoban Fiction and Poetry", *Prairie Fire*, Vol. XI, No. 1, Spring 1990, pp. 61-62.

"Quoiqu'il en soit, les problèmes de réception et d'institutionnalisation dans notre culture fortement institutionnalisée demeurent non résolus pour les écrivains franco-manitobains. À part les deux maisons d'édition et les deux librairies de Saint-Boniface, l'infrastructure littéraire est presque inexistante dans la communauté francophone. Sauf lors de lancements, les écrivains n'ont pas souvent l'occasion de lire leurs oeuvres en public et de rencontrer leurs lecteurs.
Il n'existe pas d'ateliers de création littéraire, ni aucun autre processus pour faciliter la composition et la publication de textes. Aucune des quatres universités de la province n'offre des cours de création littéraire en français. Il n'y a pas non plus de revue ou d'autre média qui offrent une tribune régulière ouverte à la recension et à la critique des productions d'expression française." (Nous traduisons).

34. Robert Escarpit, op. cit., p. 19.

35. Robert Escarpit, op. cit., p. 26.

36. Ingrid Joubert, "Current Trends in Franco-Manitoban Theatre", *Prairie Fire*, Vol. XI, No. 1, Spring 1990, p. 118.

"toutes semblent construites sur le motif du 'génocide culturel' d'une minorité dont l'emblème est devenu le martyr de Louis Riel." (L'auteur).

37. *En coulisse*, publicité, vol. 1, n° 1, Saint-Boniface, 24 novembre 1989, p. 2.

38. Ingrid Joubert, op. cit., p. 126.

"Ce jeu ironique avec les modèles actentiels semble correspondre au désir de briser le carcan d'un ghetto et de montrer ces modèles transformables ou tout au moins faciles à renverser, selon les caprices de la conjoncture politique. Ainsi, grâce à la mise à nu des procédés conventionnels du théâtre, la parodie ironique d'*Aucun Motif* est à la fois une critique du conformisme esthétique et idéologique d'une minorité et une exploration active des possibilités de création artistique et sociale." (L'auteur).

39. René Juéry, *Manie Tobie : femme du Manitoba*, Saint-Boniface, Éditions des Plaines, 1979, p. 13.

40. C'est l'expression qu'utilise Claire Dayan-Davis pour caractériser certains romans franco-canadiens de l'Ouest dont la facture demeure assez traditionnelle, même à l'ère contemporaine.

41. Rosmarin Heidenreich, op. cit., p. 55.

"On peut, aux fins de cet essai, diviser la poésie et la prose franco-manitobaines récentes selon deux pôles; l'un caractérisé par les oeuvres dont la thématique est, implicitement ou explicitement, locale (souvent très folklorique) et dont le traitement formel est traditionnel, l'autre caractérisé par des visées non régionales et avant-gardistes." (Nous traduisons).

42. À "Portrait d'auteur", une série d'entrevues télévisées, réalisées conjointement par la Société Radio-Canada et la Direction des ressources éducatives françaises au Manitoba, maintenant disponibles dans les écoles. On y retrouve, L.-P. Corbeil, Paul Savoie, Geneviève Montcombroux, Guy Gauthier et J.R. Léveillé, entre autres.

43. Alexandre Amprimoz, "Paul Savoie's Eternal Laughter", *Essays on Canadian Writing*, Summer-Fall 1980.

"La croyance à un horizon accessible est symptomatique du besoin psychologique de tirer un sens d'identité d'une terre bien définie." (Nous traduisons).

44. Sur cette question politique, on pourra se référer à Jacqueline Blay, *L'article 23*, op. cit., qui résume l'histoire des luttes constitutionnelles au Manitoba, particulièrement au cours des deux dernières décennies.

45. Rosmarin Heidenreich, "Universal Paradigm", *Prairie Fire*, Winnipeg, Vol. VII, No 4, Winter 1986-87, p. 61.

"... des oeuvres comme (celles-ci) montrent bien que cette littérature en évolution a assez de confiance pour créer, à même les spécificités régionales d'une très petite minorité linguistique et culturelle, un paradigme universel prêt à se mesurer aux paramètres créés par les grandes oeuvres de notre temps." (Nous traduisons).

46. Pierre Nepveu, *L'écologie du réel*, Montréal, Boréal, 1988, p. 147.

47. Alexandre L. Amprimoz, "Bibliographie de la poésie franco-canadienne de l'Ouest", *Bulletin du CEFCO*, Saint-Boniface, Centre d'études franco-canadiennes de l'Ouest, n° 2, mai 1979.

48. Alexandre L. Amprimoz, "Poetry is the Best Weapon", *Prairie Fire*, Vol. VII, No 4, Winter 1986-87, p. 73.

"Cette science-friction pour notre présent" fait écho à la poésie-rock de Lucien Francoeur, soulignant les thèmes typiques de la littérature de la rue, tels que l'injustice sociale et l'amour tendre." (Nous traduisons).

49. Rosmarin Heidenreich, "Recent trends in Franco-Manitoban Fiction and Poetry", op. cit.

"évocation surréaliste d'expériences traumatisantes et aliénantes" (Nous traduisons).

50. "De quels yeux" est un fragment de Sappho. Par cette référence intertextuelle, l'auteur range sa poésie sous le signe de la Lesbienne.

51. L'avant-dernier vers fait écho à Aragon: "Est-ce ainsi que les hommes vivent? \ Et leurs baisers au loin les suivent."

52. Pierre Nepveu, op. cit., p.14.

53. Jean Royer, op. cit., p.247.

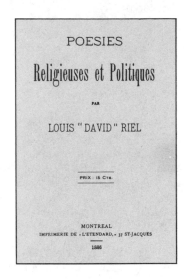

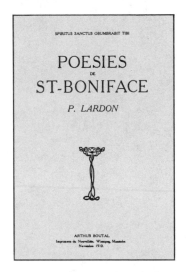

Soir d'automne de James-Émile Prendergast, le premier recueil publié par un poète "franco-manitobain", fut imprimé à Québec en 1881. On publia *Poésies religieuses et patriotiques* de Louis Riel posthumément en 1886 grâce à une souscription publique et avec la collaboration de la famille. *Poésies de Saint-Boniface* de Pierre Lardon fut le premier recueil de poésie publié au Manitoba, en 1910, sur les presses du *Nouvelliste*. Imprimé en 1915, *Rêves du soir* de Jean-Marie Jolys n'était que le troisième recueil de poésie à paraître au Manitoba. (Archives de la Société historique de Saint-Boniface).

Henriette Poitras née Riel, avec sa mère, Julie Lagimodière-Riel, à sa gauche, et debout derrière, son mari, Jean-Marie Poitras. Les enfants de Louis Riel, le fondateur du Manitoba, Angélique et Jean, sont au devant de la photo. (Archives de la Société historique de Saint-Boniface).

Au centre, le curé et poète Jean-Marie Jolys, entouré de sa bibliothèque, dans le presbytère de sa paroisse, Saint-Pierre-Jolys. (Archives de la Société historique de Saint-Boniface).

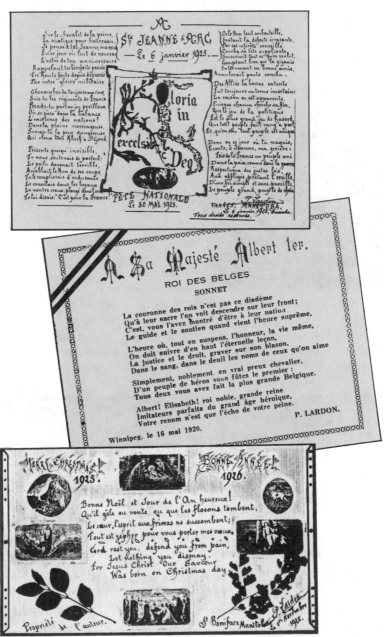

Petites cartes postales que Pierre Lardon fabriquaient ornées de vignettes et de poèmes. (Archives de la Société historique de Saint-Boniface).

Première église érigée à Saint-Malo en 1890. Gaston Guénebault a fait partie de la première chorale de Saint-Malo qui a chanté lors de la célébration de la première messe. Il est donc possible qu'il se trouve parmi cette foule assemblée devant l'église. (Archives de la Société historique de Saint-Boniface).

À droite, Pierre Lardon, le poète de Saint-Boniface, avec le père Dandurand, o.m.i., doyen des Oblats et le prêtre le plus âgé (97 ans) du monde entier, devant la cathédrale de Saint-Boniface, lors des funérailles de Mgr Adélard Langevin, archevêque de Saint-Boniface, le 22 juin 1915. (Archives de la Société historique de Saint-Boniface).

Annonce pour le commerce du poète René Brun publiée à plusieurs reprises dans le *Nouvelliste* au cours de l'année 1910. (Archives de la Sociéte historique de Saint-Boniface).

Photo prise par René Brun dans l'atelier de l'hebdomadaire *Le Nouvelliste*. Dans l'ordre habituel : Mlle Pauline LeGoff (Mme Pauline Boutal), linotypiste, Arthur Boutal, directeur, Charles Case, pressier, Norbert Berriault, typographe. (Archives du Collège de Saint-Boniface).

Équipe de recherche au fort Saint-Charles en 1904. Première rangée : le juge Louis-Arthur Prud'homme, l'abbé Arthur Béliveau, le père Paquin; deuxième rangée : le père Bisson, le père Blain, le frère Gauthier, le frère Gervais. Le père Blain, traducteur du poète Drummond, fut l'un des principaux animateurs de la scène littéraire à Saint-Boniface au tournant du siècle. (Archives du Collège de Saint-Boniface).

L'Académie française du Collège de Saint-Boniface, vers 1913. (Archives du Collège de Saint-Boniface).

Au milieu de la photo, Castelein de la Lande, bien reconnaissable avec sa canne. (Archives du Cercle Molière de Saint-Boniface).

"Gaudias" Brunet, dans le rôle de Mazureau, *Voyage à Biarritz* de Jean Sarment, production du Cercle Molière, aux finales du Festival d'art dramatique national à Ottawa, 1937. Dans l'ordre habituel : Joseph Plante, Gilles Guyot, Arthur Boutal, Louis Gauthier, Suzanne Hubicki, Pauline Boutal et "Gaudias" Brunet. (Archives du Cercle Molière de Saint-Boniface).

Berthe de Trémaudan, "avec mes chiens huskies dans la forêt". Photo de l'auteure tirée de son recueil de souvenirs, *Au nord du 53ᵉ*, les Éditions du Blé, 1982.

Léo Brodeur mène une entrevue avec Mlle Kathie McIntosh, de Saint-Boniface, qui fut la première à traverser le lac Winnipeg à la nage. (Archives de CKSB).

Janick Belleau lisant des extraits de *L'En-dehors du désir* (les Éditions du Blé, Collection Rouge, 1988), à la Place aux poètes à Montréal, le 11 janvier 1989, sur l'invitation de la poète-animante, Janou Saint-Denis. (Photo Adena Franz).

Une scène de la pièce de Guy Gauthier, *The Snows of Spring*, Oklahoma City, 1975. (Archives Guy Gauthier).

Soirée de poésie tenue du 28 au 31 mai 1986 au Théâtre de la Chapelle du Cercle Molière. Poèmes de Gilles Cop sous la direction de Louise Fiset. Dans l'ordre habituel: Élaine Tougas, Mariette Kirouac-Audette, Nathalie Gagné, Jean-Louis Bergeret, Sylvie Lalonde. (Photo Hubert Pantel, Archives du Cercle Molière de Saint-Boniface).

Louise Fiset tenant le rôle de Marilyn Monroe, dans sa pièce *Letinsky Café*, création du Cercle Molière en février 1987. (Archives du Cercle Molière de Saint-Boniface).

François-Xavier Eygun et Paul Savoie lors du lancement du recueil *L'Écharpe d'Iris* (les Éditions du Blé, 1982), poésie d'Eygun, à l'ancienne bibliothèque de Saint-Boniface. (Archives des Éditions du Blé).

Une scène de la pièce de Rhéal Cenerini, *Kolbe*, dans une mise en scène d'Ingrid Joubert, Collège universitaire de Saint-Boniface, mars 1990. (Photo Hubert Pantel).

Charles Leblanc, deuxième de la gauche, dans la pièce *Forget Me Not* de la troupe No Frills Theatricks. (Archives Charles Leblanc).

Une scène de la pièce *Victor* de Gilles Cop, création du Cercle Molière en avril 1989. De gauche à droite : Marc Bertrand, André Soulodre, Louis G. Gagné, Christian Molgat, Pierre LaRoche. (Archives du Cercle Molière de Saint-Boniface).

PIERRE
Falcon
1793-1876

Pierre Falcon est un des pionniers marquants de l'Ouest du
XIXe siècle à plus d'un titre,
dont celui de chansonnier.
Seulement quelques-unes de ses compositions nous sont
parvenues par écrit, bien qu'il en ait produit des dizaines. Sa notoriété[1] est confirmée par le fait que plusieurs historiens en parlent, tels que Joseph Tassé, James Hargrave, Marcel Giraud,
Agnès Laut, de même que des romanciers et des folkloristes,
Émile Chevalier, Marius Barbeau, entre autres.

Le père était fils d'un colon français – un autre Pierre –
originaire de Picardie; la mère était une Indienne. "Double
hérédité", dira-t-on. "De son père et de son grand-père il a reçu
l'habitude de chanter à la besogne, de sa mère indienne le don
de raconter. La rencontre de ces deux talents chez lui en fait le
type le plus populaire de la Rivière-Rouge[2]."

Margaret MacLeod, qui s'est plue à transcrire les chansons
de Falcon, le voit ainsi: un homme agile, au teint foncé, petite
barbe noire, cheveux longs jusqu'au cou, "non pour se con-
former à la mode des poètes du jour, mais suivant la coutume du
pays[3]". Elle souligne son profond patriotisme, et comme auteur, son sens des mots et du rythme.

Pierre Falcon dit Pierriche (c'est-à-dire "petit Pierre") est né
le 4 juin 1793 au Fort-au-Coudre, sur la rivière du Cygne (près
de l'actuel Swan River), au Manitoba. À l'âge de 5 ans, il fut
envoyé au Bas-Canada, à Lacadie, où il fut baptisé, confirmé, et
confié à un oncle qui devait l'instruire. On sait peu à ce chapitre,
mais contrairement à ce qui a été répété, on sait qu'il n'était pas
illettré. Son père étant mort, il retourna à la Rivière-Rouge vers
l'âge de 15 ans, et se lança comme lui dans la traite des fourrures,
comme lui embauché par la "North West Company". "Les

Plaines le rappelèrent tout jeune, écrit Martial Allard, et il ne devait plus jamais les quitter[4]."

En 1812, il épouse Marie Grant, fille d'un bourgeois de la N.W.C. et soeur de Cuthbert Grant, réputé chef métis, "Warden of the Plains", fondateur de Grantown ou Saint-François-Xavier. Ils auront trois fils et quatre filles.

La sourde hostilité entre les deux commerces de fourrures, la Compagnie du Nord-Ouest, amie des métis, et la Compagnie de la Baie d'Hudson, fut avivée par l'implantation de la colonie de Lord Selkirk à partir de 1811, au milieu du territoire Assiniboïa que la CBH cédait à ce dernier. Elle culmina en juin 1816, dans un engagement armé qui passa dans les annales de l'histoire sous le nom de bataille des Sept-Chênes, ou "Seven Oaks". L'accrochage entre une troupe métisse commandée par Cuthbert Grant et un groupe d'"Anglais" du fort Douglas se solda par la victoire des premiers. Le gouverneur Robert Semple était parmi les vingt et une victimes. Cet exploit inspira à Falcon, témoin actif, sa *Chanson de la Grenouillère*, qui devint en quelque sorte le chant national des métis.

En août 1816, Selkirk et une troupe de mercenaires du régiment des Meurons, en route pour la Rivière-Rouge, s'emparèrent du poste des Nor'westers à Fort William. Peu après, Selkirk y donnait un bal...La coutume voulant que les engagés d'une compagnie pelletière profitent d'une telle occasion pour obtenir, l'ivresse aidant, des renseignements auprès du camp opposé...Pierriche, qui connaissait la région, était peut-être présent. *Le Bal à Fort William*, ou *La Danse des Bois-Brulés* se chantait sur "l'air des franc-maçons", d'après le texte retenu par Martial Allard. Le musicologue Henri Caron, de Winnipeg, précise que l'air des loges maçonniques, "Carillon de Dunkerque", a eu son origine en France en 1761.

La Ballade du général Dickson a été composée en 1837, paroles et musique de Pierriche. Un aventurier américain, ayant vécu au Mexique et s'étant conféré le titre de Montezuma II, avait entrepris de libérer les Indiens de Santa Fe et de fonder une république autochtone en Californie. Il voulut chercher des renforts auprès de Cuthbert Grant, qu'il admirait. Sa troupe, partie de Buffalo, ne comptait plus que douze survivants une fois arrivée à la Rivière-Rouge et il repartit bredouille, non sans faire des adieux solennels.

Les Tribulations d'un roi malheureux sur l'air du "Juif errant", se situe bien plus tard. C'est une allusion au gouverneur canadien William McDougall repoussé à la frontière de Pembina en 1869, lors de la résistance qui mena à la création du Manitoba en 1870. Pierriche, vieillissant, aurait voulu faire partie du détachement métis...

Comme traiteur, Pierriche fit son service dans les vallées de la Rouge et de l'Assiniboine; après la fusion des deux compagnies rivales en 1821, il continua pour la nouvelle Compagnie de la Baie d'Hudson. Et après la fondation de Grantown en 1824, à quelques dix-huit milles à l'ouest de la Fourche, sur l'Assiniboine, il s'y établit et devint un grand propriétaire fermier. Il ne cessa pas pour autant de prendre part à la chasse au bison.

Comme cultivateur, Falcon fut un des plus prospères de la région; il possédait de nombreux chevaux, porcs et moutons, ainsi qu'un grand troupeau de bêtes à cornes. Avec le temps, il divisa ses terres entre ses enfants.

À partir de 1855, il fut juge de paix du district du Cheval-Blanc, comme l'avait été Cuthbert Grant. C'était un des quatre districts de la colonie, et Grantown en était la principale communauté.

Joseph Tassé, qui a rencontré Falcon en 1872, l'a décrit comme un homme décati et discret. Dans ses dernières années, il était remarqué pour sa piété. Il est mort à quatre-vingt-trois ans, le 28 octobre 1876.

---

1. La tradition selon laquelle le lac Falcon doit son nom à Pierre Falcon a été mise en doute par l'historien-archiviste Pierre Picton, qui croit plus probable que l'appellation vient d'une traduction d'un nom saulteux; il rappelle que "falcon", en vieux français, a déjà signifié "faucon".

2. Martial Allard, *Pierre Falcon, barde des Prairies.*

3. Margaret A. MacLeod, *Songs of Old Manitoba.*

4. Martial Allard, op. cit.

Martial Allard, *Pierre Falcon, barde des Prairies*, thèse, Université Laval, 1961.

Margaret A. MacLeod, *Songs of Old Manitoba*, Toronto, The Ryerson Press, 1959.

Soeur Marie-Diomède, *Essai sur la littérature française au Manitoba*, Saint-Boniface, thèse de doctorat, Université d'Ottawa, 1947.

L.-A. Prud'homme, "La littérature française au Nord-Ouest", *Mémoires de la Société Royale du Canada*, section I, série III, vol. IX, décembre 1915.

Répertoire littéraire de l'Ouest canadien, Saint-Boniface, Centre d'études franco-canadiennes de l'Ouest, 1984.

La Chanson de la Grenouillère

Voulez-vous écouter chanter
Une chanson de vérité?
Le dix-neuf de juin, la band' des Bois-Brûlés
Sont arrivés comm' des braves guerriers.

En arrivant à la Grenouillère
Nous avons fait trois prisonniers;
Trois prisonniers des Arkanys
Qui sont ici pour piller not' pays.

Étant sur le point de débarquer
Deux de nos gens se sont écriés
Deux de nos gens se sont écriés
Voilà l'Anglais qui vient nous attaquer.

Tout aussitôt nous avons déviré
Avons été les rencontrer
J'avons cerné la band' des Grenadiers
Ils sont immobiles, ils sont tout démontés.

J'avons agi comme des gens d'honneur,
J'avons envoyé un ambassadeur,
Le gouverneur, voulez-vous arrêter
Un p'tit moment, nous voulons vous parler?

Le gouverneur qui est enragé
Il dit à ses soldats: Tirez!
Le premier coup c'est l'Anglais qu'a tiré,
L'ambassadeur ils ont manqué tuer.

Le gouverneur qui se croit empereur
Il veut agir avec rigueur;
Le gouverneur qui se croit empereur
À son malheur, agit trop de rigueur.

Ayant vu passer tous ces Bois-Brûlés
Il a parti pour les épouvanter;
Étant parti pour les épouvanter
Il s'est trompé, il s'est bien fait tuer.

Il s'est bien fait tuer
Quantité de grenadiers
J'avons tué presque tout' son armée
Sur la band' quatre ou cinq s'sont sauvés.

Si vous aviez vu tous ces Anglais
Et tous ces Bois-Brûlés après
De butte en butte les Anglais culbutaient.
Les Bois-Brûlés jetaient des cris de joie.

Qui a composé la chanson
Pierre Falcon, poète du canton.
Elle a été faite et composée
Sur la victoire que nous avons gagnée.
Elle a été faite et composée
Chantons la gloire de tous les Bois-Brûlés.

Le Bal à Fort William
ou
La Danse des Bois-Brûlés

Un héraut:

Allons vite accourez
Rats Musqués Bois-Brûlés
Au Fort William
Où Milord fait régal
Allons donc dépêchez
Vous saut'rez, vous dans'rez...
Y a musique, et vous aurez beau bal.

L'ordonnateur:

McNabb que McGil'vré
Entre vous soit placé;
Je veux qu'il brille en ce fameux régal:
Avec lui - retenez
Vous saut'rez, vous dans'rez...
Y a musique, et vous aurez beau bal.

Allons gai McKenzi
Venez de ce côté
Vous prendrez part à ce petit régal:
Et puis si vous l'voulez
Vous saut'rez, vous dans'rez
Y a musique, et vous aurez beau bal.

Oh ça Docteur, entrez
Ici vous asseyer:
Point d'humeur sombre en ce joyeux régal
Docteur vous chant'rez
Vous saut'rez, vous dans'rez
Y a musique et vous aurez beau bal.

Belle Trogne, avancez...
Ah! Fraser un tel nez
Est bien celui d'un coureur de régal
Ça morbleu vous boirez
Puis après vous dans'rez,
Y a musique et vous aurez beau bal.

Ça Meurons, accordez
Préludez, commencez
Et jouez-nous quelque air un peu jovial
Messieurs les Bois-Brûlés
Vous saut'rez, vous chant'rez
Y a musique et vous aurez beau bal.

Les Bois-Brûlés:

Que vous avez de bonté
Milord! D'honnêteté!
Quand pourrons-nous vous rend' un tel régal?

Milord:

Allons, vous vous moquez
Dansez, Matchicotés;
Y a musique et vous aurez bon bal.

Les Bois-Brûlés:

Allons! point tant d'façon,
Sautons donc, dansons donc;
Que l'diable emport' Milord et son régal!

Qu'avec tous ses Meurons
Sur leurs maudits violons
Cent ans durant il danse un pareil bal!

———————

La Ballade du général Dickson

C'est à la Rivière-Rouge,
Nouvelles sont arrivées,
Un général d'armée
Qui vient pour engager.

Il vient pour engager
Beaucoup de Bois-Brûlés
Il vient pour engager
Et n'a point d'quoi payer.

Dit qu'il veut emmener
Beaucoup de Bois-Brûlés
Ils sont en renommée
Pour de braves guerriers.

Vous, M'sieur Cuthbert Grant,
Maître de régiment,
Mes épaulettes d'argent
Je vous en fais présent.

Moi, général Dickson
Je cherche ma couronne
Je cherche ma couronne,
Chez M'sieurs les Espagnols.

Ville de Mexico,
Beaucoup de généraux
Aussi des canonniers
Qui vont nous couronner.

Adieu, mes officiers,
Vous m'avez tous laissé.
On marqu'ra sur le papier
Dickson, pauvre guerrier.

Bourgeois de compagnie,
Je dois vous remercier
De me faire ramener
Au fort de Mackenzie.

Je dois vous remercier
Puisque avec vos deniers
J'ai pu me faire guider
Par deux des Bois-Brûlés.

Qui en a fait la chanson?
Un poète du canton:
Au bout de la chanson,
Nous vous le nommerons.

Un jour étant à la table
À boire et à chanter,
À chanter tout au long
La nouvelle chanson.

Amis, buvons, trinquons,
Saluons la chanson
De Pierriche Falcon,
Le faiseur de chansons.

Les Tribulations d'un roi malheureux[*]

Est-il rien sur la terre
De plus intéressant
Que la tragique histoire
De McDoug' et ses gens?
Je vous la conterai;
Veuillez bien m'écouter.

Sur notre territoire,
Devenu ses États,
Il venait ce bon père,
Régner en potentat,
Ainsi l'avait réglé
Le ministre Cartier.

Le coeur gros d'espérance,
Partant du Canada
Il dit: "J'ai confiance
Qu'on vivra bien là-bas.
Ah! quel bonheur! ma foi!
Je suis donc enfin Roi!"

Comptant sur les richesses
Qu'il trouverait chez nous,
Il eut la maladresse
De ne pas prendre un sou,
Pas même pour traverser
Un pays étranger.

Il paraît que l'orage,
Dans son gouvernement,
Durant tout le voyage,
Éclata fort souvent,
L'union qui rend plus fort
Était loin de ce corps.

Mais, malgré la tempête
Cameron à son bord
Voulait décrire la fête
Qui l'attendait à port;
Et la voir imprimée
Avant qu'elle fût passée.

Ce ministre fidèle
Étant loin de prévoir
Qu'elle ne serait pas telle
Qu'il avait cru la voir
Funeste illusion!
Quelle déception!

Déjà de son royaume
Le sol il va toucher,
Quand tout à coup un homme
Lui défend d'avancer
Lui disant: "Mon ami
C'est assez loin ici."

Étonné de l'audace
De ces hardis mortels,
Il emploie les menaces
Pour vaincre ces rebelles;
Mais cela fut en vain,
Il ne put gagner rien.

Obligé de reprendre
La voie du Canada
Il lui faudra attendre
De l'argent pour cela;
Car, pour manger ici
Il prend tout à crédit.

Aujourd'hui sa couronne
Est un songe passé;
Le trône qu'on lui donne
C'est un trône percé,
Mais il dit qu'à présent
Il est bien suffisant.

Aujourd'hui que va dire
Monsieur le Gouvernement?
Sera-t-il noir de rire
Quand il verra ses plans
Déjà tout culbutés
Par les Bois-Brûlés?

---

* Voir Appendice B

Le Dieu du Libéral*

Peuple, écoutez dévotement,
Un récit bien intéressant;
Vous n'y trouv'rez aucun fait d'armes;
Vous ne verserez pas de larmes,
Ah! Ah! Ah! mais vraiment
C'est un récit bien surprenant.

Un docteur de nos bons amis,
Qu'a les cheveux rouges, non pas gris;
Quoiqu'il soit sot comm'une bourrique
S'est lancé dans la Politique;
Ah! Ah! Ah! mais vraiment
C'est un récit bien surprenant.

Il se dit un bon citoyen!
Et ne recule devant rien!
Et pour monter au pinacle
Marcherait sur un tabernacle,
Ah! Ah! Ah! oui vraiment,
C'est un homme bien surprenant!

Il est membre du Parlement;
Si vous voulez savoir comment
Volontiers je vais vous le dire,
De dégoût n'allez pas sourire;
Ah! Ah! Ah! oui vraiment
C'est un homme bien surprenant!

Se présentant comme candidat
Beaucoup de rhum il acheta
Si bien qu'ses amis dans sa lutte,
D'hommes qu'ils étaient devinrent brutes!
Ah! Ah! Ah! mais vraiment
C'est un homme bien surprenant!

Depuis ce temps le cher Docteur
A vingt fois changé de couleur
Si bien que Garet son compère,
Voudrait le voir cent pieds sous terre!
Ah! Ah! Ah! mais vraiment
C'est un homme bien surprenant!

À la dernière invasion
Des Féniens, pendant qu'nous étions
Tous en masse sur la frontière
Il n'était pas sous not' bannière,
Ah! Ah! Ah! mais vraiment
C'est un homme bien surprenant!

Lorsque d'Ottawa il revint
Sans danger était le chemin
L'invasion était finie
Mais d'or sa bourse était fournie,
Ah! Ah! Ah! oui vraiment
C'est un homme bien surprenant!

Ses amis désillusionnés
S'aperçoivent qu'ils sont lésés
Que le Docteur est une saboche,
Mais qu'il n'oublie jamais sa poche;
Ah! Ah! Ah! oui vraiment
 C'est un homme bien surprenant!

Aussi malhonnête que roux
Il se moque de leur courroux;
Malvat dont la poche était vide,
Lui prête sa plume stupide;
Ah! Ah! Ah! mais vraiment
C'est un homme bien surprenant!

Enfin, et pour tout terminer
J'ai quelque chose à proposer
Au risque de froisser la canaille,
Qu'il s'ôt'de là, ou qu'on l'empaille;
Ah! Ah! Ah! car vraiment
Cet homme est par trop surprenant!

---

* Chanson attribuée à Pierre Falcon

Pierre Falcon,
chantre de la Rivière-Rouge

Il a souvent été dit qu'il n'est pas de chronique sociale, historique ou politique plus sûre que la chanson. Miroir de la
pensée et du climat de son époque, elle cristallise en quelques
strophes instincts, réflexes, passions humaines, reflète les joies
et les peines, les craintes et les espoirs de l'âme collective. Par
nécessité, la chanson, surtout celle de circonstance ou politique,
devient, à un moment donné, libertine, contestataire. Rejetant le
rigorisme des autorités au pouvoir, elle tracera, comme un
sismographe, une courbe sonore des sentiments que suscitent
les événements en cours. Rendue provocante, même agressive
au besoin, elle témoignera parfois de la fierté nationale d'un
peuple qui ressent l'impérieux besoin de se perpétuer en demeurant lui-même.

La production poético-historique qu'est la chanson du peuple
métis n'est pas étrangère à cette vocation. Évidemment, ce
peuple, qui habitait la région de la Rivière-Rouge au XIXe siècle,
chantait pendant les randonnées périlleuses menées sur les
cours d'eau et les longues veillées d'hiver. Tout devenait matière à chanson: la vie quotidienne des voyageurs sur les rivières
et des chasseurs dans les plaines, mais aussi et surtout la

résistance de ceux qui, épars sur un territoire qui ne semblait plus leur appartenir, luttaient pour préserver l'identité de la collectivité dont ils étaient membres. Puisque ceux qui savaient lire ou écrire étaient rares à l'époque, c'est à la littérature orale que revenait l'impérieux devoir d'informer et de politiser le peuple. Ainsi la chanson, en plus de remplir une fonction sociale, devenait-elle comme l'écho de la volonté d'hommes qui, sans parler nécessairement au nom de la collectivité, n'entendaient pas moins communiquer leur propre message. Et c'est dans les moments où le peuple se retrouvait face à des choix importants pour son devenir que la chanson de circonstance était la plus fréquemment utilisée.

La plus grande partie de cet héritage musical et poétique du peuple métis était destinée à ne pas survivre, soit que les faits ou les hommes ainsi mis en relief aient perdu avec le temps leur importance d'un instant, ou enfin que les passions se soient éteintes ou aient été dirigées, canalisées vers un autre objet. Mais la chanson populaire métisse s'est quand même conservée sur les rives de la Rivière-Rouge, grâce à l'effort d'un petit nombre de recherchistes qui ont diligemment recueilli ce qui restait de ce trésor. Il nous parvient, donc, un reflet de ce que devait être cette richesse musicale et historique dans les chansons du poète manitobain qu'est Pierre Falcon, surnommé barde des Métis, chansonnier des Plaines, chantre de la Rivière-Rouge.

Tantôt chasseur, tantôt cultivateur, mais toujours veilleur et chanteur, Pierre Falcon fait revivre dans ses chansons de circonstance, longtemps populaires parmi les Métis, les premières luttes de son peuple qui s'affirmait comme nation. C'était à l'époque où les compagnies de la Baie d'Hudson et du Nord-Ouest se livraient à des luttes acharnées - que les voyageurs appelaient "la conteste" - dans les territoires de chasse dont elles se disputaient l'exploitation. Non seulement Pierre Falcon fut-il témoin des événements historiques qui ont déterminé l'avenir du peuple métis, mais il prit fait et cause pour sa compagnie contre "les gens de la Baie d'Hudson" ou "du petit Nord".

Notre poète a donc fait plus que raconter: il a vécu avec ses compatriotes l'histoire de son peuple, à l'étroit dans le jeu des institutions politiques qui, comme les terres, étaient monopolisées par les descendants de plus en plus nombreux des conquérants. Il a rêvé, comme ses frères métis, d'une indépendance qui a fini par leur échapper. Ainsi ses chansons ne sont-elles jamais gratuites, étant colorées à l'origine par son allégeance politique et inspirées par une communion intime avec les sentiments du peuple.

De ses chansons, malheureusement, il en reste très peu, les paroles n'ayant pas été gardées par écrit. Celles qui ont survécu cependant, révèlent tour à tour un visage du passé, reflètent la couleur des sentiments que le peuple métis éprouvait en une circonstance particulière, expriment ses aspirations, et même, indirectement, les moyens de les atteindre. Une simple reconstitution de la chaîne de ces chansons fait ressortir leur valeur documentaire ainsi que tout l'impact que cherchait à leur donner notre poète-chansonnier.

La technique mise en jeu dans chaque cas est la même. D'un événement, d'un incident, d'un homme, le chansonnnier ne retient que l'essentiel pour l'amplifier, le rendre ou exemplaire ou ridicule. C'est qu'il veut que sa parole se transmette, il veut être lu ou chanté; il adopte donc un style simple, voire populaire, et emprunte à l'arsenal poétique de l'heure.

Ainsi le combat des Sept-Chênes qui eut lieu à l'extrémité nord de l'actuelle rue Main à Winnipeg, entre les cavaliers métis de Cuthbert Grant fils et les soldats de Selkirk commandés par le gouverneur Robert Semple, lui fournit-il le sujet de la composition la plus connue, *La Chanson de la Grenouillère*.

La vieille concurrence commerciale entre les deux compagnies rivales s'était envenimée à la suite de l'établissement des colons de Lord Selkirk. Les Métis avaient leurs griefs particuliers contre la colonie, Lord Selkirk ayant négligé de traiter avec eux pour l'achat des terres qu'il avait données à ses colons. Le conflit éclata le 19 juin 1816: vingt Anglais, y compris le gouverneur et un Métis de la Compagnie du Nord-Ouest, furent tués.

Pierre Falcon, âgé de vingt-trois ans, fut témoin de la bataille. Le soir même de cet exploit qu'il considérait comme un haut fait d'armes, il composa sa "chanson de vérité", perpétuant ainsi le souvenir de la gloire des Bois-Brûlés. À l'intérieur d'un petit drame de onze strophes, il fait ressortir de façon dynamique les moments saillants de la confrontation tout en soulignant la bravoure des Métis et en dénonçant l'agressivité et la fourberie de l'ennemi. Cette chanson, symbole de la résistance que ce peuple opposait à l'empiètement progressif des Anglais, est devenue le chant "national" des Métis, voire une arme de combat qui devait sensibiliser pour mobiliser.

Le Bal à Fort William, surnommée "La Danse des Bois-Brûlés", qui suivit de très près la première chanson, raconte une autre page de l'histoire des Sept-Chênes. Une copie de "La chanson de la Grenouillère" étant tombée entre les mains de Lord Selkirk, ce dernier, en route vers la colonie, saisit aussitôt le Fort William par représailles. Peu après, il y donna un bal dans l'intention de retenir autant de serviteurs que possible du camp opposé, de les faire boire et danser pour apprendre d'eux tous les secrets de l'ennemi. Dans un contexte fortement théâtral, ponctué d'appels continuels à ceux qui devaient assister au bal, Pierre Falcon se livre à une parodie de cet événement, qui était d'ailleurs, à l'époque, la façon habituelle pour les commerçants de fourrure de s'emparer du fort de l'adversaire.

Une troisième chanson, La Ballade du général Dickson, fut composée en 1837. Pierre Falcon y dramatise un fait d'histoire concernant un aventurier, James Dickson, qui était venu engager des Métis de la Rivière-Rouge pour fonder avec eux un royaume indien en Californie. Son plan ayant échoué, il vécut quelque temps à Grantown avant de rentrer chez lui. Le scénario a éveillé chez l'auteur un sens du théâtre peu commun qui lui a permis de reconstituer l'histoire de façon pittoresque sous une forme à la fois narrative et dialoguée.

Il semble très peu probable que Pierre Falcon ait pu garder un silence de trente ans avant de recommencer à chanter les faits et gestes de son peuple. Des indices retrouvés ici et là permettent de croire que le poète-chansonnier composa continuellement pendant sa vie, exerçant sa verve inépuisable sur presque tous les événements politiques dont le Manitoba fut témoin à l'époque, et sur bien des thèmes d'une nature locale. Citons, par exemple, La chasse aux buffalos, chanson attribuée à

Pierre Falcon, mais qui nous est parvenue uniquement sous forme d'une traduction libre et quelque peu romancée d'Agnès Laut[1], le texte original n'ayant pas été conservé. Bien d'autres chansons de notre poète ne semblent avoir vécu que le moment de leur création, de sorte qu'il faut passer jusqu'à l'insurrection des Métis en 1869 pour retrouver d'autres éléments de son oeuvre.

Les quatrième et cinquième chansons, datant de 1869 et 1870 respectivement, ont donc été composées au cours des troubles opposant les Métis aux orangistes. Trop vieux pour participer activement à la révolte des Métis menée par Louis Riel, Pierre Falcon continua néanmoins à chanter les efforts faits par son peuple pour déterminer son propre cheminement. *Les Tribulations d'un roi malheureux* doit sa naissance à l'arrivée du téméraire gouverneur William McDougall sur le territoire de la Rivière-Rouge, venu au nom d'un gouvernement qui n'avait pas encore juridiction dans le pays. La chanson raconte de façon satirique la déconvenue de McDougall qui, arrêté par Louis Riel et ses hommes, dut retourner au Canada (voir Appendice B).

La chanson décrit le scénario de la prise de possession du territoire par McDougall. Le poème, à la fois narratif et descriptif, ridiculise l'action du gouverneur qui, entouré de sa suite, *"sous vingt degrés de froid, en plein minuit sur ce beau territoire"*, traverse la frontière pour afficher une *"prétendue proclamation"* de la reine Victoria.

Enfin, la dernière chanson attribuée à Pierre Falcon dont nous disposons, composée en 1871 et intitulée *Le Dieu du Libéral*, satirise les activités d'un politicien, J.C. Schultz, qui s'était fortement opposé à Louis Riel pendant la course au monopole de l'exercice du pouvoir.

L'oeuvre de Pierre Falcon, telle qu'elle nous est parvenue, se présente d'abord comme un "instantané" des événements et des hommes: avec la précision d'un historien et le dynamisme d'un dramaturge, le chansonnier raconte le passé manitobain. Mais c'est aussi une oeuvre engagée, mise au service d'une cause, car chacune des chansons porte en elle un jugement, neutralisant, par l'arsenic du ridicule, le pouvoir de l'adversaire, ou provoquant l'euphorie dans l'adulation de ses héros.

Pierre Falcon a fait oeuvre à la fois de révélateur et de catalyseur: révélateur parce qu'il a tracé, de mot en mot, la courbe
des sentiments et des aspirations de son peuple, catalyseur
parce que, au moyen de ses chansons, il a encouragé son peuple
à déterminer le caractère de sa vie collective.

La chanson, cependant, n'est pas que texte; elle est aussi
musique (voir Appendice C). Par sa forme, la chanson de Pierre
Falcon fournit une indication précieuse sur le fond musical de
la collectivité. Il est à noter que dans tous les cas il s'agit d'une
musique populaire, de tradition purement orale, qui conserve
ses traits archaïques. On remarque, par exemple, une constante
mutabilité qui tient de l'essence même de ce genre de composition. Ainsi, *La Chanson de la Grenouillère*, en devenant la favorite
des voyageurs-canotiers, est-elle de bonne heure refaçonnée
maintes fois selon l'interprète du moment. Cependant, son
contour musical et sa facture poétique initiale de quatre vers de
deux pieds, au sens musical (c'est-à-dire deux groupes de notes
contenant chacun un temps fort par strophe), restent indemnes.

Dans presque toutes les chansons, le rythme est souple et
bien régulier, les rythmes brisés étant assez rares dans l'oeuvre
de Falcon alors qu'ils foisonnent habituellement dans la chanson populaire. L'auteur a recours surtout au deux-temps à
division ternaire, c'était la formule préférée des canotiers re-
montant fleuves et rivières. Chaque coup d'aviron marquait le
premier temps de chaque mesure, alors que le mouvement du
second était plutôt celui de la rame. La grande souplesse ryth-
mique ainsi que la mélodie fort gracieuse dans son libre 6/8 font
parfois contraste à la violence des sentiments exprimés dans les
textes. L'emploi de ce rythme balancé, cependant, n'est qu'un
écho des très nombreuses mesures à divisions ternaires qui
abondent dans les chansons populaires de la vieille France.
Aussi, comme il arrive souvent dans la chanson populaire, la
courbe fortement expressive de ces mesures à division ternaire
rattache les mélodies au style lyrique, même si le texte est
principalement d'ordre narratif.

Si les mélodies de *La Chanson de la Grenouillère* et de *La Danse
des Bois-Brûlés* sont originales, c'est-à-dire, de composition canadienne, celles de *La Ballade du général Dickson, Les Tribulations*

d'un roi malheureux, et *Le Dieu du Libéral* sont plutôt représentatives de la musique populaire de la vieille France qui les avait
créées et modelées avant leur passage au Canada avec les
anciens colons. Car l'air en est emprunté, Pierre Falcon ayant
puisé dans le répertoire qui avait cours à ce moment-là. En
signifiant que son texte doit être chanté "sur l'air de...", l'auteur
indique les timbres à la mode et révèle le palmarès d'une
époque.

Ainsi, mélodie populaire et poème narratif s'unissent-ils
pour former cette tranche de l'écho sonore du passé qu'est
l'oeuvre de Pierre Falcon. Ses chansons de circonstance mar-
quent une étape importante dans la littérature orale de l'Ouest
et à ce titre font partie de l'héritage des Canadiens français tout
autant que la chanson folklorique ou le conte. Les chants de
Pierre Falcon constituent, en plus, un véritable document - car
toute chanson, par la magie du temps, devient document - où
sont inscrits les triomphes, les tragédies, bref, le devenir d'un
peuple. Il importe de les conserver à tout prix, car ils nous
parviennent surtout en tant qu'expression de l'identité métisse
et témoignage de l'histoire d'un des peuples fondateurs de la
province du Manitoba.

Tatiana Arcand

-----

1. Margaret Arnett MacLeod, *Songs of Old Manitoba*, Toronto, The
Ryerson Press, 1959.

GEORGES
Dugas
1833-1928

"L'historien populaire du Nord-Ouest"! Ainsi débute le grand article consacré à cet ecclésiastique dans le *Dictionnaire des Canadiens et des Métis*, du père A.-G. Morice, o.m.i.

L'abbé Dugas avait plus d'un talent. Éducateur et humaniste, musicien et historien, il était aussi conteur et poète.

Né à Saint-Jacques de l'Achigan, au Québec, le 5 novembre 1833, il fit ses études, y compris sa théologie, au Collège de l'Assomption. Ordonné prêtre par Mgr Taché en 1862, il fut d'abord aumônier de l'hospice de Varennes pendant quatre ans. Après quoi il vint rejoindre l'évêque de Saint-Boniface au Manitoba.

Nommé immédiatement directeur du Collège de Saint-Boniface, en 1866, il réorganisa le cours classique qui avait été plusieurs fois interrompu dans le passé et recruta quatre étudiants, dont le poète Alexandre de Laronde.

Il fonda dès 1867 une fanfare qu'on dit la première au Manitoba, et forma vers 1875 un choeur de chantres qui fit l'admiration de Winnipeg. Il introduisit en 1876 le premier orgue à Saint-Boniface.

Il a passé trois ans comme directeur du collège, puis, fut nommé curé de la paroisse Saint-Boniface en 1869. Cette nomination resta en vigueur jusqu'en 1878. L'abbé Dugas fut donc un témoin privilégié des premières années de la nouvelle province du Manitoba, avec ses turbulents changements politiques et démographiques.

En 1888, il demanda un repos et se retira chez un de ses frères, curé à Sainte-Anne-des-Plaines, au Québec. Pendant sa semi-retraite, il a collaboré au journal *La Vérité* de Québec, à *La Croix* de Montréal, ainsi qu'au *Manitoba*. C'est pendant cette période, dit le père Morice, qu'il écrivit, "la plupart de ces petits livres qui ont tenu l'Ouest canadien présent à l'esprit des multitudes instruites[1]". De son côté, la revue diocésaine écrit: "Il a passé à Saint-Boniface en y semant discrètement des idées et des initiatives, qui ont eu une influence marquée sur le progrès religieux, littéraire et artistique de notre ville. Il a imprimé au collège une nouvelle et vigoureuse impulsion[2]." Dugas est décédé le 14 décembre 1928.

Bien que certains de "ces petits livres" aient eu plusieurs éditions - jusqu'à cinq! - les critiques d'aujourd'hui sont plutôt réservés à leur égard. Dans sa biographie de Marie-Anne Gaboury (la première de toutes), il se révèle, dit Lionel Dorge, "plutôt annaliste que biographe ou historien[3]". Aurélien Boivin trouve que ses *Légendes du Nord-Ouest* "sont plus près de l'anecdote historique que de la légende proprement dite[4]". Et Maurice Lemire note au sujet de son *Voyageur des pays d'En-Haut*: "Un souci par trop évident de moraliser le porte à relever surtout les mauvais côtés de la vie dans les pays d'En-haut[5]."

---

1. Adrien-Gabriel Morice, *Dictionnaire des Canadiens et des Métis français de l'Ouest*, Québec, Garneau; Montréal, Granger frères; Saint-Boniface, chez l'auteur, 1908.

2. *Les Cloches de Saint-Boniface*, mai 1922.

3. *Dictionnaire des Oeuvres littéraires du Québec*, vol. I, Montréal, Fides, 1978.

4. Ibid.

5. Ibid.

Manitoba et ses avantages pour l'agriculture, Montréal, Armstrong, v. 1880.

La première Canadienne du Nord-Ouest ou biographie de Marie-Anne Gaboury qui monta au Nord-Ouest en 1807, Montréal, Cadieux, 1883; 2e édition, Saint-Didier, Imp. Thevenot, 1907; 3e édition, Winnipeg, Canadian Publishers, 1945.

Légendes du Nord-Ouest, Montréal, Cadieux, 1883; 2e édition Montréal, Beauchemin, 1890; 3e édition, 1904; 4e édition, 1912; 5e édition, 1925.

Monseigneur Provencher et les missions de la Rivière-Rouge, Montréal, Beauchemin, 1889.

Un voyageur des pays d'En-Haut, Montréal, Beauchemin, 1890. Réédité aux Éditions des Plaines, Saint-Boniface, 1981.

L'Ouest canadien: sa découverte par le sieur de La Vérendrye; son exploitation par les compagnies de traiteurs jusqu'à l'année 1822, Montréal, Cadieux et Derome, 1896. Édition anglaise: Montréal, Beauchemin, 1905.

Histoire de la paroisse de Sainte Anne-des-Plaines érigée sous Mgr Hubert, évêque de Québec en l'année 1787, Montréal, Granger Frères, 1900.

Histoire véridique des faits qui ont préparé le mouvement métis à la Rivière-Rouge en 1869, Montréal, Beauchemin, 1905.

Histoire de l'Ouest canadien de 1822 à 1869; époque des troubles, Montréal, Beauchemin, 1906.

Répertoire littéraire de l'Ouest canadien, Saint-Boniface, Centre d'études franco-canadiennes de l'Ouest, 1984.

Salut au printemps

Le froid s'en va; le zéphir caressant
Dans les jardins revient baiser les roses
Et balancer les jeunes fleurs écloses
Pour en semer le parfum ravissant.

Tous les buissons pour l'été renaissant
Sont dépouillés de leurs teintes moroses
Et les oiseaux qu'émerveillent ces choses
Par des concerts chantent le Tout-Puissant.

Un bruissement d'une couleur étrange
Passe dans l'air; l'abeille aux ailes d'ange
De tous côtés va butiner son miel.

Ô doux printemps! réveil de la nature!
Ton beau décor nous fait songer au ciel
Quand tu revêts ta brillante parure.

Le Manitoba, 20 mai 1914

Sonnet à l'automne

Le pâle automne, avec ses gris nuages
Efface au ciel les teintes du printemps
Et les oiseaux sur l'aile des autans
Auront bientôt déserté nos bocages.

De nos grands bois les jaunissants feuillages
Vont tapisser les chemins et les champs,
Puis emportés par le souffle des vents
Ils s'en iront pourrir sur quelques plages.

Non; dans ton sein tu portes les richesses,
Non; dans ton sein tu portes les richesses (sic)
Qu'un long été te jette à pleine main.

Ainsi de nous, au printemps du bel âge
Va succéder la vieillesse demain.
Sachons cueillir de l'été l'héritage.

Le Manitoba, 10 septembre 1933

Sonnet à l'hiver

L'hiver s'annonce, et depuis trois matins,
Enveloppé dans son manteau d'hermine,
Belle toison de neige cristalline,
Il se promène en roi sur nos chemins.

Adieu les fleurs, orgueil de nos jardins.
Sous un linceul de blanche mousseline
Il a caché le rosier, l'aubépine,
Enseveli l'oeillet et les jasmins.

Dans le repos la nature sommeille,
Mais de nouveau, étonnante merveille,
Nous la verrons au printemps s'éveiller.

Cette saison du tombeau est l'image
Où l'homme dort comme sur l'oreiller
En attendant le céleste héritage.

Le Manitoba, 5 novembre 1913

Vanitas vanitum et omnia vanitas

La sagesse nous dit: Tout n'est que vanité
La parole du monde est folie et mensonge
Les faux biens qu'il promet passeront comme songe
Dont ils ont la valeur et la fragilité.

Quoiqu'il paraisse heureux dans sa félicité
Le mondain ne l'est pas; trop d'ennui le ronge.
Il a beau s'étourdir, ce tourment se prolonge,
Jusqu'au jour où pour lui s'ouvre l'éternité.

Puisque tout doit finir sur cette pauvre terre
N'attachons pas nos coeurs au plaisir éphémère
Qui passe comme l'onde. Après quelques beaux jours,

L'automne suit l'été; puis la forêt s'effeuille;
Seuls les riches trésors que la vertu recueille
Nous suivent dans le ciel pour nous rester toujours.

Le Manitoba, 1ᵉʳ octobre 1913

LOUIS
Riel

1844-1885

Sur le plan politique, et sur le plan simplement humain, est-il besoin de dire que Riel occupe une place bien particulière dans l'histoire du Manitoba et du Canada! Pour l'héritage littéraire aussi, sa place lui est acquise, et elle grandit de plus en plus, à mesure qu'on découvre ses écrits. "Comment se fait-il, écrit Jean Morisset, que cet homme [...] ayant écrit plus d'un millier de textes touchant des genres littéraires aussi variés que la poésie, le journal, l'essai, les méditations, etc., ne fasse partie d'aucune anthologie littéraire du Québec ou du Canada français?[1]" Lacune qui commence à être réparée, puisque ce commentaire est paru à l'occasion de la publication des *Écrits complets/ Collected Writings* de Riel.

Il est né le 22 octobre 1844 au sein d'une famille éminente de la colonie de la Rivière-Rouge; le père, Louis, était instruit et industrieux, et la mère, Julie, était elle-même fille d'un couple célèbre, le voyageur Jean-Baptiste Lagimodière et Marie-Anne Gaboury, la première femme blanche à s'établir dans l'Ouest.

En 1858, Mgr Taché l'envoya étudier au Québec, avec deux autres jeunes métis qu'il espérait destinés à la prêtrise. La mort de son père en 1864, son expulsion du collège de Montréal en 1865, peu avant la fin de son cours, ainsi qu'une idylle qui n'aboutit pas, l'ébranlèrent fortement.

Collégien, il écrivit des fables et des poèmes, et dans la période d'emplois temporaires et de vagabondage qui s'ensuivit, on croit qu'il continua à écrire de la poésie, et qu'il rencontra le poète Louis Fréchette à Chicago (où se trouvait une importante colonie canadienne-française).

De retour à la Rivière-Rouge en 1868, Riel s'engagea rapidement dans le mouvement des Métis qui s'insurgeaient contre la prise de possession des Territoires du Nord-Ouest cédés au Dominion par la Compagnie de la Baie d'Hudson en 1869. Appuyé par

le curé Noël Ritchot, de Saint-Norbert, il forma un gouvernement
provisoire qui formula une charte des droits, laquelle, une fois
reconnue par Ottawa, mena à la création, en mai 1870, d'une
nouvelle province canadienne de plein droit, avec suffrage universel, titres de terre aux métis, statut bilingue, régime de dualité
scolaire confessionnel, etc. Le Parlement adopta même le nom
"Manitoba" suggéré par Riel.

L'exécution d'un jeune fanatique orangiste, Thomas Scott, en
mars 1870, fut déterminante pour le sort de Riel. Pourchassé et
banni après la dissolution de son gouvernement, à l'été 1870, il
commença une vie errante, malgré son élection comme député
fédéral. Il vécut en Nouvelle-Angleterre, mais revint au Québec en
1876, gravement malade. Interné comme malade mental, il grif-
fonna une sorte de journal qui révèle un visionnaire. Rétabli en
1878, le voilà de nouveau en Nouvelle-Angleterre, et bientôt dans
l'Ouest américain, où il se fait naturaliser, se marie, et se fixe comme
instituteur au Montana. Il épouse une métisse du Montana, Marguerite Monet dit Bellehumeur, "à la mode du pays", faute de
prêtre. Le mariage est rendu officiel le 6 mars 1882, et un fils leur est
né deux mois plus tard. Enfin, il a agi comme "maître d'école" dans
une petite colonie autochtone du Montana, la St. Peter's Mission
desservie par les Jésuites. Il semble que ce fut son domicile le plus
stable et le plus heureux de sa vie d'adulte.

Les Métis de la rivière Saskatchewan vont l'y chercher en 1884,
car ils se sentaient lésés dans leurs droits encore une fois. La
maladresse des autorités policières provoque une résistance armée
dans la région de Batoche, mais une expédition militaire met tôt fin
au conflit. Riel est emprisonné à Régina et condamné à mort en
1885. Durant ces crises, il noircit encore des pages de carnet.

Le fameux procès reposait entièrement sur la question de l'état
mental de Riel. La défense a contribué involontairement à sa
condamnation en plaidant la folie, ce que Riel réfutait, préférant de
beaucoup la mort à un jugement de folie, car il ne voulait pas
végéter le reste de sa vie en internement. Les médecins qui l'ont
interrogé, y compris des psychiatres ("aliénistes", disait-on), s'accordaient pour dire, avec les prêtres qui l'ont côtoyé en Saskatchewan, qu'il déraisonnait sur les questions de religion et de politique,
et qu'il était raisonnable à tout autre égard. Il fut donc tenu

responsable de la "rébellion" du Nord-Ouest, bien que l'incurie des autorités fédérales, la disparition du bison (à la base de l'économie indienne et métisse), et les provocations des fonctionnaires, fussent à l'origine des troubles qui auraient pu dégénérer en massacres beaucoup plus graves si Riel n'eût modéré son fier adjudant, Gabriel Dumont, et n'eût été foncièrement opposé au recours à la violence.

L'ombre de Thomas Scott a plané sur tout le procès, car l'esprit de vengeance des Anglo-Ontariens n'avait pas été satisfait, Riel ne se faisait aucune illusion là-dessus. Le procès lui-même, qui normalement aurait dû être tenu dans une province constituée (comme le Manitoba), eut lieu dans "des conditions immorales", affirme l'historien américain J. Kinsey Howard, en présence d'un jury exclusivement anglo-protestant. La peine de mort, plusieurs fois reportée, et suscitant des protestations à travers le Québec et à travers l'Europe, fit de Riel un martyr.

Il est entré dans l'imagination populaire par les portes du roman, du théâtre, et même du cinéma et du ballet; portes entrouvertes d'abord par quelques historiens, dont E.B. Osler de Winnipeg (1920-1987). On peut dire qu'il est devenu un mythe; il symbolise les causes des vaincus, des idéalistes religieux et politiques. Il est revendiqué, non seulement par les nationalistes canadiens-français, comme autrefois, mais par les mouvements indiens et métis, entre autres. Brûlé en effigie à Winnipeg en 1885, il a aujourd'hui son monument à l'ombre du Palais législatif!

Il faut dire que Riel apparaît comme un être en contradiction non seulement avec l'*establishment*, mais en contradiction avec lui-même, puisqu'il a commencé un schisme avec son "Exovidat", en 1885, en opposition ouverte au clergé catholique. Il s'est rétracté à la fin, mais son prestige était tel, lors des troubles, qu'il était obéi et suivi même dans ses aberrations. Riel est mort le 16 novembre 1885.

L'écriture de Riel, tant en prose qu'en vers, est fort inégale. Quant à son éloquence, elle a atteint son sommet, selon Howard, lors de son plaidoyer au procès de Régina.

---

1. *Bulletin du CEFCO*, Saint-Boniface, Centre d'études Franco-canadiennes de l'Ouest, décembre 1987

L'Amnistie: Mémoire sur les causes des troubles du Nord-Ouest et sur les négociations qui ont amené leur règlement amiable, Montréal, Imprimerie du Nouveau Monde, 1874.

Poésies Religieuses et Politiques, Montréal, Imprimerie de l'Étendard, 1886. Réédité par les Éditions des Plaines, Saint-Boniface, 1979.

Louis Riel, journal de prison, édité par Rossel Vien, Écrits du Canada français, n° 13, 1962, p. 305-353.

Poésies de jeunesse, choisies et présentées par Gilles Martel, Glen Campbell et Thomas Flanagan, Saint-Boniface, Éditions du Blé, 1977.

Les Écrits complets de Louis Riel / The Collected Writings of Louis Riel, 5 vol., Edmonton, University of Alberta Press, 1985. Textes établis et commentés par George Stanley, Thomas Flanagan, Raymond Huel, Gilles Martel, Glen Campbell, Claude Rocan, John Foster et Roger Motut. (Le vol. IV est consacré à la poésie).

(Nous donnons ici les ouvrages se rapportant directement ou indirectement à Louis Riel, et publiés principalement au Manitoba français. Pour de plus amples détails, les intéressés pourront consulter les *Écrits complets de Louis Riel*, en 5 volumes, publiés par l'université de l'Alberta.)

Anonyme, *Le Gibet de Régina*, New-York, Thompson et Moreau, 1886. Réédité avec une présentation par Gilles Martel aux Éditions du Blé, Saint-Boniface, 1985.

Claude Dorge, *Le Roitelet*, théâtre, Saint-Boniface, Éditions du Blé, 1980.

Marcel Giraud, *Le Métis canadien*, Paris, Institut d'Ethnologie, 1945. Réédité en 2 volumes par les Éditions du Blé, Saint-Boniface, 1984.

Réginald Hamel, John Hare, Paul Wyczynski, *Dictionnaire des Auteurs de langue française en Amérique du Nord*, Montréal, Fides, 1989, p. 1150.

Mary Jordan, *De ta soeur, Sara Riel*, biographie, Saint-Boniface, Éditions des Plaines, 1980.

Soeur Marie-Diomède, *Essai sur la littérature française au Manitoba*, thèse de doctorat, Université d'Ottawa, 1947.

E.B. Osler, *The Man Who Had to Hang: Louis Riel*, Toronto, Longmans, Green and Co., 1961. Traduit en français par Rossel Vien, *Louis Riel: Un Homme à pendre*, Montréal, Éditions du Jour, 1963.

Noëllie Palud-Pelletier, *Louis, fils des Prairies*, récit, Saint-Boniface, Éditions des Plaines, 1984.

Diane Payment, *Batoche*, Saint-Boniface, Éditions du Blé, 1983.

Répertoire littéraire de l'Ouest canadien, Saint-Boniface, Centre d'études franco-canadiennes de l'Ouest, 1984.

Auguste-Henri de Trémaudan, *Histoire de la Nation métisse dans l'Ouest canadien*, Montréal, Lévesque, 1935. Réédité par les Éditions du Blé, Saint-Boniface, 1979; puis par les Éditions des Plaines, Saint-Boniface, 1984.

Un jeune malade
(chanson)

Voici le sombre automne
Avec ses vents de froid
Qui, d'un cri monotone
Soupirent avec moi.
La nature est mourante
Quand viennent les frimas.
Et ma force expirante
Me parle du trépas!

Adieu, tendre verdure
De nos joyeux bosquets!
La bise et la froidure
Flétrissent tes attraits!
Aussi moi, je succombe.
Je ne te survis pas.
Chaque feuille qui tombe
M'annonce le trépas.

Privés du doux feuillage
Les oiseaux de nos bois
Sur un autre rivage
Font entendre leur voix.
Ici, plus d'allégresse!
Le deuil est sous mes pas.
Et le mal qui m'oppresse
M'apporte le trépas!

Ô toi que j'ai chérie,
Quand j'aurai clos mes yeux,
Fidèle et tendre amie!

Souviens-toi de nos voeux!
Quelquefois sur ma cendre
Oubliant tes appas,
Viens te faire entendre
Et plaindre mon trépas!

Poésies de jeunesse

Le Serpent

Avez-vous jamais vu rien d'aussi repoussant
Que l'aspect, la nature et l'esprit du serpent?
Honteusement réduit à sillonner la terre
Regardez le méchant ramper dans la poussière.
Caustique, observateur, vif, alerte, ombrageux
Il ne fronce jamais ses sourcils tout poudreux.
Les yeux toujours ardents, il va, circule, avance,
S'inquiète de tout et même du silence.
Le ciel qui l'a maudit l'empêche de jouir.
À le voir se traîner il a l'air de souffrir.
Il se tord en tous sens. Replié sur lui-même.
Écrasé sous le poids du divin anathème,
Soigneux à nous cacher l'opprobre de son sort
Ne semblerait-il pas qu'il nourrit un remords?

Dans sa marche pénible on croirait qu'il médite,
Qu'il souffre des affronts de sa race maudite.
Et tirant, après lui par d'ondulants ressorts
Les anneaux tortueux de son flexible corps
Il serpente. Le monstre! Étendu sur l'arène
Semble fuir et traîner une éternelle chaîne.
Mais une ombre soudain se vient-elle objecter?
On le voit aussitôt s'alarmer...s'irriter...
Et puis le moindre bruit frappe-t il son oreille,
À l'instant dans son sein le poison se réveille.
Une sombre colère allume son regard.
Et la gueule béante il aiguise son dard.
Voyez-le redresser cette tête hideuse!
Oh! comme elle est abjecte et pourtant orgueilleuse!
Tour-à-tour il s'abat... se relève hautain
Reconnaît l'alentour et poursuit son chemin.
Son front humilié qui glisse sur la fange
Me rappelle toujours l'orgueil du mauvais ange.
Difforme comme lui, sans doute aussi pervers
Ce monstre fait un être à part dans l'univers.
Quelles que soient d'ailleurs ses espèces nombreuses
Je ne sais vraiment pas de races plus affreuses.
Il a beau déguiser sa forme et sa couleur
On reconnaît toujours son insigne laideur.
Crocodile dans l'Inde, et boa dans l'Afrique
Vous le trouvez encor dragon dans l'Amérique.
Partout épouvantable et partout venimeux.
Toujours prudent et fier: sans cesse furieux.
Qui n'appréhende pas cette perçante vue
Que rien ne peut tromper, qui pénètre la nue?
Cet horrible regard, si sombre et si puissant
Qui captive, saisit et tue en séduisant?
Le superbe vautour ne saurait s'en défendre
Pas plus que la colombe aussi faible que tendre.
Et l'aigle retranché dans son domaine altier
N'évite pas toujours son charme meurtrier.
Mais le monstre! abhorré dans toute la nature
Quel n'est pas son repaire ainsi que sa pâture?

Rien ne lui sourit plus que la nuit des tombeaux.
Il se plaît à régner sur des chairs en lambeaux.
Et trop peu satisfait d'avoir causé sa perte
Il va tourmenter l'homme en sa tombe entr'ouverte.
Il partage son corps avec les vermisseaux
En lui disant: c'est moi qui préside à tes maux.
Quelquefois retiré sous un rocher sauvage
Il gît, gorgé de sang et rempli de carnage...
Il sommeille et jetant au loin l'infection
Vous diriez un cadavre en putréfaction.
La nature alentour de son affreux asile
Paraît dans la stupeur et se montre immobile.
Et pour peu que l'on cherche à se l'imaginer
On se sent dans son sein glacer et frissonner.
Volant parfois dans l'air comme il vogue sur l'onde
Je le vois répandu dans tous les coins du monde.
Tortillé quelquefois aux arbres des forêts
Au-dessus des chemins se tenant aux aguets
Il attend les passants, sur eux se précipite,
Les serre, les étreint dans sa chute subite;
Les entoure, les mord. Et dans leur triste sein
Plonge pour les tuer sa lance et son venin.
Ailleurs, toujours guidé par le même génie
Il dérobe au grand jour sa fureur ennemie.
Il déserte les champs, s'enfouit sous les eaux,
Se met en embuscade au milieu des roseaux,
Surveille en même temps les ondes et la terre,
Pour y porter sans cesse et la peste et la guerre.
C'est ainsi qu'établi sur les rives du Nil
Que son aspect remplit d'horreur et de péril.
On le voit sur ces bords effroyable amphibie,
Avec ses cruautés assouvir sa furie
En dévorant bergers, troupeaux et voyageurs.
Et que dis-je? Appuyé par ses seules horreurs
N'a-t-il pas autrefois, aux plages africaines
Pétrifié l'ardeur des légions romaines;
Arrêté, décimé ces guerriers conquérants
En répandant l'effroi, le trépas dans leurs rangs;

En trompant avec art leur tactique savante,
En leur poussant de loin son haleine étouffante.
Prodigieux serpent sur qui le genre humain
Ne saurait exercer son pouvoir souverain.
Tremblez de rencontrer cette bête cruelle.
On pleurerait pour vous sa morsure mortelle.
Ne vous laissez par lui jamais apercevoir,
Que n'est-il toujours seul avec son désespoir...

Poésies de jeunesse

Le Chat et les Souris

Un chat de bonne race
Anglais par la naissance, austère dans ses moeurs
Bien moins qu'on ne croirait, flegmatique d'ailleurs,
Comme un lord sans pitié, ne vivait que de chasse.
C'était là son métier. Et tant que le butin
Venait abondamment, le sire Galopin
Rentrant dans sa demeure
Se mettait tout à l'heure
Dans les joies du festin.
Notre Saxon, à table,
Ne se servait jamais de plat plus délectable
Que la chair de souris.
Il en avait toujours. Ses parents, ses amis
Venaient-ils faire visite?
De sa viande favorite
Il préparait lui-même le goûter.
Et puis bombance aux matous en gaîté.
Certain jour que le chat en telle compagnie
Mangeait dans ses loisirs à sa table fournie
Des dits mets, les souris enfin poussées à bout
Firent une assemblée. Aussitôt réunie
La gent se compta. Quel nombre? Hélas! du tout
Réduite à presque rien. Naguère si nombreuses
Les pauvrettes qui survivaient
Répandirent d'abord des larmes généreuses.
C'était triste: elles sanglotaient!

Les premières purent à peine
Ouvrir la séance. Eh! toute une nation
Qu'un barbare tyran dans son âme hautaine
Condamne de la sorte à la destruction!
Quoi donc! La seule ambition
D'un méchant peut mener un peuple à sa ruine!
Lui-même, je le dis, il ourdit, il machine
Sa perte. Riches Grands
Ne soyez point tyrans.
Vous avez beau vous en prendre à des gens
Pauvres, chétifs et d'aucune apparence.
Le mal en l'éprouvant régénère une engeance.
S'il arrive que ses essais
Ne soient pas suivi de succès
D'abord, un jour viendra qu'avec de la constance
Un redoublement d'efforts
Rendra les faibles plus forts.
Nos souris l'expérimentèrent
Dans leur conseil elles donnèrent
Décret contre le chat. Ce groupe souriquois
Devait n'omettre rien pour défendre ses droits.
Mais comme l'union surtout produit la force
Le principal de tous les soins
Était de se tenir dans ces communs besoins
En bataillons serrés. Pour que de son amorce
La peur ébranlât moins les coeurs,
Chacun devait de plus penser à ses malheurs,
Aux parents massacrés, à ces chères victimes
Dont les cruelles morts étaient autant de crimes
Qui criaient la vengeance. On ne discuta pas.
On jura le trépas
Du chat, de ce bandit, de cet épouvantable.
La malédiction couvrit l'abominable.
Les milliers de souris
Qui de la gent encor composaient les débris
Bien unis, résolus de faire justice
Se dirigent pour le supplice
De l'ennemi, dans un hangar
Où se retirait le pendard
Durant la nuit après ses courses.

Le désespoir fournit d'excellentes ressources.
Cette armée aussitôt en un seul régiment
Avec ordre rangée, environne la place
        Par où l'odieux garnement
Viendrait. Elle reçoit l'exprès commandement
        Sur lui de se jeter en masse.
De le dévorer vif, l'écorcher, le manger,
        De s'en venger.
La chose avec tumulte en est vite jurée
On se tait aussitôt. Chacune doucement
Se tapit, guette, observe et surveille à l'entrée.
On attend. Vers minuit l'animal arrivant
Dans l'ombre montre enfin ses yeux pleins de lumière.
La troupe en peloton l'aperçoit; s'élançant
Lui saute sur le dos, par-devant, par-derrière
        Dessus, dessous, en flanc
Grafigne, mord, déchire avec acharnement.
Le chat crie. Il se sert de ses dents, de ses pattes
Non sans endommager ces troupes délicates.
        Elles tiennent toujours.
Aucune sans frapper le chat n'est abattue.
Lui, furieux, bondit, miaule, enrage, tue.
Les victimes pourtant vendent bien cher leurs jours.
Soudain dans sa fureur au dernier point accrue
Le chat semant la mort par un coup perd la vue.
Dans la forte mêlée, alors il disparaît,
Tout grouillant de souris, enterré sous leur nombre.
Elles lui firent tant que l'ennemi dans l'ombre
Tâcha de se sauver. Il le fit à regret.
Un chat fuir les souris. J'imagine sa rage.
On vous l'avait peigné de la queue au visage.
Les yeux crevés! Enfin, tout le corps en dommage!
Malgré tout, le vilain put sur un soliveau
En grimpant s'esquiver. Aux souris la victoire
Resta, non pas sans morts pourtant, mais avec gloire.
Elles purent au moins savourer une fois
Les joies de la vengeance. Et sous leurs petits toits
Les neveux bien longtemps en surent la mémoire.

Pour notre chat, infortuné matois,
Assurément personne ne peut croire
Ce qu'il souffrit. Il mourut enragé.
Le bon droit est ainsi toujours vengé.

Poésies de jeunesse

Que les gens d'armes
Suivent mes pas.
Mes vraies alarmes
Oh! ne sont pas
Pour moi. Mais quand on se dépêche
Pour prendre le chef des Métis,
D'agir, je crains, qu'on ne t'empêche
Aussitôt que l'on m'aurait pris
Ma douce contrée!
Garde-moi tes amours chéris
Ma blonde adorée!

Beaucoup de peine
Remplit mon coeur.
Et cette peine
Fait mon malheur.
Je suis en butte à bien des haines.
Ces haines voudraient m'enfermer
Et me charger les mains de chaînes.
Pour m'empêcher de te servir
Ma douce contrée!
Pour m'empêcher de te chérir
Ma blonde adorée!

Pour nourriture
J'ai quelques fruits.
 Et sur la dure
Toutes les nuits
Je me couche dans la froidure.
Triste et seul, au milieu des bois.
Du vent, j'entends tout le murmure.
Il me semble que c'est ta voix.
Ma douce contrée!
Il me semble que c'est ta voix
Ma blonde adorée!

Le jour, je trouve
Le temps moins long.
Quoique j'éprouve
Le plus profond
Chagrin. Un charme est dans mon âme
Quand du Soleil qui resplendit
Je vois la couronne de flamme.
Cette couronne, c'est pour toi qu'elle reluit
Ma douce contrée.
Cette couronne, c'est pour toi qu'elle reluit
Ma blonde adorée.

_____

Les Écrits complets de Louis Riel

"Ma voix reviendra-t-elle à titre d'importune..."
à l'Honorable Sir G.E. Cartier

Monsieur,

Ma voix reviendra-t-elle à titre d'importune
Vous rappeler mes vers?
Tout joyeux de vous voir savourer la fortune
Venant vous exprimer mes sentiments divers,
Quand l'heure est opportune
D'une courte audience aurais-je la faveur?

Ma muse ambitionne
Le magnifique honneur
D'emporter vos esprits. Sincère admirateur
Laissez-moi vous louer. La gloire vous couronne!
Sous le pesant fardeau des hautes dignités
J'entends de tous côtés
Votre nom qui résonne!
Je vois votre personne
Debout aux premiers rangs de nos célébrités!
J'aime à vous voir agir! faites vos volontés.
C'est un droit que sur nous le mérite vous donne!
Assemblés avec vous les conseillers d'État
Viennent d'élaborer quelque grand résultat.
Mais sur votre prudence
Eux-mêmes remettant leur sage expérience.
Vos logiques débats
Ont sans doute conclu ce qu'ils ne savaient pas.
Et bientôt transporté par un souffle amical
Sur ces chemins de feu dont votre prévoyance
N'a pas craint d'enrichir notre faible existence,
Quittant pour Ottawa notre beau Montréal,
Vous saurez, j'en suis sûr, par votre politique
Dans les grands intérêts de la cause publique
Mettant dans vos desseins les chefs à l'unisson,
Surajouter encor plus d'un brillant fleuron
À celui qui naguère
Venait se reposer sur votre tête altière;
Alors que décoré par un titre nouveau
Et d'un peuple étranger honorant le barreau
Vous vous êtes drapé des longs plis de sa toge!
Au milieu d'un festin plein de joies, Toronto
Vient de faire de vous un bien splendide éloge.
Hommage sans exemple! hommage mérité!
Ô Cartier, c'est sur vous que la foule a jeté
Les yeux depuis longtemps. Chacun vous interroge
Voyant avec vos jours augmenter vos succès!
C'est bien! Soyez l'honneur des Canadiens français.
Avancez! Remportez! Redoublez vos victoires!

Poursuivez! Achevez le nombre de vos gloires!
      Travaillez bien pour nous;
      Nous qui sommes vos frères!
      Écrasez devant vous
      Tout obstacle jaloux!
Battez vos ennemis et leurs plans délétères.
Sans jamais écouter les rancunes vulgaires
D'un peuple emporté dont les jugements sont fous.
Laissez-le s'engager dans les étourderies
      De ces feuilles flétries
Qui vous nomment sans cesse en quelque trahison!
Pauvres feuilles! Hélas! dont les criailleries
Pallient trop rarement tant d'inanition!
Ne leur accordez pas votre indignation.
Soyez grand! Il suffit. Et lorsqu'enfin l'histoire
Inscrira votre vie en son livre d'airain,
Essuyant votre front de cette écume noire
Dont vous aura souillé le flot contemporain
Les descendants sauront venger votre mémoire.
Jusque-là triomphez en noble Canadien.
      Grandissez la patrie
      Que le ciel vous confie.
C'est en vous qu'elle voit son premier citoyen.
Elle jouit de voir groupées à votre suite
      Toutes ces gens de bien
Sur vos convictions inspirant leur conduite.
Oh! si jamais le sort parmi ses favoris
Élevant les pensées de mon âme séduite
Me laissant accomplir les rêves dont je ris
Quand la réflexion éclaire mes esprits,
Avec combien d'ardeur respectant vos idées
Les miennes marcheraient par les vôtres guidées!
Mais quoi! je ne suis rien! Je languis et j'attends!
 La triste oisiveté consume tout mon temps.
Et que puis-je? Ignoré, sans aucune assistance
Désoeuvré, seul, réduit à vivre d'espérance?

J'ai su de votre part quoiqu'indirectement
Que vous aviez ouï d'une oreille attentive
Le faible et premier son de ma lyre craintive.
Et puisqu'elle s'adresse à vous en ce moment,
Daignez en agréer un mot de gratitude!
Vous qui prîtes de moi quelque sollicitude!
Sir, je vous écrivais pour vous féliciter.
Et je sens qu'est venu le temps de m'arrêter.
En retardant encor le moment du silence,
Ma muse à d'autres soins craindrait de s'emporter.
Mais je suis ennemi de toute impertinence.
Et veux discrètement de votre bienveillance.

Poésies de jeunesse

Tandis qu'Izard restait Plaintive
Isaure quittait le séjour.
L'écho répétait sur la rive
Le doux accent de son amour.
Izard, Ô mon Izard chérie
Si au rivage tu m'attends
Je reviendrai passer ma vie
Aux bords du fleuve St-Laurent.

Il part: une brise légère
L'emmène hélas! sous d'autres cieux
Il voit une terre étrangère.
Mais loin d'Izard est-il heureux?
Il veut encor voir sa patrie.
C'est là que le bonheur l'attend.
Mais reverra-t-il son amie
Aux bords du fleuve St-Laurent.

Le chant sauvage*
Se fit entendre dans ce lieu.
Triste rivage
Le funeste adieu!
Adieu! adieu! ma fiancée
Ô c'est en vain que tu m'attends.
Je meurs: je quitte ma pensée
Aux bords du fleuve St-Laurent.

Poésies de jeunesse
(* A cause du mauvais état de cette dernière page du calepin
de Riel, quelques vers du poème sont en partie illisibles.)

La Métisse*

Je suis métisse et je suis orgueilleuse
D'appartenir à cette nation
Je sais que Dieu de sa main généreuse
Fait chaque peuple avec attention
Les Métis sont un petit peuple encore
Mais vous pouvez voir déjà leurs destins
Être haïs comme ils sont les honore.
Ils ont déjà rempli de grands desseins

Refrain:
Ah! si jamais je devais être aimée
Je choisirais pour mon fidèle amant
Un des soldats de la petite armée
Que commandait notre fier adjudant
Je choisirais un des soldats
Que commandait notre fier adjudant.

Quand ils ont pris Schultz avec sa phalange
Le sept décembre au soir, il fit bien beau,
Notre soleil couchant, beau comme un ange
Veillant sur nous, retira son flambeau
Seulement quand Schultz eut rendu les armes
Le lendemain fut splendide pour nous.
Le huit décembre entouré de ses charmes,
Vit les Métis triompher à genoux.

N'ai-je pas vu, moi qui suis jeune fille,
Le Fort Garry plein de soldats métis?
Huit cents Métis dans le fort et la ville
Je les ai vus défendre le pays
Avec autant d'amour que de vaillance.
Que c'était beau de voir ces hommes fiers
Courbant le front, prier la Providence
De leur aider à garder leurs foyers.

Un saint pasteur, un prêtre inébranlable,
Partit un jour du côté d'Ottawa;
On l'entoura d'un bruit épouvantable
Mais pour passer le Bon Dieu l'appuya.
Il s'en revint avec notre Province
Heureusement faite en six mois de temps,
Et McDougall, un moment notre prince
Resta confus de tous ses mauvais plans!

_____

Les Écrits complets de Louis Riel
(* Voir la partition musicale, en Appendice D.)

"À Marie-Elisabeth Évelina."

Son souffle a le parfum de la brise embaumée.

　　　Les lèvres de ma bien aimée
Tentent ma bouche encor plus que le melon d'eau
Quand j'ai soif. Elles sont pudiques et vermeilles,
Plus douces à goûter que le suc des abeilles.
　　　Ses joues sont du teint le plus beau.
Le rose et le blanc dont elles sont nuancées
Représentent la gloire et les fleurs du laurier.
Et leur beauté ne fait qu'augmenter et varier
Surtout lorsqu'elles sont d'amour influencées.

Je trouve les baisers de sa bouche, aussi frais
Que la chair et le jus du bon melon français.

Les Écrit complets de Louis Riel

Ode à ma soeur

Ma soeur, tu n'étais que fillette
Aux premiers jours de ton printemps,
Quand je partis, chère Henriette,
Tu n'avais pas encore quinze ans.

Après mes travaux politiques
Et mes luttes du Canada,
Je viens voir les peines publiques
Du peuple que mon coeur fonda.

Banni, je viens auprès des lignes
Contempler mon pays natal.
Revoir mes amis bons et dignes
Et mes parents de Saint-Vital.

Ils sont venus me voir en groupe
Chez mon ami Norman Gingras;
Ils sont venus boire à ma coupe
Pendant les fêtes et jours gras.

Et toi tu me fais ta visite
Au commencement du mois d'août.
En te voyant mon coeur palpite:
Ô ma soeur, je t'aime beaucoup!

Reçois de moi la bienvenue.
Mon coeur t'embrasse en soupirant.
Lorsque mes yeux t'ont reconnue,
Le plaisir de mon coeur fut grand.

Ô que mon âme est réjouie
D'entendre résonner ta voix...
Ta voix plus douce à mon ouïe
Que la musette et le hautbois.

Le point même où le jour se couche
Paraît moins gai, bien moins vermeil
Que le sourire de ta bouche...
Ton regard me porte conseil.

J'aime ta taille grande et svelte,
Ton marcher modeste et posé,
Et cet esprit de métis-celte
Joyeux et franc sans être osé.

Tu prends soin de ta chevelure
Selon la règle du bon sens.
Et les objets de ta parure
Sont beaux sans être extravagants.

Les traits de ta figure brune
Brillent devant mes yeux contents
Comme les clartés de la lune,
Lorsque les nuits sont au beau temps.

Les Écrits complets de Louis Riel

Mon nom ç'est Baptissiez Ledoux.
Bonjour, Messieurs de la Police
Bonjour. S'il vous plaît, aidez-nous.
Les gens du sang ont par malice
Pris nos chevaux; ils sont filous.
Nous désirons avoir justice.

Moi, je suis Antoine Fleury.
J'ai trois associés. Nous sommes
De plus loin que le Missouri.
Rendez-nous en vrais gentilshommes
Nos chevaux, notre bien chéri
Nous vous payerons de jolies sommes.

Je suis Jean-Baptiste Berger,
Nos chevaux de tire et de course
Étaient chez nous à pacager
C'étaient notre seule ressource
Pour nous gagner de quoi manger,
On nous a volé notre bourse.

Capitaine Cruiser oyez
Moi, je suis Cléophas Ducharme,
Vous avez beaucoup d'employés.
Vous êtes le plus haut gendarme
Dans le Fort Bataille. Envoyez
Chercher nos chevaux sans vacarme.

Messieurs, vous êtes des Métis
Vous n'aurez pas ici grand'chance
C'est moi qui vous en avertis.
Je n'obéis qu'à la Puissance,
Vous autres, vous êtes petits.
Ce n'est pas vos chevaux, je pense.

Mais capitaine nous pouvons
Mettre sous vos yeux chaque estampe.
C'est nos chevaux, nous le savons.
Si vous le mettez à la crampe
Du camp sauvage, nous avons
Aussi de l'esprit sous la tempe.

Si vous élevez des procès
Vous les perdrez sans aucun doute.
Pour moi, voilà ce que je sais,
Je vous ferai prendre la route
Par où vous vous êtes lancés
Ma justice, vous l'aurez toute.

Capitaine, vous nous jugez
Auparavant de nous entendre.
C'est vous-mêmes qui nous mangez
En nous refusant de nous rendre
Justice, vous encouragez
Le mal, Dieu vous fera comprendre.

Vous êtes au nombre des Loups,
Vous faites bien, jouez votre rôle.
Lui qui serre plus fort que vous,
Vous mettra la main sur l'épaule.
Plus tard vous filerez plus doux
En recevant des coups de gaule.

_____

Les Écrits complets de Louis Riel

Mon Sauveur

Ô Jésus-Christ! Je veux n'entendre
Et n'écouter que votre voix.
Je veux obéir et me rendre
En tout, à l'Esprit de vos lois.

Je m'attache à vous: Je veux suivre
Le sens de vos instructions
Guidez-moi: Je ne veux pas vivre
Au gré de mes illusions.

Dans l'État actuel des choses,
Vous vous cachez dans l'univers,
Comme dans les rosiers les roses
Se cachent durant nos hivers.

Vous ne parlez plus à la terre
De vive voix comme jadis:
Vous lui parlez avec mystère
Du sein de votre Paradis

L'homme le plus sage a beau dire;
Si votre esprit divin et grand
Ne parle au sien et ne l'inspire,
Il ne vivra qu'en s'égarant.

Vous parlez tout bas à son âme
Personne ne s'en aperçoit;
Vos lèvres sont comme la lame
Du zéphir: aucun ne les voit.

Parlez à ma conscience.
Vous êtes en vérité,
Le Christ de ma confiance
Le Christ de la charité.

Poésies Religieuses et Politiques

Des palmes, des lauriers sans cesse verdoyants
Des parcelles de fleurs et des sources d'encens
En ont fait le séjour de la Sainte-Mémoire
Et celui de sa soeur la Radieuse Gloire,
Assises toutes deux sur des trônes brillants
Pures comme le jour, regards étincelants
La gloire est trop sublime; Elle vient de Dieu même.
L'autre est reconnaissante, et c'est le doux [emblème]
Du coeur et de l'amour! La plus vive couleur
Rayonne sur ses traits. Sa bouche est dessinée
Par un charme céleste! Illustre fille aimée
Du dévouement, Ses mains tiennent dans la splendeur
Le livre des exploits, et des vertus de l'homme,
C'est elle qui ranime, agrandit et renomme
Les héros à travers et la haine et le Temps,
Déesses, je le sais, vous venez de me prendre
Sous vos manteaux de [rayons] et quand je vais descendre
Au tombeau vous viendrez avec vos ornements
De flamme couronner les actes de ma vie
        Mon âme en est déjà rassis
        Mais puisque vous me chérissez
Écoutez les accords de ma voix caressante.
Deux mots! Je les ai prononcés!
De ma bouche reconnaissante
S'écriront! N'est-ce pas, sur la liste où vos yeux
Ne cessent de porter ses regards orgueilleux.

_____

Les Écrits complets de Louis Riel

Cloches du soir

Quand les cloches du soir
Dans leur toute volée
Feront descendre l'air
Au fond de la vallée
Quand tu n'auras d'amis
Ni d'amour près de toi
        Pense à moi.

Quand les cloches du soir
Si tristes dans l'absence
Tinteront sur mon coeur
Ivre de ta présence
Le temps dur'ra toujours
Qu'il n'ait trouvé que toi
      Éprise de moi.

Les Écrits complets de Louis Riel

Poétique et politique
chez Louis Riel

Bien que Louis Riel nous ait laissé un grand héritage poétique (plus de 500 feuilles manuscrites) sa poésie a été longtemps éclipsée par sa mission politico-religieuse. En fait, le Père de la province du Manitoba n'a vu publier de son vivant que quelques poèmes. Après son élection au poste de président du gouvernement provisoire du Territoire du Nord-Ouest, son ancien camarade d'école, Eustache Prud'homme avait assuré la publication de trois de ses poèmes dans *L'Opinion Publique* du 19 février 1870. Puis, en 1885, à la suite des événements du Nord-Ouest et de l'emprisonnement de Riel, d'autres compositions ont paru dans la presse. Il est clair que ces vers ne furent pas imprimés pour leur mérite littéraire mais plutôt pour satisfaire la curiosité d'un public désireux d'en connaître davantage sur le chef de la rébellion.

À l'exception de ces quelques poèmes, le côté poétique de Riel a été largement méconnu du public de son époque. Quoiqu'il ait exprimé à plusieurs reprises le désir de se faire imprimer, il n'a jamais réalisé son but. Pourquoi a-t-il donc continué à écrire? Depuis son initiation à la composition des vers chez les Sulpiciens au Petit Séminaire de Montréal, la poésie était pour lui, être hautement sensible, un moyen qui lui permettait de réfléchir sur les événements parfois inquiétants de la vie. À travers ses vers, il avait la possibilité d'extérioriser ses troubles intimes, de décharger sa colère contre ses ennemis, ou de panser ses blessures idéologiques et spirituelles. La poésie qui aidait ainsi Riel à exprimer sa sensibilité lui est devenue en grande partie une forme de catharsis émotionnelle.

Les compositions poétiques de Riel se présentent sous maintes formes: fables, poésies d'amour, lettres en vers, chansons, prières, diatribes politiques... Jeune séminariste, il avait surtout une prédilection pour la fable, genre dont les aspects moraux et didactiques convenaient assez bien à son caractère. En imitant tout d'abord les fables classiques, puis en les transformant à l'aide de thèmes qui lui étaient plus propres, il a créé des oeuvres qui sont à la fois distinctement canadiennes et très personnelles. Dans *Le Chat et les Souris*, par exemple, où on sent un profond nationalisme canadien-français, un groupe de souris se défend contre un tyran de félin qui symbolise allégoriquement la puissance anglo-saxonne au Canada:

Un chat de bonne race
Anglais par la naissance, austère dans ses moeurs
Bien moins qu'on ne croirait, flegmatique d'ailleurs.
Comme un lord sans pitié, ne vivait que de chasse.
...Notre Saxon, à table,
Ne se servait jamais de plat plus délectable
Que la chair de souris
*(**Écrits complets**, vol. 4, p. 26)*

Il est à noter que le "groupe souriquois" arrive à se débarrasser définitivement du souverain despotique. Le jeune poète constate avec une certaine satisfaction dans le dernier vers de la fable: *"Le bon droit est ainsi toujours vengé."*

Cette moralité résume succinctement la conception de la justice chez Riel. Dans ses fables, écrites principalement en 1864-1865, ce n'est ni le plus fort ni le plus rusé qui triomphe comme dans les oeuvres d'Ésope ou de La Fontaine; c'est plutôt celui qui est le plus juste ou le plus vertueux. Ce dernier vainc tous ses adversaires car il est aidé d'un Dieu tout puissant et vengeur qui récompense les bons et punit les coupables. Le zèle moralisateur que manifeste le jeune Louis dans ses premières compositions deviendra une constante de son oeuvre poétique. Même, vingt ans plus tard, c'est toujours en chrétien dogmatique et justicier que parle le poète, devenu champion des droits de l'opprimé.

Le nationalisme métis de Riel se fait remarquer dans ses vers dès son retour à la Rivière-Rouge. Après l'adoption de l'Acte du

Manitoba, le 12 mai 1870, il compose les paroles d'une chanson intitulée *La Métisse* dans laquelle il célèbre les exploits glorieux de son peuple lors des événements de décembre 1869.

> *Je suis métisse et je suis orgueilleuse*
> *D'appartenir à cette nation...*
> *N'ai-je pas vu, moi qui suis jeune fille,*
> *Le Fort Garry plein de soldats métis?*
> *Huit cents Métis dans le fort et la ville*
> *Je les ai vus, défendre le pays*
> *Avec autant d'amour que de vaillance.*
> *(Écrits complets, vol. 4, p. 88)*

La cause métisse ainsi qu'un fervent patriotisme manitobain feront désormais partie intégrante de sa thématique littéraire.

Quand Riel évoque le nom de sa province, c'est toujours avec un coeur plein d'émotion car il parle en tant que poète exilé ou incarcéré. Après sa fuite dans le Territoire du Dakota le 24 août 1870, il demande à Dieu de bénir sa patrie:

> *... Nos bois nos prairies et nos cimes*
> *et le fond de nos lacs vont entendre mes voeux.*
> *Ô cher Manitoba! Province que j'adore*
> *Puisses-tu prospérer! Puisse Dieu te bénir.*
> *(Écrits complets, vol. 4, p. 93-94)*

Pendant son internement à l'asile de Beauport en 1876-78, sa détresse est bien évidente quand il parle poétiquement de la trahison, par Ottawa, de ses concitoyens manitobains:

> *J'entends sans cesse à mon oreille*
> *La plainte du Manitoba...*
> *Les candides filles métisses*
> *Sont en deuil à pleins sentiments.*
> *Dans ses forces et ses malices*
> *Bytown fait souffrir leurs amants.*
> *(Écrits complets, vol. 4, p. 169)*

Une autre fois, au cours de l'exil imposé par le gouvernement canadien, c'est un Riel coléreux qui contemple "sa patrie chérie" depuis la frontière américaine:

Province du Manitoba

Je t'aime et te chéris comme on fait d'une épouse.
L'orangiste te tient: mon âme en est jalouse.
(**Écrits complets**, *vol. 4, p. 221*)

En plus de libérer son peuple de la mainmise orangiste, Riel rêvait pour le Nord-Ouest d'une nation indépendante et théocratique où serait réalisé un amalgame de races:

Métis et Canadiens ensemble
Français, si nos trois éléments
S'amalgament bien, il me semble
Que nous serons un jour plus grands.
(**Écrits complets**, *vol. 4, p. 324*)

Le clergé aiderait à unir les trois groupes et à consolider "*la nation manitobaine / Des Métis-canadiens-français.*"

La poésie de Riel, notamment celle des dernières années, est d'une qualité inégale, un grand nombre de compositions souffrant d'un manque d'inspiration poétique. Ce sont souvent des pièces de circonstance écrites à la hâte pour quelque occasion, ou pour louer ou condamner certains individus. De tels poèmes, même s'ils sont médiocres du point de vue esthétique ont tout de même une double valeur historique et biographique: ils nous fournissent des détails importants sur Riel et son temps.

D'autres poèmes, surtout ceux qui appartiennent à la jeunesse de Riel, nous impressionnent par leur envolée lyrique, leurs images évocatrices et nous frappent par l'intensité de leur émotion. Les vers composés dans la manière de l'École romantique française et écrits dans des moments de profonde introspection ou de crise morale sont parmi les meilleurs de Riel. Dans une lettre en vers qu'il adresse à George Étienne Cartier, le jeune désoeuvré déplore plaintivement son sort et "*médite le deuil qui couvre [s]a jeunesse.*" Il est frapppant de constater à quel point ces vers présagent son triste avenir. Bien que Riel n'ait que vingt et un ans lorsqu'il les rédige, on peut l'imaginer facilement dans sa cellule à Régina durant les petites heures du matin du 16 novembre 1885 pendant qu'il attend la mort et contemple sa vie turbulente et angoissée:

> *Comme des glas, je sens, de funèbres concerts*
> *S'agiter dans mon sein chargé de pleurs amers!*
> *Ferais-je retentir le cri de ma détresse?*
> *Sous la fululité qui me poursuit sans cesse*
> *Trouverai-je un écho dans ces mornes déserts*
> *De la noire infortune à qui mes maux sont chers?...*
> (***Écrits complets***, *vol. 4, p. 76*)

Henriette Poitras

Louis Riel n'était pas le seul membre de sa famille à composer des vers. Sa soeur cadette Henriette[1] a, elle aussi, révélé quelque don en ce domaine. Au Saskatchewan Archives Board (R-86, 16), il y a un cahier de poésies et de chansons écrites de sa main. Elle a signé le dernier poème du cahier; daté du 12 novembre 1891, il est adressé à son époux Jean-Marie Poitras. Henriette l'a composé évidemment au moment d'une grave maladie car les premiers vers se lisent: "*O Dieu, vers toi je crie / Depuis sept mois je languis...*" Ce n'est pas une création tout à fait originale puisque bon nombre de vers sont empruntés à *Un jeune malade*, poème écrit par Louis Riel en 1864 ou 1865 quand il envisageait de quitter le Petit Séminaire de Montréal à cause de son amour pour Marie-Julie Guernon. La mort dont parle Louis dans ses vers est au sens figuré, celle-ci symbolisant sa rupture définitive avec la prêtrise. Au contraire, le trépas auquel Henriette fait allusion aurait été bien réel et nous montre la gravité de son état de santé.

Il y a deux autres poèmes dans le cahier qui ont été aussi très probablement composés par Henriette. Le premier s'adresse à son beau-père François Poitras (1825-?), de Saint-François-Xavier, et aurait été écrit en 1895 car, dans la septième strophe, nous lisons: "*Soixante et dix hivers ont blanchi / Ta tête...*" L'oeuvre célèbre les exploits illustres de Poitras et d'autres chasseurs de bisons, *"ces preux et vaillants métis de jadis."* Le deuxième parle de la mort d'Éléonore Poitras de Saint-Boniface, soeur de Jean-Marie, qui avait épousé Joseph Riel en 1884. Éléonore est morte avant d'avoir atteint ses vingt-six ans, le 3 septembre 1892; le poème est daté du 1er novembre.

Glen Campbell

---

1. Voir l'article suivant

HENRIETTE
Poitras

1861-1898

Il convient d'ajouter ici qu'une soeur de Louis Riel, Henriette, à laquelle il était très attaché, a écrit quelques poèmes[1] (quatre de façon vérifiable) dans un carnet où elle copiait, par ailleurs, des compositions de son frère, en y mettant des variantes et des ajouts.

On sait très peu de choses de cette soeur de Riel, la dixième née, le 27 juillet 1861, des onze enfants de Louis Riel père, et de Julie Lagimodière. Mais on sait qu'elle fut très attachée à son frère Louis, son aîné de 17 ans, à tel point qu'elle est devenue la préférée de Louis après la mort de Sara.

Elle a semblé tout aussi attachée à l'oeuvre poétique de Louis, ce qu'il reconnaissait d'ailleurs puisque dans une lettre qu'Évelina Barnabé de Keeseville, N.Y., adresse à Henriette le 3 juin 1875, nous pouvons lire: "Durant son séjour ici, il me passa quelques-uns de ses chants. M'ayant priée de vouloir bien vous en expédier une copie, j'y consentis bien volontiers sachant combien ce souvenir fraternel vous causerait de joie[2]."

Que Louis ait tenu sa soeur Henriette en estime est encore attesté du fait qu'il la mentionne dans quelques poèmes et lui en dédie même un, *Ode à ma soeur*. Cette ode sera transformée en chanson par les Métis, semble-t-il, et elle nous est parvenue sous le titre *Quand je partis, ma chère Henriette*[3], sur l'air de la chanson française, *L'Hirondelle*. Il subsiste une version davantage modifiée, *Ma soeur tu n'étais que fillette*[4].

Cette amitié reçoit un autre témoignage dans une lettre que Riel adresse à Louis Lavallée, le 16 avril 1879. Riel habite à l'époque chez Norman Gingras et il invite, par l'entremise de cette lettre, sa soeur à venir le visiter, ce qu'Henriette fera au début d'août de la même année.

Le 10 juillet 1883, Henriette épouse Jean-Marie Poitras. Riel est au Manitoba en juin et juillet de cette année et il peut assister au mariage et aux noces qui se déroulent sur deux jours les 11 et 12 du mois, à Saint-Boniface.

Il ne subsiste que quelques lettres de la correspondance entre Louis et Henriette. Il semble que ce soit elle qui lui ait appris, alors qu'il était en prison, la naissance et la mort d'un fils qu'il eut de Marguerite Monet.

Henriette Poitras est décédée le 12 août 1898. La dépouille a été enterrée à Saint-Boniface.

---

1. On peut consulter les commentaires qu'y consacre Glen Campbell à la fin de son analyse de la poésie de Louis Riel à l'article précédent.

2. Archives de la Société historique de Saint-Boniface.

3. *Les Écrits complets de Louis Riel*, Edmonton, Les Presses de l'Université de l'Alberta, 1985.

4. Ibid.

Éléonore

Le jour est triste et froid
Les doux chantres des bois
Cachés dans les feuillages
Ne formulent plus de joyeux ramage

Connaissez-vous rien des angoisses
Qui sont au fond du calice de fiel
Avez-vous connu cet instant d'agonie
Où froide de l'adieu, la lèvre communie
Du dernier baiser maternel?

J'ai vu passer cette heure déchirante
Sur son lit de mort, d'une voix expirante
Une mère disait: Mes pauvres enfants, adieu
Ma dernière heure approche; je vous quitte
Et consommer hélas? mon plus grand sacrifice.

La mort! que c'est lugubre et triste
Comme le coeur pleure et s'attriste
En songeant aux séparations,
À ce que l'on aime au monde,
À ses chères et saintes affections

Ô chère morte, qui repose sous la pierre
Immobile et froide dans ton humide bière.
Est-ce vrai que le soir lorsque le jour expire,
Vous errez drapée dans vos blancs suaires
Pour parler aux vivants, le long du cimetière.

Au souffle de la bise
Sonnez glas de l'église
Et nous, prions à genoux
Tandis que vous vous balancez
Pour annoncer une âme trépassée

Vingt-six printemps n'avaient pas encore
Paré ta tête, que la mort vint t'enivrer
De son breuvage amer, belle Éléonore
Tu as quitté la vie ainsi qu'une colombe
Qui vers le ciel est toujours prête à s'envoler

Saskatchewan Archives Board

À ma petite Mayrance

L'ange de la mort traînant ses sombres ailes
S'élança, menaçant,vers nos plages mortelles.
Je vis près de moi, la lumière s'obscurcir
J'entendis un soupir, au milieu des ténèbres;
L'airain sacré jeta ses glas funèbres,
Ma mère, ma pauvre mère venait de mourir.

Près de son sein, nos mains enlacées,
Je m'étais endormie, avec ses derniers baisers.
Par sa lèvre inspirée, j'avais parlé au bon Dieu.
Comme un dernier encens ma naïve prière
Dans un nuage d'or, monta vers le ciel bleu
Demandant longue vie pour mon père, ma mère.

Le bonheur pour moi venait de finir.
Ah! combien gémissait mon âme
Près du lit de cette femme
Qui ne pouvait plus me bénir.
J'ignorais pourtant la poignante douleur,
Mais déjà, je ne voyais que des pleurs.

La terre en vain se couvre de verdure,
En vain revêt sa brillante parure,
De la nature éveillée tout chante
L'oiseau dans les airs, ces tendres gazons
Et du soleil les bienfaisants rayons
Et du ruisseau, l'onde miroitante.

Du printemps les nouveaux charmes
Attristent mon coeur, font couler mes larmes.
Pour moi, le soleil ne sourit plus.
Pour moi, ces beautés sont superflues.
Depuis deux ans, ma vie est sans aurore
Et l'hiver règne dans mon coeur

Deux ans ont déjà fui.
Là dans mon coeur toujours
Brisée par la douleur amère,
J'entends le son funéraire
Me rappelant ces tristes jours
Où la mort ravissait ma mère.

Depuis, que de jours passés dans les alarmes.
Souvent la nuit me surprend à pleurer,
D'une mère la main ne sèche plus mes larmes
Le sommeil ferme mes yeux sans son doux baiser
Et quand, par les pleurs ma paupière s'alourdit,
Je rêve à ma mère, ma mère chérie penchée sur mon lit.

Saskatchewan Archives Board

François Poitras

Les montagnes, et les vertes prairies
De l'immense Nord-Ouest ont mille fois
Pour le chasseur métis dans ses exploits
Courbé leurs herbes tendres et fleuries

Monté sur un coursier agile
Parcourant la plaine et le vallon
Ta main hardie de tireur habile
A maintes fois abattu le bison

Chaque belle saison ta famille
Laissant son toit heureux et paisible
Suivait les belles routes de charrettes
Que les nombreux chasseurs avaient faites

Dieu bénissait les voyages hasardeux
Car toujours tu fus assez heureux
De ramener les charrettes surchargées
Jamais tu n'as mangé sans le partager

Ta maison humble hospitalière
Recevait également le pauvre,
Et le riche; et toujours à ton seuil
On était certain de trouver bon accueil

Tu fus bien souvent la providence
Du missionnaire dans la souffrance
Et longtemps le nom de François Poitras
Dans les soirées métisses retentira

Soixante et dix hivers ont blanchi
Ta tête, courbé ta haute stature
À ta vue je m'incline, et j'admire
Ces preux et vaillants métis de jadis

_____

Saskatchewan Archives Board

Ô Dieu, vers toi je crie
Depuis sept mois je languis
En vain. Je me débats
Sous l'étreinte du mal
Je veux renaître à la joie
Mais tout me parle du trépas.

J'ai vu la tendre verdure
De nos joyeux bosquets
Les oiseaux dans nos bois
Faisant entendre leur ramage
Pour moi plus d'allégresse
Le deuil est sous mes pas.

À Dieu, je dis ma peine
Ma souffrance, toi Seul
Être Puissant connais et
Le mal qui me consume
Êt la sombre tristesse
Qui envahit mon coeur.

Ô toi ami chéri
Quand j'aurai clos mes yeux
Fidèle et tendre époux
Souviens-toi de nos voeux
Quelquefois sur ma tombe
Viens te faire entendre.

Là-haut près de nos enfants
Je t'attendrai, car dans sa clémence
Dieu j'espère me donnera
Place, dans son beau ciel
J'aurai pour prix des souffrances
Le doux et éternel repos

12 novembre 1891 - Saskatchewan Archives Board

PIERRE
Lardon
1854 - v. 1940

Pierre Lardon était dans la quarantaine lorsqu'il a émigré au Canada, peu avant 1900, et il avait déjà derrière lui une carrière dans l'enseignement et le commerce.

Originaire de la région de Lyon, Lardon a fait ses études secondaires au séminaire de l'Argentière, à Oullins, dans cette même région du Rhône. Il a débuté dans l'enseignement à l'âge de vingt et un ans. Professeur à Londres, brièvement, puis à Croydon pendant treize ans, il dira simplement, de ces stages d'enseignement, qu'il a été "maître d'école publique". Puis, il a été engagé dans le commerce à Lyon, pendant sept ou huit ans. Mais son activité intellectuelle n'a apparemment pas cessé, puisque Donatien Frémont, qui l'a connu à Winnipeg, le qualifie d'"ancien professeur d'histoire à Lyon[1]".

Sur sa famille en Europe, on ne sait à peu près rien. Pour sa fille Jeanne, ou familièrement Jeannette, mariée à Winnipeg, il écrivit plusieurs poèmes intitulés *À Sainte Jeanne d'Arc*, et d'autres au "cher petit-fils", Victor, né en 1910. Il les faisait imprimer avec des miniatures de sa main.

Arrivé au Manitoba en 1896, il a pris une concession (homestead) à Vannes, au nord de Saint-Laurent, dans l'Entre-lacs. Il obtint la naturalisation canadienne à Winnipeg à l'automne 1901, et son titre de propriété un an plus tard. Mais il ne tarda pas à s'établir à la ville, où ses deux principales professions furent celle de gardien-chef à l'hôpital de Saint-Boniface (1905-1912), et celle de rédacteur au quotidien *Winnipeg Manitoba Free Press* (1914-1921).

Il ne publia qu'un recueil de poésie, mais écrivit dans presque tous les genres de presse française qui existaient à Saint-Boniface et Winnipeg durant la période d'avant-guerre, depuis l'aîné des hebdos, *Le Manitoba*(1881-1925) jusqu'à *La Petite Feuille de Saint-Boniface* (1912-1914), en passant par *Le Nouvelliste* (1907-1911) et *Le*

Soleil de l'Ouest (1911-1916). Il lança même son propre journal, *Le Démocrate*, qui publiait en trois langues: français, anglais, flamand, et qui absorbait *La Petite Feuille*, laquelle avait publié en français (en "joual" selon Bernard Pénisson[2]) et en flamand. *Le Démocrate* parut environ deux ans (1914-1916), avec George Lévêque comme imprimeur, et fut remplacé à son tour par *Le Fanal de Saint-Boniface*, (1916-1918). Le nom du rédacteur n'est pas spécifié, mais puisque ce journal était lui aussi de couleur libérale, était écrit en français et en flamand, et avait le même imprimeur, tout indique que c'était encore Lardon. Et comme de Trémaudan avait lancé *La Libre Parole* au mois de mars précédent, et que le journal non partisan *La Liberté* existait déjà depuis 1913, il y eut donc, dans la région winnipégoise, pendant environ deux ans (1916-1918), quatre périodiques dont le contenu était français ou bilingue! Cinq si on y ajoute *Les Cloches de Saint-Boniface*, la revue diocésaine lancée par Mgr Adélard Langevin qui a aussi fondé *La Liberté*. *Le Fanal* s'éteignit vers la fin de 1918.

Bien qu'elle ne soit pas toute puisée à la même source, la poésie de Lardon affiche une inspiration fortement religieuse et patriotique. L'émotion devant la nature, la nostalgie d'un monde meilleur, l'amitié surtout, tous ces thèmes passent dans ses vers d'un souffle spontané. Son recueil, **Poésies de Saint-Boniface**, est le premier du genre publié au Manitoba. Il fut imprimé en 1910 par le journal *Le Nouvelliste*, dirigé par Arthur Boutal. L'estime qu'il vouait aux Soeurs Grises (il a dédié son recueil à la supérieure de cette congrégation), ainsi qu'au Dr Fortunat Lachance, s'explique, au départ, par le fait de son travail à l'hôpital (qui comptait alors six cents personnes, précise-t-il). Il écrit de nombreux poèmes de circonstance, comme son acrostiche au premier ministre Laurier à l'occasion de la visite triomphale que fit celui-ci à Winnipeg en 1910. *Bulle de savon*, lui est inspiré par une gravure; il note: "vers composés à l'Hôpital Saint-Boniface le 24 octobre 1909: ...sur mon calendrier représentant une petite fille assise sur un canapé et faisant des bulles de savon. Son chien est à côté, regardant attentivement la solution de savon".

Lardon avait l'habitude de faire imprimer de courts poèmes sur des cartes de format postal, ornées de vignettes. Sur l'une d'elles on voit un ours, à côté de ce quatrain: *"Comme lui je suis solitaire \ J'aime la nature et les bois \ J'aime l'immense sanctuaire \ Où s'entend mieux la voix."*

Il illustrait lui-même ses cartes de souhaits. Il semble avoir utilisé son art de dessinateur dans ses envois à des périodiques, même à l'étranger, puisqu'il écrira: "J'ai fait une belle propagande catholique *et artistique* au Canada, aux États-Unis, en France, en Belgique et en Italie...[3]."

Lardon aimait aussi discourir. En février 1917, il présentait une grande conférence au club "Le Canada" de Winnipeg, sous la présidence d'A.-H. de Trémaudan, sur la poésie française de Malherbe à Corneille; l'événement est rapporté en termes généreux par le *Free Press*. La même année, il donne deux conférences en anglais, sur "la bataille d'Ypres", et "les batailles de la Scarpe".

Il maniait aisément la langue de Shakespeare, et, outre ses services au quotidien, il a traduit une des publications de la Société historique de Saint-Boniface, le *Bulletin V* (1915), comportant une biographie de l'explorateur La Vérendrye par le juge L.-A. Prud'homme.

En français, il a laissé plus de quarante cahiers de prose, et "huit manuscrits de poésie", d'après sa lettre au secrétaire de la Société historique (30 janvier 1934), à laquelle il en cédait une partie. "Sans compter ce que j'ai compilé, jour par jour, pendant sept ans" au quotidien anglais, concluait-il; "vous voyez par là que le titre d'homme de lettres et de poëte de Saint-Boniface n'a pas été volé". Et encore: "J'ai beaucoup écrit pour mon plaisir et sans avoir aucune intention de publier[4]."

Ces gros cahiers, à l'écriture claire, dénotent une érudition d'historien. Quelques titres: "L'Italie de 1528-1789", "Les deux batailles de la Marne", "Essai sur Addison"; un autre, sur "les qualités personnelles de Roosevelt", commence par un éloge de Samuel Johnson, "une des figures les plus grandes de l'histoire de la littérature anglaise".

Une fois à la retraite, à partir de 1921, Lardon s'adonna encore à la poésie, à des "mémoires politiques", à des traductions du latin, au dessin.

À quatre-vingt-deux ans, dans une note à son *Alma mater* lyonnaise, sur une autre "belle carte-gravure", il se dit le "doyen des Français d'Europe, à Winnipeg et à Saint-Boniface".

1. Donatien Frémont, *Les Français dans l'Ouest canadien*, Saint-Boniface, Éditions du Blé, 1980, p. 63.

2. Bernard Pénisson, *Henri d'Hellencourt - un journaliste français au Manitoba, 1898-1905*, Saint-Boniface, Éditions du Blé, 1986, p. 273.

3. Lettre au secrétaire de la Société historique, Ant. d'Eschambault, 30 janvier 1934, archives de la Société historique de Saint-Boniface.

4. Ibid.

Poésies de Saint-Boniface, Arthur Boutal éd., Winnipeg, Imprimerie du Nouvelliste, 1910.

Le désarmement, broch., Avignon, Aubanel Frères, 1925.

"Chronique des anciens", *L'Écho de l'Argentière*, Oullins (France), mars 1932; juin 1936.

Imprimés tirés à part, poésie:

À Berlin, 29 août 1918; *À la France*, 14 juillet 1919; *À Sa Majesté Albert Ier, roi des Belges*, 16 mai 1920; *Salve Regina*, 23 septembre 1927; *Le Christ des Andes*, 1er décembre 1930.

Autres:

Vie de Marc Aurèle. Pensées et Méditations de Marc Aurèle, traduction du latin, inédit, parmi les manuscrits de Lardon aux archives de la Société historique de Saint-Boniface.

Répertoire littéraire de l'Ouest canadien, Saint-Boniface, Centre d'études franco-canadiennes de l'Ouest, 1984.

La Mort

Dès qu'on parle de toi, niveleuse parfaite,
Il semble qu'on a peur et que le sang s'arrête;
Le coeur, comme atterré, suspend ses mouvements;
La voix tremble, se tait; le souffle est lourd et lent.
Le mendiant te craint dans ses loques sordides;
L'estomac creux, l'oeil creux et la face livide.
Cependant il ne sait si sa croûte de pain
Son logis sous le ciel où se tord le chagrin
Lui seront accordés sans faire de bassesse,
Si l'on remarquera son extrême détresse.
Le riche bien vêtu, gras et l'esprit léger,
Ne pensant qu'au plaisir, au gain, pour exciter
Sa soif d'or, son orgueil, ses amours illicites,
Le désir de grandir, de monter haut et vite,
De régner par lui-même, et sa postérité,
D'y parvenir, s'il faut, sans trop d'intégrité,
Le riche a peur de toi, garde tous les chemins
Pour assurer sa vie, arracher à demain
Un lambeau d'existence, une promesse sûre
De pouvoir défier les maux et la nature.
D'autres, contents de peu, contents de travailler,
De forcer la Nature à vouloir leur céder
L'intérêt du labeur, la juste récompense
De leur simple vertu, de leur intelligence,
Imitent la fourmi, n'accumulent que peu;
Leur pied foule le sol, mais leur âme est aux cieux.
Ils savent qu'un matin, à l'heure inattendue,
Tu montreras ta face, et... la vie est perdue.
Non!... Ils ne t'aiment pas! Faudra-t-il les blâmer
De ne pas te sourire en te voyant passer,
De regretter les biens que cette vie apporte,
De regretter les leurs, l'amitié sainte et forte
Qui cimente notre âme aux murs de nos foyers,
Qui nous crie de vivre et de te repousser?...

Vains efforts: tu te tais! mais ton regard de glace
A raidi notre corps: c'est une inerte masse
S'allongeant sur la terre avant de s'en aller,
De descendre plus bas pour toujours se cacher...
Toujours, jamais!... Ô Mort!... Ta science est menteuse:
Tu ne sais rien! Je vois l'aurore radieuse
Se lever tout d'un coup, le soleil éternel
Seule source de vie... et je suis dans le ciel...
J'ai travaillé longtemps sur cette terre immense,
Ici, là, de partout. J'ai connu la souffrance,
Aussi le vrai bonheur, cet état naturel
Équilibre parfait de notre corps mortel;
Et je crois que l'esprit, essence de l'Essence,
Être incompréhensible à notre intelligence
Être qu'on a sondé sans le comprendre mieux,
(Car, pour l'envisager, il faut être des cieux)
Vit éternellement... Je crois que la lumière
Vient quand on n'y voit plus, qu'on est dans une bière.
Ô mon corps qu'es-tu?... Rien!... Seulement un manteau
Lourd, gênant, mal taillé, défroque de tombeau.
Qu'importe si tu crains la dernière veillée
Qui doit, en un instant, terminer tes années!
L'esprit vivant en toi, souffle du Tout-Puissant
Va sortir du tombeau. Quel long cri triomphant!
Il voit Dieu, le connaît. Toute son ignorance,
Tout son savoir sont morts... Une autre intelligence
Illumine son être. Il aime, il est aimé!
Non pas pour un instant, pour une éternité...
Ah! si c'est là la Mort, tu vaux mieux que la vie:
Viens prends-moi! Te haïr est la pire folie.

_____

Poésies de Saint-Boniface

Laurier Premier du Canada
(Acrostiche)

Laurier des empereurs, des héros, des poètes,
Arbuste au vert profond, insigne de conquête,
Une branche a poussé sur ton antique tronc
Rehaussant ton éclat, continuant ton nom!
Il porte sur son front la marque des grands hommes;
Éloquent, sincère, tout un peuple le nomme.
Royaliste éclairé, noble républicain,

Premier du Canada, le pays de demain
Renfermé dans les flots des océans qui grondent,
En lui seul embrassant les richesses d'un monde,
Manquant encor de bras, de têtes pour l'aider,
Il offre le bonheur à l'humble, à l'ouvrier;
En retour demandant des fils, de nobles âmes,
Repayant tous ses dons par une noble flamme.

De l'avenir brillant, Laurier, scion des Francs,
Un gage fut donné quand, haut, au premier rang,

Celui qui des peuples règle les destinées
A par la voix du peuple honoré tes années.
Ne crains rien! en avant! La barque de l'État
A déjà ressenti la vigueur de ton bras:
Demain, tu grandiras, et la feuille d'érable
Aura par toi conquis un éclat mémorable.

Poésies de Saint-Boniface

Cantate de Marthe et Marie

Marthe - Marie, lève-toi
        Viens servir ton bon maître;
        On montre mieux sa foi
        En la faisant paraître.

Marie - Je le sers dans mon coeur;
        Je contemple sa face:
        Pour faire mon bonheur
        Il suffit de sa grâce.

Marthe - Ton bonheur? Mais le sien
        Demande ton service.
        Tu ne l'aimes pas bien,
        N'aimant pas la justice.

Marie - Tous les soins matériels
        Surchargent tes épaules:
        Le seul soin essentiel
        Est de prendre mon rôle.

Marthe - S'il a faim, tes regards
        N'allègent pas sa peine;
        S'il est las, mes égards
        Vers le repos l'amènent.

Marie - Marthe, tu penses trop
        Aux choses corporelles,
        On te verra bientôt
        Nier les éternelles.

Marthe - Non. Non. Mais si l'on vit,
        Il faut que l'on travaille.
        Si tu me contredis,
        Tu ne dis rien qui vaille.

Marie -   Tout doux... Tu clos les yeux.
          La sainteté demande
          Que toujours vers les cieux,
          Tous nos regards se tendent.

Marthe - Que l'on reste béat
          Notre corps inutile.
          Pourquoi donc est-il là,
          S'il faut qu'il soit tranquille?

Marie -   Ma foi, je n'en sais rien;
          Mais trêve de disputes.
          Afin que tout soit bien,
          J'abandonne la lutte.

_____

Poésies de Saint-Boniface

Amorette

Connaissez-vous mon Amorette
Aussi blanche qu'un doux agneau?
C'est la plus charmante fillette
Qui réside dans mon château.

Mon château n'est pas fait de pierre,
Autour de lui point de fossés;
Il n'est pas même de barrière
Qui puisse l'empêcher d'entrer.

Elle est là, jolie et légère,
Aussi vive qu'un oisillon;
Elle est la première et dernière
Car elle est seule en ma maison.

Quand je veux la voir, je regarde
Au fond de mon coeur tendrement;
Car c'est le château qui la garde,
Qui l'abrite amoureusement.

Elle y restera, je l'assure,
Quand bien même elle ne voudrait;
Car son image douce et pure
S'y trouve en prison pour jamais.

———————

La Petite Feuille de Saint-Boniface, 15 août 1914

Problème de sphinx

Quelle force incroyable a sa source dans l'homme!
Dans les airs ou les mers en est-il un qu'on nomme
Dont la lèvre ait le droit de baiser son manteau?
Dans l'univers entier est-il rien de plus haut
Que ce fils du Seigneur doué d'intelligence,
Dont le coeur et le front contiennent la semence
Du progrès continu sans cesse pétrissant
Cette argile terrestre au gré de son talent?
Pour s'ouvrir un chemin il perce les montagnes,
Il abaisse les monts au niveau des campagnes,
Il attelle les vents à son char sur les mers,
Redresse un continent, tourne l'autre à l'envers;
Oppose cette loi dont la force le gêne
Par une loi plus forte; oppose toute peine;
Met les mers en contact, abrite ses vaisseaux
Dans ses ports de granit; descend au fond des eaux;
Touche, voit, examine; imprime sa pensée
Sur la pierre et l'airain; dans sa marche pressée
Parcourt les continents, traverse les forêts,
Arrache à l'infini d'innombrables secrets;
Pèse sur un papier les géants de l'espace;
Prédit à quel instant, comment, à quelle place
Telle étoile viendra, quelles seront ses lois,
Croit qu'en cet univers lui seul a quelque droit.
Ses droits! il les poursuit jusqu'à la tyrannie!
Il ne respecte rien, ni l'honneur ni la vie:
Dès qu'il entend le cor de son ambition
Il foule aux pieds parents, sexes et nations.

Bientôt les bras, les mains d'où sortait la richesse
N'auront plus qu'à choisir leur genre de paresse.
La machine partout remplacera l'effort.
Penser et combiner voilà son seul essor.
Les hommes seront-ils alors heureux et libres?
Ou bien l'humanité détériorant sa fibre
Ira-t-elle à pas sûrs plus vite à son déclin?
Quelques privilégiés seront-ils souverains?
Le pauvre sera-t-il pour le riche un esclave
Plus bas, plus vicieux, plus entouré d'entraves?
Ne regrettera-t-on la sainte pauvreté
Satisfaite de vivre en pleine liberté?
Le progrès est un fruit tout hérissé d'épines
Moins savoureux, hélas! que l'on ne l'imagine.
Il paraît extra doux au palais des Plutus;
Mais amer à tous ceux qu'il n'affame que plus;
À quoi bon s'envoler jusqu'au-dessus des nues
Pour n'éprouver enfin que des déconvenues!
Il faut si peu de biens pour goûter le bonheur.
Des greniers débordant n'allègent pas le coeur.
Ne vaudrait-il pas mieux s'entr'aider davantage
Que de se jalouser pour le moindre avantage?
La médiocrité propage la vertu;
Par trop de biens l'homme ne s'avilit que plus.
La fleur de liberté veut tige presqu'égale,
Chaque fleur séparée a l'air toute royale.
Il est clair qu'on devrait modérer ses désirs,
Si l'on veut pour chacun un heureux avenir.
La modération, hélas! est chose rare:
C'est un bijou de prix dont rarement se pare
L'homme qui croit avoir de superbes talents.
Être humblement heureux ne paraît suffisant;
Son orgueil aime trop à passer la mesure,
Il lui faut dominer sur quelque créature.
Sa raison l'avertit qu'il n'a qu'un estomac,
Mais lui, glouton qu'il est, ne l'écoutera pas.

Il sait parfaitement que les biens qu'il amasse
Ne sont que des soucis qu'à chaque heure il entasse,
Qu'il se rend criminel en prenant au prochain
Plus qu'il ne le devrait pour faire un juste gain,
Qu'après lui forcément s'élève l'injustice
Croissant de son erreur et propageant le vice,
Que la corruption, par lui, dans sa famille,
Rongera lentement et ses fils et ses filles,
Que le travail pour tous est la première loi,
Que nul ne s'y soustrait, non, pas même les rois
Sans que le corps public n'en supporte la peine,
Sans nuire à la vigueur de l'excellence humaine.
Il est vrai qu'en fouillant les secrets du passé,
On voit semblables faits l'un sur l'autre entassés,
Que le fort a toujours abusé de sa force,
Que le pauvre est un liège à qui l'on prend l'écorce,
Afin, plus aisément, de flotter sur les flots.
Tant pis s'il est tout nu! C'est sa faute, le sot!
Pourquoi, s'il est lésé, n'arrête-il sa sève?
Pourquoi, malgré l'abus, veut-il croître sans trêve?
Hélas! c'est que la vie est chère à tout mortel,
Que le tourment vaut mieux qu'un repos éternel,
Que la mort est horrible à toute créature,
Que l'on sait, ici-bas, quelle est notre torture,
Tandis que l'avenir est incertain, caché,
Que peu sont assez forts pour oser l'aborder.
Et puis si nous portons ce fardeau d'injustice,
S'il faut que la plupart horriblement gémissent
Sous le poids du chariot monté par le Destin,
N'est-ce pas une loi fatale, mais sans fin?
Alors si tout est bien parce que tout doit être,
Il vaut mieux supporter et ne laisser paraître
Que l'on sent un à un ses membres se broyer,
Rester indifférent et se laisser glisser.

La Petite Feuille de Saint-Boniface, 25 juillet 1914

Réflexions

Ce monde est bas, et rien ne m'intéresse;
Plus je le vois, l'indicible tristesse
Saisit mon coeur, obscurcit mon esprit;
Et malgré moi, quand je pense, je dis:
"Pourquoi vivre, pourquoi de cette terre
Chercher ici l'insondable mystère?
Pourquoi marcher sans avancer jamais?
Ne jamais voir que des sots et des niais?
Ce qu'il me faut, c'est une vie pure,
Des esprits grands, célestes créatures,
Resplendissant des rayons du Très-Haut,
Des anges blancs volant sous les arceaux
D'un paradis où tout est ineffable,
Où les regards de l'amour adorable
Sont reflétés dans chacun de ces yeux.
Brillants miroirs du souverain des cieux.
Car lui seul vit: il n'est point d'autre vie
Où l'Infini Présent meut, vivifie
L'être créé: tout ici-bas est mort!
Hélas! hélas! D'où vient ce triste sort?"
Je n'ai pas demandé de surgir de la terre!
Le néant était doux, et la peine première
A déchiré mon sein le jour où je suis né:
En trouvant des parents, j'étais abandonné;
Il me fallut pleurer, souffrir et me débattre
Depuis mon premier jour; le sein d'une marâtre
M'a nourri pauvrement, tristement, à regret,
Sans sourire amical, comme un enfant qu'on hait,
Qu'on bat, que l'on flagelle, à qui tout avantage
Est retiré sitôt, de peur qu'il ne soit sage!
Suis-je seul à souffrir? Non, cette humanité
Est toute comme moi parfaite absurdité:
Quelques-uns, il est vrai, sont pourvus de la grâce
De faire élégamment de plus nobles grimaces;
Mais au fond tout est un, tout est même néant
Jusqu'au jour fortuné de son dernier moment.

La Petite Feuille de Saint-Boniface, 15 août 1914

La tentation

La Vie et moi sommes ces charmantes jumelles
Que berce ce berceau, le tendre coeur humain;
Nous ne mourrons jamais; car l'éternel Destin
Nous doua comme lui de jeunesse éternelle.

Nous volons de partout caressant de nos ailes
Le Plaisir, cet enfant plus doux que le satin;
Aussitôt qu'il est mort, nous chatouillons son sein
Il renaît murmurant: "Oh, que vous êtes belles!"

Nous prenons mille atours, nous changeons de beauté,
L'enfant capricieux craint la satiété,
Il jouit d'autant plus que chaque jouissance

Lui redonne en mourant une nouvelle enfance,
Que la Tentation invente un nouvel art
Et dans son carquois plein choisit un nouveau dard.

_____

Le Démocrate, 12 septembre 1914

Rêverie sur la plage du lac Winnipeg

Mon coeur désabusé retrouve l'espérance,
Il la prend par la main, ne veut plus la quitter;
Son courage renaît, plus calme est sa souffrance:
Il comprend le bonheur et désire y goûter...

Crois-tu donc, insensé, que tu pourras sur terre
T'enivrer d'idéal en suivant le chemin
Que tu poursuis pensif, las, toujours solitaire,
Cherchant pourquoi tu vis, ce que sera demain?...

Si tu veux, assez fou pour courir les chimères,
Perdre ainsi ta jeunesse en vains raisonnements,
Voir le seul idéal, croire trop aux serments,
Les heures, sois-en sûr, te seront bien amères!...

Lorsque l'on a vécu, sans bonheur, sans amour,
De ses vingt ans enfuis l'on pleure les beaux jours,
On pleure le passé, l'on pleure sa jeunesse,
Tout ce temps écoulé sans joie et sans tendresse:
L'âme dédaignant tout, si ce n'est de souffrir!...

Ce passé n'est alors qu'un cruel souvenir,
Un éternel regret, lourd et plein d'amertume,
Tandis que le regard, morne, fixe la brume
Et des ans écoulés et du bonheur perdu:
Tout ce que prend le temps et qui n'est pas rendu!...
Amis, ne faites pas cette folie,
Riez! laissez-vous prendre par la vie
Qui chante autour de vous et répand la gaité.
Jouissez de la lumière et buvez la clarté;
Mais ne méprisez pas la source qui s'épanche,
Ne laissez pas l'oiseau appeler sur la branche,
La vierge soupirer ou rire vainement:
Son coeur est un abîme... Ouvrez-lui doucement
Vos bras et tandis que vous subirez ses charmes,
Reviendra le bonheur et sècheront vos larmes...
Prenez ce bras mignon que frôle votre main,
Sans oser y toucher: penchez-vous sur son sein
Que l'éveil du désir joyeusement soulève
Et puisez là: courage, espérances et rêve!...

Riez! quand, découvrant sa lèvre au sang vermeil,
Elle jette aux échos son rire dans la nue...
Oh! qu'elle soit amante ou bien vierge ingénue,
Laissez-vous dominer par son charme mutin;
Suivez ses pas légers sur le sable argentin;
Voyez-la folâtrer dans le flot qui déferle
Et qui, jalousement, vient baiser cette perle;
Admirez ce beau corps souple comme un roseau,
Qui, gracieux et libre, est divinement beau:
Tout cela c'est la vie et l'amour et la joie...

Et si mon oeil se clôt pour que je ne le voie,
Haineux je deviendrai, abhorrant les humains,
Traînant mon triste sort le long des durs chemins...
Et bien loin s'enfuira cette ombre qui console:
"La femme" cet oiseau qui, de frayeur, s'envole
Quand votre main glacée et votre coeur dément
Ne savent pas répondre à son frémissement!...

La Libre Parole, 2 juillet 1916

À Aurore

Le Soleil amoureux qui féconde la Terre
La laisse s'avancer avant de la baiser
Envoie à l'horizon quelques lueurs premières
Pour ménager ses yeux encore ensommeillés.

Elle veuve d'hier, quitte sa robe noire,
Se pare lentement de ses plus beaux bijoux;
Voulant rivaliser avec toute sa gloire,
Elle n'épargne rien, s'en couvre partout.

Lui, dont la royauté regonfle de richesses,
Répand rubis et or, perles, et diamants,
Topazes et saphirs pour montrer ses largesses,
Annonce par ses dons, les désirs de l'amant.

On la voit maintenant ajouter la couronne,
Les colliers somptueux, les armelets luisants;
Elle sèche ses pleurs, tout son être frissonne;
Ses aigrettes aussi s'agitent dans le vent.

Enfin elle est debout souriante, amoureuse,
Lui l'étreint fortement et caresse son sein,
La baise de partout voulant la rendre heureuse,
La grise, puis l'endort pour revenir demain.

Vous êtes, mon enfant, au lever de la vie,
À l'aurore empourprée annonçant un beau jour;
Parez-vous des vertus qu'une Nature amie
Offre à tous ses enfants qui l'aimeront toujours.

Fuyez l'ombre et la nuit, fuyez le vice pâle!
Au soleil de l'honneur avancez hardiment!
Comme un lis odorant, raidissez vos pétales;
Et qu'un amour sacré les baise seulement.

L'avenir est à vous: Suivez la route droite;
Laissez des deux côtés l'abîme séducteur.
Il est vrai, je le sais, que la route est étroite;
Mais c'est le sentier sûr, le chemin du bonheur.

Le Démocrate, 5 septembre 1914

JEAN-MARIE-ARTHUR

Jolys

1854-1926

Jean-Marie-Arthur Jolys fut pendant près d'un demi-siècle curé et organisateur d'une importante colonie manitobaine à laquelle reste attaché son nom: Saint-Pierre-Jolys.

Né à Muzillac, en Bretagne, le 12 août 1854, il s'est rendu au Canada à l'âge de vingt et un ans, en 1875. Comme il l'indique lui-même, il est "débarqué à New York le 23 avril 1875. Arrivé à Montréal le 7 mai au matin." Dès son arrivée il passa quelques jours chez les Oblats et il restera associé de près à cette congrégation. De fait, il fut ordonné par un évêque oblat, d'origine française comme lui, au lac la Biche, en 1877: Mgr Henri Faraud, vicaire apostolique de l'Athabasca-Mackenzie, suffragant de la province ecclésiastique de Saint-Boniface. Et pendant deux ans, de 1877 à 1879, il oeuvra comme assistant du père Émile Grouard, oblat français comme le précédent, dans les Territoires du Nord-Ouest. À la suite d'une maladie, "il se replia sur le Manitoba en 1879", dit la notice biographique, ses supérieurs ne le croyant "pas capable de résister aux travaux et privations des missionnaires du Nord[1]".

Conseillé par Mgr Taché – un autre oblat – il visita plus d'une fois la colonie naissante de la Rivière-aux-Rats, formée par des Métis de la Rivière-Rouge au cours des années 1870. L'arrivée de Canadiens français de la Nouvelle-Angleterre consolida l'établissement, et lorsque la desserte fut détachée de Sainte-Agathe comme paroisse, Jean-Marie Jolys en fut nommé curé, en 1880. Il le demeura jusqu'à sa mort, soit pendant quarante-six ans. Il multiplia les initiatives de toutes sortes, et fut également à l'origine de la colonie voisine de Saint-Malo, plus au sud, et auxiliaire dans celle d'Otterburne, station du chemin de fer du côté est. Avec la venue de nouveaux colons, français et autres, à l'époque de l'immigration massive dans l'Ouest, vers 1900, Saint-Pierre devint un centre important du sud-est manitobain, où Mgr Taché avait rêvé de voir un nouveau Québec.

Le curé y fonda des associations pieuses de femmes, une chorale masculine (la Société Saint-Grégoire), des sociétés patriotiques (l'Union nationale métisse fraternisait avec la Société Saint-Jean-Baptiste). Il se fit le promoteur d'une société de mutualité (l'Alliance Nationale), et de l'importante Société d'agriculture du comté de Carillon (1896), qui s'occupait d'améliorer les races bovine et chevaline et organisait une exposition annuelle, avec des prix pour les meilleures fermes et les meilleurs éleveurs.

En marge de bien d'autres activités, l'abbé Jolys s'est fait l'historien de la région. Ses *Pages de souvenirs* constituent la première monographie d'une colonie franco-manitobaine qui ait été publiée. La version originale avait paru en tranches dans *Le Manitoba* en 1890. Il rédigeait aussi un journal, qui allait servir à une édition revue et augmentée de son ouvrage qui parut en 1914. C'est l'année suivante qu'il publia, toujours à son compte, son recueil, *Rêves du soir*. Dans sa prose, Jolys avait un style vivant, mordant, qui collait au vécu.

Celui qui s'est chargé d'une réédition et d'une mise à jour de la monographie, le père J.-Hector Côté, y écrit : "L'activité intellectuelle, soit littéraire, artistique ou épistolaire de notre premier curé est indéniable." Correspondance, "contacts occasionnels avec quelques figures marquantes du monde littéraire ou politique. Il se charge d'alimenter le journal hebdomadaire *Le Manitoba* de comptes rendus de fêtes, d'anecdotes du présent ou du passé, de mémoires de voyages et de tous genres de poésies ou chansons. On trouve même aux archives de la paroisse le manuscrit d'un roman inédit. Plusieurs petites pièces de théâtre pour écoliers sont demeurées la propriété de l'école à laquelle il les destinait[2]."

L'abbé Jolys réalisa un vieux rêve en 1910 en effectuant un voyage en Europe (France et Italie) et en Orient (Palestine, Égypte, Inde, Chine, Japon); voyage qui semble lui avoir été propice, puisque, en plus de ses deux volumes, publiés respectivement en 1914 et 1915, comme on l'a vu, il signa en un an, c'est-à-dire entre décembre 1913 et décembre 1914, treize poèmes dans *Le Manitoba*.

Il possédait une riche bibliothèque, qu'il allait léguer à sa mort, survenue le 14 juin 1926, à son ami du Nord-Ouest, Mgr Grouard, devenu deuxième vicaire apostolique de l'Athabasca.

1. *Les Cloches de Saint-Boniface*, juillet 1926.

2. J.-Hector Côté, *Pages de Souvenirs et d'Histoire, Saint-Pierre-Jolys, Manitoba, 1872-1972*, p. 175.

Pages de Souvenirs et d'Histoire, chez l'auteur, Saint-Pierre-Jolys, 1914. Édition revue et augmentée par le père J.-Hector Côté, sous le titre *Pages de Souvenirs et d'Histoire, Saint-Pierre-Jolys, Manitoba, 1872-1972*, Saint-Pierre-Jolys, 1974.

Rêves du soir, chez l'auteur, Saint-Pierre-Jolys, 1915.

Articles dans *Le Manitoba* (1881-1925) et *La Liberté* (1913-1925).

Deux poèmes dans *Répertoire littéraire de l'Ouest canadien*, Centre d'études franco-canadiennes de l'Ouest, Saint-Boniface, 1984.

Autres :

Charles ou l'Enfant jaloux, théâtre, inédit. La pièce fut jouée à Saint-Joseph en 1913.

Répertoire littéraire de l'Ouest canadien, Saint-Boniface, Centre d'études franco-canadiennes de l'Ouest, 1984.

L'hiver au coin du feu

L'hiver au manteau blanc est-il pour toi sans charmes?
Pourquoi maudire, ainsi, la neige et les frimas
N'est-il accompagné que de maux et de larmes
L'hiver au blanc manteau qui vient pressant le pas?

Dis-moi, ne penses-tu qu'aux morsures cruelles
À ces âpres baisers que nous font les grands froids!
Eh bien! J'aime le vent apportant sur ses aîles
La neige aux blancs flocons qui vient poudrer les bois.

Déjà de crainte, hélas! ton sourire s'envole
Et le ciel gris te rend pensif et tout dolent.
Ah! mon cher, j'aime à voir, comme une danse folle
Tourbillonner dans l'air mille étoiles d'argent.

La glace emprisonnant les ruisseaux dans son marbre,
Qui reflète le ciel comme un brillant miroir,
Et le soleil mettant aux branches de chaque arbre
Des diamants en feux; mais c'est superbe à voir!

Les nuits vont resplendir de clartés si étranges
Qu'un soleil, semble-t-il, de ses puissants rayons
Embrase tout le nord, et se perd dans les franges
De quelques merveilleux et vastes pavillons.

Et le moelleux tapis couvrant toute la plaine
Où l'on glisse, emporté d'un mouvement si doux,
Qu'un frisson de plaisir nous court en chaque veine;
Ce tapis si moelleux, l'hiver l'étend pour nous.

La tempête en fureur courant échevelée
De neige enveloppée ainsi que d'un linceul
Donne un charme nouveau à la longue veillée;
Quand je l'entends rugir, je me trouve moins seul!

Lorsque j'entends siffler ses sanglots à ma porte,
Oh! que j'aime à rêver assis au coin du feu!
La folle du logis arrive, elle m'emporte
Vers les Immensités. Manitoba, adieu!

Je franchis l'espace
Rapide, joyeux.
La terre s'efface,
Je fuis vers les cieux.
Je vois les merveilles
D'un brillant décor.
Des coupes vermeilles
Pleines jusqu'au bord
Versent à ma lèvre
Un nectar divin :
Le feu d'une fièvre
Me brûle sans fin.
Bercé dans un songe
Où dorment mes sens,
Je roule, je plonge
Dans un bain d'encens.

Divine harmonie,
Célestes accords!
Douceur infinie,
Tout puissants transports!
Harpes angéliques
J'entends votre voix.
Vos divins cantiques
Chantent sous les doigts
D'anges en extase.
Ce chant tout divin,
Ce beau chant m'embrase,
Et je chante enfin.

Parmi les phalanges
Des choeurs bienheureux,
Me mêlant aux anges,
Je chante avec eux.
De son souffle immense,
Un orgue puissant
Soutient la cadence
Du céleste chant.
Cet orgue, ô merveille!
Redouble son jeu,
Et je me réveille...
Assis près du feu.

La tempête, au dehors, d'une haleine plus forte
Rugit; comme un brigand des plus audacieux
Secoue, en forcené, le battant de ma porte,
Ébranle la maison d'un souffle furieux.

L'hiver, c'est le retour des longues causeries
En tête à tête avec les vieux livres aimés,
Les fleurs du temps passé ne s'y sont pas flétries;
Nous trouvons leurs feuillets toujours plus parfumés.
Le vieux maître d'antan soupire plus suave
Sur le clavier, le soir, faiblement éclairé;
L'inspiration surgit et court brûlante lave
Jusques à notre coeur qui tressaille égaré.

Et près de mon foyer, ce doux soleil de l'âme,
Enjoué, souriant, l'amitié vient s'asseoir.
Je me sens réchauffé à sa joyeuse flamme!
Puis-je me rappeler la neige et le ciel noir?

Sous le ciel le plus sombre
L'hiver a ses douceurs,
Et le bonheur sans ombre
Peut venir à nos coeurs.
Malgré neige et froidure,
Malgré glace et frimas,
Tout seul dans la nature
Le coeur ne gèle pas.

Rêves du soir

Le baiser d'un enfant

Le baiser d'un enfant, c'est frais comme une rose,
On le sent plein de vie, et c'est si douce chose!
L'enfant qui vous le donne a ce puissant moyen
D'unir intimement votre coeur et le sien.

De la vie, en effet, l'enfance est bien la fleur :
Gracieuse comme elle, elle en a la fraîcheur.
Nous voudrions pouvoir la garder immortelle.
Hélas! la fleur s'effeuille et l'enfance est comme elle.

Nous sentons, frémissants, de notre être tomber
Chaque jour quelque chose : un pétale léger!
Voulons-nous retenir le pétale fragile :
Nous sommes impuissants. Le temps est plus agile.

Le printemps est passé : mais l'été aussitôt
Gonfle les fruits vermeils qui vont mûrir bientôt.
Et mûri par les ans, l'homme aussi lui s'efforce
De faire quelque bien; c'est le fruit de sa force.

Le jardin se dépouille, il devient triste et nu;
Le soleil n'est plus chaud et l'hiver est venu.
Et chez l'homme, beauté, force, ardeur, tout s'efface,
Le temps emporte tout : l'hiver est là! tout passe!

Rêves du soir

Et Jésus dormait

Jésus dans la barque de Pierre
Se laissait aller au sommeil,
Et la mer au reflet vermeil
Semblait dormir aussi sous la grande lumière.

Dans le sombre des touffes d'arbres,
La Capharnaüm orgueilleuse,
Tout là-bas, s'étend paresseuse
Et mire dans les eaux les blancheurs de ses marbres.

Cosraïn et Bethsaïda
Dans un milieu plein de verdure
Sommeillent pleines de luxure
Mêlant leur souffle au souffle impur de Magdala.

Jésus, dans la barque immobile
Dort d'un sommeil mystérieux;
Les apôtres silencieux
Le contemplent craintifs. Leur foi est si fragile!

Pierre soudain voit apparaître
À l'horizon un noir nuage.
Il fait signe à tout l'équipage;
Mais il n'ose troubler le sommeil de son maître.

À l'instant même, un fin zéphir
S'en vint se jouer dans la voile;
Il fraîchit et gonfle la toile,
Et la mer se réveille et se met à frémir.

Capharnaüm se couvre d'ombre,
L'ombre couvre aussi Magdala,
Cosraïn et Bethsaïda!
Il accourt en grondant comme un grand voile sombre.

Comme un bélier puissant, le vent frappe les tours,
Fauche les oliviers dans tous les alentours :
Les étendards romains plantés sur les murailles
Sont déchirés, hachés, emportés comme des pailles.
Le fracas de la foudre aux sanglantes lueurs
Se mêle au vent qui hurle en sanglots pleins d'horreurs;
Et les peuples lascifs des ignobles cités
Se pensent aux enfers déjà précipités.
Aux hurlements du vent, au fracas de la foudre
Et dans le tourbillon des murs réduits en poudre,
Répondent mille cris de rage et de fureur
Qu'arrache à ces damnés l'angoisse ou la terreur.

Et la barque s'enfuit au sein de la tourmente.
Les apôtres hagards et muets d'épouvante,
Ou plongent dans l'abîme ou montent sur les flots :
Le vent semble à la mort hurler à longs sanglots,
Et d'un puissant coup d'aile, il déchire la voile,
Brise net la mâture; et les lambeaux de toile
Semblent, planant au loin, de sinistres oiseaux
Qui, de vertige pris, vont plonger dans les eaux.
La vague qui déferle et frappe à la figure
Les apôtres mi-morts, fait craquer la membrure
Du bateau qui tournoie et tangue affreusement,
Et le Seigneur Jésus dort là paisiblement.

Tous ensemble, serrés dans une étreinte folle,
Les disciples enfin d'une seule parole
Implorent le Seigneur, bégayant de frissons.
"Secourez-nous, Seigneur! Seigneur, nous périssons!"
Et Jésus s'éveillant fait un signe, et la houle
Se calme à l'instant même; et le bateau qui roule
S'affermit sur les flots. Le soleil radieux
Charge de pourpre et d'or l'immensité des Cieux;
Et nimbé d'or aussi, Jésus vient d'apparaître :
Et Pierre à deux genoux adore le doux Maître!

Rêves du soir

Maison amie

Là-bas, dans ce buisson d'aulnes et d'églantiers,
Un rossignol redit sa preste ritournelle
Tandis que deux pinsons, fuyant à tire-d'aile
Vont se faire la cour sous les chênes altiers.

Tout chante, tout sourit le long de ces sentiers;
Mais rien ne soustrait l'âme à ses calmes ivresses,
Rien ne trouble les sens, que les tièdes caresses
Et les chastes baisers des zéphyrs printaniers.

Le ruisseau, respectant mes molles rêveries,
Semble à peine frôler ses deux rives fleuries
Et, discrète, la fleur se perd sous le gazon.

Mais que m'importerait le doux parfum des roses
Le chant des gais oiseaux, tout le charme des choses,
Si je ne trouvais là... ton coeur et ta maison?

_____

Rêves du soir

La prairie vierge

Qui dira la beauté de l'immense prairie
Frémissant au matin dans sa robe fleurie?
Un voile diaphane affaiblit les couleurs
De sa noble parure : y jette des douceurs.
Le soleil se levant de rayons la caresse :
Telle une jeune enfant qui quelque temps paresse
À l'heure du réveil : D'un pas qu'il fait léger
Son père vient et l'éveille par un baiser.
Le soleil qui se lève a fait sourdre la vie;
Tout s'éveille et s'anime et tout chante à l'envie.

Des étangs et des lacs à l'eau tranquille et pure
Semblent miroirs d'argent sertis dans la verdure.
La goutte de rosée est un pur diamant
Et la plaine apparaît sous un manteau d'argent.
Et le roi de la plaine à la sombre fourrure
Le buffle s'éveillant se tourne en sa roulure
Puis se lève et regarde à l'horizon vermeil
Aspire l'air, mugit : C'est son hymne au soleil.
Le pluvier élégant, sur ses deux pattes fines
Court, sautille en chantant ses notes cristallines;
La poule de prairie assemble ses poussins,
Les fait danser en rond avec des airs badins.

Les cabris par troupeaux, qui tondent l'herbe fine
S'en vont de-ci de-là, courbent en rond l'échine
Puis dorment au soleil : mais ils sont curieux.
Ils sont très vifs aussi, mais aussi très peureux.
Vous voulez approcher : mais d'une course folle
Ils franchissent l'espace comme l'oiseau qui vole.

Tout à l'entour des lacs s'agitent les roseaux;
Vous voyez les canards qui glissent sur les eaux,
Habillés de leur robe à couleur verte et grise
Cancanant tous entre eux et tanguant à la brise.
Et les oies par milliers planant dans le ciel bleu
Juste au-dessus des lacs et tombant au milieu.
Et les grands cygnes blancs comme blanches nacelles
S'en vont le dos bombé ou croisent leurs deux ailes.

C'est l'homme à cheval!
Sa vaste poitrine
D'un souffle brutal
Se gonfle. Il s'incline;
Son regard perçant
Dévore la plaine;
Un espoir ardent
Suspend son haleine.
Mais, oui, tout là-bas
Le buffle se dresse.
Quel superbe appât!
Et l'Indien presse
Son ardent coursier.
Le buffle s'agite
Quel royal gibier!
Plus vite! Plus vite!

Mais le buffle inquiet
Se dresse, écoute et tremble
S'élance comme un trait.
Le troupeau tout ensemble
Respire le danger,
Et d'une course folle
Il tente de l'éviter :
Et la terreur le pousse.
Les deux pieds de devant
Lancés à toute force
Frappent d'un coup pesant
Le sol. L'élan féroce
De l'homme et du cheval
Le suit avec ivresse
Le sort est inégal
L'homme gagne en vitesse.

Le rapide coursier
S'en va comme une trombe.
Sous son jarret d'acier
Son pied tombe et retombe.
La poudre parle, un buffle tombe
Atteint au coeur, à bout portant
Dans la course qui s'accélère
L'arme se charge en un instant.
Une autre bête roule à terre;
Et puis une autre; une autre encor.
Et c'est la fin! la course est faite :
Le cheval est à bout d'effort
Écumant, tremblant, il s'arrête.

Les buffalos s'en vont d'un galop furieux,
Le muffle sur le sol et du feu dans les yeux.
Les deux pieds de devant, les deux pieds de derrière
Tour à tour d'un seul coup s'en vont frapper la terre.
Ils sont déjà bien loin : quelques instants de plus,
À l'horizon là-bas, les voilà disparus.
Grisée au doux parfum de sa robe fleurie,
Sous les derniers rayons du soleil chargés d'or
Je vois sous le zéphyr qui la caresse encor
Dans le calme du soir, s'endormir la prairie.

Répertoire littéraire de l'Ouest canadien

JAMES-ÉMILE
Prendergast
1858-1945

Né à Québec, le 22 mars 1858, James-Émile Prendergast y fit ses études classiques et fut diplômé en droit en 1881. Frayant dans les cercles intellectuels de cette ville, il semblait s'intéresser davantage à la littérature, et avait déjà à son crédit un recueil de poésie romantique (*Soir d'automne*, qui reçut un accueil favorable des critiques) lorsqu'il vint s'établir au Manitoba au printemps 1882. Il fut vite enrôlé dans "l'élite" locale et allait devenir un des principaux chefs de file de l'élément canadien-français.

Son étude était située à Winnipeg et tout en exerçant sa profession d'avocat, il fut élu trois fois député provincial, représentant les circonscriptions de La Vérendrye (1885-1888), de Woodlands (1888-1892), et de Saint-Boniface (1892-1897). En plus, il fut maire du village de Saint-Boniface (1893-1896) – le statut de ville n'est venu qu'en 1908 – puis il fut nommé juge de la cour de comté de Winnipeg (1897-1902).

Il lança successivement les trois premiers journaux libéraux franco-manitobains, qui ne furent que des publications éphémères: *Le Trappeur* (avril 1887), *Le Courrier du Nord-Ouest* (mai-décembre 1888), et, en société avec Ernest Cyr, qui avait aussi été rédacteur au *Courrier*, *L'Ouest-Canadien* (février-août 1889).

Prendergast était militant libéral et il eut des démêlés avec la droite conservatrice et même avec son propre gouvernement; il quitta son poste de secrétaire provincial dans le cabinet libéral de Thomas Greenway lors de l'adoption de mesures anti-françaises en 1890. "Ces projets, dit l'historien Bernard Pénisson, modifiaient profondément la constitution manitobaine de 1870, l'un en enlevant au français son statut de langue officielle, l'autre en réservant les subventions de l'État aux écoles neutres[1]." Ces mesures supprimaient donc en principe les écoles confessionnelles.

Prendergast fut le premier président de l'Association d'Éducation des Canadiens français du Manitoba. Fondée en 1916, à la suite de l'abolition du français comme langue d'enseignement, officielle, l'AECFM allait être, pendant plusieurs décennies, une sorte de département officieux et bénévole du français au Manitoba.

En 1929, il devint juge en chef de la province. Deuxième Canadien français à occuper ce poste – Joseph Dubuc fut le premier – il le demeura jusqu'en 1944, quelques mois seulement avant sa mort, le 18 avril 1945. Il siéga aussi au "Sénat" ou conseil supérieur de l'Université du Manitoba.

De son épouse, Olivina Mondor, il a eu quatorze enfants.

Dans ses mémoires sur les notables qu'elle a connus, la romancière Marie-Anna Roy écrit : le juge Prendergast "fut toujours considéré comme le type idéal du gentilhomme. Il était courtois, bon, ne manquait jamais de patience et se montrait particulièrement intéressé aux jeunes membres du Barreau. Possédant une grande largeur de vue, il aimait beaucoup la tolérance et cherchait toujours à tempérer la justice par la miséricorde. Il était idéaliste. De son ascendance celtique (c'est-à-dire irlandaise) il tenait la nostalgie et le sens de l'infini; de son héritage français, la clarté et la pondération mentale."

"L'homme chez le juge était l'égal du juriste. Il y avait l'époux et le père aimant et bon; il y avait le savant qui expliquait Einstein et brossait des synthèses de l'histoire universelle; il y avait le musicien délicat qu'une symphonie de Beethoven émouvait jusqu'aux larmes; il y avait le croyant humble et fervent...[2]."

---

1. Bernard Pénisson, *Henri d'Hellencourt*, Saint-Boniface, Éditions du Blé, 1986, p. 62.

2. Marie-Anna Roy, manuscrit inédit.

Soir d'automne, Québec, P,-G. Delisle, 1881.

The Manitoba School Question, Winnipeg, E.J. Dermody, 1890.

Autres :

"*Tempête*", in Les Nouvelles Soirées Canadiennes, vol. I, Québec, 1882.

———

Guy Champagne, "Soir d'automne", *Dictionnaire des Oeuvres littéraires du Québec*, vol. I, Montréal, Fides, 1978.

Pierre-Joseph-Olivier Chauveau, "Épitre à M. Prendergast, après avoir lu "Un Soir d'automne", *Les Mémoires de la Société royale*, vol. I., 1885, p. 101-103. Reproduit dans *La Minerve*, 30 janvier 1886.

John Hare, *Anthologie de la poésie québécoise du XIXe siècle*, Montréal, Hurtubise HMH, 1979.

Jules Fournier, *Anthologie des Poètes Canadiens*, Montréal, Granger Frères, 1920.

Répertoire littéraire de l'Ouest canadien, Saint-Boniface, Centre d'études franco-canadiennes de l'Ouest, 1984.

Roy St. George Stubbs, "Chief Justice Prendergast", *Lawyers and Lawmen of Western Canada*, Toronto, Ryerson, 1939, p. 100-106.

———

Soir d'automne
(Extraits)

Le poëte

Voilà qu'au firmament une étoile s'allume;
Le ciel dévoile aux yeux toute sa profondeur.
Sur les côteaux lointains la forêt vierge fume;
À leur pied se replie un lourd voile de brume,
Au-dessus tremble encore une faible rougeur.

Comme un navire en proie au feu qui le dévore,
Le soleil dans la nue enfonçant par degré
Et projetant au loin ses lueurs, a sombré.
Et la nuit qui surgit du côté de l'aurore,
Ainsi que des débris sur le flot empourpré,
Efface les reflets qui surnagent encore.

J'aime ces soirs d'automne et leur pâle beauté.
Le ciel revêt alors une teinte plus grave;
Et lorsque les rayons, comme une ardente lave,
Ont glissé des versants inondés de clarté,
La nuit calme soudain les vents et les tempêtes
Et le firmament bleu s'arrondit sur nos têtes,
Splendide, empreint de calme et de sérénité!

J'appelle alors la vieillesse sereine
Dont ces beaux soirs sont un tableau vivant,
Cet âge heureux où la tempête humaine
Ne m'emportera plus dans sa course incertaine,
Où se forme le lac des ondes du torrent.

Je sens que l'âme est plus légère
Devant cette nature où rien n'est tourmenté;
Et les étoiles d'or gravitant dans leur sphère,
Me semblent doucement s'approcher de la terre
Et sourire à l'humanité.

En été, le couchant a trop d'ardente flamme,
Les bois trop de parfums, de murmures confus;
Les espaces profonds ravissent trop notre âme,
Et la terre est trop belle à nos regards émus...

Pourquoi me semble-t-il que toute la nature
Cette nuit parle par ma voix?
Qui chante ces accords sur mon luth qui murmure
Sans que ses cordes d'or frémissent sous mes doigts?

Est-ce toi qui m'appelles?
Ma Muse, est-ce bien toi?
J'ai cru voir l'ombre de tes ailes
Palpiter près de moi...

La muse

C'est moi qui suis venue à cette heure bénie
Où sur tous les buissons ton âme rajeunie
      Comme l'oiseau se pose pour chanter;
Car la Muse aime aussi la vie et la jeunesse,
L'enthousiasme saint, les élans et l'ivresse,
Tout ce qui ravit l'âme et l'aide à remonter.

Je relève aussitôt l'homme faible qui tombe;
Je verse à flots pressés dans son coeur qui succombe
Comme un baume divin, la consolation.
On m'appelait la Muse avant de me connaître;
Tu n'as qu'à m'appeler pour me voir apparaître;
      Je suis la Grâce et l'Inspiration!

Tu t'enivres un jour du vin de la jeunesse;
Demain fondra sur toi la stérile tristesse
Étouffant de son poids les élans généreux.
Ton inutile ardeur ne poursuit que des ombres,
Et tes espoirs déçus couvrent de leurs décombres
      L'objet vrai de tes voeux.

                    *   *

                         *

À ta vie, à ton nom, ne mens plus ô Poëte;
      Surtout ne mens plus à ton coeur.
Encore ce matin, brisé, le front rêveur,
Tu marchais dans les bois et ta voix inquiète
Appelait en tremblant la voix qui la répète
Et lui répond toujours avec tant de douceur.

Insensé! cette voix c'est l'écho, c'est ton rêve
Qui s'émeut et qui pleure en ton coeur endormi
Et tu crois que le chant qu'il commence s'achève
        Sur les lèvres d'un ami.

Et depuis quel long temps te penchant près de l'onde,
Et n'y voyant que toi, ne penses-tu pas voir
Dans le cristal menteur quelqu'un qui te réponde
Et s'approche du bord quand tu t'y viens asseoir.

Hélas! ce n'est qu'une ombre, en ton ivresse amère,
Que tu vois souriant dans ce miroir profond;
Qui tend ses bras tremblants à ton ombre éphémère,
Et dont le front brûlant s'approche de ton front.

        Partout, toujours, en toute chose,
        Tu penses voir un abri pour ton coeur;
Une fraîche espérance où l'âme se repose,
Où l'homme plus heureux devient aussi meilleur.

        Dans un ciel pâle et sans nuage
        Où tremble encor l'adieu du jour,
        Dans une pauvre fleur sauvage,
        Dans un beau cantique d'amour;
        Dans un mot de charité sainte
        Tombant des lèvres d'Ariel,
        Dans une âme pure où la plainte
        Expire en regardant le ciel;

        Dans tout tu vois un reflet de lumière
        Échappé des splendeurs des cieux;
Et tu te dis combien doit être radieux
Cet immortel foyer de la beauté première
Qui projette ces flots de rayons lumineux.

                *   *
                    *

Tu recherches la voix des concerts séraphiques
Dans les accents pieux qui naissent de l'autel.
    Quand les crépuscules magiques,
Déployant au couchant leurs richesses féeriques,
    Comme une autre face du ciel,
Font surgir à tes yeux des fontaines d'eau vive,
Des fleuves dans leur lit roulant des diamants,
Des rochers de saphirs, des îles dont la rive
Découpe en traits de feu les flots étincelants,

Tu sens se réveiller et s'émouvoir ton âme;
Tu trembles et comprends que tu n'es qu'un banni,
    Et tu voudrais sur des ailes de flamme
Traverser en vainqueur ces champs de l'infini.

Poëte, il faut donner l'essor à la prière,
Remonter en chantant vers la source première
Où l'astre souverain rajeunit sa beauté;
Il faut planer et boire à des flots d'harmonie,
Et courir librement sur l'aile du génie
Dans les champs de l'espace et de l'éternité.

      ....

Mais sache-le, Poëte, on m'appelle la Grâce;
Je sais toucher les coeurs et ne les force pas.
À la porte parfois je frappe, et puis je passe,
    Et trop souvent le vent efface...
    Jusqu'au vestige de mes pas.

Quelquefois, cependant, avec sollicitude
    Je veille auprès du poëte rêveur;
    Je le suis dans la solitude
    Où je parle mieux à son coeur.

Quand je le vois fléchir sous un poids qui l'écrase,
Qu'un désir infini revient le tourmenter,
Qu'il sent courir en lui comme un feu qui l'embrase,
Préludant de ma voix je lui dis de chanter.

La musique toujours pacifie et console,
Elle repose l'âme et l'émeut à la fois;
Sur son aile souvent la tristesse s'envole,
Et l'on croit au bonheur en entendant sa voix.

Mais un jour près de lui le Maître me rappelle.
M'approchant du poëte et sur lui m'inclinant,
Je revêts d'un rayon de la gloire immortelle
Son front tantôt pâli qui brûle maintenant;
      Et la pauvre muse infidèle,
À la brise d'en haut déployant sa grande aile,
      Laisse son poëte en pleurant.

*   *

*

Tu ne veux pas chanter l'éternelle nature
Parce qu'une clameur couvre sa faible voix?
Tu ne veux pas mêler ton triste et doux murmure
Au refrain des lacs bleus, à l'écho des grands bois?

Tu ne veux admirer qu'une image cachée
      Au dernier repli de ton coeur,
Presser sur ta poitrine une feuille arrachée
Qu'à ta porte une nuit conduisit le malheur?

Et parce que ton coeur a soif de sacrifice,
Tu veux toujours puiser dans cet amer calice
      Des espoirs immolés?
Boire en secret les larmes solitaires,
Et remuer les dépouilles trop chères
      Des rêves envolés?

Dédaignant l'univers, auguste sanctuaire
    Où Dieu t'avait mis pour prier;
Riant de l'autel où, victime volontaire,
    Tu devrais te sacrifier;
Raillant les murs croulants du temple séculaire
    Dont tu devrais être un pilier,
Tu ris de la ruine et ton âme sommeille;
    Et sans voir la plaine vermeille
    Où le Seigneur va se lever,
À tout propos d'espoir tu détournes l'oreille :
    Tu veux dormir, tu veux rêver.

            *   *

               *

J'ai dit quel est mon nom : je m'appelle la Grâce.
Je console un moment, puis je remonte à Dieu.
    Et cependant la tempête s'amasse
    Là-bas à l'horizon en feu!
Et cependant il faut que l'épreuve se fasse,
Il faut que la douleur et te noue et t'enlace,
Il faudra tôt ou tard que ton aigle t'embrasse,
    Et je serai loin dans un autre lieu.

    Si tu t'éveilles à cette heure
    De ton rêve de volupté,
    Où ton ange qui souffre et pleure
    Dans son ciel sera remonté,
    Dis-moi, qui soutiendra ton âme?
    Qui saura t'abreuver d'espoir?
    Qui versera l'huile à la flamme?
    Qui lavera les taches du miroir?

    Qui te rendra ta lyre d'harmonie
Qui se sera brisée en chantant les faux dieux?
Qui baisera ton front aux heures d'insomnie,
Et quelle autre pourra donner à ton génie
Et l'éclat de la foudre et la splendeur des cieux?

      ....

Qu'importe si le vent souffle quand ta main sème,
    Et disperse le grain dans l'air?
Qu'importe si l'angoisse a fait sur ton front blême
    Peser sa lourde main de fer?

Qu'importe si parfois tu pleures sur la vie,
Si ton coeur manque d'air dans sa froide prison?
Si ton nom est en butte à la haine et l'envie,
    Si l'arbre a passé floraison?

        Les larmes sont la divine rosée
Qui rend jeune et fécond l'immobile désert.
Le parfum se répand d'une plante brisée.
Sous le flot en fureur la perle est déposée :
Pour venir au repos il faut avoir souffert.

Il faut avoir tendu, pâle, ses mains tremblantes
En appelant tout bas le rêve tant aimé,
Il faut avoir baigné dans des larmes brûlantes
Son coeur qui rajeunit plus tendre et parfumé;

Il faut avoir subi des angoisses sans nombre,
S'être senti broyé sous la main du malheur;
Comme il faut au couchant la nue épaisse et sombre
Que le soleil colore et revêt de splendeur.

Tiens-toi toujours tourné du côté de l'aurore :
C'est de là que nous vient l'espérance, et l'amour.
Vois-tu comme déjà l'horizon se colore?
Il n'est si longue nuit que ne suive le jour.

Il n'est si dure peine ici-bas qu'on ne puisse
S'en dépouiller un jour ainsi que d'un manteau.
Pour l'homme la douleur est un sillon propice;
La mort continuera l'oeuvre germinatrice,
Et tu verras plus tard fleurir le sacrifice
        De l'autre côté du tombeau.

Et riche de tes pleurs, plus fort de ta souffrance,
Pour le dernier sommeil tu pourras t'endormir;
Tu fermeras les yeux pour mieux voir l'espérance,
        Et cesser de mourir.

                    *   *
                        *

            Toute chose a son terme;
        Tout meurt, mais non pas sans retour.
        Et la fleur qui tombe, renferme
        La graine qui se brise et germe
            Pour refleurir un jour.

            Tout se courbe et se penche,
                Mais pour se relever.
        Un souffle redresse la branche;
        Un jour ton âme libre et blanche
        Elle aussi pourra s'envoler.

_____

Soir d'automne

Tempête

Noir démon de la nuit, ô Tempête, je t'aime!
Ta voix stridente et forte en mon coeur vient vibrer.
Ton effort orageux me révèle à moi-même,
Je respire ton souffle et me prends à pleurer.

Emporte-moi bien loin – dans les vents et la brume
Ce front triste et brûlant, peux-tu le rafraîchir?
Fais tomber dans mon coeur tes torrents, ton écume,
Et dis-moi, peux-tu le remplir?

Escalade des monts l'inabordable crête;
Donne, comme à la mer, des vagues au glacier;
Ravage, emporte, brise et que rien ne t'arrête!
Mais lorsque tout s'abat sous ton souffle, ô Tempête,
Ah! ne crois pas pouvoir me briser tout entier.

Toi qui veux le néant, que peux-tu sur mon âme?
Quand tes eaux ont rempli les ravines d'horreur,
Tes torrents sauraient-ils éteindre cette flamme
Qu'avec la vie un jour m'insuffla le Seigneur?

Si je suis ton jouet, je suis ton maître.
Tes vents s'apaiseront : moi, je ne peux mourir.
Tu peux bien me briser, tu ne détruis pas l'être;
Ton effort impuissant m'apprend à me connaître,
Tu ne peux m'anéantir.

Puis au-delà de la tourmente
Les cieux sont toujours étoilés,
Plus haut que ta rage impuissante
Mon âme plane triomphante.
– Mugissez, aquilons, soufflez.

———————

ARMAND
Chossegros
1864-1928

Armand Chossegros fut un des Jésuites français qui se sont le plus identifiés au Canada et au Manitoba.

Il est né à Céaux d'Allègre, en Haute-Loire, au Languedoc, le 4 janvier 1864, d'un père professeur, et a commencé à apprendre le latin dès le bas âge, avec un précepteur. Il a fait ses études secondaires en Provence, au collège des Jésuites, Saint-Joseph d'Avignon, et au séminaire de Sainte-Garde. Un échange de correspondance avec le père Henri Hudon, supérieur des Jésuites canadiens et futur recteur à Saint-Boniface (1891-1894), le décida, à l'âge de vingt ans, à partir pour le Canada. Il entra immédiatement chez les Jésuites, au noviciat du Sault-au-Récollet, près de Montréal.

Très tôt, il "fut orienté vers l'enseignement de la littérature", dit un confrère. D'abord au "juvénat des Jésuites, qui sert aux jeunes religieux d'école normale supérieure[1]"; puis, après son ordination, en 1898, au collège Sainte-Marie, de Montréal, jusqu'en 1903, après quoi, il passa au collège de Saint-Boniface, au Manitoba. Il eut la charge des classes de belles-lettres et de rhétorique, et enseigna la littérature et les classiques.

"J'ai trouvé", écrira-t-il lui-même peu avant sa mort, "de très grandes jouissances à cet enseignement. J'ai goûté à un degré assez grand la beauté du latin, la force oratoire de Cicéron, l'art et la sensibilité de Virgile, l'esprit et la causerie d'Horace. Je parvins à une bonne connaissance du grec, grâce aux livres si bien faits que nous avions à Saint-Boniface pour la préparation des examens de l'Université, livres qui nous venaient d'Oxford en général. Quant aux auteurs français, les bons, j'entends, ils m'ont toujours ravi. Bossuet, La Fontaine, La Bruyère, Molière, Racine, Lamartine, Musset, Mercier, Vermenouze, Châteaubriand, Baxin, surtout Louis Veuillot, le père Lhande. Mes lectures m'ont permis d'écrire pendant près de six ans des propos de critique littéraire au *Devoir*, et je reçus de temps à autre des lettres de remerciements très aimables de Georges Goyau, de Louis Mercier, par exemple, de Blanche Lamontagne, etc...[2]."

Le second volet de sa carrière se poursuivit en 1913, au scolasticat montréalais de la Compagnie. Pendant quatorze ans, il y enseigna l'histoire ecclésiastique, le droit canon, la critique historique et l'art chrétien. Il publia une histoire du noviciat du Sault-au-Récollet en 1903; et dirigea pendant sept ans le *Messager canadien* auquel il collabora pendant près de vingt ans.

À Saint-Boniface, Chossegros fut directeur de l'"Académie française" au collège, de 1903 à 1908. Les sujets débattus par les étudiants étaient principalement d'ordre littéraire. Aux séances de ce cercle, il discourait lui-même, par exemple sur Lamartine (14 février 1904), sur Louis Veuillot (10 février 1907). C'est lors d'une séance de l'Académie française, qu'on exécuta pour la première fois, le 21 mars 1904, la *Chanson du collège*, musique du père de Mangeleere, paroles du père Chossegros (voir Appendice E).

Chossegros s'intéressait aussi au théâtre. L'historien des Jésuites manitobains, Gérard Jolicoeur, le place en tête des metteurs en scène au collège où l'on jouait, à l'époque, de deux à quatre pièces par année. De 1904 à 1907, il a dirigé plusieurs pièces, dont la principale fut *Polyeucte* de Corneille, avec des extraits de l'opéra du même nom, de Gounod, exécutés par un choeur de cinquante-cinq voix et l'orchestre du collège, fondé par le père Paul de Mangeleere, un Belge arrivé en 1902.

C'est lors d'une "séance dramatique" que fut déclamé, par Alexandre Bernier, un poème du père Chossegros dédié "au pays de Saint-Boniface". Lors d'une autre séance, on inaugura le nouveau drapeau national des Canadiens français, qui a été chanté plus tard par le poète Pierre Lardon (voir Appendice F).

Le père Chossegros a donné également une version de la composition *The Red River Voyageur* ou "The Turrets Twain" du poète américain John Greenleaf Whittier, version qui a été bien des fois reproduite sous divers titres (voir Appendice G)

Chossegros a écrit un nombre considérable de vers au cours des années. Dans un relevé dressé à l'occasion du cinquantenaire de la revue *Le Messager canadien*, en 1942, on compte, sous la rubrique "poésies et cantiques", pas moins de soixante-dix de ses compositions.

Il collabora aussi, à titre gratuit, au quotidien *Le Devoir* sous le pseudonyme d'Edmond Léo. Le directeur du journal, Omer Héroux, le frère du premier rédacteur de *La Liberté* (1913-23), Hector Héroux, lui rendit un hommage non équivoque lors de son décès (21 mai 1928), précisant : "Ses oeuvres éparses constitueraient plusieurs volumes de lecture agréable."

Toute sa vie, le père Chossegros fut affligé de divers maux, en commençant par l'érésipèle – cette terrible contagion, assez courante à l'époque de sa jeunesse. Puis, il énumère lui-même : "des fièvres typhoïdes et congestion des poumons en philosophie, une opération en 1901, extinction de voix au Manitoba, un bras cassé en 1913, rhumatisme, bras et jambe cassés à Québec, en 1919. En 1923, crise de foie..., opération,...[3]." L'opération lui avait permis de reprendre ses travaux. Mais la maladie continua de s'aggraver. On tenta une seconde intervention le 19 mai 1928. Le malade y succomba quelques heures plus tard.

---

1. Dossier Armand Chossegros, Archives des Jesuites à Saint-Jérôme, Québec.

2. *Nouvelles de la Province du Bas-Canada*, mai 1928.

3. Ibid.

Le noviciat Saint-Joseph, Sault-au-Récollet, Société de Jésus, 1903.

Sainte Jeanne d'Arc, Montréal, Imprimerie du Messager, 1920.

Autres :

Articles dans *Le Messager canadien*, Montréal, 1908-1928.

"Chroniques littéraires", (pseud. Edmond Léo), dans *Le Devoir*, Montréal, 1922-1928.

Documents dans les *Registres de l'Académie française, 1903-1908*, Archives du Collège universitaire de Saint-Boniface; notes autobiographiques,dans les Archives des Jésuites du Canada français, Saint-Jérôme, Québec.

"Souvenirs d'un ancien", présentés par Jean-Joseph Trudel, *Le Bonifacien*, juin 1945; octobre 1945.

———————

Paysage d'hiver manitobain

La neige a recouvert la monotone plaine,
Et la morne blancheur s'alanguit et s'endort;
Les trembles, les guérets, l'immensité sereine
Écoutent les soupirs de la bise du nord.

Des hauteurs de l'azur, l'éclatante lumière
S'épand en flots d'argent dans les airs apaisés,
Met aux cimes des bois leur floraison perlière
Sur les touffes de joncs des reflets irisés.

L'orignal élancé parcourt ses patrimoines,
La vapeur aux naseaux béants. À l'horizon
Fument les blancs wigwams des fiers Assiniboines;
Vers la Saskatchewan s'exile le bison.

Sur les lacs endormis où nichaient les sarcelles,
L'élégant caribou valse avec des élans,
Et les poules des prés dessinent des dentelles
Sur les tapis neigeux où s'assemblent leurs clans.

———————

v. 1903

Le naufrage du "Titanic"

La brise du printemps soufflait dans ses cordages,
Les flots le soulevaient, les canons des rivages
Tonnaient pour lui jeter leur heureux pronostic.
Léviathan des mers, l'imposant Titanic
Aux rythmes triomphants des vivats, des fanfares
Défiant les moussons, les écueils et les barres,
Saluait l'avenir et ses mirages d'or
Et partait plein de chants de tribord à bâbord.

Navire audacieux, as-tu prié le Maître
De l'océan trompeur et de l'iceberg traître?
Tes ponts de rouvre dur, tes cuirasses d'acier
Ne sont que des jouets pour la dent du glacier.
Devant le Tout-Puissant s'incline toute épaule,
Il fait trembler la terre. Il ébranle le pôle.
Courbe tes mâts altiers et ton altier orgueil,
Car l'océan profond est un muet cercueil,
Aux abîmes discrets dorment bien des épaves
Et les monstres des mers se jouent de leurs étraves.
Les étoiles du ciel scintillent dans la nuit,
Du bal ensorceleur tournoie encore le bruit;
Dans les rythmes bruyants se perd la voix des heures.
Quelle ombre assombrirait ces joyeuses demeures?
Ah! s'il apparaissait dans l'éclatant décor
Quel accueil recevrait le spectre de la mort!

Ô valseur, arrêtez! Un fantôme du pôle
De son aile glacée et formidable frôle
Le lumineux salon, il déchire son flanc
Et par la brèche ouverte, il rit, narquois et blanc.

Les rondes ont cessé devant le trouble-fête.
L'angoisse fait mugir tous ces cors de conquête
Les roses du plaisir tombent des fronts pâlis,
Le naufrage a sonné ses rauques hallalis.
Quoi! le géant blindé contre les chocs de l'ombre
L'insubmersible coule, et lentement il sombre?
À l'assaut de ses ponts monte l'océan sourd
Le flot pousse le flot, le tourbillon accourt,
Les espoirs ont péri, les désespoirs s'effarent,
Les adieux déchirants dans les adieux s'égarent.
Un père avec des cris des pleurs étouffants
Jette aux bateaux sauveurs ses deux petits enfants,
L'épouse sans l'époux et sans le fils la mère
S'éloigne dans la nuit au gré de l'onde amère.
Les mains cherchent les mains et ne les trouvent pas.
Les regards anxieux voient s'affaisser des mâts.
Le vaisseau resplendit encore comme un phare
Et ses musiciens submergés à moitié
Pour ceux qui vont périr, lancent vers la Pitié
Aux rythmes solennels et lents de leur fanfare
Un appel suppliant que le vent porte à Dieu,
Deux prêtres aux lueurs de l'éternité même
D'une voix dominant les angoisses extrêmes
Font descendre la paix et les pardons suprêmes.
Aux lustres du salon s'éteint le dernier feu,
Puis on entend un bruit formidable de forge,
Au coeur du bâtiment c'est la mer qui s'engorge.
Le géant soulevé se brise et disparaît
Ses tronçons engloutis s'abîment sans arrêt.
Seize cents naufragés poussent des cris funèbres
Et demandent secours à la mer, aux ténèbres,
Mais aux cris déchirants les abîmes sont sourds
Et les voix dans les flots s'enfoncent pour toujours.

Seigneur, ayez pitié des choses éphémères
Qui vont aux profondeurs chercher leurs froids suaires.
Ne laissez pas sombrer, ô Dieu clément et doux
Les esprits immortels nés d'un souffle de vous.
Du plaisir tournoyant aux froids remous du gouffre
Ils ont passé soudain: mais, Seigneur, quand on souffre
Dans la nuit sans retour quand on est emporté
On jette son appel suprême à la Bonté.
Ô Seigneur, à l'aspect de ces terribles drames,
Devant ces endormis aux plis mouvants des lames
Prosternés sur le sol, nous crions à genoux :
"Ô Maître Souverain, ayez pitié de nous,
"Vous êtes le Seul Grand et l'humaine science
"N'est qu'un roseau tremblant devant votre Puissance."

Le Manitoba, 8 mai 1912

Le sucre du Manitoba

On voit le duvet des bourgeons s'ouvrir,
Les grands bois frileux sortent d'un long rêve;
Du sommeil d'hiver l'érable se lève,
Il sent en son coeur affluer la sève,
    Il veut reverdir.

J'entends la chanson des érablières,
Sur le givre blanc crissent les berlots,
Le sang des aubiers pend aux chalumeaux
Et jaillit gaîment au fond des casseaux
    En gouttes perlières.

Partons. Dans les airs vifs et printaniers,
Souple, serpentant comme des lianes
Monte le ruban des blondes boucanes,
Appel odorant des feux de cabanes
    Et des "sucriers".

Nous irons au bois goûter la trempette,
Humer le parfum du réduit doré,
Barbouiller nos doigts de nectar ambré,
Et dans le bassin bouillant concentré
     Plonger la mouvette.

Sur un lit neigeux nous effilerons
Le sirop figé qui sans fin s'étire,
Nous nous laisserons par son or séduire,
Nous émaillerons du miel de la tire
     Nos nez, nos mentons.

Quand nous aurons bu la fine ambroisie
En l'assaisonnant d'un refrain vainqueur,
En nous chantera l'ardente liqueur
Qui fera monter la jeunesse au coeur
     Et la poésie.

Car ce cordial, nourricier d'espoir,
Riche du trésor des sèves champêtres
Et des chauds ferments du sol des ancêtres,
Fait vibrer en nous le printemps des êtres,
     L'âme du terroir.

_____
Le Manitoba, avril 1913

Au grand découvreur

    Pierre Gaultier de Varennes
    Sieur de La Vérendrye

Songez-vous à ces temps où par l'épaisse brousse,
Par les vierges forêts, les fouillis sans chemin,
Quand s'embusquait dans l'ombre et glissait sur la mousse
Le perfide Sioux aux souples mocassins,
La Vérendrye, au nom du Christ et de la France,
S'avançait cuirassé d'espoir et d'endurance
Et le coeur débordant d'héroïques desseins.

Ses rames déchiraient le réseau des lianes
Balançant devant lui leurs odorants faisceaux;
Ses pieds s'ensanglantaient aux ronces des savanes;
Les gouttes de sueur perlaient sur les roseaux,
Et quand tombait la nuit, aux lueurs des étoiles,
Il pliait et prenait pour oreillers des voiles
Et s'endormait au bruit monotone des eaux.

Aux premiers feux du jour recommençaient les marches,
Les portages, l'élan des prestes avirons.
Ses canots défilaient sous l'ombrage des arches,
Sous les longs bras des pins semés de liserons.
Aux haltes pour bâtir les forts, ô rude tâche!
Dans le tronc des sapins il enfonçait sa hache,
Pour équarrir les pieux peinaient ses bûcherons.

Des déboires amers, il but la plénitude
Jalousé par l'envie et laissé sans soutien,
En pleine barbarie, en pleine solitude,
Les arcs empoisonnés, le tomahawk païen
Massacrèrent son fils et son missionnaire
Et ses soldats vaillants qu'il aimait comme un Père,
Sous le regard de Dieu pleura le grand chrétien.

Quand il eut de ses mains fermées de fraîches tombes
Et pleuré le trépas cruel de son neveu,
Sans ployer sous le poids des lourdes hécatombes,
Fort de sa mission, de son espoir en Dieu,
Il reprit sur les lacs ses inlassables courses,
Il sillonna les eaux et monta vers leurs sources,
Il atteignit la plaine et son horizon bleu.

De la mer de verdure et des fleurs de prairie
Émergeaient étonnés des troupeaux de bisons
Au nom du Christ, au nom de la France chérie,
Sur ces immensités et sur ces floraisons
Il planta son drapeau, puis poussa sa conquête
Aux pieds des monts géants dont le sublime faîte
Étale au soleil d'or des blancheurs de toisons.

Après avoir conquis un empire à la France,
Sacrifié sa vie et ses hardis enfants,
Quand il eut épuisé la coupe de souffrance,
Loin du pays foulé par ses pas triomphants,
Il s'en alla traîner sa vieillesse abattue.
Il dort d'un lourd sommeil. Sa voix forte s'est tue.
Il n'a pas vu la gloire et ses feux échauffants.

Illuminez le front dont la haine et l'envie
Cherchèrent à ternir l'éclat immaculé.
Consolez la grande âme au malheur asservie,
Faites battre le coeur de pleurs de sang gonflé,
Dans le bronze, coulez l'énergique visage,
Afin que le héros nous prêche d'âge en âge
Le dévouement et le devoir inviolé.

Où paissaient les bisons, un océan immense
De froments d'or ondule au gré du vent berceur,
Pour celui qui jeta la féconde semence
Qui fraya le sentier évangélisateur,
Donnez votre or, donnez votre modeste obole,
Donnez pour la statue et la juste auréole
Qu'attend le piédestal du vaillant Découvreur.

_____

ALEXANDRE de
Laronde
1866-1944

Bien que quelques poèmes seulement de ce métis manitobain demeuré obscur nous soient parvenus, ils sont néanmoins remarquables.

Né le 22 avril 1866 dans un endroit aujourd'hui appelé Saint-François-Xavier, il était le fils de Louis de Laronde et de Gudule Morin. Le père était guide, chasseur et trappeur.

Alexandre fit ses études classiques au Collège de Saint-Boniface et fut un des premiers bachelier-ès-arts, en 1887. Il assista donc à l'arrivée des Jésuites en 1885.

La famille était alors installée à Saint-Laurent, sur le lac Manitoba. Dans cette région – plus précisément à la Pointe-des-Chênes, ou Oak Point, à six milles au nord – on trouve des de Laronde dès 1877, d'après l'annuaire Henderson: Jean-Baptiste, fermier, et Paul, traiteur.

Pour l'étudiant Alexandre, c'était tout un voyage que de se rendre à la maison pour les vacances de Noël. Un de ses condisciples, Alexandre Larivière, racontera: "Pour Alexandre de Laronde et E. Dunlea dont les parents résidaient à Saint-Laurent, le problème n'était pas mince. De Reaburn, où le train arrêtait, ils devaient faire 25 milles à pied, en pleine prairie[1]."

Étudiant brillant et d'une belle prestance, Alexandre impressionnait. Mgr Wilfrid Jubinville dira : "Il excellait en tout : il était éloquent, il se distinguait dans les joutes littéraires, il aurait pu devenir un avocat célèbre, et un grand écrivain[2]."

Cependant, il préféra l'enseignement en région rurale; à quoi s'ajoutèrent des fonctions publiques. Il aurait été, selon la directrice du Cercle Molière (1941-68) Mme Pauline Boutal, fille d'immigrés français arrivés à Saint-Laurent en 1907 : "maître d'école à la Pointe-des-Chênes et notaire public[3]".

De Laronde enseigna aussi au village même de Saint-Laurent où il fut promu "magistrat", selon certains, ou "juge de paix" d'après une belle-fille, Mme Hélène de Laronde, de Saint-Boniface. Il fut conseiller de la municipalité (qui englobait aussi Shoal Lake à l'est), puis maire en 1896. Mais il quitta Saint-Laurent en 1897 pour enseigner à Mossy River.

Il épousa en 1899 Marie Coutu, qui mourut en 1904 âgée de vingt-six ans; il se remaria en 1906 avec Rosalie Gaudry, laquelle vécut jusqu'en 1940. Ils eurent deux fils et adoptèrent une fille.

Plusieurs poèmes publiés anonymement dans *Le Manitoba* pourraient fort bien être d'Alexandre de Laronde, par exemple le *Chant d'une mère indienne* (31 octobre 1889 – voir Appendice A), et *La soeur grise* (22 novembre 1888), ce dernier signé : A..., ainsi qu'une lettre ouverte à l'abbé Georges Dugas, ancien directeur du collège, "le travailleur infatigable qui a tant fait pour les métis" (16 septembre 1891); celui qui signe : "un correspondant de Saint-Laurent" confirme dans cette lettre que le mot *Manitoba* vient du saulteux, signifiant "Détroit de l'Esprit" – un point d'étymologie encore discuté de nos jours! Notons que de Laronde connaissait bien le saulteux puisqu'il a publié des écrits dans cette langue.

Selon sa belle-fille, Alexandre aurait aussi été organiste. Chose certaine, il bénéficiait de l'estime générale dans la région. Il était encore instituteur à la Pointe-des-Chênes lorsqu'il fut le héros d'une fête rapportée avec force détails dans le journal. Adresse, banquet, cadeau (les élèves s'étaient cotisés pour lui présenter une montre en or avec médaillon)... et on avait apporté pour l'occasion un "antique pianola"; et ce fut la gigue : "notre danse nationale de la Rivière Rouge n'eut jamais plus d'adeptes qu'à cette soirée[4]."

De Laronde est décédé à Saint-Laurent à l'âge de soixante-dix-huit ans, le 27 mai 1944. À cause de sa modestie, sans doute, on ne saura jamais l'étendue de ses écrits.

---

1. *Le Bonifacien*, décembre 1944.

2. Ibid.

3. Donatien Frémont, *Les Français dans l'Ouest canadien*, Saint-Boniface, Éditions du Blé, 1980.

4. *Le Manitoba*, 23 février, 1913.

"Le chant de mort du dernier Pied-Noir", *Les Cloches de Saint-Boniface*, octobre 1947.

"Le Naufrage de l'Auguste", *Le Manitoba*, 14 octobre 1896.

"La vallée de Qu'Appelle", dans le *Répertoire littéraire de l'Ouest canadien*, CEFCO, 1984.

En saulteux :

L'âme pénitente, ou : Nouveau Pensez-y bien, s.l., Franciscaines de Marie, 1908.

Soeur Marie-Diomède, *Essai sur la littérature française au Manitoba*, Saint-Boniface, thèse de doctorat, Université d'Ottawa, 1947.

L.-A. Prud'homme, "La littérature française au Nord-Ouest" *Mémoires de la Société Royale du Canada*, section I, série III, vol. IX, décembre 1915.

Répertoire littéraire de l'Ouest canadien, Saint-Boniface, Centre d'études franco-canadiennes de l'Ouest, 1984.

Le chant de mort du dernier Pied-Noir

Où sont mes prés fleuris, mes forêts centenaires?
Où sont mes bois épais, sombres, silencieux?
Où sont mes lacs d'azur, mes sentiers solitaires?
Où s'est enfui l'élan, qui paissait en ces lieux?
Pour moi, tout est douleur, hélas! où sont mes frères?
Où sont ceux que j'aimais? ceux qui m'étaient si chers?
Réveillez-vous, enfin, nobles races guerrières!
Accourez à ma voix, ranimez mes déserts.

C'est toi, pâle étranger, c'est toi qui fus le traître,
Qui causas nos malheurs, hypocrite assassin;
Tu vins, on te reçut; de tout on te fit maître,
Nous jurant d'être ami, tu nous serras la main.
Tes rêves d'ambition, ta funeste présence,
Ont chassé le bonheur, ont ravi ma fierté;
Oh! rends-moi ma patrie! Apporte l'espérance!
Ramène le passé, rends-moi ma liberté!

Que t'avais-je donc fait, moi, pauvre enfant des plaines,
Pour m'arracher mon sol et mes biens, sous mes yeux,
Pour m'écraser ainsi sous le poids de tes chaînes?
Ne pouvais-je être libre, et toi, rester heureux?
Viens, oh! viens, de ma main, viens, ma flèche rapide,
Percer un coeur ingrat, de ta pointe d'acier;
Viens venger sur ce coeur, une race intrépide,
Car en vengeant ma mort, on venge un peuple entier.

Pardonne, ô Robe Noire, un accès de vengeance,
Le sang de mes aïeux égare ma raison.
Pour moi, dis à ton Dieu, d'accepter ma souffrance,
Tu m'as dit, bien souvent, qu'il était juste et bon.
Accepte, Grand Esprit, de ma bouche expirante,
Un sacrifice, hélas! qui me vaut bien des pleurs.
Je soumets au pardon, mon âme frémissante,
J'offre à ta majesté, ma vie et mes douleurs.

Les Cloches de Saint-Boniface, octobre 1947

La vallée de Qu'Appelle

Quel tableau ravissant, suave de fraîcheur!
Mélange harmonieux d'azur et de verdure,
Avec des reflets d'or, relevant sa splendeur!
Ô Qu'Appelle charmant! bijou de la nature!
Du haut de la colline, où je reviens m'asseoir,
J'aime à te voir, ainsi, reposant en silence;
J'aime à te contempler, lorsque à peine, le soir,
Le jour commence à fuir, et que la nuit s'avance.

D'ici voyez là-bas de l'est à l'occident,
Comme un riche collier de trois perles brillantes,
Prises l'une à l'autre avec un fil d'argent,
De trois limpides lacs, les ondes scintillantes;
Parcourant le contour de ces lacs enchanteurs
Mille rayons dorés jaillissent de leurs sables;
En festons de feuillage, en guirlandes de fleurs,
Les bois couvrent les fronts de coteaux innombrables.

Sur le déclin des monts, coquettement assis,
Reflétant dans les eaux leurs images riantes,
Les toits de ces hameaux avec leurs murs blanchis,
Semblent des cygnes blancs, les plumes reluisantes :
Les troupeaux fatigués descendent lentement,
Sur les gazons fleuris, les pelouses soyeuses;
De cent troupes d'oiseaux le doux gazouillement
Se mêle aux bruits divers, des cascades joyeuses.

Là portant mes regards, jusques à l'horizon,
Je vois s'étendre, au loin, la plaine encore sauvage,
En replis onduleux de fleurs et de gazon,
Parsemés par les bois, de touffes de feuillages.
Ici près de vos bonds, ô lacs d'un bleu si pur
On oublie le monde en de gracieux rêves,
Rêves délicieux, comme vos flots d'azur
Et doux comme les sons de vos riantes grèves!

Après avoir jeté tous les monts entassés
Et leurs sommets neigeux, gigantesques, sublimes,
Arrêtant de leurs flancs tous les flots amassés,
L'océan Pacifique aux profonds abîmes,
L'auteur de l'univers pour combler son dessein,
Plaçait de ce vallon les beautés grandioses,
Ainsi que d'une vierge, on pose sur le sein,
Pour finir sa parure, un frais bouquet de roses.

30 mai, 1889, dans le Répertoire littéraire de l'Ouest canadien.

Le Naufrage de l'Auguste

Mille sept cent soixante-un! Le canon a cessé
Sa lugubre moisson sur nos murs, sur la plaine,
Le brave, par le nombre, est enfin terrassé;
Du Canada français, Québec n'est plus la reine;
L'Angleterre triomphe, et son fier étendard
Sur nos toits démolis flotte libre à la brise;
Vainqueur, enfin, Murray, de son plus froid regard,
Condamne, des vaincus, l'engeance qu'il méprise -
Ah! malheur aux vaincus! de ce monde enchanteur,
C'est, pourtant, bien souvent, le principe sublime;
L'Anglais l'avait juré; la vengeance en son coeur
Avait écrit, de feu : "Canada, ma victime"!
L'arrêt en est porté; sans retards prolongés,
Il proscrit à jamais la noblesse française,
Soldats aux coeurs brisés, de souffrances rongées,
Courbés sous le fardeau de la conquête anglaise;
Il pleuvait lentement en ce jour de douleurs.
Le ciel semblait aussi verser d'amères larmes;
Telle tombe sans bruit, d'un coeur gonflé de pleurs,
La perle douloureuse, au creuset des alarmes.
Morne, sinistre et noir, sur les flots assombris,
Gémissant sourdement, sous les coups de la vague,
Un vaisseau rejeté, remue ses débris :
C'est l'"Auguste", ou plutôt, c'en est le spectre vague.

Pêle-mêle entassés, comme vils animaux,
De nobles Canadiens, leurs enfants et leurs femmes,
Encombrent ce navire; ils quittent leurs hameaux
Exilés et bannis, par des édits infâmes,
Que d'angoisses, grand Dieu! Quels spectacles navrants!
Mes yeux, détournez-vous! J'entends... la chaîne roule,
L'ancre se lève : adieu! "Ils reviendront, nos gens!"
Faible consolation, au chagrin de la foule.
Ah! malheur aux vaincus! les éléments furieux
Luttent, bientôt, d'ardeur, à menacer leurs têtes.
La terre, l'onde et l'air, tous acharnés contre eux,
Unissent leurs efforts, en terrible tempête;
"L'Ile-aux-Coudres" lui-même, armé de ses rochers,
Méconnaît ses amis; il attente à leur vie!
Serviteur révolté, les feux de leurs brasiers
Raniment, sous leurs pas, l'incendie, à l'envie.
Le vétéran des mers, sous le ciel enflammé
Se tord comme un lion que la torture accable;
Il frémit, il bondit, tel qu'un tigre affamé,
Puis replonge, en sursaut, dans l'abîme insondable;
Ses cordages raidis rugissent, sous les vents,
Ses mâts tombent brisés, ses voiles envolées,
Déjà, la mort appelle, en ses gouffres béants.
Ces hommes épuisés, ces femmes désolées,
Un tumulte sans nom; pleurs, prières, sanglots
Et courant, au hasard, des mères éperdues,
La tourmente grondant, dans les airs, dans les flots,
Les sifflements perçants de ses cordes tendues;
Soudain un choc affreux, d'horribles grincements;
Un cri de désespoir domine la tempête,
Le pâle effroi blanchit les fronts les plus vaillants :
Le navire chancelle, et l'eau couvre son faîte.

Ah! malheur aux vaincus! la mer, de ce forfait
Se refuse à cacher les cadavres livides;
Dans l'ombre de la nuit, elle vient, en secret,
Les déposer, épars, sur les sables humides,
L'Anglais l'avait juré; la vengeance en son coeur
L'avait écrit de feu; contemplez ses victimes,
Mais laissons des remords la plus cuisante aigreur
Le rappeler encore à ses mânes intimes.

_____

Le Manitoba, 14 octobre 1896

Vocation et sacrifice

C'était un soir d'été; l'astre brillant du jour
Avait éteint les feux de son brûlant contour;
Éclatants diamants, les étoiles tremblantes,
Dirigeaient vers le sol leurs flammes vacillantes;
La brise murmurait sa plaintive chanson
À la charmante fleur, qui dort sur le gazon,
Aux jeunes arbrisseaux, aux chantres du bocage
Aux suaves parfums, au verdoyant feuillage.

Sur les bords enchanteurs de ce fleuve géant
Qu'un enfant de la France appela Saint-Laurent
Assis silencieux, un fils avec sa mère
Contemplait les beautés de ce lieu solitaire.
Son front était rêveur; et son regard serein
Errant à l'horizon plongeait dans le lointain.
Dans son oeil plein d'ardeur, se reflétait son âme;
Dans son coeur généreux, il sentait une flamme...

Tout près, sa noble mère épanchait la douleur,
Dont l'empreinte couvrait son front plein de candeur;
Ses regards tour à tour se portaient en silence
Sur son fils bien-aimé, son unique espérance,
Sur le flot qui murmure et qui fuit tendrement
Transformé par la lune en longs filets d'argent.
Si parfois, sur ses yeux, paraissait une larme
La prière, aussitôt, la chassait, comme un charme.

Puis rompant le silence, éclatant en sanglots,
Que, dans les alentours, répétaient les échos,
Elle disait soudain : "Bien jeune tu me quittes;
Tu fuis le sol natal, ses majestueux sites,
La plaine si fertile et ses bois ondoyants,
Pour voler au secours des peuples inconstants.
Tu rejettes l'amour, que te porte une mère,
Pour aller vivre au loin, dévoué missionnaire."

Le lendemain, en gerbes de lumière,
Un beau soleil envahissait la terre;
Le flot, mourant sur le sable doré,
Y balançait un esquif amarré,
Qui n'attendait que l'aide de la rame
Pour s'envoler, rapide comme la lame.
C'est le départ d'intrépides marins
Vers l'occident et ses pays lointains.

L'un d'eux, jeune homme à peine à son aurore,
Prêt à partir sur la vague sonore,
Pour habiter, là-bas, sous d'autres cieux,
Vient accepter le dernier des adieux.
Il le reçoit dans les bras de sa mère,
Qui pour son fils murmure une prière;
Puis s'arrachant aux amours maternelles,
Il s'abandonne aux torrents infidèles.

Bientôt, près de quitter le fleuve grand et beau,
Dont les bords verdoyants avaient vu son berceau,
Il vint s'agenouiller sur son riant rivage;
Il pense à la patrie, en ce lieu si sauvage;
Il boit avec amour, pour calmer sa douleur,
Des eaux qui vont revoir les amis de son coeur;
Il livre sa pensée à cette onde rapide
Qui traverse des lacs la masse d'eau limpide.

Fort de ce qu'il a fait, il presse son départ,
Il franchit les forêts et les monts au hasard;
Il dompte les torrents, pour lui la plaine immense,
Les cours d'eau prolongés, n'ont jamais de distance;
Son courage hardi soumet tout, sans effort;
Sans crainte il va braver les dangers et la mort;
Son coeur est tout entier à la tâche sublime
Que lui donna l'amour dont il est la victime.

Cinq fois, le doux printemps a verdi le coteau;
Cinq fois, le rossignol a chanté sur l'ormeau,
Pour célébrer le soir le retour des feuillages,
Après le froid hiver, ses glaces, ses orages;
Et notre voyageur, parcourant les déserts,
Reçoit l'ordre pressant de repasser les mers,
De se mettre aux genoux du vénérable père
Auquel l'avait soumis sa nouvelle carrière.

Poussé par le désir d'un coeur obéissant,
Des monts glacés du nord, il s'élance à l'instant;
Il retrouve le toit de sa mère chérie;
Mais il vole aussitôt dans l'antique patrie
Qui vit naître jadis et ses nobles aïeux,
Et ceux qui les premiers découvrirent nos cieux.
Avec peine il soumet les penchants de son âme
Au devoir que lui fait le chef qui le réclame.

Plus tard, on le revoit, au déclin d'un beau jour,
Réjouir tous les coeurs, par un heureux retour.
On voit enfin glisser sa légère nacelle
Sur un torrent qui coule au seuil d'une chapelle.
Il se voit entouré par un groupe nombreux;
Les enfants bien-aimés, tout un peuple joyeux
S'offrent de toutes parts, pour célébrer un père
Et rendre grâce au ciel du don fait à la terre.

Mais depuis ce grand jour deux fois dix-sept hivers
Ont balancé leur neige au sein mourant des airs;
Trente-quatre ans de plus ont touché votre tête
Ô vénéré pasteur dont nous faisons la fête;
Mais votre noble coeur ne peut jamais vieillir,
Et votre amour pour nous ne peut jamais faillir.
Nous l'avouons; hélas! Notre reconnaissance
Ne saurait être égale à votre bienfaisance.

Le Manitoba, 26 novembre 1885

Une boucle de cheveux[*]

Pourquoi m'interroger, pourquoi me regarder,
Quand je contemple, seul, dans un profond silence,
Ces boucles de cheveux que j'ai voulu garder?
Cet humble souvenir murmure l'espérance!
Il rappelle à mon âme, un être qui n'est plus,
Mélange inexplicable, et de profonds mystères,
Et de grands dévouements, si souvent reconnus,
Et de noble grandeur, et de peines amères.

J'ai vu, j'ai vu son front, dans l'ardeur des combats,
Et sa seule présence animait le courage;
J'ai reconnu sa voix dominant les débats,
Pour défendre nos droits et conjurer l'orage;
Je l'ai revu naguère, exilé malheureux!
Seul, triste et délaissé, sa grande âme était pleine
De ces cuisants chagrins; l'avenir à ses yeux
Montrait la liberté des enfants de la plaine.

Il est tombé là-bas, comme tombe un héros;
Pour sauver la patrie, il s'est offert victime;
Frappé par les arrêts de cruels tribunaux,
Il a livré son coeur, holocauste sublime!
Venez coeurs généreux, de ces jours écoulés,
Venez pleurer encor, la fatale mémoire;
Mais réjouissez-vous, le chef des "Bois-Brûlés"
Revit dans la splendeur, la splendeur de sa gloire.

Inédit, décembre 1885

* Le poème est daté de décembre 1885; le 12 de ce mois avaient lieu à Saint-Boniface les funérailles de Louis Riel. Celui-ci n'est pas nommé, mais il ne peut s'agir d'un autre que lui d'après le texte. De plus, on sait que toute l'affaire de 85 a suscité beaucoup d'émoi chez les pensionnaires du collège, et qu'un grand nombre de gens se sont rendus auprès de la dépouille exposée durant deux jours à la maison de la famille, à Saint-Vital. On peut donc facilement déduire que le collégien Alexandre, métis, ait vu à retenir ou à faire retenir une mèche des cheveux de Riel en souvenir.

GASTON
Guénebault
1867-1954

L'existence de ce poète nous est révélée seulement par quelques notes de Donatien Frémont, dans son recueil de chroniques journalistiques[1] au sujet d'un groupe d'immigrants français qui ont fondé deux colonies au Manitoba au cours des années 1880. Frémont se réfère à un récit de première main du curé historien et poète de Saint-Pierre-Jolys, Jean-Marie Jolys[2]. Tel que raconté dans le livre du curé Jolys, la fondation de ces deux colonies se rattache à une histoire d'apparition quasi incroyable qui poussa un vicomte de Saint-Exupéry et un monsieur Henri de la Borderie à se rendre au Manitoba pour établir les dites colonies. La première fut située à six milles au sud de Saint-Pierre et prit le nom de Fanny-Lux (devenue plus tard La Borderie, puis La Rochelle). Ce fut une sorte de phalanstère qui eut son heure de prospérité. Une douzaine de colons avaient été recrutés dans la région parisienne parmi lesquels on trouve le poète Gaston Guénebault. Selon Frémont, le père de Guénebault était "rédacteur d'un journal monarchiste de Brest". Et du poète, il dit qu'il était une des "voix principales" du premier chœur de chant de Saint-Malo.

L'aventure de Fanny-Lux prit fin au bout de deux ans, mais un deuxième phalanstère fut fondé, qui fut plus durable, à quelques milles de Starbuck, au sud-ouest de Winnipeg : Fannystelle (Fanny Stella). La plupart des pionniers de Fanny-Lux rentrèrent en France, mais trois des plus jeunes restèrent au Manitoba et vécurent à Saint-Boniface, dont Gaston Guénebault, "le dernier survivant du trio". D'après certains contemporains, il était plutôt connu sous le nom de Guilbault. Il demeura célibataire et mourut à l'âge de quatre-vingt-sept ans, le 25 septembre 1954.

Frémont qui l'a connu, mais qui avait peu d'inclination pour les poètes et les poétisants, ne dit pas ce que Guénebault fit d'autre pendant ses longues années passées à la ville, sauf ceci : "Il persista à cultiver les muses, versificateur d'alexandrins plus orthodoxes que hautement inspirés, et rappelait volontiers ses souvenirs de Fanny-Lux et de la Borderie."

---

1. Donatien Frémont, *Les Français dans l'Ouest canadien*, Saint-Boniface, Éditions du Blé, 1980, p. 21-24.

2. J.-M. Jolys & J.-H. Côté, *Pages de Souvenirs et d'Histoire*, Saint-Pierre-Jolys, 1974, p. 92-93.

Le gant lilas

O toi tout imprégné des tiédeurs si grisantes
   De son ardente chair
Doux comme un frôlement de lèvres caressantes
   Jolis gant lilas clair !

Toi qui gardes encor l'empreinte si parfaite
   De ses doigts fuselés,
De ses doigts si mignons, de ses doigts de coquette
   Par l'amour ciselés !

Comme je t'enviais lorsqu'altière et sereine,
   Toutes beautés dehors,
Elle passait, son bras prisonnier dans ta gaine
   Sous les fleurs et les ors !

Et pourtant te voilà déchu par ta maîtresse,
   Elle a fini de toi
Un rival, à son tour, posera sa caresse
   Sur son bras, et pourquoi ?

Le règne du lilas clair est mort – car tout passe –
   Le mauve est au pouvoir,
L'on t'a déjà porté deux fois, et l'on est lasse
   De trop longtemps te voir !

Console-toi mignon Suède, mon coeur saigne
   Aussi d'être déchu
Je ne suis plus de mode et j'ai fini mon règne,
   Comme d'autres j'ai chu!

Dans un charmant coffret parfumé de verveine
   Sur un lit de satin
Elle t'a doucement couché, la souveraine,
   Comme dans un écrin.

Mon coeur lui, n'a pas eu de retraite dorée,
   C'est pour un pauvre proscrit,
Il ne peut ressaisir le coeur de l'Adorée,
   Le passé qui s'enfuit.

Tu ne dois pas te plaindre, un jour viendra peut-être
   Où sur ses jolis doigts,
Tu reprendras ta place et régneras en maître
   Dans l'éclat d'autrefois.

Pour moi, j'irai brisé, me retournant sans doute
   Quelquefois pour pleurer...
Mais sans aucun espoir de trouver sur ma route
   Celle qui m'a leurré.

Le Nouvelliste, 25 février 1909

Variétés

La fleur entrouvrait son riant corsage,
Que venaient dorer les reflets du jour.
Voltigeant joyeux dans le frais bocage,
L'oiseau gazouillait des chansons d'amour.

Les parfums s'offraient à la brise
Où folâtraient les papillons.
Tout ce qui chante et ce qui grise
Me mettait au coeur des frissons.

C'est que je me sentais envahi par l'extase
De l'Infini radieux,
Et ces chefs-d'oeuvre saints dont la splendeur écrase
M'agenouillaient devant eux!

Alors je compris mieux pourquoi Dieu fit notre âme
Et nous mit au front la raison,
Pourquoi dans notre coeur il attise une flamme
Faite d'amour et d'abandon.

Puis je m'étendis là sur la mousse odorante,
Plein de rêves et de désirs,
Et dans un long baiser la brise caressante
Me mit aux lèvres ses soupirs.

_____

Le Manitoba, 10 juin 1891

À ma chambrette

Tout est rose dans ma chambrette,
Les rideaux, le lit, les tapis,
Tout est joyeux, tout est en fête,
Tout est "tant mieux, rien n'est tant pis".

C'est mon travail cette coquette,
C'est mon orgueil, mon paradis,
Tout en elle fait risette,
C'est une chambrette sans prix.

Aussi, quand on lui rend visite,
Je suis fier et mon coeur palpite,
J'en dévoile tous les recoins.

Et chaque jour je la bichonne,
Je consacre à cette mignonne
Amoureusement tous mes soins.

_____

Le Manitoba, 16 septembre 1891

Souvenir pieux

J'allais le nez au vent en badaud qui n'a pas
De but trop bien fixé pour diriger ses pas.
Le temps était superbe et c'était un dimanche,
Et l'on marchait nombreux dans la poussière blanche.
Plusieurs avaient au bras des couronnes de fleurs,
Quelques femmes en noir semblaient cacher leurs pleurs.
Alors je vis le grand portail du cimetière
Dont le granit brillait sous les branches de lierre,
Les tombes se peuplaient, on priait près des croix.
Il fut un moment même où je fus seul, je crois,
Debout, j'aurais bien pu sans peine disparaître,
Mais un spectacle saint secoua tout mon être:
À genoux devant moi, près d'un humble tombeau
Dont la croix s'effritait sous le soleil et l'eau,
Je vis un bel enfant en oraison profonde
Qui, des pleurs pleins les yeux, courbait sa tête blonde.
Alors, pleurant aussi, prosterné, recueilli,
Aux côtés de l'enfant par la douleur pâli,
Devant la pauvre croix je fis une prière,
Car j'avais bien compris qu'il priait pour sa mère.

La Borderie, 17 janvier 1892

Réponse à M. Édouard Pailleron*

Poète cet accord ému
    Qui suit ta lyre
Résonnait, je l'ai retenu,
    Pour mieux te dire
Que ton âme dans son élan
    Vaut un poème,
Que je t'admire en m'inclinant,
    Et que je t'aime.

Je voudrais monter jusqu'à toi,
    Je n'ai pas d'ailes,
Je voudrais te dire pourquoi
    Je trouve belles
Ces rimes qui charment le coeur
    Cette pensée
Qui pour l'âme est une douceur
    Une rosée.
Pardonne-moi, je suis l'aiglon
    Tombé de l'air,
Mais ma juste admiration
    N'a pu se taire.

Le Manitoba, 2 mars 1892

*Voir en Appendice H le poème d'Édouard Pailleron

ANDRÉ
Castelein
de la Lande
1873-1963

Né André Castelein le 29 janvier 1873 à Mener en Belgique,
il ajoutera au sien le nom de son
épouse Blanche de la Lande.
C'est un air de snobisme que certains attribueront à cet homme de
théâtre qui se plaisait à se promener chaussé de guêtres, portant
gants et chapeau melon, arborant un monocle et brandissant une
canne à pommeau.

Il est venu s'établir au Canada vingt ans après sa naissance, en
Alberta d'abord où il fut maître de poste, puis à Saint-Boniface où
il fut professeur de français auprès des résidents anglophones de
Winnipeg.

Mais c'est comme homme de théâtre qu'il a laissé sa marque.
On se souvient principalement de lui comme co-fondateur du
Cercle Molière qui reste la plus ancienne troupe active au Canada
français. Il a aussi composé plus de cinquante pièces et s'est fait
remarqué comme comédien.

Ses activités théâtrales au Manitoba débutent en 1921 avec la
troupe du Club Belge dont il a été le président. Mais le caractère
prompt de ce dramaturge l'entraînera souvent dans des dissen-
sions qui le porteront à rompre avec les troupes auxquelles il est
associé.

C'est ainsi qu'il se dissocie des Belges pour se lier avec un jeune
franco-manitobain, Raymond Bernier. En 1925, ils se joignent à une
troupe existante, L'Aiglon, fondée en 1922 par Mesdames Lemay et
Lévêque. André Castelein de la Lande prendra la relève de Jean-
Charles d'Auteuil comme directeur et fera jouer *Les Romanesques*
d'Edmond Rostand. Mais ce sera une association de courte durée.
En préparant la pièce suivante, *Le Monde où l'on s'ennuie* d'Édouard
Pailleron (voir appendice H), de la Lande se brouille avec la
fondatrice. Il rompt et sur les entrefaites, Raymond Bernier et lui

décidèrent de fonder le Cercle Molière, en s'associant Louis-Philippe Gagnon, Camille Sainte-Marie et Arthur Boutal.

Même au Cercle Molière, de la Lande piquera des crises. Il était
excellent comédien[1], mais sa direction laissait à désirer et les
comédiens lui préféraient d'autres metteurs en scène :

"C'était un bon comédien qui aurait fait une excellente impression dans les concours de théâtre s'ils avaient existé en ce temps-là.
Nous avons eu du plaisir à travailler avec lui, mais il n'était pas très
strict au point de vue de la mise en scène. Il songeait trop au rôle
qu'il jouait dans la pièce. Ça posait des problèmes. C'est mon
opinion et celle de bien d'autres qui ont passé, sous sa direction, et
qui sont venus ensuite sous celle de mon mari[2]", écrira l'éventuelle
directrice du Cercle Molière, Pauline Boutal.

Et de fait, en 1928, Castelein de la Lande tirera sa révérence.
Mais il laissera une cinquantaine de pièces dont la première, *Le
Secret du prêtre*, fut jouée en 1929. Son théâtre comprend des pièces
en un, deux, trois, et même une en quatre actes. Il compose de petits
drames émouvants, mais "ne puise jamais aux sources de l'histoire
préférant s'inspirer des travers et des difficultés de la société
contemporaine" écrit Annette Saint-Pierre[3]. Quelques pièces ont
été publiées de son vivant, et un choix de pièces en un acte a paru
aux Éditions des Plaines.

Quoique certains ont trouvé chez lui un air pédant, notons que
Castelein de la Lande faisait jouer ses pièces pour venir en aide à de
nombreux clubs et organismes.

Il a été membre de la Société littéraire de Paris, et a été décoré
par le gouvernement français pour son travail de secrétaire à
l'Association de la France libre durant la Première Guerre mondiale.

André Castelein de la Lande est décédé à Saint-Boniface le 19
avril 1963.

On ne sait s'il composait beaucoup de poésie. Il est vraisemble
que cet auteur assez prolifique ait tout au moins composé des vers
de circonstance. Nous avons retrouvé les exemples qui suivent
dans les pages du journal *Le Manitoba*.

----

1. "Un des meilleurs lecteurs qu'il ait jamais entendus dans sa vie; c'était
un charme de l'entendre lire des pièces classiques" dira de lui un comédien

assidu du Cercle Molière, Armand Laflèche, dans Annette Saint-Pierre, *Le rideau se lève au Manitoba,* Saint-Boniface, Éditions des Plaines, 1980.

2. Pauline Boutal, *Chapeau Bas,* en collaboration, Volume III des Cahiers d'histoire de la Société historique de Saint-Boniface, Saint-Boniface, Les Éditions du Blé, 1985.

3. Annette Saint-Pierre, op. cit.

La Goélette, Montréal, La Revue Populaire, vol. 27, n° 3, mars 1934.

Il faut que femme cède, Montréal, La Revue Populaire, vol. 27, n° 3, mars 1934.

Lui, Elle et Belle-maman, Montréal, La Revue Populaire, vol. 28, n° 11, novembre 1934.

Le voleur, Montréal, La Revue Populaire, vol. 28, n° 2, février 1935.

Pièces en un acte, Saint-Boniface, Éditions des Plaines, 1983.

Chapeau Bas, en collaboration. Réminiscences musicales et théâtrales du Manitoba Français. Vol. III et IV des Cahiers de la Société historique de Saint-Boniface, Saint-Boniface, Éditions du Blé, 1980 et 1985.

Répertoire littéraire de l'Ouest canadien, Saint-Boniface, Centre d'études franco-canadiennes de l'Ouest canadien, 1984.

Annette Saint-Pierre, *Le rideau se lève au Manitoba,* Saint-Boniface, Éditions des Plaines, 1980.

La Canadienne

On proclame partout de la Parisienne
La grâce, l'élégance et tout le charme exquis
Mais, sans être jaloux, je veux chanter ici
Son égale en tous points : notre Canadienne.
Et la voici d'abord, tout mignonne enfant:
Comme un gentil oiseau toujours elle gazouille,
Et son aimable voix vous caresse et chatouille
L'oreille jusqu'au coeur. Son chant est captivant.
Les vieilles chansons, souvenirs des ancêtres,
Les récits de combat, et doux refrains d'amour,
Toutes elle les sait, au foyer chaque jour,
La grand-mère à sa fille apprend à les connaître.

La voilà demoiselle: et, qu'il lui faut donc peu
Pour être gentillette. En robe d'indienne
Qu'elle fait de ses mains, notre Canadienne
Est une de nos fleurs naissant sous le ciel bleu.
Mais en robe de soie elle a le port de reine;
La grâce de ses pas se mue en majesté,
La douceur de ses yeux s'empreint de dignité,
Un diadème brille en ces cheveux d'ébène.

Et la voici maman... Oh que dans ce grand coeur
Gardé toujours si pur est vivace la flamme
De l'amour maternel; qu'elle vénère l'âme
De ce petit enfant donné par le Seigneur...
Elle est mère vraiment digne de ce bonheur,
Mettant en ses enfants cette sainte semence
De foi qu'elle a reçue, elle, dès sa naissance...
Mère canadienne, Oh que j'aime ton coeur...

Et les temps ont passé... Les frimas et la neige
Se sont amoncelés sur ses beaux cheveux noirs.
Car la voilà grand-mère : Et qu'il est beau de voir
Tous ses petits-enfants arriver en cortège...
Puis quand vient le moment où tout nous dit adieu,
Ne craignant pas la mort en fervente chrétienne,
Jésus ouvre ses bras à la Canadienne,
Pour jouir du bonheur dans l'infini des cieux.

Le Manitoba, 11 janvier 1922

À S.G. Mgr Prud'homme

Les autels sont parés comme aux grands jours de fête
Dans les cristaux et l'or, l'astre joyeux reflète
Ses rayons les plus purs, son éclat le plus doux
L'orgue élève sa voie suave et magistrale
Et l'encens embaumé monte, monte en spirale.
Dans le temple chacun se recueille à genoux.

Lentement vers l'autel un lévite en silence
Revêtu d'ornements symboliques s'avance
Et gravit les degrés de ce sublime lieu
Afin de recevoir la marque indélébile
Qui le consacre "Apôtre" et d'un être débile
Fait l'intermédiaire entre la terre et Dieu

ENVOI

Ministre du Très-Haut poursuis le sacrifice
Les cieux se sont ouverts, et d'un regard propice
Le Seigneur te bénit, Il vient à ton appel.
Tu parles avec Lui; Lui le suprême Maître
Jusqu'à toi s'abaisse, à toi qui Lui dois l'être...
Ton honneur est si grand, qu'il porte envie au Ciel!

Pour chanter cet honneur, ma lyre frémissante
Essaie en vain des sons et demeure impuissante;
Les anges savent seuls cet hymne solennel.
"Apôtre" du Seigneur, tu Le vois face-à-face,
Devant sa Majesté tout se tait, tout s'efface,
Et la terre à tes yeux fuit, faisant place au Ciel!

De la cime des monts où l'aigle fait son aire
Quand je jette les yeux tour à tour sur la terre
Qui se prolonge au loin en un gouffre béant,
Et sur la voûte immense où Dieu cache sa gloire,
Tremblant comme Moïse et tout heureux de croire,
J'admire et je m'écrie : ô Dieu, vous êtes grand...
Mais devant les autels quand l'"évêque" officie
Que Dieu descend d'en-haut et sous une humble hostie
Le prodigue aux humains....
                              Cet amour me confond....
Me joignant à l'"apôtre" au moment qu'il s'incline
Je murmure tout bas, me frappant la poitrine:
Oh! Dieu, vous êtes Saint; ô Dieu, vous êtes bon!

_____

Le Manitoba, 19 octobre 1921

RENÉ
Brun

1879-1914

Pendant les dix ans qu'il a vécu au Manitoba, avant sa mort prématurée, le 31 mai 1914, cet immigré français est passé comme une étoile filante, mais très brillante.

René Brun est né à Nogent-sur-Seine, près de Paris, en 1879, fils d'un médecin qui était aussi homme de science. Ayant fait ses humanités dans un collège des jésuites et étudié le droit, il a commencé à pratiquer comme avocat, mais tout indique que cette profession rangée ne convenait pas à son tempérament actif et créateur.

Il est venu au Canada en 1904 – l'année même où d'autres jeunes intellectuels français s'embarquaient pour l'Ouest, tels Maurice Constantin-Weyer qui allait faire carrière en France plus tard, après la guerre de 14-18, et Georges Bugnet, le romancier-défricheur qui s'est fixé en Alberta.

Brun fut pendant quelque temps professeur de musique (piano et chant) au collège de Saint-Boniface, et "chef d'orchestre" au chic hôtel Royal Alexandra, du Canadien Pacifique, à Winnipeg.

René Brun devint l'adjoint de Claudius Juffet, rédacteur-fondateur du *Nouvelliste* (1907-1911), journal qui se voulait organe politique (libérale) et littéraire, appuyé financièrement par Horace Chevrier, commerçant de vêtements, propriétaire du fameux "Magasin Bleu" de la "Rue Principale", à Winnipeg.

Le Soleil de l'Ouest (1911-1916) succéda au *Nouvelliste*; il s'agissait au fond du même journal, puisque *Le Soleil de l'Ouest* était "libéral", et que René Brun militait dans ce parti (il fut secrétaire, puis président du Comité libéral de Saint-Boniface). René Brun en fut le rédacteur attitré jusqu'à sa mort, pour un salaire de dix dollars par semaine. Son compatriote Arthur Boutal y était gérant.

Dans le rôle de journaliste, Brun était "particulièrement doué", affirme Donatien Frémont – un autre immigré français, arrivé lui aussi dans l'Ouest en 1904, et qui allait faire une longue carrière journalistique, à *La Liberté*, de Winnipeg et au *Patriote de l'Ouest*, de Prince-Albert.

Pauline Boutal, née Le Goff, l'éventuelle directrice du Cercle Molière, a travaillé avec Brun au *Nouvelliste* : "Dans le surcroît de travail nécessité par une campagne électorale, cet homme extraor-dinaire se pliait à toutes les besognes, mêmes les plus humbles, de l'atelier. Après avoir écrit son article, il aidait quelquefois à le composer à la main. On le voyait aussi plier et adresser les journaux – encore à la main – ou même porter un sac de courrier à la poste. Il allait parfois jusqu'à prendre la place de l'apprenti qui poussait la voiturette conduisant les "formes" à l'imprimerie. Ses appointe-ments de rédacteur étaient inexistants (...). Mais sa collaboration généreuse payait le loyer de sa minuscule boutique de cartes postales nichée dans le local du journal. Il y occupait un tout petit cabanon sans lumière, qui lui servait de bureau[1]."

Un feuilleton, commencé par lui dans *Le Nouvelliste* (1907) sous le titre de *Muse fatale* et signé d'un nom de plume, fut dénoncé par Mgr Langevin qui le jugeait "trop osé", et qui demanda à Juffet d'en cesser la publication (dans une lettre du 24 mars 1908). Ce qui fut fait.

Brun était aussi photographe – "photographe d'art", dira le confrère conservateur du *Manitoba* (3 juin 1914). Le quotidien *Winnipeg Free Press* l'employa souvent et avec satisfaction pour la préparation de ses gravures.

Entre-temps, sa femme s'acquit une clientèle enviable à Win-nipeg comme "couturière parisienne".

Brun était poète et dramaturge. Il adorait le théâtre et écrivit plusieurs pièces qu'il destinait aux scènes locales. Frémont estime que Brun fut "le grand pionnier du théâtre français dans l'ouest" (opinion non partagée par Annette Saint-Pierre dans *Le rideau se lève au Manitoba*). Il fonda le Club dramatique de Winnipeg, qui fit ses débuts en 1910 et entendait présenter deux comédies an-nuellement. Le Club présenta au moins deux pièces: *La Petite Chocolatière* de Paul Gavault (1910) et *Arsène Lupin* de Marcel Leblanc (1911). Le club ne dura pas, mais par l'élan donné, il fut un des précurseurs du Cercle Molière, fondé en 1925.

Brun n'avait que trente-quatre ans lors de son décès soudain, annoncé à la une du *Soleil*. Curieusement, on n'en rapporte pas les circonstances ni la cause. Même *Le Manitoba* lui rendit un hommage sincère : "Parmi les gens instruits, ceux qui aiment les arts et qui s'y connaissent, notre cher défunt occupait une place à part. En outre de son urbanité, son exquise politesse, son désintéressement, la promptitude et la délicatesse avec laquelle il se plaisait à rendre service, l'avaient rendu cher à toute la population." Quant à son amour de la langue, il confinait à un culte. "Aussi se plaisait-il à l'écrire, à en parler avec ce respect et cet orgueil filial qui distinguent les bons fils et qui trahissent les émotions cachées d'un noble coeur" (10 juin 1914).

---

1. Donatien Frémont, *Les Français dans l'Ouest canadien*, Saint-Boniface, Éditions du Blé, 1980, p. 61-62.

Vers les cimes, poésie, Winnipeg, Imprimerie du Nouvelliste, 1910.

Répertoire littéraire de l'Ouest canadien, Saint-Boniface, Centre d'études franco-canadiennes de l'Ouest, 1984.

L'heure noire

À l'heure où le Destin, dans un geste tragique,
Va fermer le chemin de rêve où nous allions;
À l'heure où le Bonheur, fragile et chimérique
Va s'envoler, astre malade et sans rayon;

À l'heure où nos deux mains, en s'étreignant, frissonnent
Du frisson douloureux des choses qui s'en vont;
À l'heure où dans nos coeurs, des glas funèbres sonnent,
Dont les coups répétés nous martèlent le front;

À cette heure, je veux te dire des paroles
Qu'il te faudra garder en toi jalousement,
Des mots non pas légers et joyeux et frivoles,
Mais graves et profonds comme un dernier serment...

Tu pars et quoique au fond de l'âme, j'aie la crainte
Que ton départ ne soit suivi d'aucun retour,
Je ne laisserai pas la plus infime plainte
S'échapper de mon coeur qui sanglote d'amour...

Je t'ai donné ma vie afin que, dans la tienne,
Un rayon de soleil brille, quelques instants.
Et que dans l'avenir lointain, il te souvienne
De jours délicieux et de soirs palpitants...

Quand tu seras là-bas, dans tes nuits solitaires,
Rappelle-toi les jours passés... Rappelle-toi
Certains moments exquis, certains anniversaires
Où le rêve en tes yeux brillait, auprès de moi.

Souviens-toi des aveux échangés en silence
Dans l'ombre de la nuit, ou dans le clair soleil,
Quand notre sang battait d'une même cadence,
Quand nos lèvres disaient un mot... toujours pareil...

Et quand viendra le soir, prie, afin que je puisse,
Endurer sans faiblir mon douloureux exil,
Et boire jusqu'au fond le fiel de mon calice,
Et supporter l'hiver qui n'aura d'avril...

Vers les cimes

GODIAS
Brunet
1881-1977

Cet instituteur a laissé une
image memorable au Manitoba,
par sa longue carrière et ses
activités sociales.

Né à Québec, le 30 septembre 1881, Godias (Gaudiose est le prénom inscrit sur l'acte de baptême) Brunet a fait son cours commercial au collège de Beauharnois (1895-1897) où il a commencé à s'intéresser à la calligraphie, puis ses études classiques au collège de Valleyfield (1899-1904) où il a eu comme professeur, en rhétorique, l'historien nationaliste Lionel Groulx.

En 1906, il poursuivit ses études à Montréal, où il fut diplômé comme instituteur, à l'École normale Jacques-Cartier, en 1908. C'est alors qu'il joignit une équipe de travailleurs agricoles en partance vers l'Ouest, dans le but de se consacrer à l'enseignement.

Il se rendit à Haywood, au Manitoba, où il enseigna trois ans; il avait la charge d'une trentaine d'élèves de ce village, de la 1ère à la 9e année.

Après un stage de secrétaire au bureau de la police de Saint-Boniface, en 1911, il devint inspecteur des écoles, en commençant par l'École normale de Saint-Boniface en 1912. Il fut ensuite inspecteur des écoles françaises de la province (1912-1916), puis des écoles publiques (1916-1919) après l'abolition du français comme langue d'enseignement en 1916. Ses fonctions l'amenaient à voyager, et il relatera ses expériences dans son *Alouette de Prairie*.

En 1920, il fut nommé professeur de français au collège Wesley (future Université de Winnipeg), et, en 1921, à l'école secondaire Lord Selkirk. À ce poste, il enseignait aussi la calligraphie, discipline dans laquelle il avait obtenu un prix dès 1900 à l'Exposition universelle de Paris. En outre, pendant plus de dix ans, à partir de 1935, avec une chorale formée à Lord Selkirk, il présenta des concerts français hebdomadaires à la radio anglaise de Radio-Canada (il n'y a pas eu de station française dans l'Ouest avant 1946).

Le guide pédagogique publié en 1924, *Le français par la conversation*, qui lui mérita les palmes de l'Académie Française, servit de manuel dans les écoles de Winnipeg pendant plusieurs années. À cet égard, Brunet est considéré comme un précurseur de l'audio-visuel.

À compter de 1947, il prit une semi-retraite. Il donna des cours de langue et de calligraphie au "Success Business College" de 1947 à 1961. Il a fait partie de la société "International Association of Master Penmen", et continua, même dans sa retraite définitive, à rédiger des diplômes et d'autres parchemins pour des individus et des groupes.

Il publia nombre d'articles dans les journaux, surtout *La Liberté*, de Winnipeg, utilisant les pseudonymes de Viateur, ou Belle-Humeur, dans ses premiers billets.

Godias Brunet épousa Alice Jutras, de Letellier, en 1912 et le couple établit sa résidence à Saint-Boniface où il éleva dix enfants. Après 1961, Godias et son épouse effectuèrent plusieurs voyages dans le sud des États-Unis et au Mexique. Il est décédé le 26 août 1977.

Godias Brunet ne se départit jamais de son ardent patriotisme. "Il se mêlait à toutes les oeuvres de survivance des Franco-Manitobains", écrira son ami Lionel Groulx. Il avait aidé à fonder, dans la région de Haywood/Saint-Claude, un des premiers cercles de l'Association catholique de la Jeunesse canadienne.

Paraphrasant un mot célèbre de Mgr Arthur Béliveau, il disait: "Si vous voulez du bon café, mettez-en!"

Il avait la parole et la plume faciles, et son entregent autant que ses talents lui valurent d'heureuses relations dans tous les milieux.

Le français par la conversation, Toronto, Educational Book Co., 1924.

Alouette de Prairie, Winnipeg, Canadian Publishers, 1967.

Autres:
Articles de presse et manuscrits : Société historique de Saint-Boniface.

Répertoire littéraire de l'Ouest canadien, Saint-Boniface, Centre d'études franco-canadiennes de l'Ouest, 1984.

———————

Celle que j'aime

Bien des poètes ont chanté
De la femme le majestueux empire
Moi, je chante la bonté
De celle pour qui je soupire.
On lui trouve peu de beauté
Mais je m'en moque, et puis dire
Que plein d'amour et de volupté
Je l'aime avec délire.
Lui donnant baiser sur baiser,
Soudain, je la vois s'embraser,
De l'amour brûlant c'est le type,
C'est mon tout, mon trésor, mon bien,
Eh bien! voulez-vous la connaître:
Celle que j'aime? C'est ma pipe.

———————

Un mariage d'oiseaux
(Chanson de jadis et très gaie)

I

Je vis une chose étrange
L'an passé dans la forêt,
C'est l'hymne d'une mésange
Avec un chardonneret:
Avant la cérémonie
Le futur s'en fut chercher
Les parents de son amie
Qui logeaient dans un clocher.

Refrain:

Un orchestre de fauvettes
Perché sur un tronc de houx
Disait mille chansonnettes
Sur le bonheur des époux.

II

Sur sa tête la mignonne
Avec art avait posé
Une charmante couronne
De chèvrefeuilles roses;
L'époux qui dans la bataille
S'était souvent signalé
Avait un sabre de paille
Qui pendait à son côté.

III

On prit place sous un hêtre
Aussi vieux que Salomon,
Un ramier tint lieu de prêtre
Et fit un fort beau sermon
Une goutte de rosée
Dans un calice de fleur
À la ronde fut passée
Et chacun but en son honneur.

IV

Puis un repas délectable
Fut servi quand vint la nuit
Et l'on quitta la table
Que longtemps après minuit.
Les grands-parents de la dame
Regagnèrent leur clocher
L'époux emmena sa femme,
Et chacun s'en fut coucher.

Refrain:

Un orchestre de fauvettes
Perché sur un tronc de houx
Disait mille chansonnettes
Sur le bonheur des époux.

La Liberté, 24 septembre 1975

Ma première cigarette

Papa m'avait donné dix sous... Quelle fortune!
Je n'avais que douze ans!... Dès le soir, à la brune,
Je quitte la maison, sans rien dire à papa,
Et me sauve bien vite acheter du tabac.
Je demande au marchand un paquet d'allumettes
Et du papier fin pour... faire des cigarettes.
Je mets tout avec soin dans ma poche et je pars,
Fier et content de moi, pour les grands boulevards.

Bon! voici le moment de se montrer un homme,
Pensais je. Mon tabac... Mais voyons un peu comme
S'y prennent les messieurs pour faire un beau rouleau...
– Car je veux avoir l'air de quelqu'un comme il faut!
Justement un monsieur décoré, bonne mine,
Roulait sa cigarette au jour d'une vitrine.
Je m'approche et je vais l'observer sous le nez.
Je ne voyais aucun mal à ça... Devinez
Comment je suis reçu?... Un soufflet sur la joue
M'envoie à quatre pas rouler en pleine boue!
Dégouttant, je me lève, et me rends, tout honteux,
Sous une grande porte où je fus bien heureux,
Dans ce vaste abandon, de trouver la concierge
Qui me rendit bientôt aussi propre qu'un cierge.
Après avoir séché mes vêtements au feu,
Je pars, non sans l'avoir remerciée un peu...
Enfin, vais-je pouvoir accomplir mon beau rêve?

Je reprends mon papier, mon tabac... et je crève
Quinze feuilles avant de pouvoir aboutir.
Mais le seizième essai réussit à ravir!
Figurez-vous ma joie, en voyant enfin faite
L'oeuvre de tant de soins,mignonne cigarette!
Je savourais des yeux ce beau fruit défendu:
– Je n'avais pas fait mal, papa n'avait rien vu!
L'air gaillard, le képi sur le coin de la tête,
L'objet entre les doigts, je prends une allumette...
Mais diable! où la frotter? L'humidité du soir
Avait tout inondé, les murs et le trottoir...
Arriverai-je enfin à griller cette sèche?
Si seulement j'avais un briquet et sa mèche!...

Or, voici qu'un monsieur, ma foi! très comme il faut,
– Il avait de beaux gants, un tube, un paletot
Qui s'avançait vers moi, lève, sans crier gare,
Sa jambe... et d'un seul coup allume son cigare.
Aussitôt vu, le truc, aussitôt imité,
Réussit à merveille...Ah! quelle volupté,
Quand je pus par le nez, la bouche, la poitrine,
Aspirer à longs traits l'odeur de nicotine!
Trois fois je tire ainsi... Ça n'allait pas trop mal,
Quand soudain je m'arrête... Oh! quel est l'animal
Qui me pique par là? Ce n'est rien... je me gratte,
Et je n'ai que le temps de retirer la patte:
Une horrible brûlure... Ah! qu'est-ce donc! Mon Dieu!
Ma culotte a pris feu! Ma culotte a pris feu!
Adieu la cigarette!
                         Une effroyable flamme
Derrière moi déjà trace son oriflamme.
Je cours, et mon foyer, par le vent agité,
Fait sauver devant moi le monde épouvanté.
Je cours, et la douleur de plus en plus m'oppresse.
Tout Paris retentit de mes cris de détresse!

Je trouve, grâce à Dieu, mon chemin entravé
Par un grand ruisseau...
　　　　　　　J'y tombe assis...
　　　　　　　　　　　Sauvé!!

Archives de la Société historique de Saint-Boniface

Au cimetière

L'âme désenchantée des bassesses du monde,
Dans ce séjour tranquille où la mort surabonde,
Je viens me reposer. Le soleil au couchant,
De ses derniers rayons, l'éclaire triomphant.
Dans ses reflets de pourpre, il s'enfonce et s'efface,
En laissant après lui sa fugitive trace;
Mais plus haut dans les nues, il rayonne un moment
En son touchant adieu, dernier embrassement.
Les oiseaux se sont tus, tout s'incline au silence
Entre le jour qui baisse et la nuit qui s'avance.
On sent comme un soupir, un dernier bruissement
De feuilles agitées au frais souffle du vent,
Qui maintenant décroît par degrés insensibles,
Apprêtant le décor que les lueurs paisibles
De la reine des nuits vont bientôt argenter.
Enfin, elle apparaît pâle, sans se hâter.
On dirait un signal: partout passent des ombres.
Autour des noirs tombeaux. Dans les endroits plus assombris
En silence ils s'en vont. Se détachant, soudain,
D'un groupe moins nombreux, une ombre avec dessein,
Semble venir à moi. Elle approche, s'incline
En un commandement dont la vue me domine,
Puis, tous deux dans l'espace en quelques courts instants,
Avons franchi le mont qui cache les vivants.
Et la ville à mes pieds, lumière éblouissante,
Contraste avec ce mont à la clarté mourante.
Nous pénétrons bientôt dans une humble maison.

Une femme à genoux, ainsi qu'en oraison,
Sur sa couche inclinée tient en mains une image
Lui rappelant celui qu'elle aime sans partage.
Par les larmes baignées, ses yeux brillants de jais
N'ont jamais démontré de plus touchants attraits.
Ses noirs cheveux flottant sur ses épaules blanches,
Jusqu'à terre traînaient, dissimulant les hanches.
Épanchant sa douleur et priant à la fois,
Je saisis tous les mots de sa plaintive voix:
"Ô toi que j'aimai tant, compagnon de ma vie,
Pourquoi vivrai-je encore et la mort que j'envie,
Que j'évoque partout, mettra-t-elle une fin
À ces longues journées d'ennui et de chagrin!
Tu laisserais ainsi ce qui te fut si cher,
Se consumer toujours dans une peine amère!
Rappelle donc à toi dans l'immortel séjour,
Celle qui t'a promis un éternel amour.
Sans doute un Dieu jaloux d'un bonheur sans nuage,
Ne pourrait voir sans peine un ciel à son image,
Où, dans ce lieu d'exil, sa main l'avait banni,
Mais sa grande bonté, son amour infini
Exauceront mes voeux unis à ta prière...
Qu'ils étaient beaux, ces jours, où mes bras comme un lierre
T'entouraient en cherchant tes lèvres à baiser,
Que je voyais alors tes soucis s'apaiser,
Et ne pensant jamais que le chêne robuste
Fût si vite emporté, laissant le frêle arbuste
Affaissé, sans soutien! Qu'ils étaient beaux, ces soirs,
Où dans nos oraisons, comme deux encensoirs,
Dont le pieux parfum s'échappe droit et leste,
Nos prières montaient vers la voûte céleste!..."

De côté me tournant, je vois l'ombre changer,
Ses longs traits s'adoucir, ses yeux étinceler.
Je reconnais en lui l'époux de cette femme.
De ce spectacle alors je comprenais la trame.
Au-delà du tombeau les liens mystérieux
D'un amour partagé s'affirmaient précieux.

De nouveau retournant vers la pauvre affligée,
Je la trouve endormie, de fatigue rongée.
Une main ferme encore presse dans son sommeil
L'image de l'aimé; un rêve de soleil,
A sans doute changé le cours de son délire,
Car dans un court instant je l'aperçois sourire,
Et sur elle penché, mon sombre conducteur
Attendri, la contemple. À son geste rêveur,
Sitôt nous repartions, quand soudain je m'éveille.
La lune à son croissant, comme elle était la veille,
Doucement éclairant les lointains indécis.
De ce songe écourté, sans suite, je compris
Qu'ici-bas, dans ce monde à la mine hypocrite,
Il se trouve parfois de ces âmes d'élite
Qui touchant au sublime en leur affection
Du sceptique disaient l'outrée conception.

Archives de la Société historique de Saint-Boniface

BERTHE de
Trémaudan
1896

Vivre sa vie de jeune adulte dans le Manitoba des lacs et des grands bois, voilà qui n'est pas donné à beaucoup de femmes issues de milieu bourgeois européen. Ce fut le cas de Berthe Gusbin[1], née à Bruxelles le 28 avril 1896.

Ayant perdu ses parents et connu l'occupation pendant la guerre de 14, elle fut tentée d'aller rejoindre un frère qui vivait au Canada depuis dix ans. Elle partit donc en 1920, en compagnie de sa soeur et de son beau-frère. Destination: Le Pas, dans le Nord-Ouest manitobain, à plus de sept cents kilomètres de Winnipeg. À Montréal, les employés de la gare durent chercher Le Pas sur la carte. "Stupid girls", entendit-elle murmurer!

Elle demeurera au Canada, à part une brève visite de retour en Belgique. Elle adoptera le mode de vie des trappeurs, "les raquettes aux pieds, tirant ses chiens sur les lacs gelés et chassant afin d'assurer sa survie".

En 1926, Berthe Gusbin épouse Marcel Manez. "Mais cet homme, qui représentait alors les traits de l'amour, l'abandonne un jour, non seulement enceinte... mais dans la pauvreté la plus complète. L'argent des hypothèques de ses deux villas en Europe s'envole avec le mari qui en avait déjà dilapidé une bonne partie aux jeux[2]."

Sa formation musicale lui vient alors en aide. "Avec quarante dollars en poche, elle offre des cours de violon aux enfants du voisinage. La rentrée d'argent est faible. Pendant des mois, matin, midi et soir, elle se nourrira de flocons d'avoine qu'elle avait achetés dans un gros sac et qui étaient alors destinés à ses chiens qui, eux aussi, disparurent un jour mystérieusement[3]."

On est en pleine période de dépression. "Le pays est froid. Avec le peu d'argent amassé, elle achète du bois pour se chauffer[4]."

En 1940, après neuf ans de vie solitaire, elle fait la connaissance d'un homme d'affaires, Désiré de Trémaudan, commerçant en gros, et elle le prend pour époux. Ce dernier était le fils d'un colon pionnier de Montmartre, en Saskatchewan, ainsi que le frère puîné d'Auguste-Henri de Trémaudan (l'avocat-journaliste-historien qui a vécu au Pas au début du siècle).

Le couple s'est retiré à Victoria en 1943. M. de Trémaudan y est décédé à l'âge de 99 ans.

C'est à soixante-douze ans que Berthe commence à écrire, inspirée par ses expériences du Manitoba. Elle et Marie-Anna Roy, de Saint-Boniface, sont les deux seuls auteurs nonagénaires de langue française dans l'Ouest. René Rottiers fait remarquer "qu'en ce qui les concerne toutes deux, leur talent littéraire a pris racine et s'est développé à merveille dans l'humus culturel du Manitoba, le même qui avait favorisé déjà d'autres talents littéraires, y compris le premier Goncourt du Canada, Maurice Constantin-Weyer, en 1928 déjà![5]"

Le premier recueil de poésie de Berthe de Trémaudan a été publié à compte d'auteur en Colombie-Britannique. Plusieurs pièces y ont des allures de fabliaux. Le second recueil sera écrit en anglais et en français.

À propos de cette publication bilingue, Rottiers précise que l'auteur "fut encouragée à publier ce recueil (*Méli-Mélo*) dans les deux langues... à la suite de soirées de lecture de ses poèmes à l'occasion de réunions d'associations dont elle est membre... et les participants anglophones voulaient être en mesure de comprendre ses poèmes dans leur langue[6]."

Entre les deux recueils se situent deux livres de souvenirs, *Au Nord du 53* (le 53e parallèle traverse le grand lac Winnipeg en son milieu), et *Amour et ténèbres*, qui évoque comme le précédent la vie des trappeurs.

---

1. Voir l'analyse (Chants à la vie) qui lui est consacrée à la page 309.

2. Lise Brousseau, *Le Soleil de Colombie*, 23 janvier 1987.

3. Ibid.

4. Ibid.

5. René Rottiers, *L'Eau Vive*, juin-juillet 1988.

6. Ibid.

En vers et sur tout, Colombie-Britannique, chez l'auteur, 1978.

Au Nord du 53ᵉ, Saint-Boniface, Éditions du Blé, 1982.

Amour et Ténèbres, Régina, Éditions Louis-Riel, 1986.

Méli-Mélo, Régina, Éditions Louis-Riel, 1987.

Roger Auger, "Goûter la vie loin de la civilisation", *La Liberté*, 6 mai 1983.

Lise Brousseau, "Berthe de Trémaudan", *Le Soleil de Colombie*, 23 janvier 1987.

Marc Girot, "Au nord du 53ᵉ", *Le Soleil de Colombie*, 28 janvier 1983.

Marc Girot, "La mort dans le blizzard", *Le Soleil de Colombie*, 18 mars 1983.

Bernadette Granger, "Une pionnière si douce", *Le Soleil de Colombie*, 6 mai 1983.

André Janoël, "Au nord du 53ᵉ", *Nos livres*, mars 1983.

René Le Clère, "Au nord du 53ᵉ de Berthe de Trémaudan", *Le Courrier Français*, février 1983.

Répertoire littéraire de l'Ouest canadien, Saint-Boniface, Centre d'études franco-canadiennes de l'Ouest, 1984.

René Rottiers, "Berthe de Trémaudan", série de chroniques, *L'Eau Vive*, 1988.

Déception

J'ai voulu attraper le vent
et en emplir mes mains avides.
Mais les ouvrir fut décevant,
Je me suis trouvée les mains vides!

Du soleil, je pris un rayon
et je l'enfermai dans mon livre
mais en l'ouvrant dans la maison...
mon beau soleil cessa de vivre!

Et j'ai voulu garder l'amour
qui m'avait frôlée de ses ailes,
Cupidon s'enfuit à son tour...
me laissant déception cruelle!

En vers et sur tout

La mer

Grisée par le grand espace,
Par l'air de mer si vivifiant
Sur la plage, à marée basse,
Je me promène en méditant.

Les bords de la grève m'attirent
Après avoir un peu marché
Sur le sable chaud je m'étire,
Il fait bon y être couché.

Tout au loin, on voit les montagnes
Que la distance a estompées
Des tons bleuâtres, les éloignent,
L'horizon en est découpé.

Les sommets sont coiffés de neige
Qui en rehausse la beauté
Et je jouis du privilège
D'être dans ces lieux enchantés.

La mer... La mer toujours si belle!
Calme, reflétant le ciel bleu.
Ou grise, ou méchante, ou cruelle,
Elle a toujours ses amoureux.

Qu'on l'adore, ou qu'on la maudisse,
Rien ne peut changer ses humeurs.
C'est une maîtresse à caprices
Qui a fait verser bien des pleurs.

Devant elle, ma plume impuissante,
Se refuse à trouver les mots.
Sa grandeur, sa beauté m'enchantent
Et je ne suis qu'un faible écho.

En vers et sur tout

Fontaine de Bruxelles

Où est le temps des petites soies blanches
Élevées dans les pensionnats
Elles ont peut-être pris leur revanche
Faut-il chanter le "Hosanna"?

Un souvenir me vient en tête
Des jours où j'étais en pension
C'était un de ces jours de fête
Où ensemble nous nous promenions.

Ce jour, comme but de promenade:
La Grand'Place, chef-d'oeuvre bruxellois
Et nous allions comme en parade
Deux à deux, tout comme un convoi.

Une soeur, en avant du cortège,
Dans le bon chemin conduisait.
Comme de tout mal on nous protège,
Une à la fin nous surveillait.

Voilà qu'en quittant la Grand'Place,
La soeur, qui n'avait pas de plan,
Nous engage dans une impasse
Où se trouve un petit monument.

C'est une fontaine impudique
Qui se soulage sans se lasser
D'un petit besoin tout physique
Sans nulle crainte d'offenser.

Arrivant au Manneken-Pis
Voyant pour nous un grand danger
Comme si c'était d'un précipice
Dont elle voulait nous protéger

La pauvre soeur, dans sa panique,
Vite à l'enfant tourna le dos
Elle avait un air frénétique
Et rouge comme un coquelicot.

Et, approchant la statuette
Elle commandait sans arrêter:
"Tournez la tête, tournez la tête,
Tournez la tête de l'autre côté."

Nous étions toutes des girouettes
Car jusqu'au bout du défilé
On entendait : "Tournez la tête,
Tournez la tête de l'autre côté."

La pauvre soeur en fut malade
Nous ne la vîmes pour longtemps
L'effet de cette promenade
De cette embûche de Satan.

Mais n'allez pas blâmer le diable
Il paraît qu'il n'y fut pour rien.
C'était un fait très pitoyable
Qui fut cause de ce bronze ancien.

De bons parents dans la détresse
Ayant perdu leur seul enfant,
Le cherchant firent la promesse
De commémorer l'événement

Par l'érection d'une statue
S'ils le trouvaient, OÙ, et comment!
Et c'est dans cette pause saugrenue
Qu'ils durent accomplir leur serment.

Mais ce qui a rendu célèbre
Ce bronze coulé par Duquesnoy
Ce qui le sortit des ténèbres
Et fait l'orgueil des Bruxellois,

C'est que le petit se soulage
Depuis TROIS SIÈCLES ET DEMI passés
Il se soulage, il se soulage,
Il se soulage sans se lasser.

Méli-Mélo

Dans l'au-delà?

Le temps s'envole...
les ans qui passent
tristes ou frivoles
laissent leur trace!

À trop d'hiers,
peu de demains...
L'heure dernière
c'est l'incertain!

Cruelle mort,
quand tu viendras
ravir mon corps
quel donc sera

le triste sort
réservé au
temple choyé
de mon EGO?

Être poussière
à tous les vents?
Ou goutte d'eau
dans l'Océan?

───────

Méli-Mélo

Tout ratata – tout ratatine!

En vieillissant
tout ratatine,
La peau, l'esprit
et les babines...

On prend le teint
d'une ivoirine
vers le sol on
courbe l'échine!

À tout petit pas
on trottine,
quand vers la fin
on s'achemine!

Tout en protestant
on lambine
(À quoi bon,
hâter une ruine!)
Et c'est en vain
qu'on récrimine
qu'on proteste ou
qu'on se mutine!

Heureux celui
qui en badine
quand de ce monde
il se débine
sans que cela le turlupine!

_____

Méli-Mélo

Ô fugitif sans âge!

Ô temps... Ô fugitif sans âge
qui vieillit tout sur ton passage,
Atome de l'éternité,
Il n'est rien pour te dérouter.

Il n'est de force qui t'arrête,
Il n'est puissance qui t'achète.
Insensible aux voeux des humains,
tu es maître de notre destin.

Abstraction qui laisse une trace,
tu sèmes joies et pleurs quand tu passes,
mais dans la course que tu accomplis
tu portes le baume de l'oubli.

_____

Méli-Mélo

FERNANDO
Champagne
1903 1984

Ce Manitobain s'est fait connaître comme déclamateur et
poète populaire[1].

Il est né à Saint-Norbert, le
11 juin 1903, sur la ferme défrichée au siècle précédent par son père,
Joseph Beaugrand dit Champagne, venu du Québec. Il a hérité de
cette terre et a pris très tôt goût à la nature et aux travaux des
champs.

Placé comme pensionnaire au Collège de Saint-Boniface, Fernando n'a pu supporter le régime d'internat alors en vigueur, et pour
raison de santé, il est retourné à la ferme. Il a d'ailleurs pratiqué
divers métiers, en plus de l'agriculture; entre autres, il a été employé de banque et commis voyageur.

Au cours des années 1930, il a pris part aux tournées estivales
de "séances" qu'on organisait pour recueillir des fonds et des
abonnements pour le journal *La Liberté*. Côtoyant des comédiens et
des musiciens ambulants, il a pris alors une expérience de la scène;
on l'appréciait pour ses récitations littéraires. Le titre de déclamateur – pratiquement disparu aujourd'hui sous l'invasion des
média électroniques – était probablement celui qu'il goûtait le plus!
Il se plaisait à réciter des pages de Jean Narrache, l'écrivain populiste du temps de la Dépression, mais aussi des compositions de son
cru, presque toutes demeurées inédites. Il a pris part à d'autres
tournées en province plus tard, dans les années 40 et 50, cette fois
organisées au profit de la radio française.

En 1977, Fernando Champagne a été un des lauréats du concours international de poésie lancé par la Société du Bon Parler
français qui avait son siège à Montréal. Près de six cents textes
avaient été soumis à ce concours qui fut clôturé par une soirée de
gala au Chalet de la Montagne où les gagnants furent conviés.
Michelle Tisseyre était présidente du jury. Fernando Champagne,
modeste fermier bricoleur de Saint-Norbert, fit le voyage à Mon-

tréal et resta très sensible à cette marque de reconnaissance.

Il signait ses poèmes du nom de "Franc Canadien". Certains ont été publiés, en français et en anglais, dans des journaux locaux, tels que le quotidien *Winnipeg Tribune* et l'hebdomadaire *Le Courrier*.

Comme Jean Narrache, et dans un style semblable, mais plus châtié, il a cultivé l'humour, et son éloquence sur les scènes paroissiales le servait bien en ce sens. Mais il prend volontiers un ton grave, philosophe. Et dans une veine nettement religieuse, il a laissé de la poésie mariale, empreinte d'une grande sensibilité.

Il écrivait à une nièce: "J'ai eu passablement de félicitations au sujet de mes poèmes. Je ne sais ce qu'en dira la grande critique si, un jour, ils sont publiés" (14 septembre 1967).

Marié à Madeleine Bourgeois de Gravelbourg en 1942, il a été père de plusieurs enfants. Il est décédé le 16 mai 1984.

Il était le frère d'Antoine Champagne, historien du Régime français dans l'Ouest, dont les deux principaux ouvrages ont été publiés à Québec, en 1968 et 1971: *Les La Vérendrye et le poste de l'Ouest,* et *Nouvelles études sur les La Vérendrye* (Presses de l'Université Laval).

---

1. Voir l'analyse (Chants à la vie) qui lui est consacrée à la page 309.

Introspection

On me reprochera, l'aurais-je mérité
D'employer trop souvent le mot "éternité"
La raison en est simple et je ne sais me taire
Le bonheur d'ici-bas ne peut me satisfaire.

Je savoure mes joies comme nul autre pareil.
Ce sourire irisé d'un jeune teint vermeil
Un matin de printemps, une fleur, une étoile.
La caresse du vent emportant une voile.

De la voix des oiseaux, je goûte l'harmonie,
Et leurs chants si divers font une symphonie.
Ou bien ce soir encore, j'écoute un rossignol
Qui pleure sur sa flûte, un air en si bémol.

J'aime à voir les enfants courir dans la verdure.
Ne sont-ils pas toujours la Joie de la nature.
Ils sont si naturels, si gais et si charmants
Il ne s'arrêtent point à nos grands airs savants.

J'aime la paix tranquille même au cimetière
Quand je me sens dispos à faire une prière.
Quand il fait chaud l'été, et que le soleil plombe
J'aime rêver à l'ombre, assis près d'une tombe.

Il m'arrive souvent d'aller ainsi rêver
Pour reprendre courage et puis me relever.
Me grisant de parfum sous un lilas en fleurs
Ou bien au bord de l'eau tout près d'un saule en pleurs.

Je savoure ma joie car c'est une promesse
Mais elle n'efface pas une immense tristesse
Malgré nos courts bonheurs, l'infinie nostalgie
Met sa note en mineur dans la grande élégie.

Car la paix d'ici-bas est une paix trompeuse
Elle promet beaucoup, mais elle est trop menteuse
Le mot "éternité" pour moi, c'est ma hantise
Je désire un bonheur que le Ciel éternise.

Au printemps

Matin de joie! Joli printemps!
Nous t'attendons depuis longtemps.
Dis! cette fois, c'est pour rester?
Ne retourne pas te cacher!

Nous le savons, tu es taquin,
Avec l'hiver, tu es coquin.
Tu viens parfois faire un sourire
Puis tu t'en vas, alors, c'est pire.

Nous avons eu assez de neige,
Et de froid, son méchant cortège,
À l'an prochain, la poudrerie!
Joie ou fléau de la prairie!

Vite, apporte-nous la débâcle
Et, peu après vient le miracle.
Le chant des oiseaux, les bourgeons,
Le saule offrant ses beaux chatons.

Un jour, aimable découverte!
L'herbe reprend sa teinte verte
Et se couvre, comme les nuits,
D'étoiles d'or ou de pissenlits.

Souvent, j'ai rêvé aux étoiles,
La Voie Lactée, comme des voiles
Flottant épars sur cet abîme.
Immensité! c'était sublime.

Pardonnez-moi, joies de l'amour
Fleurs de la nuit ou fleurs d'un jour,
Nuit des temps ou courte saison!
Étoile ou fleur, même oraison!

* * *

– Chers pissenlits! –

Votre audace fait des jalouses,
Vous gâchez le vert des pelouses,
Hommes ou fleurs, on vous accuse
Moi, je vous aime et ça m'amuse.

Humbles et presque sans défaut,
Durez juste le temps qu'il faut!
Et puis, sans bruit, cédez la place
Aux dames de plus noble race.

* * *

Dieu a bien arrangé les choses,
Viendront les pivoines et les roses,
Les lys, les oeillets et, que sais-je
Le bel été et son cortège.

Mais c'est toi que je chante, Printemps,
Les autres saisons en leur temps!
Si tu déçois par tes caprices
Tu nous prodigues tes délices.

Tes douces brises, des caresses
Du jeune amour, temps de promesses.
Bel enchanteur! si tu nous grises
Nous l'excusons de tes méprises.

Dans notre pays de frimas
Il faut attendre à juin, hélas!
Printemps! de ce mois tu feras
Le temps des lys et des lilas.

Joli Printemps! parti trop vite.
L'été te chasse en sa poursuite
Et votre ardente floraison
Ne fait parfois qu'une saison.

Courte est la vie comme un printemps,
Peines ou joies, pas pour longtemps!
Un peu de bonne volonté
Pour un printemps d'Éternité.

10 mars 1969

La plus belle chose

Je vous dirai d'abord dès la première strophe:
Je regrette beaucoup de ne point être philosophe.
Car on m'a demandé – sans rire et sans détour –
"Que serait votre choix : l'amitié ou l'amour?"

La question fut posée avec un air candide;
Je réponds en tremblant, car elle m'intimide:
Admettez avec moi qu'elle est bien délicate.
Résoudre ce dilemme est une tâche ingrate.

Beaucoup d'encre a coulé sur la sublime chose!
Que me faut-il choisir : ou le lys, ou la rose?
Si je veux expliquer comment je suis épris,
Je risque de tromper – ou d'être mal compris!

C'est un problème ardu, résoudre ce dilemme.
Si je fais une faute, je ne suis pas indemne.
Je ne risquerai pas d'y perdre tous mes os,
Mais je ne trouverai plus un instant de repos!

Dans l'immense univers, parfaitement construit,
On trouvera toujours le grand et le petit.
Une araignée menue court en tramant sa toile;
Un lion qui rugit sous les feux d'une étoile!

Dans la gamme des hommes ou la gamme des choses,
Du sublime poème à la moins belle prose,
La distance est fort grande – elle est presque infinie!
Ainsi Dieu l'a voulu. "Atome et galaxie"!

L'amour a ses degrés, et l'amitié aussi.
Celui qui fit les mondes veut qu'il soit ainsi.
Si dans l'ombre du soir le ver luisant scintille,
Il y a la splendeur du grand soleil qui brille.

Au fond de l'océan, quand on jette la sonde,
On s'aperçoit bientôt que la mer est profonde.
– Ainsi va de l'amour – ainsi de l'amitié!
Deux coeurs font un grand tout, il n'est plus de moitié!

Si le maître des cieux est "Dieu de vérité",
Il est et fut d'abord le "Dieu de charité".
Charité est: amour, affection, amitié.
Lequel faut-il choisir? Prenez-moi en pitié!!

"Amour et amitié", deux échos se répondent.
À un certain degré les deux mots se confondent.
L'amour serait plus fort? L'amitié plus durable?
L'affection qui finit n'était pas véritable!

L'amour viendrait du Ciel, l'amitié de la Terre?
Je n'ai point résolu un si profond mystère!
L'amour est le plus grand, l'amitié est la plus belle!
Lequel faut-il choisir, de l'aigle ou de l'hirondelle?

Avril 1968

Marché avec la Sainte Vierge

J'étais pas mal inquiet au sujet d'une affaire,
Je me cassais la tête et ne savais que faire.
Quand, tout à coup, suivant ma pensée (ingénue)
J'ai eu ce qu'on appelle – une idée "biscornue".

J'interpellai Marie: oublie que j'ai péché!
Si tu veux, à nous deux, nous ferons un marché.
Si je suis exaucé, je te fais un poème
Pour te dire merci – et prouver que je t'aime.

Un gros messieur ("cossu") catholique bien sage,
Me dit scandalisé: – C'est de l'enfantillage!
Sois plus moderne! vois – je suis un modéré! –
Tu sembles intelligent – mais pas mal arriéré! –

Je m'en suis retourné déçu à la maison,
Me disant : après tout, peut-être a-t-il raison?
Pourtant je priai fort, j'allai même à la confesse.
Je fus durant huit jours – comme un ange – à la messe.

J'ai conclu le marché que j'avais annoncé.
J'étais même surpris de me voir exaucé.
Je le crie sur les toits – pour ceux qui veulent entendre
– La Vierge, à mon amorce, s'était laissée prendre.

Le bonhomme prospère dont je vous ai parlé,
Avait l'air de se dire : il est un peu "fêlé".
Je ne l'ai revu – lui conter la nouvelle,
Sans doute, dira-t-il : ça, c'en est une belle!

_____

31 juillet 1969

À Marie la plus belle

Pour glorifier ton nom, j'implore la sagesse
Pour chanter ta beauté, Ô sublime princesse!
Veux-tu un passage, un éloquent sermon?
Donne-moi d'être sage comme était Salomon.

J'allais cherchant toujours, contemplant la nature,
Comme François d'Assise aimant les créatures,
J'ai vu bien des beautés en parcourant les routes,
Et puis je t'ai trouvée, la plus belle de toutes.

Désespérant encore de t'écrire ce poème
Où je voulais t'offrir le meilleur de moi-même
Je t'adresse ces mots bien imparfaits, sans doute
Mais tu m'auras compris, la plus Belle de toutes.

Un jour j'irai te voir en ces lieux magnifiques
Où nos voix réunies te feront des cantiques
Une douce harmonie jusqu'alors inconnue
Te dira notre joie de t'avoir reconnue.

Alors je reverrai mes amis de la terre
En admirant les fleurs de l'immense parterre,
Et nous nous aimerons fous de joie enivrés
Coeurs débordants d'amours à jamais délivrés.

Aucun ne manquera, j'en ai la confiance.
Je les verrai tous, c'est ma douce espérance.
Et nous raconterons de douces expériences
Ou bien l'on se fera d'intimes confidences.

Ceux qui furent ici-bas le plus près de mon coeur,
Que ce fut un parent, un ami, une soeur,
Je n'hésiterai pas pour aller le leur dire,
Pour leur crier bien haut, ou bien dans un sourire.

Pourrais-je comme Péguy, par un beau soir d'été
Cueillir pour toi des fleurs, Ô Mère Bien-Aimée
En cueillir à plein bras jusqu'à l'obscurité...
Partir le lendemain pour mon éternité...

Si mon oeuvre te plaît qu'elle soit ma prière.
Mets-la à mon crédit pour mon heure dernière.
Si tu m'envoies chercher pour me conduire au ciel
Ce sera mon obole pour le Temple Immortel.

Dans ma course ici-bas, j'ai cherché l'étincelle
Pour embrasser mon coeur d'affection fraternelle.
Puis, quand tu m'as souri, Ô sainte Joie nouvelle,
Marie tu m'as ravi, c'est toi la plus Belle!

Novembre 1966

MARIE-THÉRÈSE
Goulet-Courchaine
1912-1970

Institutrice de carrière, Marie-Thérèse Goulet-Courchaine[1] s'est acquise une renommée comme écrivain sous le pseudonyme de Manie Tobie.

Fille de Roger Goulet, un réputé inspecteur d'école et petite-fille d'Elzéar Goulet, métis, proche collaborateur de Louis Riel et victime de fanatiques lors des troubles de 1870 à la Rivière-Rouge, elle aimait se pencher sur ses antécédents, et en général sur la petite histoire, les gens et les coutumes du pays. Par sa mère, Lumina Gauthier, elle était petite-fille de la première institutrice de Lorette, Mme J.-B. Gauthier.

Marie-Thérèse est née à Saint-Boniface, le 27 mai 1912, dans une famille nombreuse, et a fait ses études secondaires à l'Académie Saint-Joseph de cette ville.

En 1931, elle épousait un veuf de quarante et un ans, déjà père de deux enfants, Joseph Courchaine, ouvrier-jardinier de Saint-Adolphe; elle s'installa à cet endroit, et fut elle-même mère de quatre enfants.

Très sociable, on rapporte qu'elle aimait égayer les veillées de musique et de chansons, jouait de la guitare et de l'harmonica. Elle pratiquait aussi le dessin et l'art culinaire et conserva toute sa vie une grande curiosité intellectuelle.

Au cours des années 30, 40 et un peu au-delà, Marie-Thérèse a enseigné pendant dix ans dans les écoles indiennes ou métisses des missions des Oblats, pour le compte du gouvernement fédéral. Elle n'a cessé, aussi longtemps qu'elle a pu, de poursuivre sa formation pédagogique par des cours d'été ou par correspondance. Un diplôme lui a été décerné en 1955 par l'Université du Manitoba pour son excellence en français oral.

Atteinte du diabète au cours des années 50, elle commença à

souffrir de cécité et dut abandonner l'enseignement. Elle entra alors au nouveau poste radiophonique de Gravelbourg, CFRG, en Saskatchewan, où elle fut animatrice de l'émission "Le Coin des jeunes". Mais sa cécité accaparante l'obligea à y renoncer après quelques années.

Marie-Thérèse s'était mise à l'étude du braille, ce qui l'aida dans son écriture et ses conférences. Jusqu'à la fin de sa vie, elle écrivit des textes radiophoniques pour l'émission hebdomadaire du poste radiophonique CKSB, de Saint-Boniface, consacrée aux malades.

Mais elle se vouait de plus en plus à l'écriture, et vers 1960 elle adopta le pseudonyme de Manie Tobie. Elle publia, en anglais, dans plusieurs périodiques : *The Indian Record, The Sunday Herald, The Kamsack Times,* et en français dans: *L'Ami du Foyer,* revue oblate, *Le Travailleur* de Nouvelle-Angleterre, *La Liberté* et *Le Patriote* de Winnipeg. Ses récits, ses anecdotes étaient populaires, de même que ses poèmes qui parurent assez régulièrement dans *La Liberté* au cours des années 60.

Parmi ses récits en prose les plus connus, on cite : *La mitasse rouge, Le ramasseur de chiffons, La veillée.* Elle a aussi ébauché un roman, demeuré inédit, *La fille du pays.* Son poème *Octobre* a été primé lors d'un concours à Paris en 1968 et fut publié la même année dans l'anthologie Poètes du Québec par Gaston Bourgeois, aux éditions de La Revue Moderne, Paris.

De l'oeuvre poétique retenue par René Juéry, un critique a pu dire : "À côté de pièces bien rimées sans plus, on découvre de véritables bijoux, finement ciselés, d'intéressants raccourcis et une veine lyrique très intéressante[2]."

Sa condition physique ayant empirée suite à deux phlébites, Manie Tobie dut subir l'amputation d'une jambe en 1966 et fut confinée à un fauteuil roulant jusqu'à la fin de ses jours. Elle raconte cette intervention dans un récit pathétique intitulé *Huit jours dans la glace.* Un moral de fer et une foi intense ont sans doute contribué à garder chez Marie-Thérèse Goulet-Courchaine une activité sociale et intellectuelle surprenante; elle est néanmoins morte dans une grande pauvreté, le 15 juillet 1970.

---

1. Voir l'analyse (Chants à la vie) qui lui est consacrée à la page 309.

2. Raymond Laprès, *Nos Livres*, mars 1980.

MANIE TOBIE : femme du Manitoba, choix de poèmes et présentation par René Juéry, Saint-Boniface, Éditions des Plaines, 1979.

Auteurs francophones des prairies, Saint-Boniface, Centre de ressources éducatives françaises du Manitoba, 1981.

Réginald Hamel, John Hare, Paul Wyczynski, *Dictionnaire des Auteurs de langue française en Amérique du Nord*, Montréal, Fides, 1989, p. 932.

Raymond Laprès, "Manie Tobie : femme du Manitoba", *Nos livres*, mars 1980.

Émile Pelletier, *Famous Manitoba Métis* (biographies), Winnipeg, Manitoba Métis Federation Press, 1974.

Répertoire littéraire de l'Ouest canadien, Saint-Boniface, Centre de ressources éducatives françaises du Manitoba, 1981.

La loge des danses

Parmi les cheveux verts et les brunes quenouilles,
Dans les marais humides coasse la grenouille.
Autour des loges fraîches on entend les marteaux
Dont les coups font tenir les nombreux oripeaux
De brillantes couleurs, surprenantes merveilles
Entassées bien haut dans les larges corbeilles.
Tous y ont mis la main, chacun à sa manière
Devant fournir le temps, le labeur, la prière
Qui préludent à l'instant où tous dans la nuit brune
Commenceront les cris au nouveau clair de lune.

On entend le tam-tam qui saccadant ses coups
Attrapera soudain l'imitateur des loups.
Ils hurleront leur joie et donneront le ton
Aux cloches des chevilles quand ils approcheront
De l'aigle le plumeau, du porc-épic l'aiguille
Teintée d'un rouge sang aux poitrines des filles :
Tandis que le collier de griffes dans le soir
Brillera comme l'oeil de ce brave à l'oeil noir
Qui deviendra très pâle au phare des flambeaux.
Ah! les jolis danseurs comme ils sont restés beaux!
Se levant, se baissant, tournant en tourbillons,
Imitant le faisan, le hibou, le pinson,
Coupant chacun des gestes appris de la nature
Par un flot de complaintes éloquentes et pures,
Jusqu'au petit matin, les chants et le tambour.
Tout se chante, tout se mime, tout se danse, bien sûr
Et tout se manifeste en ce mouvement pur.

La jeune Indienne

Vieille comme la colline qu'elle regardait de loin
Entre ses dents de perles elle mordillait un foin.
Elle portait la sagesse de sa stoïque race;
Un rayon de soleil bariolait sa face.
Et pourtant à vrai dire elle n'avait que seize ans.
Noire comme l'ébène, sa longue chevelure
Auréolait son front et son épaule pure
Que seul avait bronzé le soleil flambant d'or.
Car elle était encore et rien n'avait touché
Ni son coeur ni son corps en sa douce beauté.
Près d'elle, la matriarche tressait là son osier
Et un vieil Indien, attisant le brasier
Sur lequel pendait, noire, une vieille chaudière,
Jeta vite un bouillon dans la vive lumière.

Le repas était maigre car on mange l'été
Ou un poisson tout frais ou la grappe à côté
Qui caresse la joue, debout, près de la tente.
On vit là, sans effort, heureux, dans l'attente,
Et l'on boit en rasades une coupe de thé.
Ah! que c'est doux de vivre au fil de ces beaux jours
Où rien ne pèse lourd, pas même les amours!
Viendra plus tard le soir, et la surprenante étreinte
Qui laissera percer, en surprise, une plainte
Douce comme la brise.
Une femme de plus entame la nuit grise.

———————

Soir de mai

Il m'apparaît sous les ombrelles
Des arbres sombres, aux alentours.
Des hauts sapins font des tourelles
Aussi noires que du velours.
Cela, appuyé sur la mante
De ce grand ciel, ce soir, si bleu
Les maisons sont faites des ombres
Pour attendre bientôt le feu
Qui fera briller la nuit sombre.
Ô belle blonde et jolie brune
Faites un ballet sur le gazon...
Que c'est donc beau, un clair de lune
Qui se lève sur la maison!

———————

Juin

Dans d'estivales mousselines
D'un jupon vert fait d'herbes fines
Juin met ses habits de gala.

Une églantine à son corsage
Piquée sur feuilles de bocage,
Belle, l'aurore se leva.

Chauffe soleil, si peu timide,
Irise encore cette eau limpide
Où le ruisseau roucoulera.

Pose tes fleurs, jette tes rêves.
Sème les jours de joie sans trêve,
Tant qu'un bel été durera.

———————

Mai printanier

La drave glacée des rivières
Laisse aux rivages quelques lambeaux.
D'on ne sait où, dans la lumière,
Ont surgi, déjà, des oiseaux.

Des petites pluies surprenantes
Viennent nettoyer le décor,
La sève monte dans les plantes,
Comme on est bien, au frais, dehors!

Sur les saules des alentours
Des chatons gris crèvent les branches;
Ces premiers bourgeons de velours
Feront des bouquets de dimanche.

On a serré un autre hiver...
Rencontrons-nous en ambassade,
Car il faisait si froid, hier...
L'été arrive, en promenade.

Octobre

Octobre a coloré la pourpre des montagnes
Et la paille jaunie de nos vastes campagnes.
On dirait qu'un fusain a dessiné l'ombrage
Que fait la branche nue au nouveau paysage.
En ce mois si changeant, on peut voir l'escadrille
D'oies sauvages, alignées, dans le soleil qui brille;
Mois de grappes pressées et de froment mûri,
Laissant traîner des fleurs où l'été a relui.
L'insecte s'est caché dans sa cave boueuse;
Le cours d'eau s'est calmé en vague doucereuse.
Plus de vols tapageurs, plus d'abeilles et de miel.
Beaucoup moins sur la terre, et beaucoup plus au ciel,
Tu fermeras la porte à la chaude nature.
Et sous le vent plus frais et la brise plus pure,
Tu partiras aussi, comme s'éteint le cierge.
Mois perlé de rosaires, fais hommage à la Vierge.

Élégie

Comme en un jour lointain, je reste là, assise,
Sous l'arbre, près de l'eau où la vague s'irise.
Cette fois, je suis seule où nous allions tous deux,
Mendiant au passé un souvenir heureux.
Ces oiseaux étranges aux aubades nouvelles
N'ont donc jamais connu les sonorités belles
Que chantaient nos pinsons?

Les fleurettes des bois dont tu chargeais mes mains,
Se sont aussi fanées du soir au lendemain;
Moins verts sont les buissons.
Où sont allés ces jours où, pieds nus sur le sable,
Nous vivions cet amour, si vibrant, inlassable?
Hélas! mon coeur troublé s'émeut aux vieilles places.
Chaque jour je l'entends m'appeler dans l'espace,
Moi qui voulais un siècle au moins pour le chérir,
Je reste toujours seule où il ne peut venir.

Essor

J'avais escaladé cette verte colline
À cet âge si frais, où, jamais épuisée,
Je marchais volontiers nu-pieds sur l'herbe fine;
J'écrasais la violette toute nouvelle née
Chantant sans le savoir un duo bénévole.

Avec cet oiselet furetant la broussaille.
Surprenant ma présence, inquiet, il s'envole,
Emportant en son bec la brindille de paille
Qui ira s'aplatir au centre de son nid.

Bien des années plus tard, je refais ce chemin
Une ride à mon front et au vent mes cheveux.
Un peu partout se repose mon regard anxieux;
Je ne retrouve rien du souvenir passé :
L'herbe est toute jaunie, l'unique fleur fanée.
Comme elle fait pitié dans ce désert décor,
Pourtant, c'était bien là qu'était la violette,
Tiens, ici, sous mes pas où, un peu, je m'arrête...
Et le soleil lui-même cache son rayon d'or.

Chants à la vie

Berthe de Trémaudan
Fernando Champagne
Manie Tobie

Une poésie écrite sans prétention, artifice, hermétisme ou pédantisme, voilà ce que nous découvrons en lisant trois auteurs relativement peu connus en dehors du Manitoba français. Il s'agit de Fernando Champagne, Berthe de Trémaudan et Marie-Thérèse Goulet-Courchaine (Manie Tobie), qui, à travers leurs oeuvres, offrent tout un éventail d'émotions humaines par le biais d'une variété de textes originaux.

À l'instar des troubadours du Moyen Âge, ces poètes s'inspirent de l'expérience vécue, partageant leurs idées sur les événements, les personnalités ou célébrations du jour. Ils écrivent pour leurs amis, pour la grande famille francophone qu'ils aiment et pour qui ils ont oeuvré. Poésie, prose (et journalisme pour Manie Tobie) sont les voies privilégiées par ces auteurs pour communiquer le fruit de leurs réflexions et observations. Avant de passer à une étude individuelle de ces auteurs, nous pouvons d'ores et déjà relever un certain nombre de points qu'ils ont en commun.

Nous observons de prime abord une dimension humaniste dans leurs écrits. Ces poètes nous offrent leurs chants à la vie; en effet plusieurs textes illustrent la fusion entre l'optimisme et la prise de conscience face à une réalité changeante. Ils recherchent et prônent une certaine qualité de vie et les idées qui émergent de leurs textes restent toujours à la portée de tous et font allusion à l'actualité environnante.

Un autre lien qui unit ces auteurs: l'imaginaire qui exploite surtout cette veine locale du pays et de son peuple sans pour autant négliger les perspectives philosophiques, et une ouverture sur le monde extérieur.

Enfin leurs écrits reflètent cette même caractéristique: une candeur désarmante qui nous entraîne avec facilité et plaisir. Cet effet stylistique se joint à une certaine modestie chez ces poètes, et qui est le résultat, sans doute, du désir de vouloir écrire comme on vit : avec joie et en toute simplicité.

Les affinités ne se limitent cependant pas à ce style simple, imprégné d'intensité et de passion et à cette inspiration humaniste. Au contraire les oeuvres de ces auteurs se complètent, abordant différemment et avec originalité des thèmes plus personnels ou encore très universels.

S'ils se sont sentis guidés et inspirés par la fonction tradition-nelle de la poésie populaire, c'est en considérant, bien sûr, l'appel-lation populaire dans le premier sens du terme, c'est-à-dire une poésie qui émane du peuple, qui lui appartient et qui reste à son usage. Car grâce à une poésie composée selon des règles de pro-sodie classique, le lecteur sent que chaque auteur offre une vision particulière d'une réalité à laquelle chacun d'entre nous peut s'identifier.

Fernando Champagne

Fernando Champagne, toujours resté fidèle à ses origines chrétiennes, consacra une partie de son oeuvre à la religion. Sa poésie mariale révèle à la fois une profonde dévotion et une piété fervente, et par ses vers il exprime sa quiétude en vivant pleine-ment l'amour de sa religion :

Cueillir pour toi des fleurs, Ô Mère Bien-Aimée
En cueillir à plein bras jusqu'à l'obscurité...
(À Marie la plus Belle)

Une joie de vivre transparaît dans ses poèmes, et nous ad-mirons chez lui l'expression de ce contentement dans la recherche toujours renouvellée d'une vie harmonieuse. Ainsi quelques pas-sages significatifs dans d'autres poèmes tel *Introspection* nous livrent ses pensées non seulement sur sa foi mais aussi sur sa confiance de retrouver la paix dans un monde meilleur :

Je savoure ma joie car c'est une promesse
Mais elle n'efface pas une immense tristesse
Malgré nos courts bonheurs, l'infinie nostalgie.
[...]
Je désire un bonheur que le Ciel éternise.

Une préoccupation philosophique est posée dans *La plus belle chose* où le lecteur décèle une grande sensibilité; par une analyse logique Champagne explique pourquoi amitié et amour ont tous les deux leur place dans le monde et pourquoi lui ne peut prétendre répondre à une question si ardue, à savoir laquelle est plus importante:

> *Amour et amitié, deux échos se répondent.*
> *À un certain degré les deux mots se confondent.*

Un souci de modestie le fait écrire aussi qu'il *"n'a pas inventé"* grand'chose dans sa vie, mais il s'estime heureux de pouvoir en apprécier la beauté:

> *Je n'ai pas inventé la poésie des fleurs*
> *Qui nous grisent et sont belles comme nos joies leurs soeurs*
> *(Je n'ai pas inventé)*

Enfin signalons chez Fernando Champagne son sens de l'humour qui nous permet de comprendre jusqu'à quel point la nature, le printemps, la vie quotidienne le comblent. Ainsi déclame-t-il, le sourire aux lèvres:

> *– Chers pissenlits*
>
> *Votre audace fait des jalouses,*
> *Vous gâchez le vert des pelouses,*
> *Hommes ou fleurs, on vous accuse*
> *Moi, je vous aime et ça m'amuse.*
> *(Au printemps)*

La poésie de Fernando Champagne illustre bien sa confiance en Dieu, il offre à la Vierge et au Seigneur ses *"bouquet[s] poétique[s]"* sans oublier qu'il voyage toujours *"vers l'Éternel Poème"*. Par ses vers mélodieux il réussit à partager avec tous sa perception de l'univers. Fernando Champagne, poète et chantre, exploitait entre autres les thèmes de la recherche du bonheur, de l'amour, de la nature et de la religion. En se présentant pour réciter ses vers à différentes occasions sociales, il devenait pour certains le barde moderne du Manitoba français.

Berthe de Trémaudan

Un souffle de fraîcheur et de bonhomie traverse l'oeuvre de Berthe de Trémaudan. Une prose élégante et une poésie aux lignes classiques révèlent une écriture profondément humaine et une vision du monde saine et réaliste.

La clarté d'expression de Berthe de Trémaudan séduit par la variété des tons utilisés dans ses textes, et par le nombre de sujets exposés. L'harmonie comme chez Champagne est recherchée: le rythme et les rimes sont élaborés selon les normes de la poésie traditionnelle.

Certains poèmes tels : *Déception, Dans l'au-delà* et *Ô fugitif sans âge!* abordent les thèmes sérieux de l'amour, de la mort, et du destin. Elle écrit dans *Dans l'au-delà*:

> *À trop d'hiers*
> *peu de demains...*
> (**Méli-mélo**, p. 91)

mais si le temps est maître du destin, au moins il porte *"le baume de l'oubli"* (*Ô fugitif sans âge* – **Méli-mélo**, p. 40)

D'autres poèmes tels: *Manneken Pis* et *Tout Ratata – tout ratatine!* sont plus légers et enjoués, ils plaisent par le cachet d'humour que nous y découvrons. L'auteur nous présente soit des textes informatifs, soit des jeux ou des intrigues, mais nous constatons qu'en général l'auteur reste optimiste et aime bien s'amuser avec ses lecteurs. Dans *Logique enfantine,* le petit Roger se demande ce qu'on a fait du corps du vieil homme mort l'autre saison et nous apprenons, comme lui, qu'il a été enterré:

> *Enfin, la lumière s'est faite*
> *Dans l'esprit du petit Roger!*
> *Car soudain, en hochant la tête,*
> *Il dit : "Ah oui!... On l'a PLANTÉ.*
> *(En vers et sur tout, p. 5)*

Elle a traduit elle-même plusieurs de ses poèmes en anglais et nous pouvons ajouter que Berthe de Trémaudan esquisse de très beaux tableaux de sa vie dans le nord du Manitoba et nous révèle un grand talent de narratrice dans *Au nord du 53e*.

La spontanéité de ses vers captive le lecteur par la chaleur des émotions exprimées et leur attrait semble résider justement dans une certaine simplicité et sagacité qui plaisent aux lecteurs. Même poète, Berthe de Trémaudan ne se considère pas une grande artiste qui circule dans les hautes sphères de l'inatteignable:

> *Vous les peintres, sculpteurs, poètes et musiciens,*
> *Vous êtes l'un et l'autre, vous êtes magiciens.*
> *(Salut artistes – En vers et sur tout, p. 14)*

Mais si elle ne se considère pas une grande artiste, elle se sait une femme marquée par une certaine éducation, ayant des goûts et des idées:

> *[...] d'une autre époque*
> *J'aime le beau je suis vieux jeu*
> *et les arts d'aujourd'hui me choquent*
> *j'n'y comprends rien, j'en fais l'aveu.*
> *(Les Arts – En vers et sur tout, p. 16)*

Berthe de Trémaudan partage aussi ses réflexions sur son pays adoptif, le Canada, qu'elle avoue adorer, et informe par ailleurs ses lecteurs des problèmes de bilinguisme et de politique dont elle est témoin. Une panoplie de différents visages de la nature, de la mer, du pays, comble cette écrivaine et lui permet d'écrire des textes émouvants sur tout ce qu'elle a connu et aimé:

Et je jouis du privilège
D'être dans ces lieux enchantés.
(La mer – En vers et sur tout, p. 26)

Sans prétention et modestement, elle parlait à tous ceux qu'elle connaissait, à propos d'événements et de réalités qui, espérait-elle, sauraient les intéresser.

Manie Tobie

Le pseudonyme de Marie Thérèse Goulet-Courchaine est bien indicatif du sens d'appartenance qu'éprouvait cette femme : en effet le pays l'inspire et lui tient à coeur. Dans ses écrits nous voyons cette fierté pour ses ancêtres et son héritage. Elle puise directement à la source de l'histoire et des lieux pour chanter le Manitoba français et sa joie de vivre.

De fait, la nature "populaire" de ces trois poètes est peut-être traduite de la façon la plus exemplaire chez Manie Tobie puisqu'on pouvait lire de façon régulière, dans les pages de *La Liberté et du Patriote*, entre une ou deux chroniques de village, ses proses et poésies sur la nature, la religion et l'actualité.

Chez Manie Tobie, le lecteur peut observer un grand intérêt pour la diversité culturelle que crée la mosaïque du Manitoba. À cet égard, elle diversifie ses foyers d'observation, pour permettre aux lecteurs d'accéder à la réalité multiculturelle de cette province. Ses talents descriptifs, discernés dans sa prose et sa poésie, révèlent plusieurs visages de notre héritage. Nous pouvons le constater dans des textes tels que : *La loge des danses, La jeune Indienne* ou *Fleur de lys*.

Cependant, si on peut savourer certains petits poèmes au ton naïf – *Aux Valentins* et *Les Moustiques* –, le lecteur peut aussi s'arrêter plus longuement sur d'autres au ton plus grave. Comme chez Berthe de Trémaudan, nous retrouvons une femme informée, éveillée à l'actualité, qui parle non seulement de l'histoire du pays, mais aussi des problèmes d'éducation et de politique d'ici et d'ailleurs. *Mes souhaits à la Jeunesse*, et *Kennedy, King et Kennedy* inspirent par leur sincérité et par la sagesse exprimée.

Ses méditations sur la souffrance et la mort montrent une sensibilité extrême quant à la condition humaine. Elle-même foudroyée par la maladie, sa poésie traduit sa recherche des solutions aux grandes injustices de la vie. *"Il me faudra ta main, Maître, pour me conduire*[1]*"*, dit-elle d'une voix mûre et tranquille, en affrontant les aléas de la vie. La foi, les prières viennent élever l'esprit du lecteur autant que de l'auteur, le libérant des marasmes du désespoir et l'enjoignant à embrasser toujours le goût de vivre, et vivre pleinement.

C'est pourquoi Manie Tobie voue une grande partie de sa poésie à l'éloge de la nature, des saisons:

> *Pose tes fleurs, jette tes rêves,*
> *Sème les jours de joie sans trêve,*
> *Tant qu'un bel été durera.*
> (*Juin –* **Manie Tobie, femme du Manitoba**, p. 132)

En somme, elle ne peut assez vanter les mérites de "[s]on Manitoba", un de ses sujets de prédilection. Grâce aux émouvantes évocations qu'elle nous esquisse, nous découvrons les dimensions de cette province.

Dans sa prose, comme dans ses poèmes, elle touche à tout : du purement populaire et folklorique, des cérémonies et rites, aux problèmes inhérents à la condition humaine. Elle parle de la géographie et de la nature canadienne, des droits linguistiques, et de l'appartenance des Franco-Manitobains à une culture unique et spéciale. Et toujours les qualités humaines, amour et tendresse, sont chantées:

> *Et pourtant s'ils voulaient, les hommes seraient grands*
> *S'ils consacraient ensemble chaque jour des instants*
> *Au vrai but de la vie, prélude de bonheur*
> *En aimant... simplement et nettoyant leur coeur.*
> (*La Liberté – 19 mars 1969*)

En conclusion, ces trois auteurs nous permettent de voir jusqu'à quel point leurs sentiments rejoignent une philosophie humaniste: chacun parle au peuple franco-manitobain à sa façon. Nous apprécions ces chants du coeur qui touchent par leur sincérité et leur spontanéité parce qu'ils sont uniques et variés. Ces auteurs nous offrent leur vision du monde, parfois avec humour, parfois avec sérieux mais toujours avec clarté et sensibilité. Ils ont séduit toute une génération de lecteurs par leur charme et leur spiritualité.

Lise Gaboury-Diallo

———————

1. *Manie Tobie, femme du Manitoba*, p. 132.

LOUIS-PHILIPPE
Corbeil
1917

Artisan menuisier de métier et professeur à ses heures, Louis-Philippe Corbeil est foncièrement un intellectuel que la littérature a toujours passionné, la poésie en particulier.

Quoique ses papiers d'identité le font naître à Secretan, Saskatchewan, le 17 mars 1918, il serait né le 17 mars de l'année précédente, et baptisé quelques mois plus tard à Coderre, petite localité sise entre Moose Jaw et Gravelbourg, où ses parents, Rosaire Corbeil, de Saint-Boniface, et Marie-Marthe Montchamp, originaire de Québec, s'étaient établis. La jeune famille revint à Saint-Boniface en 1920. L'église de Coderre ayant brûlée, le baptistaire ne fut jamais récupéré, et l'année 1918 fut inscrite, par mégarde, sur les nouveaux documents d'état civil.

Louis-Philippe fit ses études classiques au collège des Jésuites, mais, attiré par le goût du voyage, il les interrompit vers le milieu du cours de philosophie, en 1937-1938. Cette prédilection pour la fugue s'était déjà manifestée chez lui, encore étudiant, pendant les vacances d'été; et au creux de la crise économique, ayant peu à trouver sur le marché du travail, le philosophe rebelle emprunta le mode de transport le plus économique, celui popularisé, à cette époque, par les "hobos".

C'est un goût d'évasion qui lui est toujours resté. Et plus tard, le fait d'avoir une famille et un métier ne l'empêchera pas d'effectuer, souvent à l'improviste, de longs voyages au Mexique, en Californie, ou en Europe. Mais non plus en vagabond, il va sans dire!

Il a épousé, en 1942, Lucille Brunet, nièce de Godias Brunet. Ils élevèrent à Saint-Boniface une famille de neuf enfants.

Entre-temps, Louis-Philippe adopta le métier de son père, entrepreneur en construction. Celui-ci ne pouvait trouver plus habile assistant. Ainsi s'est développée une association qui dura près de vingt-cinq ans. Ensemble, père et fils ont construit plusieurs centaines d'immeubles dans la région winnipégoise, dont le monastère du Précieux-Sang, à Saint-Boniface, le restaurant Shanghai de Winnipeg, la clinique Jacques (devenue clinique Saint-Boniface), l'ancienne salle de quilles de Norwood.

M. Corbeil a fait de l'enseignement à différentes périodes de sa carrière, particulièrement à la fin des années 60 et au début des années 70. Il enseigna le français et la géographie pendant un an à l'école secondaire St. Paul's, dirigée par les Jésuites, et le dessin et l'artisanat pendant un an au collège Louis-Riel.

Dans le champ éducatif, il n'est pas sans intérêt de noter qu'une de ses soeurs, Jeanne, des Soeurs des Saints Noms de Jésus et de Marie, avait été la première femme de sa communauté, au Manitoba, à détenir un baccalauréat ès arts, en 1937.

Il a aussi été libraire pendant deux ans, en 1964-1965. La librairie Lumen, qui avait succédé à la succursale de la maison Fides à Saint-Boniface, était alors la seule librairie française de la région winnipégoise, sous la gérance de Georges Laberge. Comme assistant aux ventes, M. Corbeil répondait à des demandes de toutes sortes et servait en même temps de conseiller, en particulier aux éducateurs.

Mais l'influence la plus marquante, peut-être, qu'il exerça au cours des années 60, fut parmi un cercle d'amis et d'étudiants (J.R. Léveillé et Guy Gauthier, parmi d'autres) qui se retrouvaient dans son studio, à son domicile. Pour plusieurs jeunes gens ouverts à la culture – la vraie, celle "qui ne va pas en classe", comme dirait Pascal – M. Corbeil a été un véritable animateur, partageant ses éditions rares et sa collection de disques, entre des discussions à bâtons rompus. Dans une entrevue accordée à Daniel Tougas, il dira : "Ce serait exagéré de dire que c'était un salon littéraire, [mais] ...j'avais la meilleure collection de livres français à Winnipeg. À l'époque, il y avait seulement la bibliothèque de l'Université du Manitoba qui était plus complète[1]."

En 1973, M. Corbeil fit partie d'une équipe de trois personnes mobilisées pour regrouper les fonds de la Société historique de Saint-Boniface et opérer un classement préliminaire. Une partie de ces archives avait été récupérée des ruines de l'incendie de la cathédrale de Saint-Boniface en 1968, et d'autres étaient déposées pêle-mêle dans des caves et des garages. Il s'agissait aussi d'acquérir d'autres fonds qui risquaient de se perdre, en particulier des documents photographiques en provenance du Collège qui était alors en pleine période de transition après le départ des derniers professeurs jésuites en 1972. M. Corbeil travailla avec ferveur, non seulement à l'identification de photographies, mais aussi au démontage et au transport de vieux cadres désuets et d'autres restes.

Mais ce n'était qu'une entreprise temporaire, et qui le ramenait, comme d'autres, à ses préoccupations favorites puisées dans la musique et les livres... et le voyage! Le titre de son recueil de poésie, *Journal de bord du Gamin des Ténèbres*, est bien symbolique à cet égard. Car c'est finalement aux antipodes que sera entraîné cet autre homme "aux semelles de vent". Se doutait-il, en partant pour l'Australie en décembre 1973, qu'il en ferait pendant dix-sept ans une seconde patrie? Il s'est fixé à Sydney, tout en gardant la citoyenneté canadienne. Toujours en accord avec sa conception du travail manuel, "libérateur", il a travaillé dans la construction de bateaux de plaisance, jusqu'à sa retraite en 1985. C'est là qu'il a continué de composer les contes et les poèmes (dont seule une infime partie a été publiée), d'un autre air et d'une autre époque, admet-il lui-même, mais qui demeurent fidèles au destin et aux songes du passant planétaire qui a regagné, en 1990, son pays natal.

---

1. *La Liberté*, 13 mai 1988.

Journal de bord du Gamin des Ténèbres, Saint-Boniface, Éditions du Blé, 1986.

Mes petites histoires (nouvelles), Winnipeg, Éditions Ink Inc., 1987.

Guy Gauthier, "A Spokesman for His Time", *Prairie Fire*, vol.VIII, n° 3, autumn 1987.

Dennis F. Essar, "Journal de bord du Gamin des Ténèbres", *Bulletin du CEFCO*, Saint-Boniface, Centre d'études franco-canadiennes de l'Ouest, n° 27, décembre 1987.

J.R. Léveillé, "Louis-Philippe des Grandes Errances", post-face dans *Journal de Bord du Gamin des Ténèbres*, Saint-Boniface, Éditions du Blé, 1986.

Jean-Paul Molgat, "Le Gamin des ténèbres est repassé", *La Liberté*, 9-15 mai 1986.

Daniel Tougas, "Le retour du Gamin des Ténèbres", *La Liberté*, 13 mai 1988.

_____

Fresques mobiles

C'est un minuit banal de lune de décombres

Les arches les abris les angles tour à tour
Se peuplent se dépeuplent d'un peuple d'amour
Chassé par la vertu dans les ronds-points des ombres

Pendant que sous l'habit bleu au pas taciturne
La moralité suit l'étoile du péché
Et relève la proie au piège du baiser
Un jeu de chair grandit sous la jupe nocturne

Une quêteuse d'homme enceinte de jouissance
Délivre ses appas dans l'éternel désir
D'un amant dont la bête s'apprête à bondir

Du nulle part noir surgit l'intruse surveillance

La disloquée d'amour mi-nue bat la retraite
Sous ces yeux qui marchandent comme des écus
L'apte tentation de l'inutile cul

Éclairs illuminant de nouvelles tempêtes

La veuve des plaisirs tristesse au gai miroir
Interroge son lit vain érotique espoir
Où se berce en songe encore une ancienne ivresse

La chair vacante attend d'impossibles tendresses

Journal de bord du Gamin des Ténèbres

Je suis l'errant de la grande nuit
depuis l'enfance évadé de la lumière
je perce au hasard dans la nuit ronde
de grands trous dans le mystère du ciel
pour épier la profondeur de l'infini

je suis le vagabond de l'invisible
depuis longtemps échappé de l'image
je peins de gros nuages à l'horizon
afin de limiter l'angoisse grandissante
dans le règne timide et muet de mon rêve

si m'en allant dans le silence
ayant l'allure fragile de l'idéal
un passant attardé dans sa folie
jette son ombre mince sur ma course
je brûle chanvre des moissons anciennes

lorsque malgré ma substance d'ombre
bercée par la maternelle absence
les soleils se lèvent à l'horizon
pour donner la couleur au paysage
je m'enfuis les poings remplis de chagrin
au cimetière de mon village endormi sur la colline

je simule l'image des en-allés sous terre
qui ont appris dans une lente pourriture
des chairs trop mortelles pour l'image
à se changer en invisible présence
et j'écoute longuement leur silencieuse absence

Journal de bord du Gamin des Ténèbres

De beaux navires glissent sur tes regards glauques
cependant que rêveuses tes prunelles s'ensommeillent
si ton oeil enténèbre les lumières de l'onde
lequel abordera les rives que ton songe déroule

J'entends sur sa gerbe éclore l'ouragan noir
les oiseaux fuyant se blessent à tes cils de soie
l'orage telle une mélancolie de l'âme trouble
crève l'azur que l'espoir affolé dora

Je vois dans les flots qu'habite ton absence
les bateaux ancrés à la source des tempêtes
sombrer dans la moisson brûlée des avoines d'or
et les matelots se noyer dans une vaine promesse

Ouvre une paupière indolente endormie
afin que nage un matelot vers tes songes
où tu grées follement les navires oniriques
pour les lancer vers de nouveaux mirages

Journal de bord du Gamin des Ténèbres

Loin des sables dormant sur des barques de brume
Qui partiront au son d'or des aubes tantôt
Vers des voyages fous sur de fragiles eaux
Où jamais ne baigne une chair qui se parfume

Quelle âme vogue sans chair sans geste et s'agite
Dans l'incertaine absence au gré calme du flot
En dérive parmi les songes à fleur d'eau
Qu'aucune présence avide n'aborde ou n'habite

L'être mobile en son étrange servitude
Revient pour repartir vers les eaux de l'azur
Et son regard laisse dans le paysage obscur
S'endormir jusqu'au retour une solitude

Journal de bord du Gamin des Ténèbres

C'est le noyé du songe
épave ballottée au large du souvenir
escale dans le reflet des eaux du miroir de l'avenir

les sables brûlants des déserts de l'ennui
élèvent dans le vent ces villes d'un Orient magique
où rêvent royaume les apatrides assoiffés de joie
qui s'abreuvent aux sources lointaines des eaux du mirage

à l'horizon des avenirs inédits
j'entends le tangage des bateaux disparus
sur les eaux mélancoliques des mers maudites

lié aux eaux par les algues le noyé du mirage
en dérive perpétuelle sur les flots oniriques
quête entre deux vagues le reflet calme des eaux

quel est ce tangage sonore des navires disparus
sur l'onde des mers d'opale
au-delà du silence des horizons invisibles
les secrets des eaux à fleur de songe
composent un murmure qui sèche sur les rives
et le noyé du rêve écoute se former une plage
baignée par l'eau apaisée de toutes les dérives
où sombrent tous les rêves

mort! tu vomiras de tes entrailles mon poème
afin qu'il chante pour le noyé du songe
dans ses longues pérégrinations sur les flots

Journal de bord du Gamin des Ténèbres

Après une promenade au cimetière...

Au-delà des azurs, au-delà des étoiles
La prunelle fouille et sonde, cherche et se voile,
L'immense vide vole à l'audace irritée
L'avare sentiment de son identité.

À moi l'espace pur des noirs cimetières.
J'écoute l'écho lent d'une ultime prière
Les marbres pèsent sur l'âme – anciens remords –
Et l'imprécise croix veille sur tous ses morts.

Je perds le souvenir de la trame fictive:
Songe ou rêve de l'homme enlacé à la rive
Concrète du jour où les instants cadencés
Croulent – diamants bleus de l'avenir blessé.

Solitude trompeuse à l'art du solitaire.
L'inéluctable fin déchire le suaire
Et le râle étouffé aux époques du pleur
Perce l'étrange front de l'attentif rêveur.

L'orteil ou le talon de même insouciance
Tâte furtivement l'immobile silence,
Seul le crissement de la feuille argentée
Forge des anneaux d'or pour l'oreille agitée.

L'âme close à l'expérience interminable
Aborde les lieux de la pensée immuable,
Fuir les rêves humains à l'ombre des tombeaux,
Percevoir au feu mort du funéral flambeau.

L'amblant vertige éteint, je goutte la poussière,
Les doigts endoloris caressent des frontières
Qu'un mien désir perclus devinait dans le temps.
Rompre à jamais, hélas, cette chaîne d'antan.

La voix, le chant, le cri de l'antique demeure,
Symbole foudroyant de l'ineffable leurre,
Se brisent sur mon crâne et libre je n'entends
Qu'un murmure subtil des éternels absents.

Inédit

Si tu cherches l'asile où s'épure la joie...

Endors l'aurore rose aux abois dans les voies
De l'immense existence où le rire ironique
Éclate sous le pas à pas las et oblique
De l'acte disloqué par l'explosif destin
Dans les antres de l'ombre où l'âme de l'absence
Pleure le geste ému d'une horrible naissance
Retourne aux sourds sommeils sonores de la nuit
Reviens avide au rêve écran du vaste oubli
Jette une inerte chair sur l'invincible plage
Où s'accroît le débris des solennels naufrages

Inédit

J'écoute les échos trompeurs de ma bohème,
Le chant glauque mûri à l'ombrage des bois
Refoule le silence au-delà de moi-même,
Je vole vers le son limpide du hautbois
Qu'écoute les échos trompeurs de ma bohème.

Vers les temples de chair chemine mon semblable,
Les flambeaux du désir éclairent le festin;
Je projette son ombre, il m'est inséparable,
Nos choix et nos écarts n'ont qu'un même destin,
Vers les temples de chair chemine mon semblable.

L'un à l'autre liés par les sentences pures
Dès l'aurore consciente, avant même la nuit
Où la femme aux autels des candides luxures
Consacra la moisson par l'abandon béni,
L'un et l'autre liés par les sentences pures.

Cruel, c'est lui qui dérobe la chair offerte,
Je n'oppose, acculé à ma vaine raison,
Qu'un scrupule vaincu, qu'une épouvante inerte,
Je m'immole infirme aux affres de la rançon.
Cruel, c'est lui qui dérobe la chair offerte.

À l'aube il me revient ce frère de ma fuite
Souillé comme une bête après un long combat;
Victime, il m'infligea ces blessures tacites,
Grave, je me souviens des victorieux appas
Alors que je conduis mon frère dans son gîte.

Inédit

Au Cabaret

C'est une heure de nuit, au cabaret du coin,
Je détraque les ressorts lents des habitudes
Et rentre, comme dans l'invincible demain
Que l'incurable éveil lourd de l'aube prélude,

Immuable m'asseoir, et grapille un café
Dans les angles hantés où les nègres phantasmes,
Grotesques, culbutent des lampes sans fierté
Et crachent sur les murs muets leurs sales spasmes.

La phtisique harmonie fuyant les haut-parleurs
Se noie dans le murmure épais de la chair brute
Se gorgeant d'oubli plus subtil que la liqueur
Étincelante aux doigts des anonymes brutes.

Cette humaine marée qu'apportent les trottoirs
Porte l'inquiétude éternelle de l'homme
Qui tue sa dignité dans ces noirs abattoirs
Pour apaiser ses goûts d'immortel gastronome.

Si je songe, mon rêve s'arme pour mentir...
Depuis longtemps déjà la féconde chimère
Bafouillant le néant de l'idéal désir
Travaille le goût dans ses riches ovaires;

L'attente que je porte est une illusion
Qui gonfle éperdument de folles joies le ventre
De l'espoir, jouet de l'ultime passion
Recousant l'avenir que la pensée éventre.

Je quitte cet emblème où avorte l'oubli
Et plonge dans le vide inerte de mon âme
Qui se mêle à l'inutile aurore qui bruit
À l'horizon gris que l'existence réclame.

Inédit

"De la musique avant toute chose"

Il est rare qu'un premier recueil de poésies atteigne la hauteur du *Journal de bord du Gamin des Ténèbres*. Aucune trace, chez cet homme mûr, des débuts balbutiants d'une oeuvre de jeunesse. Nous sommes d'emblée en présence d'un artiste accompli, d'un maître dont l'art ne laisse rien à désirer.

On peut distinguer dans cette oeuvre deux genres principaux: les songes et les contes. Il n'est pas facile de parler d'étapes, de stades sans connaître les dates de composition. Mais au début, ce sont les songes qui prédominent, tandis que dans les années récentes, ce serait plutôt les contes. À titre d'exemple dans la catégorie des songes, citons *Et les routes sont des souvenirs à travers les distances*, où l'on trouve les vers suivants:

> *Le nombre des pas sur les cercles du sort*
> *Sables d'or sur l'infini méandre d'une rive*
> *Creuse une lézarde ensoleillée dans le vide*
> *Où s'amassent dans un miroir d'ombre*
> *Les contours confus du mirage*
> **(Journal de bord du Gamin des Ténèbres)**

La poésie de Louis-Philippe Corbeil est d'une densité métaphorique presque sans égale dans la littérature canadienne. En matière d'images et de symboles, il ne connaît pas de bornes. Il se forge un langage personnel, un langage qui n'appartient qu'à lui. On pourrait bien parler de "l'infini méandre" de sa pensée poétique. Mais cette pensée suit une logique rigoureuse, la logique de l'image.

Il aime écrire des chansons à forme libre, qui se distinguent par l'emploi d'un refrain. La chanson, chez lui, prend parfois l'allure d'un songe, et parfois celle d'un conte poétique. Citons par exemple le merveilleux *Nous avions cru à l'aube*:

> *Nous avions cru à l'aube*
> *L'oiseau tavelé de silence chanta sur le vent*
> **(Journal de bord du Gamin des Ténèbres)**

où le premier vers sert de refrain. On ne s'attendrait pas à trouver un français si pur, et une musique, un rythme si parfaitement réalisés, chez un poète canadien. Il faut remonter à Anne Hébert, à Verlaine pour retrouver une telle réussite musicale. Il suffit de lire quelques pages pour en sentir tout le charme. Cette musique court la gamme de la haute fanfare:

L'âme alors à l'orée de l'aurore écarlate

jusqu'aux doux accords, au pianissimo:

Les mirages sont des papillons de novembre
Fuyant vers les étés bleus des suds introuvables

Musique savante qui s'insinue partout, et finit par adoucir les sons les plus secs, les plus durs. Enfin, c'est le vague des images qui contribue à donner une musicalité au poème, c'est l'expression si précisément imprécise. Il y a dans cette poésie une musique des images qui reviennent, une musique des idées qui se suivent comme les notes d'une mélodie. Les mots clefs annoncent la tonalité principale de l'oeuvre. Tout devient musique. Même le sens des mots, par contagion, prend une valeur musicale. Louis-Philippe Corbeil est un musicien-né. La musique, chez lui, semble un effet naturel, comme celle de Verlaine, ou même de Lamartine.

N'allons pas chercher dans son oeuvre un étalage de connaissances, ou d'idées philosophiques. On ne trouve dans cette poésie que des idées poétiques, c'est-à-dire des idées qui valent par leurs possibilités poétiques, et qui se justifient par la beauté du poème qu'elles ont inspiré. On peut cependant y déceler, sous l'envoûtante surface d'images qui se suffisent à elles-mêmes, un jugement sur la vie. Il n'est pas facile de rendre compte d'une idée poétique. Mais tâchons tout de même d'en tirer l'essence : la vie est une déception amère; il faut chercher refuge dans le rêve; mais le rêve déçoit à son tour; le rêve échoue, et l'on retombe dans la réalité. Cet argument poétique sert de fond à un grand nombre de poèmes. Le poète en tire tout un symbolisme, tout un monde d'images et de métaphores.

Le rêve attire, la réalité repousse. Voilà donc les deux pôles de la poésie de Louis-Philippe Corbeil. Pour lui, la vie n'est pas vivable. Mais l'évasion, la fuite n'apportent aucune solution. La réalité "bourgeoise" triomphe toujours à la fin. Elle revient toujours, et finit par étouffer le rêve.

À l'encontre de Mallarmé, et de tant de poètes français, il ne se cloisonne pas dans l'absolu, il ne nie pas la réalité de tous les jours. Sans doute cherche-t-il à y échapper par tous les moyens, par le rêve, le voyage, l'amour charnel, mais l'aube, ennemie du rêveur, revient toujours, et laisse voir la réalité repoussante :

> *c'était une aube remplie de malice*
> *les yeux refusaient le lever du soleil*
> *(C'était une aube remplie de malice – inédit)*

ou bien encore :

> *l'aube lapide l'ouïe au mur des ombres*
> *les canons lumineux rangés sur le soleil*
> *vomissent la lumière sur les décombres déserts*
> *que le songe a laissés à l'assaut de l'éveil*
> *(Mots à la queue leu leu – inédit)*

Le rêve, chez lui, n'est qu'un rêve, donc une illusion. Un mirage qui ne soutient pas longtemps le rêveur :

> *Seul un solitaire encore au piège du rêve*
> **(Journal de bord du Gamin des Ténèbres)**

Que le rêve soit réel, ce serait trop beau, trop positif pour Louis-Philippe Corbeil, poète des ténèbres.

Parmi les textes inédits, qu'on ne devrait pas tarder à publier, se trouvent une foule de contes ou récits poétiques. Dans ces oeuvres récentes, la musique fait place au récit, et la parole se réduit à l'histoire qu'elle raconte. Le poète s'achemine vers un langage plus simple et direct. Il atteint dans ses contes un style dépouillé, où le langage se colle à l'idée, et chaque mot fait avancer le récit.

Louis-Philippe Corbeil croit en Dieu, mais ne croit pas en sa bonté. Il se figure une divinité malveillante, une fatalité qui pèse sur nous, et nous accable de malheurs. Il n'est pas question d'un destin tragique, à la manière de Sophocle, mais d'une comédie noire, comme si la vie n'était qu'un mauvais tour, une farce plate.

Il y a toute une charge de négativité dans cette poésie, un courant profond de tristesse et de désespoir. Mais cette amertume ne laisse aucun arrière-goût amer. C'est un vin doux, d'un arôme, d'un bouquet... corbélien. Il faut goûter, savourer la réussite poétique de cet ennui, de cette lassitude pleinement réalisée en de si belles images.

Louis-Philippe Corbeil est poète des ténèbres. Mais cet homme sans espoir est aussi, à son propre dire, "gamin" des ténèbres. On sent le plaisir qu'il prend à jouer avec les images, les idées poétiques. Il s'adonne avec la joie d'un enfant à son jeu préféré. Le poète, qui se meurt d'ennui, se distrait d'un jeu d'adresse, d'une partie de mots et d'images. Il y a un certain enjouement, une gaminerie verbale dans l'agencement des métaphores. Nous sommes en présence d'une imagination poétique qui met en jeu toutes les possibilités métaphoriques du poème. Il tente toutes les combinaisons possibles, comme pour en épuiser les ressources. La poésie est pour lui une forme d'exercice mental, une gymnastique de mots, et l'on doit reconnaître que ce poète las de la vie jouit intensément de l'écriture, que ce poète désespéré, du moment qu'il se met à écrire, se tient en dehors de son désespoir, et le contemple d'un regard ironique. Ainsi l'angoisse, le désespoir et l'ennui coexistent-ils avec la jouissance de l'écriture, et le bien-être de la création poétique.

Guy Gauthier

LÉO A.
Brodeur

1924

Léo Brodeur mène de pair une carrière dans les média (radio, télévision, presse) et une autre dans l'enseignement, tout en poursuivant une oeuvre littéraire à plusieurs facettes: pédagogique, religieuse, poétique.

Né à Saint-Boniface, le 15 février 1924, il a passé une partie de sa jeunesse à Domrémy, en Saskatchewan. Cet universitaire a fait son cours classique au Collège de Saint-Boniface (1936-1944) avant de retourner en Saskatchewan poursuivre ses études à Gravelbourg, puis à Montréal (1945-1949).

Revenu dans son patelin en 1950, il s'est lancé dans une carrière dans les média, qu'il allait poursuivre parallèlement avec celle de professeur. Au poste régional CKSB, il a été responsable de l'information (1950-1953), puis de 1952 à 1957, il fut animateur d'une émission destinée aux jeunes pour laquelle il composait et improvisait des contes. Cette partie de son activité comprenait aussi des reportages et du théâtre. Elle lui a valu une popularité dépassant amplement le Manitoba.

En 1954, Léo Brodeur a épousé Isabelle Beaudette, de Saint-Jean-Baptiste. Ils ont eu deux fils et deux filles.

En 1957, il se rend à Sudbury, en Ontario, où le deuxième poste français de cette province, CFRB, commence à diffuser sur les ondes. En plus d'être chargé de cours universitaires à l'Université de Sudbury, puis à l'Université Laurentienne (1958-1959), il produit des émissions culturelles et éducatives pour la radio et la télévision.

Mais la littérature l'appelle. À l'Université Laval, il consacre deux thèses à l'oeuvre de Paul Claudel et obtient une maîtrise (1961) puis un doctorat (1968) en Lettres françaises.

À Québec, il enseigne la littérature anglaise, puis le latin; il passe ensuite aux sciences politiques à Lennoxville (1964-1965). Il se rend à Sherbrooke en 1969 et devient professeur agrégé à l'université de la ville (1970), puis professeur titulaire (1974).

Au cours des années 70, Léo Brodeur agit comme secrétaire-rédacteur, puis directeur de la revue *Présence Francophone*. Il mène une grande activité critique dans une variété de domaines et signe des dizaines d'articles dans les quotidiens de l'Est, en traduit d'autres de l'anglais. Il écrit neuf articles du tome II du **Dictionnaire des Oeuvres littéraires du Québec**, pas moins de dix-huit du tome III et cinq du tome IV. Une nomenclature, même incomplète, de ses cours, de ses écrits, enregistrements et conférences, représente un corpus impressionnant. À cela s'ajoute ses réalisations dans le monde du théâtre, de la radio-télévision et de la musique. Notons à cet égard *La Légende du Vent*, poème symphonique dont il signe le livret; musique de Marius Benoist. D'abord conçue à Saint-Boniface en 1953, l'oeuvre fut adaptée pour la télévision de Radio-Canada en 1974.

À compter du début des années 80, Léo Brodeur dirige de plus en plus son attention sur des questions d'ordre religieux ou culturel, produisant, par exemple, une série d'enregistrements sur l'oeuvre de Maria Valtorta, intitulée *L'Évangile tel qu'il m'a été révélé*.

À travers tout cela, sa passion pour la littérature et sa formation dans les média font de lui un diffuseur. Il fonde, seul ou avec d'autres, plusieurs maisons d'éditions, dont *Cosmos* (1969-1976), les *Éditions de la Nébuleuse* (1974), les *Éditions M. Kolbe* (1979), et les *Éditions Tout-Neuf* en 1983.

Comme poète, Léo Brodeur dit qu'il a commencé à publier en 1963, mais il est clair qu'il a commencé à créer au cours de ses années manitobaines. Il est en quelque sorte un prestidigitateur qui a le verbe facile et qui communique aisément devant un microphone ou un auditoire. Étrangement, ses écrits poétiques pourront paraître denses, et même austères à certains, mais ils demeurent empreints d'une grande ferveur humaniste.

Connais-toi, étudiant (poèmes-pensées), édition polycopiée, Sudbury, Université de Sudbury, 1959.

L'Explication de texte. Méthodes et Applications, en collaboration, édition polycopiée, Faculté des Arts, Sherbrooke, Université de Sherbrooke, 1967.

Et demain, étudiant? Trois réponses : Oracles, Apollo XIII, Montréal, coll. Brûle-main, Éditions Cosmos, 1969.

Le Corps-sphère, clef de la symbolique claudélienne, Sherbrooke\Montréal, Éditions Cosmos, 1970.

Anthologie méthodologique. Explication de textes I, II, Faculté des Arts, Sherbrooke, Université de Sherbrooke, 1970.

Comment éduquer votre enfant selon la méthode Montessori de Elisabeth Hainstock, traduction de l'anglais avec Préface et Appendices, Sherbrooke, Éditions Paulines, 1971.

Répertoire des thèses littéraires canadiennes (1969-71), en collaboration avec A. Naaman, CELEF, Sherbrooke, Université de Sherbrooke, 1972.

Pleins feux sur la francophonie en Afrique 1974, Québec, ACELF, 1974.

Répertoire des thèses littéraires canadiennes de 1921 à 1976, en collaboration avec A. Naaman, Sherbrooke, Éditions Naaman, 1978.

Trois marguerites pour ordinateur, poésie, Sherbrooke, Éditions Tout-Neuf, 1983.

Mille ordinateurs pour une marguerite, poésie, Sherbrooke, Éditions Tout-Neuf, 1984.

Hell's War Against Our Children with Seven Appendices on "How to Fight this War", en collaboration avec John O'Connor, Sherbrooke, Éditions Saint-Raphaël, 1985. Traduction, 1986.

Légendes pharaoniques, d'Antoine Naaman, comme collaborateur, Sherbrooke, Éditions Naaman, 1985.

[Anonyme], "Le Corps-sphère, clef de la symbolique claudélienne de Léo-A. Brodeur", *Le Livre canadien,* vol. 2, mai 1971, n° 201.

[Anonyme], "Répertoire des thèses littéraires canadiennes de Léo-A. Brodeur et Antoine Naaman", *Le Livre canadien*, vol. 3, oct. 1972, n° 289.

Marthe Baudoin, "Le Corps-sphère, clef de la symbolique claudélienne de Léo-A. Brodeur", LAQ 1970, p. 158-159.

Madeleine Bellemare, "Répertoire des thèses littéraires canadiennes de 1921 à 1976", *Nos livres*, vol. 10, mars 1979, n° 113.

Réginald Hamel, John Hare, Paul Wyczynski, *Dictionnaire des Auteurs de langue française en Amérique du Nord*, Montréal, Fides, 1989, p. 207.

Répertoire littéraire de l'Ouest canadien, Saint-Boniface, Centre d'études franco-canadiennes de l'Ouest, 1984.

Ophélie

Fleur de l'avant-rosée
me suis ouverte dans la nuit
comme on ouvre la bouche
à l'entrée du sous-bois
la première fois

Quelque chose d'immense et de liquide
s'est en moi précipité
silencieux fleuve qui s'engouffre
sous un chaos d'écumes et d'arcs-en-ciel
emportant les yeux d'un peuple entier
arrachés aux derniers rochers
dévêtus de leurs étoiles sous la lune

Ophélie Ophélie Ophélie
Quel ange est venu te tenter
t'offrant à boire
au ruisseau murmureur entre les herbes
issu des sources du rêve
le suc trop subtil de quelles fleurs
aux pétales immaculés

Poetry Windsor Poésie, 1978

Imagier québécois – 57 –

La neige passe
    au-dessus de la neige

en faisant une ombre blanche
    qui emporte le temps

Trois marguerites pour ordinateur

Insomnie

Quelle lourdeur il fait ce soir
Mes désirs ne soulèvent plus leur bouclier
Ils remuent leurs morts aux champs de bataille
J'ai soif

Donne à boire ô nuit
Verse-moi ta grande épée nue du rêve
Que je brise en moi
La pierre amère de ma mémoire

Trois marguerites pour ordinateur

Indomptable

J'ai mis les mains dans l'or
les enracinai jusqu'aux épaules
fête d'or en sous et médaillons

j'y agitai mes rêves
je les croyais multiples
et dociles sous la selle

Tout a sauté
feu d'artifice
mille pièces éparpillées

or, verdure et soleil
mon rêve restait là
unique, vivant

Taureau furieux
renâclant et piaffant
sous le fouet de sa queue noire

_____

Trois marguerites pour ordinateur

Marine

admirable holacanthe
"demoiselle"! "duchesse"!
tu es porte-ciel
emporte-ciel

astre navigateur
astre bleu
plus azur que le jour dans son miroir

zèbre cosmique
lavé à l'opale des nuits pâles

ange baisé
aux lèvres de l'aube

chairs moulées dans la souplesse
plus agiles que le terrestre
mouvementées ainsi que l'eau
respirant l'Espace même

chairs plus que d'une femme
aux appâts de désir
mais le désir même arraché au désir

poisson résurrectionnel
tu es la plus totale suspension dans l'absolu
mesurable
à l'éclat de l'unique rayon
de ton oeil d'or
dans l'indigo

Trois marguerites pour ordinateur

Première neige

ce ne sont pas les flocons
    se berçant qui tombent

c'est le jardin tout recueilli
    qui monte vers son rêve

déjà les bosquets ont la tête
    dans les nuages

et mon cauchemar commence
    je cours sans avance
    mon haleine est rouge

Mille ordinateurs pour une marguerite

Deux nuits

Il est deux nuits

Celle d'où l'on ne peut sortir
corps mortel

Celle que l'on fait secréter
à son âme
sous les sombres abris aveuglants
de trop courtes imaginations
qu'ensommeille
la paille moite des sensualités

Mille ordinateurs pour une marguerite

Liszt

la blonde
 tarentule
  a tissé sa toile
   sous de sombres
    paupières fermées

      le piano s'est ouvert
       en éventails de prodiges
        sous les mains monstrueuses

        la danse
         de la mort
          coeur bondissant
           sur l'ébène et l'ivoire
            cherche la sortie du monde

              et ne peut trouver qu'épuisement
               et chute finale parmi les cataractes
                de défis ouverts et diamants incassables

Mille ordinateurs pour une marguerite

HUBERT
Mayes
1927

Ce professeur de carrière présente une figure plutôt originale de francophile.

Il est né le 29 août 1927 à Deloraine, au Manitoba, dans une famille d'origine anglaise et irlandaise protestante. Il a fait ses études secondaires à Lyleton et Melita, dans la même région du sud-ouest manitobain. De 1944 à 1947, il a entrepris ses études universitaires au United College de Winnipeg où il a obtenu son baccalauréat ès arts et s'est distingué en méritant la médaille de bronze du Gouverneur général.

M. Mayes a été professeur de français et d'anglais au niveau secondaire pendant trois ans avant de poursuivre une année d'études littéraires et linguistiques à l'Université de Paris (1951-1952). À son retour, il a été directeur et réalisateur des émissions scolaires à la Canadian Broadcasting Corporation, diffusées depuis Winnipeg et Edmonton, de 1954 à 1962.

Il a également repris ses études et a obtenu une maîtrise en arts de l'Université du Manitoba (1963) et un doctorat en lettres de l'Université Laval (1975). Sa thèse de maîtrise porte sur *La conception de la biographie chez Romain Rolland,* et sa thèse de doctorat s'intitule *Rythmes et structures dans le roman québécois de 1950 à 1965.*

Hubert Mayes a été professeur de français, se spécialisant en littérature canadienne-française, pendant vingt-six ans à l'Université de Winnipeg, connue sous le nom de United College jusqu'en 1967.

Il a fait partie, pendant près de dix ans, du bureau de direction du CEFCO, le Centre d'études franco-canadiennes de l'Ouest, au Collège universitaire de Saint-Boniface (1978-1987); et il a été membre du conseil d'administration du Centre culturel franco-manitobain pendant deux ans.

Marié depuis 1956, il est père de trois enfants.

À la retraite depuis 1986, il n'est pas resté oisif. Il poursuit toujours la recherche et la rédaction de ses articles historiques sur le Manitoba qui le passionne tant. Il a publié en français, principalement dans le bulletin du CEFCO, et en anglais dans *The Beaver*. Notons en particulier sa traduction du poème de J.G. Whittier, *Le Voyageur de la rivière Rouge*, et sa critique de la traduction qu'en avait fait Armand Chossegros (voir Appendice G).

Il écrit de la poésie en anglais et en français, et certains vers ont été publiés dans le bulletin du CEFCO.

Poésie :

"Mes hivers", bulletin du CEFCO, Saint-Boniface, octobre 1982.

"Le Voyageur de la rivière Rouge", bulletin du CEFCO, Saint-Boniface, février 1984.

Études historiques :

"Le sacre de Mgr Taché à Viviers-sur-Rhône", *Actes du Colloque du CEFCO*, Saint-Boniface, 1984.

"Une oeuvre de propagande politique", *Prairie Fire*, Winnipeg, Autumn, 1985.

"Les abbés Provencher et Dumoulin écrivent à Lady Selkirk", bulletin du CEFCO, Saint-Boniface, mars 1987.

En anglais :

"*The Grave of Lord Selkirk*" (*The Beaver*, Spring, 1977); "The Restoration of Lord Selkirk's Grave" (*The Beaver*, Autumn, 1978); "York Factory to St. Boniface on Foot, 1836-37" : traduction d'un récit de voyage de Pierre-Louis Morin d'Equilly (*The Beaver*, Winter, 1979); "Young Taché" (*The Beaver*, Aug.-Sept., 1986); "Remembering Lady Selkirk" (*Manitoba History*, Spring, 1987);
"Bison in Bronze" (*Border Crossings*, Spring, 1988); "The Death of Selkirk" (*The Beaver*, Aug.-Sept., 1988).

Engourdissement

Vent de la toundra, glacial et cinglant,
Souvent, balayant les prairies désertes,
Tu t'engouffres, par les portes ouvertes,
Dans de vieux hangars, penchés et branlants.

Vieillard de la steppe manitobaine,
Ce vent cruel t'a fouetté sans merci.
Tu as triomphé; pourtant, endurci,
Tu n'éprouves plus ni plaisir ni peine.

Inédit

Cène protestante

Linge d'une blancheur impeccable
Qui recouvre les espèces
Sur la Sainte Table :
Oui, c'est beau, c'est la tradition,
Mais toute cette pureté, toute cette propreté...
Les anciens enlèvent la nappe et la plient.
Comme l'argent luit!
Les dames qui s'en occupent
Ont dû tout polir hier soir.
Les assiettes pour le pain,
Les plateaux pour le vin,
Tous disposés avec soin.
Le pasteur rompt la croûte,
Élève la coupe.
Dignement, solennellement,
Les anciens se dirigent vers les bancs.
"Ceci est mon corps" –
Tous ensemble nous mangeons.
"Ceci est mon sang" –
Tous ensemble nous buvons.

On empile les assiettes,
On empile les plateaux,
On recouvre la table
Du beau linge blanc.
Tout s'est passé
Avec ordre et dignité.
Encore une fois je quitte le temple,
Les sentiments bien ordonnés
Sous le linge de l'habitude,
Avec les plateaux vides
De l'impassibilité.

Extrait de 'À l'Approche de Pâques' – inédit

Mes hivers*

Que de fois, en hiver, dans les journées lointaines,
Quand un vent violent ébranlait la maison
Et que la neige épaisse, ainsi qu'une toison,
S'entassait aux rebords, symbole de mes peines,

Je me laissais sombrer, plein de rancune vaine,
Dans un Léthé profond où malgré la Raison,
Des monstres révoltants, répandant leur poison,
Éveillaient dans mon âme une peur souveraine.

À présent que les ans m'ont endurci l'esprit,
J'ai pour cette faiblesse un rigoureux mépris.
L'orage ne m'est plus qu'un vaillant adversaire

Contre qui, calmement, sans haine, je me bats.
Comme un fauve confiant je quitte mon repaire
Et j'avance tout droit, prêt à livrer combat.

---

* *Sonnet dans le style de Nelligan composé pour le 40ᵉ anniversaire de la mort du poète, le 18 novembre 1981, Bulletin du CEFCO, n° 12.*

PLACIDE
Gaboury
1928

Né dans une famille de cultivateurs, à Bruxelles au Manitoba, le 5 octobre 1928, c'est de
nouveau vers la nature que se
tournera Placide Gaboury au cours des années 80, après une
longue carrière de professeur et d'écrivain.

Cette première phase "universitaire" débute par des études
classiques au collège des Jésuites à Saint-Boniface, où il obtient son
baccalauréat ès arts (1949). Il décide de rester avec les Jésuites et
joint les rangs de la Compagnie, pour n'en sortir que beaucoup
plus tard, en 1983.

Chez les Pères Jésuites, il reçoit une formation en philosophie
et en théologie, ainsi qu'en musique, éléments qui modèlent chez
lui un esprit universel. Il obtient une maîtrise ès arts de l'Université
de Montréal en 1952 où il retournera terminer un doctorat en
philosophie en 1969.

À la suite de son stage à Montréal, il reviendra au Manitoba et
enseignera au Collège de Saint-Boniface (1953-1958); puis au
Collège Jean-de-Brébeuf (1961-1970). Diverses universités l'ac-
cueilleront au cours de sa carrière, de Montréal à Détroit, en
passant par Sudbury. Il enseignera non seulement la philosophie
et la théologie, mais aussi les lettres, la pédagogie, la musique, la
peinture... C'est cette alliance de connaissance et de spiritualité
esthétique qui lui permet d'écrire des essais savants et extensifs. De
son livre sur Louis Dantin, on dira : "Dense, profond, lucide, disert,
bien écrit, bardé de citations et hérissé de notes... voici un livre qui
émerge comme un sommet au-dessus de la grisaille de la production courante[1]."

Gaboury a signé une grande variété d'articles et d'essais qui
ont été publiés dans *La Revue de l'Université d'Ottawa*, *Le Devoir*,
Commerce, *L'Enseignement Secondaire*, *Review for Religions*, et *Journal*

of Aesthetics and Art Criticism. Ses recueils fournissent un aperçu des recherches et des théories connues à ce jour, ainsi que de savantes bibliographies critiques.

Depuis 1983, Placide Gaboury a quitté et la Compagnie de Jésus et le domaine universitaire pour se consacrer à la spiritualité du Nouvel-Âge. Cette deuxième phase de sa vie adulte, en un sens tout l'y a préparé, et elle est un assouplissement et une libération des études qui avaient formé l'universalité de sa pensée. Les titres de quelques-unes de ses publications en sont symboliques *(Les Voies du Possible, Le Voyage intérieur, L'Homme qui commence).*

Il a commencé à retrouver un peu de la nature de ses origines dans la forêt près de Cowansville, Québec, où il s'est construit une maison en bois. Depuis, avec l'appui de l'éditeur Jacques Languirand, il s'intéresse aux courants modernes de discipline mystique et aux différents phénomènes d'ésotérisme. Il publie et donne des conférences sur cette nouvelle spiritualité au-delà de la spécificité religieuse.

La production poétique de Placide Gaboury est limitée. On retrouve des poèmes parsemés ici et là dans ses livres, par exemple un poème en forme de roue dans *Le Voyage intérieur.* Il a également publié quelques poèmes aux Éditions Prise de Parole. Le début de sa production poétique, quoiqu'encore restreinte, remonte aux années 1946-1949 quand le jeune étudiant faisait paraître assez régulièrement des poèmes dans *Le Bonifacien*, journal du Collège de Saint-Boniface. Nous avons fourni des exemples de ces trois périodes de son oeuvre qui conserve en général ce même souffle de l'expérience de la signification universelle qu'on retrouve dans la pensée et les essais de Gaboury.

---

1. *Le livre canadien*, mars 1974

Matière et structure: réflexions sur l'oeuvre d'art, Bruges, Desclée de Brouwer, 1967.

L'art et les hommes, En collaboration avec Paul Lemaire, Ottawa, Université Saint-Paul, 1967.

Devenir religieux, Bruges, Desclée de Brouwer, 1967.

Un Monde ambigu : pluralisme et vie religieuse, Montréal, Bellarmin, 1968.

L'Homme inchangé. Une vision du monde et de l'homme, Montréal, Hurtubise HMH, 1972; réédition : Éditions de Mortagne, 1986.

Faith and Creativity, New York, Vantage Press, 1972.

Louis Dantin et la critique d'identification, Montréal, Hurtubise HMH, 1973.

Lignes/Signes, poésie, en collaboration, Sudbury, Prise de Parole, 1973.

Les voies du possible, Montréal, Ferron, 1975; réédition : Éditions de Mortagne, 1981.

Le voyage intérieur, Boucherville, Éditions de Mortagne, 1979.

L'homme qui commence, Boucherville, Éditions de Mortagne, 1981.

Réincarnation et Karma, en collaboration avec Jacques Languirand, Montréal, Minos, 1984.

Une religion sans murs, Montréal, Minos, 1984.

Un torrent de silence, Montréal, Éditions de Mortagne, 1985.

Une Voie qui coule comme l'eau, Boucherville, Éditions de Mortagne, 1986.

Pensées pour les jours ordinaires, Boucherville, Éditions de Mortagne, 1986.

La Grande rencontre : les savants retrouvent la sagesse, Boucherville, Éditions de Mortagne, 1986.

Messages pour le vrai monde, Boucherville, Éditions de Mortagne, 1987.

Paroles pour le coeur, Boucherville, Éditions de Mortagne, 1987.

Rentrer chez-soi, Boucherville, Éditions de Mortagne, 1988.

La tendresse de Léonard, Boucherville, Éditions de Mortagne, 1988.

Le chant d'une vie, Boucherville, Éditions de Mortagne, 1989.

[Anonyme], "L'Homme inchangé de Placide Gaboury", *Le Livre canadien*, vol. 3, févr. 1972, n° 47.

[Anonyme], "Gaboury, Placide. Louis Dantin et la Critique d'identification", *Le Livre canadien*, vol. 5, mars 1974, n° 84.

[Anonyme], "Gaboury, Placide. Les Voies du possible", *Le Livre canadien*, vol. 7, avril 1976, n° 138.

Yvon Daigneault, "Inventer une spiritualité d'ici", *So*, 71ᵉ année, n° 150, 22 juin 1968, p. 40.

Madeleine Dubuc, "Placide Gaboury. Vers l'être humain de l'ère nouvelle", *Pr*, 98ᵉ année, n° 55, 6 mars 1982, p. C-2.

Réginald Hamel, John Hare, Paul Wyczynski, *Dictionnaire des Auteurs de langue française en Amérique du Nord*, Montréal, Fides, 1989, p. 546.

Raymond Lemieux, "Pluralisme et Vie religieuse", *LAC* 1968, p. 201.

Jean-Louis Major, "Essai et Contre-Essai", *LAQ* 1972, p. 316-326.

Yvan Morin, "Placide Gaboury. Louis Dantin et la Critique d'identification", *LAQ* 1973, p. 181-182.

Répertoire littéraire de l'Ouest canadien, Saint-Boniface, Centre d'études franco-canadiennes de l'Ouest, 1984.

Guy Robert, "Matière et Structure de Placide Gaboury", *LAC* 1967, p. 166.

S.W.A.A., "L'homme qui commence", *Le Temps fou*, n° 23, nov.-déc. 1982, p. 65.

Neiges infinies...

Il a neigé des neiges blanches
où brillent des sourires chérubiques
sur des ailes d'oiseau.
Il a neigé des clairs de lunes
des fleurs d'un ciel si pleines de cristal
si pleines de beauté qu'elles se brisent!
Il a neigé des neiges pures;
et dans le bleu muet un ange semble dire
une simple prière de novice.
Il a neigé des milliers d'ostensoirs
trempés d'un vin en brume fourmillante
coulé emmi l'encens d'une Cène.
Il a neigé des soleils d'or!
et tous les astres sont en choeur
avec l'immense valse toute blanche.
Il a neigé des longues aphonies
ah! ces pâleurs macabres de novembre
qui tombent en rêvant une prière.
Il a neigé tant de jardins fleuris
que tout l'éden est venu là se fondre
comme les doux pinceaux de Raphaël.
Il a neigé des trilles du hautbois,
des molles perles,
et des velours de fêtes inconnues.
Il est tombé des joies d'une jeunesse
que mon impureté ne peut toucher
sans qu'elles ne s'enfuient.
Il a neigé dans l'infini
que Dieu composa de sa main
elle, qui était plus grandiose
que la plus grande des infinités!
Il a neigé des neiges infinies.

_____

Le Bonifacien, décembre 1946

Chopin

Au piano de jais, où l'aile de glacis
Reflète les plastrons des nobles de Paris
Et les gazes, l'hermine aux chairs blondes des femmes,
De vos regards blanchis par la phtisie infâme,

Vous glissez vers le monde aux arbres dont la voix
Est musique toujours, et musique les doigts
De chaque branche verte. Au loin sur les vestiges
De la gloire insatiable, envoyez ces vestiges

Sous les pas de vos mains. Oh! les neiges d'octobre
N'ont rien de plus menu que vos pâles chansons
Et tout l'été en fleur aux aquarelles sobres,

Aux vents qui chevauchent en troupes de griffons
S'évaporent devant une ombre de votre âme
Qui chanta l'Élégance et la Pologne en flamme.

_____

Le Bonifacien, octobre 1947

Voeux de Jean de Brébeuf
(extraits)

Ô Vous qui m'entourez comme un vent sans orientation,
    vous gonflez mes poumons jusqu'à l'essoufflement,
Si bien que je m'écrie : "Seigneur,
Seigneur, c'est assez. Maintenant rien ne me séparera de
    votre amour.
Rien ne retiendra mes courses dans la distribution de
    votre Parole,
Ni la nudité, ni le glaive, ni même la mort."
Je ne craindrai plus de voir mon sang se coaguler sur
    des membres à nu,
Je ne broncherai pas devant la prose du devoir
Et les griffes de la famine rongeront inutilement ma chair.

Je verse dans votre calice, qui demeure toujours plein
  pour l'homme,
Quoique vous l'ayez bu dans un geste si accompli. – Je
  verse d'un profond baiser
Le martyre de chaque jour, la hantise du Parfait,
Les chasses, les poursuites qui se prolongent dans mes rêves.
J'attends avec confiance dans cette forêt en friche
Qui peut-être boira la riche sève d'innocents témoins.
J'entends les cris sensuels, je vois les formes nues
  se profiler sur les bouleaux,
Les torches siffler au travers du soir sous les noirs mouvements
De mille bourreaux, qui enfoncent leurs ongles dans ce temple
Fumant et immobile,
Mon enveloppe criant la nudité,
Cette chair reçoit le glaive
Et se dessèche dans les odeurs d'agonie et de mort;
Mais ne me délie pas de votre Amour.
Oui, je sens déjà l'eau bouillante me parcourir et dissoudre
En d'atroces tensions ma chair,
Où vous avez conquis pour moi la noble sensibilité,
Déjà la rougeur des haches s'enlise dans mes épaules,
Mais la force d'aimer ne devra jamais fondre,
Gouvernée par votre corps agonisant en moi.
Ah! que je voudrais vous libérer d'une telle douleur,
  Ô Christ,
Et boire à moi seul l'agonie afin que vous reposiez,
Si je pouvais. – Mais voici que rien n'est fait en moi
  sans que Vous soyez l'artiste.
Vous le savez, je voudrais tout souffrir pour Vous,
  et accomplir ainsi
Mon don total que vous-même inspirez.
Jésus, je ne vous laisserai pas inconnu, il faut que
  Vous surviviez à mon corps
En cette mission, en cette portion gourmande de mon coeur.
Non, vous ne serez pas inconnu, si même il ne reste de mon être
Qu'un coeur haletant dans une abstraite gaine.

Je ne vous laisserai point, éternel Poursuivi
Tant que les doigts avides des enfants élus,
D'une folie de rapt m'éventreront, m'arracheront le coeur.

Le Bonifacien, mai 1949

Marronniers en octobre

Ce soir
Nous ne sommes plus à l'ombre
Mais à la lueur de l'arbre
– Ses mains de phosphore
Ont fait fondre la nuit –
Nos corps s'auréolent
Dans un clair-de-feuille jaune
Au sous-bois le plus sourd
D'un aquarium de lune

La verdure a livré son rêve d'avril :
Bouquet d'ambre et de braises!
Une bonté pose sa main chaude
Sur ma tête d'enfant
Ou contre la flamme
L'abat-jour d'une main
De la couleur d'une joue

De loin en loin sur les rives
L'allumage des marronniers
Le nimbe d'un gong qui rayonne
Et la sagesse se lève
Au coeur de l'arbre
Comme un astre
Dans la nuit verte

Vient l'heure
Où toute sève
D'elle-même s'illumine
Au creux des paumes étoilées
Désormais tout est pur et décanté
Comme après une grande peine

Lignes/Signes

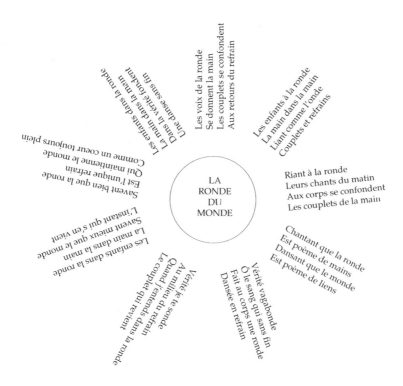

LA RONDE DU MONDE

Les voix de la ronde
Se donnent la main
Les couplets se confondent
Aux retours du refrain

Les enfants à la ronde
La main dans la main
Liant comme l'onde
Couplets et refrains

Riant à la ronde
Leurs chants du matin
Aux corps se confondent
Les couplets de la main

Chantant que la ronde
Est poème de mains
Dansant que le monde
Est poème de liens

Vérité vagabonde
Ô le sang qui sans fin
Fait au corps une ronde
Dansée en refrain

Vérité dans la ronde
Au milieu je le sonde
Quand j'entends du refrain
Le couplet qui revient

Les enfants dans la main
La main dans le monde
Savent mieux que le monde
L'instant qui s'en vient

Savent bien que la ronde
Est l'unique refrain
Qui maintienne le monde
Comme un cœur toujours plein

Les enfants dans la ronde
La main dans la main
Dans la vérité fondent
Une danse sans fin

Le voyage intérieur

ROSSEL
Vien

1929

Cet écrivain, journaliste, traducteur et chercheur est originaire[1] de la région du Sa-
guenay-Lac Saint-Jean où il est
né le 17 octobre 1929 et où son père aurait connu et côtoyé Louis
Hémon à Péribonka. De sa mère, native de la réserve indienne de
Pointe-Bleue, il tient, dit-il, le statut de Montagnais. Il a d'ailleurs
rédigé une histoire de la région, *Histoire de Roberval, coeur du Lac
Saint-Jean*.

Rossel Vien a fait ses études classiques au Collège de Joliette, et
au Séminaire de Philosophie, de Montréal.

Un hasard, dit-il, l'a conduit dans l'Ouest canadien au cours
des années 50, et la faculté d'histoire de l'Université de la Saskatchewan l'a retenu quelque temps avant qu'il n'échange ce
milieu contre un régime d'alternance entre le voyage et la radio
française dans les postes de l'Ouest. D'abord au poste CFNS de
Saskatoon de 1955 à 1957, puis au Manitoba à la radio CKSB de
Saint-Boniface jusqu'à la cession du poste à la société Radio-
Canada en 1973.

Rossel Vien a presque toujours collaboré à des journaux
hebdomadaires, soit comme bénévole, pigiste, ou adjoint à la
rédaction, particulièrement au *Courrier*, hebdomadaire bilingue,
où il a dirigé la section française à la fin des années 60 et au début
des années 70. Il a été le premier à publier dans ces pages des
poèmes de Louis-Philippe Corbeil, et certainement un des premiers à faire connaître les artistes et auteurs de la nouvelle génération.

Depuis les années 70, c'est surtout la recherche historique qui
l'occupe. Il avait déjà passé un an aux Archives provinciales du
Manitoba (1964-1965), mais n'a pas hésité à "reprendre le collier"
comme archiviste de la Société historique de Saint-Boniface (1972-

1973), puis du Collège de Saint-Boniface (1977-80). M. Vien a aussi été rédacteur et recherchiste au Centre d'études franco-canadiennes de l'Ouest où il a collaboré avec Annette Saint-Pierre (copropriétaire des Éditions des Plaines) à la publication du *Répertoire littéraire de l'Ouest canadien*[2].

Son travail journalistique l'a amené à publier un essai sur l'histoire de la radio française dans l'Ouest, tandis que son intérêt pour l'histoire l'a incité à traduire une biographie romancée de Louis Riel (*The Man who had to Hang: Louis Riel*, de l'auteur winnipégois E.B. Osler) et à collaborer avec Mary Jordan qui a rédigé un livre sur Sara Riel[3] basé sur la correspondance de celle-ci. Il a aussi participé à la rédaction de *Histoire de Ponteix*[4], de Rachel Lacoursière-Stringer, *Histoire de La Broquerie*[5], de Jean-Marie Taillefer, et *Les Jésuites dans la vie manitobaine*[6], de Gérard Jolicoeur.

En plus d'avoir publié des articles dans plusieurs hebdomadaires, Rossel Vien a signé des nouvelles et des essais dans une variété de revues dont les *Écrits du Canada français*, le *Bulletin du CEFCO*, et *Moissons*, revue de l'Université de Saskatoon.

Il a fait paraître sous le pseudonyme de Gilles Valais deux récits, (*Les deux frères; Les deux soeurs*) qui relèvent davantage de la prose poétique que du genre du récit proprement dit. Le troisième volet de cette trilogie (*Le Fils unique*) doit paraître aux Éditions du Blé.

---

1. Le *Dictionnaire des Auteurs de langue française d'Amérique du Nord* le fait naître Gilles Delanaudière, à Joliette, en 1925. Rossel Vien a publié plusieurs nouvelles sous le nom de Gilles Delaunière dans les *Écrits du Canada français*; elles furent regroupées et ont paru aux Éditions Hurtubise. Dans un compte-rendu de ce livre, dans le volume V du *Dictionnaire des Oeuvres littéraires du Québec*, Benoit Beaulieu identifie Gilles Delaunière comme un pseudonyme de Russel [sic] Vien, fils d'Olivier Vien et d'Alice Cleary, né à Roberval en 1929. Une nouvelle "réaliste", *Un homme de trente ans* qui a paru dans le numéro 6 des *Écrits du Canada français*, en 1960, confirmerait cette date de naissance.

2. Ce catalogue-anthologie est le plus étendu du genre dans l'Ouest canadien-français. Il fait suite au travail entrepris par la Direction des Ressources éducatives françaises du Manitoba qui a publié en 1979 un premier catalogue, *Auteurs francophones des Prairies*.

3. Mary Jordan, *To Louis from your sister who loves you, Sara Riel*, Toronto, Griffin House, 1974. Traduction française: *De ta soeur, Sara Riel*, Saint-Boniface, Éditions des Plaines, 1980.

4. Rachel Lacoursière-Stringer, *Histoire de Ponteix*, Ponteix, Saskatchewan, 1981.

5. Jean-Marie Taillefer, *Histoire de La Broquerie*, Steinbach, Manitoba, 1983.

6. Gérard Jolicoeur, *Les Jésuites dans la vie manitobaine*, Saint-Boniface, Centre d'études franco-candiennes de l'Ouest, 1985.

———————

Histoire de Roberval, coeur du Lac Saint-Jean, Éditions du Centenaire, *Société historique du Saguenay*, 1955.

"Louis Riel – Journal de prison" (édité par R. Vien), Montréal, *Écrits du Canada français*, n⁰ 13, 1962.

Louis Riel, un homme à pendre, (trad. de E.B. Osler, "The Man Who had to Hang: Louis Riel", Toronto, Longman's, Green & Company, 1961), Montréal, Éditions du Jour, 1963.

Voyage sans suite, Montréal, *Écrits du Canada français*, n⁰ 18, 1964.

La correspondance de Sara Riel, Montréal, *Écrits du Canada français*, n⁰ 22, 1966.

La Radio française dans l'Ouest, Montréal, Hurtubise HMH, 1977.

Répertoire littéraire de l'Ouest, en collaboration, Saint-Boniface, Centre d'études franco-canadiennes de l'Ouest, 1984.

Nom: Gilles Delaunière:
Un homme de trente ans, Montréal, *Écrits du Canada français*, n⁰ 6, 1960.

L'auberge des trois lacs, Montréal, *Écrits du Canada français*, n⁰ 9, 1961.

Les aveugles de Matamoros, Montréal, *Écrits du Canada français*, n⁰ 30, 1970.

Et fuir encore, (nouvelles), Montréal, Hurtibise HMH, 1972.

La coulée, Montréal, *Écrits du Canada français,* n° 43, 1981.

Nom: Gilles Valais:
Les deux frères, Saint-Boniface, Éditions des Plaines, 1982.

Les deux soeurs, Saint-Boniface, Éditions des Plaines, 1985.

Le Monastère, dans *L'Ouest en nouvelles,* Saint-Boniface, Éditions des Plaines, 1986.

Le Fils unique (à paraître), Saint-Boniface, Éditions du Blé, 1990.

———————

Marguerite Anderson, "Discours-Fleuve" (Les deux soeurs), *Canadian Literature,* n° 115, Winter 1987.

Eric Annandale, "Les deux soeurs", *CEFCO,* n° 23, mai 1986.

[Anonyme], "Et fuir encore...", *Le Livre canadien,* vol. 3, févr. 1972, n° 42.

Auteurs francophones des prairies, Saint-Boniface, Centre de ressources éducatives françaises du Manitoba, 1981.

Jacques Beauchamp-Forget, "Vien (Rossel). Radio française dans l'Ouest", *Nos livres,* vol. 9, janv. 1977, n° 29.

Madeleine Bernier, "Louis Riel, un homme à pendre", *Winnipeg Tribune,* Oct. 17, 1964.

Paulette Collet, "De l'Ouest, des Nouvelles et de l'Histoire", *Lettres québécoises,* printemps 1987.

Claire Dayan-Davis, "Le rôle de la femme dans le roman franco-canadien de l'Ouest", thèse de maîtrise, Université du Manitoba, 1989.

Paul-Marie Duhet, "L'Ouest en nouvelles", *Études canadiennes*, n° 24, 1988.

Réginald Hamel, John Hare, Paul Wyczynski, *Dictionnaire des Auteurs de langue française en Amérique du Nord*, Montréal, Fides, 1989, p. 1336.

Rosmarin Heidenreich, "Recent trends in Franco-Manitoban Fiction and Poetry", Winnipeg, *Prairie Fire*, Spring, 1990.

Linda Hutchison, "Plus ou moins" (L'Ouest en nouvelles), *Canadian Literature*, n° 117, Summer, 1988.

Aline Lafortune, "Les deux frères", *Nos livres*, n° 5063.

Claire de Lamirande, "On est toujours à l'Est de quelqu'un" (Les deux soeurs), *Le Droit*, 28 juin 1986.

Raymond Laprès, "L'Ouest en nouvelles", *Nos livres*, juin-juillet 1987.

Michel Laurin, "Les deux soeurs", *Nos livres*, n° 6553, avril 1986.

Daniel Marchildon, "Les deux soeurs", *Liaison*, hiver 1987.

Répertoire littéraire de l'Ouest canadien, Saint-Boniface, Centre d'études franco-canadiennes de l'Ouest, 1984.

Durée

Insolente durée
Reliant pâmoisons d'été
Aux hivers esquimaux.
Résistante durée
Accroupie dans un milieu d'été
Et bâillant sur la rivière
Qui balance des soleils.
Durée que l'on cherche, durée qu'on poursuit,
Durée à étreindre!
Cachées sont les sources
Et perdues les rivières
Dans leurs longues arrivées
Vers les baies.
.....Une même durée
      Épandue à foison
      Passe innommée.

Le Courrier, 1964

Pour mémoire

Une musique s'est plainte
Ce soir quand les soleils
Furent broyés
Une musique de loup
A couru entre les troncs
D'arbres en rangées
Abîmant ce qui restait
De jour et
Répandant la nuit
En jetant des ponts entre
Les branches folles

Un bref soupir de feu
De langue tordue
Un craquement d'yeux
Ébauchèrent un répons
Pour mémoire
Pour oubli

La mer

Ignorante du temps,
La mer voluptueuse
Berce des diamants
Polis d'heures creuses.

Jouant avec les vents,
Elle roule et déroule
Autour des continents
Sa chevelure soûle.

De brume et de soleil
Jamais rassasiée,
Au rêve sans sommeil
Pour toujours repliée,

Elle est celle qui va
Et qui n'a pas de maître
Et qui ne finit pas
De mourir et de naître.

Si tu le veux, un soir,
Toute amarre écartée,
Nous descendrons la voir
Dans ses vagues salées.

L'abîme s'ouvrira,
Et sans plus de murmure
Nous ensevelira
Pour des ondes futures.

_____

Marbre

Un pleur long à choir
Luit dans son contentement
Et reflète même
Un commencement de rire

C'est un beau marbre veiné
Qui me regarde
Que j'ai sculpté de force
Terrible

Un soleil blanchit
Les convois de nuages
Qui songent
Et je cherche à recomposer
Dans leur moqueuse file
Les signes que la nuit
Avait apprivoisés

Je me dis qu'il faut être ruines
Telle nuit telle année
Pour entendre au jour venu
Un tintement de source
Courant dans l'air depuis
Le centre dernier

Et pour voir en étranger
Les dépouilles de soi
En dépôt minéral

_____

Nuit

Les pieds ont pris la place de la tête,
La folie est courante
Comme dans une peinture de Chagall.
J'avoue mes défaites
L'une après l'autre.
Le saxophone, à cette heure de la nuit,
Insinue sa moquerie,
Et la légèreté du monde.
Oh! tuer ce cri
Qui fait flamber mes membres,
Tuer cette torture,
Ce marteau toujours revenu,
Toujours reconnu,
Toujours retenu.
Nous sommes trop seuls
Dans cette chair
Pour marcher chargés du cri
Plus sournois que le sommeil.

Le Devoir, 1960

GEORGE
Morrissette
1938

Issu de parents ukrainiens et élevé dans une famille métisse, peintre à temps partiel et poète à plein temps, voilà comment se présente George Morrissette, qui habite un quartier ouvrier de Saint-Boniface et va un peu partout réciter de la poésie et parler littérature.

Il est né à Winnipeg, le 12 juin 1938, et se dit volontiers "enfant de la guerre"; sans doute, en partie, parce qu'il a été enfant adopté.

Il a étudié cinq ans à l'Université du Manitoba, dont trois à la faculté des Beaux-Arts, jusqu'à l'obtention du baccalauréat en 1960.

Dès 1963, la Canadian Broadcasting Corporation à Winnipeg présentait deux pièces de Morrissette, *Emile and the Devil*, à la radio, et *A Father at Last*, à la télévision. Il prononçait également à la radio deux causeries sur "Sherwood Anderson et l'imagination dans les Prairies".

L'année suivante, il se rend à New York où il suivra, pendant sept ans, des cours du soir au Collège Herbert Lehman, ce qui le conduira à une maîtrise en Beaux-Arts en 1971. Pendant cette même période, il travaille à la Kennedy Art Gallery, agissant comme vendeur de tableaux et gravures. Il expose une sélection de ses propres dessins à la galerie Weyhe, en 1972.

C'est en 1971 qu'il commence à écrire de la poésie, dit-il. Bien que bilingue, Morrissette écrit presqu'exclusivement en anglais. Il participe à de nombreuses séances de lecture, d'abord à New York, en 1974, et par la suite, dans l'Ouest canadien. Des textes de Morrissette se retrouvent dans plusieurs revues littéraires, comme *NeWest Review, Arts Manitoba, Prairie Fire, The Pemmican Journal*. Plusieurs de ses poèmes sont illustrés de sa propre main. En 1977, l'Université du Manitoba tient une exposition de ses peintures et dessins. En 1980, il participe à plusieurs manifestations culturelles à Régina, et fait la lecture d'une version abrégée de *Finding Mom at Eaton's* devant cinq cents bibliothécaires.

En 1982, il se joint à un programme de lectures publiques subventionné par le Conseil des Arts du Canada. Et depuis 1983, avec l'aide du Conseil des Arts du Manitoba, il présente de telles lectures dans les écoles de la province.

Il signe, en 1986, le scénario d'un court métrage en français, *Le Métis enragé*, produit par Léon Johnson, du Winnipeg Film Group.

Il gagne sa vie parfois, se plaît-il à dire, en conduisant un taxi.

Le seul poème en français que nous possédons de lui est *Le violon en Saint-Boniface*. Ce texte, conçu en langue orale métisse, a ensuite été transcrit par l'auteur. Il est extrait du film *Le Métis enragé* réalisé à l'occasion d'une semaine de concours de violoneux à L'Auberge du Violon lors du Festival du Voyageur, fête d'hiver traditionnelle qui a lieu chaque année à Saint-Boniface. *Canada Packers* a été écrit d'abord en anglais, puis en français.

Prairie Howl, poésie, Edmonton, NeWest Press, 1977.

Finding Mom at Eaton's, poésie, Winnipeg, Turnstone Press, 1980. Illustré par l'auteur.

Up Against the Open Sky, poésie, Toronto, Sundog Press, 1971.

Yarmarok, Ukrainian Writing in Canada, essai, Edmonton, Université de l'Alberta, 1987.

Le Métis enragé, scénario de film, réalisation de Léon Johnson, Winnipeg Film Group, Winnipeg, 1986.

Théâtre inédit:

Emile and the Devil, pièce radiophonique jouée à la radio de la Canadian Broadcasting Corporation, en 1963.

A Father at Last, pièce télédiffusée par la Canadian Broadcasting Corporation en 1963.

The Story of Day and Night, pièce pour enfants, jouée par la troupe winnipégoise Actors' Showcase, 1975.

Anonyme, "He first met his mom under statue at the Eaton's store in Winnipeg", *Evening Tribune,* Welland, Ontario, June 30, 1982.

David Helwig, "A subject like facing death should inspire good poetry", *Sunday Star,* Toronto, August 29, 1982.

Ellen Pilon, "Finding Mom at Eaton's", *Canadian Book Review Annual,* No. 3131.

Répertoire littéraire de l'Ouest canadien, Saint-Boniface, Centre d'études franco-canadiennes de l'Ouest, 1984.

Doug Whiteway, "Search for roots ends", *Winnipeg Free Press,* Winnipeg, May 31, 1982.

Noah Zacharin, "Taking on Time", Winnipeg, *Prairie Fire,* Vol. V, No. 2-3, Spring, 1984, p. 112.

Le Violon en Saint-Boniface

Ah, mes amis, descendants
des coureurs bottés et palettés
une femme à chaque coin de la rivière
tes foulards rouges attrapés
dans la porte d'un Ford

icitte dans cette salle amplifiée
et tremblante
on s'engorge
avec la bonne bière d'or

dans cette bingo place
dessous les doigts si touchants
les sons anciens
d'un esprit singulier

elle a quatre-vingt-un
son violon comme un enfant
bercé
sur son estomac
sur ses seins

il y en a
qui jouent
même s'ils y ont perdu
leurs doigts

un grand bonhomme de Breton
énorme avec tant de mains
ses doigts sur le cou mince du son
touchent les lumières de la nuit
En tapant des pieds
qui lèvent cette plate-forme
son violon garroche un son résonnant
comme les charrettes-à-boeufs
la sueur de la bière
"...sais pas
comment je fais
toute que j'ai entendu
c'est un grand bruit!"

claque les talons
vieilles barbes, joues gaies
tuques rouges
les dents riantes
les nerfs du cou étirés

une belle aimée gigue, pas petite, non
les paupières piquées à une ligne vive
des cheveux noirs
avec une belle tache blanche
le dos écharpé de boutons
gigue cette grosse bien-aimée
avec fierté et ardeur
comme un oiseau-mouche

les joueurs nous disent beaucoup
un vieux monté en béquilles
un autre nous dit que ses bons temps sont finis
un frère, la tête baissée, entraîné par son ami
et le héros de la soirée
tout épinglé en voyageur
on liche notre soupe aux pois
faite par les bonnes soeurs
une petite, de douze ans, nous accorde
maintenant, simplement
nos instincts fondent
en applaudissements généreux

violence violoneuse
du lac Winnipeg en tornade tonnerre
tempête arctique sur la prairie
effrayante, déchirante
fait sauter ce violon
oublie les règles
donne-les-y le diable en métis
au moins qu'on danse
dansez toujours!

après tout ça
les tables échevelées et collantes
"C'était une bonne soirée, eh?"
"ah oui, une bonne soirée
on va chambraller au GMC, eh?"
se disent les hommes, et un dit
a cuckoom
"une bonne nuit, eh?"
et elle répond
"entre la neige sur la fenêtre
et les draps blancs
on va faire une toune
du bon esprit du corps!"

et courant aux places vides
les enfants
les oreilles presque étouffées
avec l'avenir

leur chaque mouvement
et tourn'e de figure
expressifs

un don
qu'on voit, oui
mais des fois
qu'on oublie

Canada Packers

"Gut eats all day & lechers all the night;
So all his meat he tasteth over twice"
Ben Jonson

On enfile nos grosses bottes pi
not' job
c'est d'tuer, hacher et emballer
pi arroser
le sang de la journée.
Après
nos tabliers tout tachés
on va s'traîner de l'aut' côté d'la rue
s'caler dans l'tapis rouge
pi les grosses chaises rouges
d'la taverne où Sancho Louie
toujours steady toujours heavy
fait mousser la bière
pour nous émoustiller
les tripes.
A 'maison
nos femmes checkent
du bout des doigts aux ongles rongés
les coupes dans l'cellophane
enveloppées.
Les serveuses y savent s'pencher
pour un pourboire
belles cuisses de dinde entre nos dents.
Sur scène
le spécial du jour
tournoie
un air qui griche
la robe en friche
jambes écartées
elle t'agace-pissette
d'un clin d'oeil rince l'oeil
pi avec sa plume d'autruche
au duvet tout' cramoisi
elle te caresse et chatouille
son mystère

GUY
Gauthier
1939

Voilà un Franco-Manitobain que la passion du théâtre a conduit à New York, mais qui reste profondément marqué et attiré par la culture de ses ancêtres.

Originaire de Saint-Norbert où il est né le 28 février 1939, Guy Gauthier a passé sa première enfance entre ce village et Morris où son père était engagé dans la tenue d'un hôtel. De décembre 1941 à décembre 1945, il a habité à Montréal, avant que la famille s'installe définitivement à Saint-Boniface, en 1945.

Le jeune homme a commencé son cours classique au collège des Jésuites, mais il a été renvoyé au bout d'un an et demi pour raison d'indiscipline. Déjà se manifestait le non-conformisme de cet esprit. Il a continué ses études à l'école Provencher, puis à l'Université du Manitoba qui lui a décerné en 1963 un baccalauréat de français et d'anglais. En 1962, il a reçu le prix de poésie Bukofski, pour un texte intitulé *Dreams for Dr. Freud*.

Toujours peu orthodoxe, et intéressé par l'écriture, il se fait chauffeur de taxi! Question de gagne-pain et de liberté intellectuelle. Pendant quatre ans, de 1963 à 1967, Guy Gauthier sillonne les rues de la capitale manitobaine au volant de sa voiture. Mais il trouve le temps d'écrire, souvent la nuit: poésie et prose, dans les deux langues; et de fréquenter par la lecture des auteurs de toutes sortes; et aussi, d'échanger de longues conversations philosophiques et littéraires avec des amis, dont Louis-Philippe Corbeil. Les nouvelles qu'il écrit en anglais, frisant parfois la pornographie, vont demeurer inédites.

Une de ses premières pièces de théâtre, *Projecteurs,* est jouée au Cercle Molière, à Saint-Boniface, en 1965. Elle va demeurer inédite, de même qu'une autre, *Jeu d'orgue,* comédie en un acte, composée à Montréal en 1968.

De 1962 à 1964, Gauthier s'est soumis à certaines expériences novatrices pratiquées à l'Université du Manitoba, à la faculté de psychologie, dans le cadre d'un programme de recherches de l'armée américaine: expériences d'isolement prolongé, dans le but d'observer le comportement de l'individu, tel un astronaute. Les sujets sont des volontaires, bien entendu, peu rémunérés, mais Gauthier a fortement goûté ces tests.

En 1967, il obtient une bourse du Conseil des Arts du Canada pour faire du théâtre à Montréal. Il y passe deux ans. Une de ses pièces, *The Mystery Guest*, y est jouée au Centre d'art dramatique en février 1968 (elle a été traduite en français).

Subséquemment, en 1969, puis en 1971, il reçoit deux autres subventions pour poursuivre sa carrière dans le théâtre, cette fois à New York. Il décide en 1969 de s'y fixer.

Entre 1969 et 1973, vingt-cinq pièces de Guy Gauthier (dont vingt et une en un acte) sont présentées à New York et ailleurs, dont deux au Centre national des Arts d'Ottawa, et une à Istanbul, en Turquie. Les productions qu'il signe, dans la métropole américaine, sont jouées dans les petites salles expérimentales de "off-off-Broadway". Ses pièces se font publier dans diverses revues, new-yorkaises surtout.

Il écrit aussi de la poésie, et est invité à lire de ses poèmes à la télévision, au programme "Proscenium" de la chaîne Sterling Manhattan.

Son exil volontaire était nécessaire pour le genre de théâtre qu'il voulait présenter, explique Annette Saint-Pierre: "Le théâtre trop moderne et quelquefois trop abstrait de Guy Gauthier n'avait pas de chance de se développer dans la petite ville de Saint-Boniface. Le jeune auteur trouvant que les citoyens étaient trop lents à se "moderniser" décida alors de s'expatrier...[1]."

Invité à la maison "Creative Center" du dramaturge Edward Albee, à Long Island, il y fait trois stages d'été, soit en 1970, 1971 et 1973.

En 1977, il se fait éditeur lui-même, publiant des recueils de poésie. Ainsi, son "Midnight Sun" a publié deux poètes américains parmi ses favoris, William Kushner et Stanley Nelson. La maison a également édité un recueil de sa plume: *North of the Temperate Zone*.

À partir de 1972, il trouve emploi comme dactylo à temps partiel. Et depuis 1975, il travaille pour une agence d'aide extérieure patronnée par une Église américaine (United Presbyterian Church), comme correspondant pour la distribution de fonds à l'étranger.

En 1979, l'auteur a épousé Karen Small, professeure de mathématiques à New York. Tous deux ont voyagé à travers les États-Unis et l'est du Canada, ainsi qu'en France. En 1988, parents d'une fillette, ils vont s'installer dans la région de Louisville, au Kentucky, où ils habitent depuis.

Guy Gauthier est-il devenu américain pour autant? Dès 1977, il écrivait: "Je suis un déraciné, un dépaysé, et je me suis vite rendu compte que mes pièces et mes proses 'à l'américaine' n'étaient pas moi, le vrai moi. Au début de mon long séjour à New York, je cherchais à me faire passer pour un américain, dans l'écriture aussi bien qu'au bureau, mais j'ai enfin compris que Guy Gauthier l'Américain, ça ne marcherait pas... J'en suis venu à croire qu'il me fallait redevenir Canadien, où plutôt "Canadian", et j'ai voulu remonter à cette période de ma vie où j'écrivais des pièces canadiennes[2]."

C'est à compter de cette période qu'il ressent fortement le besoin de revenir à son enfance manitobaine et à sa langue maternelle. Il reviendra souvent visiter Saint-Boniface et entreprendra au cours des ans la recherche pour une vaste saga de ses ancêtres. Le premier volume, *Léona,* écrit en anglais, a été terminé en 1989. Il s'inspire d'une grand-mère, Léona Gauthier, née à Winnipeg en 1883. "La période 1880-1920 est très intéressante, il me semble, dans l'histoire des Franco-Manitobains. Ce fut pour eux une étape pénible... D'un côté, on tenait à un ordre de valeurs presque médiéval, tandis que de l'autre, il fallait faire face à un bouleversement, un progrès d'une vitesse vertigineuse. De 1880 à 1920, la population de Winnipeg croissait à une rapidité incroyable, tout changeait, la surface de la terre se transformait...[3]."

Un second "roman-vérité" s'inspirera d'un arrière grand-père, Henri Pélissier, qui a fondé la brasserie Pélissier à Winnipeg en 1890.

Guy Gauthier a peu écrit en français. Mais c'est à la fin des années 70 que remontent les poèmes français que nous avons pu retenir de lui pour cette anthologie. Ils constituent un véritable retour à une enfance manitobaine. "Hugo a écrit de nombreux poèmes sur l'enfance, mais c'est toujours un adulte qui observe les enfants... Dans mes poèmes sur l'enfance, je suis un enfant. Ce sont, pour ainsi dire, des poèmes *enfantins*. J'y ai mêlé des souvenirs de Saint-Boniface et de Winnipeg[4]."

Nous avons également retrouvé et retenu un exemple français de la poésie "concrète" qu'il a publiée aux États-Unis et en Allemagne.

---

1. Annette Saint-Pierre, *Le rideau se lève au Manitoba*, Saint-Boniface, Éditions des Plaines, 1980, p. 211.

2. Lettre à Rossel Vien, 17 septembre 1977. Correspondance inédite.

3. Lettre à Rossel Vien, 6 janvier 1979. Correspondance inédite.

4. Lettre à Rossel Vien, 17 septembre 1977.

The Green Man and Red Lady in the Red And Green Ladies' Room, théâtre, New York, Breakthrough Press, 1971.
Première: mai 1970, Centre national des Arts, Ottawa.

Manitoba, théâtre, The Scene, vol. I, New York, 1972
Première: février 1970, Judson Poets' Theatre, New York.

Tonto, théâtre, Newsart, New York, 1975.
Première: mars 1971, The Playbox, New York.

The Hobby Horse, théâtre, The Scene, vol. III, New York, 1975.

North of the Temperate Zone, poésie, New York, Midnight Sun Press, 1975.

Ego Fatigue, théâtre, The Scene Award Series, New York, 1979.
Première: décembre 1975, Playwrights Horizons, New York.

September, 1974, fiction, *The Antigonish Review*, 1980.

Autres:

Poèmes dans *Ed Vogelsang*, (une anthologie de poésie concrète), Berlin, 1982.

Poèmes dans *For Now, Newsart, The Smith, 6th & 7th Assembling, The Fiddlehead, 8:30*, et *Pulpsmith*.

Un poème en français, *Donalda*, dans *Répertoire littéraire de l'Ouest canadien*, Saint-Boniface, CEFCO, 1984

Poèmes dans *Nil-visuelle literatur*, (revue de poésie concrète), Bielefelder, Cologne, n° 1, mai 1989.

Théâtre inédit:

Spotlights, mise en scène: Michèle Veilleux, St. Paul's College, Winnipeg, 28 novembre 1963.
Version française: *Les Projecteurs*, traduction de Michèle Veilleux, Le Cercle Molière, août 1965.

Riel of Orange, Venture Theatre, Winnipeg, 1964.

The Mystery Guest, Centre d'art dramatique, Montréal, février 1968.

Butterscotch Canyon, New Theatre Workshop, New York, décembre 1969.

Play with a Message, New York Theatre Ensemble, New York, janvier 1970.

Little Burgundy, Judson Poets' Theatre, New York, février 1970.

F...!, The Old Reliable, New York, mars 1970.

Drinking at the Falls, The Old Reliable, New York, mars 1970.

The Call of the Loon, The Old Reliable, New York, avril 1970.

The Mouthful, New York Theatre Ensemble, New York, juillet 1970.

Injuns!, New York Theatre Ensemble, New York, juillet 1970.

The Pepsi Generation, New York Theatre Ensemble, New York, juillet 1970.

Singin' Hare Krishna, New York Theatre Ensemble, New York, février 1971.

The Snows of Spring, New York Theatre Ensemble, New York, février 1971; Turkish-American Theatre, Istanbul, septembre 1972.

The Voice is Coming, The Playbox, New York, janvier 1972.

Jonathan Jones, New York Theatre Ensemble, New York, octobre 1972.

Autres:

Jeu d'orgue, théâtre, en français, inédit et non-joué, 1968.

Amen; Bzzzzzz; Curtains; Delilah; quatre pièces inédites qui n'ont jamais été jouées.

Léona, roman, inédit, 1989

———————

Jeanne Benoist, "Deux pièces canadiennes au Cercle Molière", ("Les Projecteurs"), *La Liberté et le Patriote*, 19 avril 1965.

John Brandenburg, " 'Snows of Spring' Intense View of Duel of Sexes", *The Daily Oklahoman*, February 14, 1975.

Répertoire littéraire de l'Ouest canadien, Saint-Boniface, Centre d'études franco-canadiennes de l'Ouest, 1984.

Annette Saint-Pierre, *Le rideau se lève au Manitoba*, Saint-Boniface, Éditions des Plaines, 1980.

Joyce Tretick, "Four by Gauthier", *Show Business*, July 4, 1970.

Rossel Vien, "Guy Gauthier Aime New York", *Le Courrier*.

"Warehouse Theatre Presents Gauthier Play", *The Oklahoma Journal*, February 9, 1975.

———————

Ça va donc être beau, les vacances.
On va jouer au bord de la rivière.
On va jouer aux Indiens. *Custer's Last Stand.*
The Great Sioux Massacre.
On se cache dans l'herbe
qui nous monte jusqu'au cou.
On grimpe les arbres
pour lire le langage
de la fumée à l'horizon.
C'est le royaume des mauvaises herbes.
Le chiendent, et les fleurs sauvages
couronnées d'épines. *Scotch*
thistle, et le cri jaune
des pissenlits. Durant les grandes
chaleurs, on nage dans la rivière.
Je plonge dans l'eau chaude et brune,
et je fais comme une branche, je me laisse
aller au courant. Enfin
on s'allonge dans l'herbe,
on flâne tout nu, la peau nous brûle,
et on regarde passer les nuages
qui sont toujours en vacances.
Ça va donc être beau.

Inédit, 1977

Durant les grandes chaleurs, maman baisse les stores et fait fondre d'la glace dans un bol. Elle prend des bains froids, et laisse la porte de la glacière ouverte, pour rafraîchir la cuisine. Quand on entre dans la maison, elle dit, "fermez la porte! La chaleur va rentrer!" Elle attend le soir. Elle s'éponge le front et pousse un grand soupir. Elle attend l'automne. L'hiver. Quand le soleil tombe, elle va s'asseoir sur le gazon. Elle aime s'asseoir dans sa chaise le soir, quand il fait frais. Elle dit, "bon, enfin, on peut respirer". Elle fume une cigarette. La vaisselle est faite, sa journée est finie. C'est son heure de repos. Elle fume et regarde passer les autos dans la rue. Elle regarde jouer les enfants et dit bonsoir aux voisins. Quand il fait trop chaud pour rentrer, elle fume et jase avec Jacqueline Gagnon jusqu'à ce qu'il fasse noir. On peut suivre la lueur rouge de sa cigarette dans la nuit.

Inédit, 1977

Maman aime son steak saignant. Elle dit, "j'aime ça quand c'est rouge. Ça *fond* dans la bouche!" Papa aime sa viande bien cuite. Maman dit, "j'sais pas comment tu fais pour manger ça. C'est dur comme du cuir. C'est d'la semelle de botte." Papa dit qu'elle mange sa viande crue. "Ça grouille. Y'est encore en vie!" Il dit que maman est une bête de proie. Mais elle ne dit rien. Elle mange.

Inédit,1977

On mange du poisson le vendredi. Papa dit qu'ils ont le sang-froid. Ils nagent dans l'eau froide, et ils n'ont pas froid. Il dit, "quand on va à la pêche, il faut pas parler trop fort. Les poissons ont l'ouïe très sensible." Ils savent nager mieux que moi. Ils dorment dans l'eau sans se noyer. Maman dit qu'il faut pas avaler les arêtes. Je me mets les doigts dans la bouche, pour les sortir.

Inédit, 1977

Que sais-je?	Que sais-je?	Que sais-je?	Que sais-je?	Que sais-je?
LE ROMANTISME FRANÇAIS	LE BAROQUE	LA LITTÉRATURE SYMBOLISTE	LA SÉMIOLOGIE	LA LITTÉRATURE QUÉBÉCOISE
123	923	82	1421	1579

GENEVIÈVE
Montcombroux
1939

Née à Oran, en Algérie, et élevée par des grands-parents à Paris, Geneviève Montcombroux a connu une jeunesse mouvementée, témoin de la guerre en France occupée (1940-45), puis des hostilités qui ont mené à l'indépendance de l'ancienne colonie française d'Afrique du Nord.

À propos de l'occupation allemande qui a marqué sa tendre enfance, elle écrira: "J'ai connu les bombes, les gens qui crient de douleur, un bras ou une jambe arrachée... J'ai eu faim, je n'ai pas été à l'école à l'âge que j'aurais dû... J'ai eu peur, oui, peur pendant des années après la fin de la guerre[1]."

C'est ce silence imposé et le contact presque exclusif d'adultes préoccupés qui ont façonné son imagination et créé une vie intérieure riche mais réservée. Son imagination débordante a trouvé, à un très jeune âge, un exutoire dans l'écriture.

À Paris, elle a entrepris des cours de danse classique en 1949, avant de commencer le lycée, en 1950. C'est là aussi qu'elle s'est mise à écrire, vendant, entre 1954 et 1959, des nouvelles et des feuilletons à des magazines tels que *Les bonnes soirées* et *La veillée des chaumières*. Elle put ainsi venir en aide à ses grands-parents qui l'hébergeaient.

Tout au cours de cette période et au début des années 60, elle voyage beaucoup, chez ses parents, dans diverses parties de la France, puis de nouveau en Algérie, en Espagne et en Italie. C'est alors qu'elle a développé, dit-elle, "le goût de la montagne et des grandes randonnées[2]".

Enfin, elle se rend en Angleterre en 1962 pour y suivre un cours de formation pédagogique en danse classique et folklorique; l'Angleterre étant à l'époque le seul pays européen à offrir un tel programme. Elle y travailla aussi comme rédactrice chez l'éditeur

Robert Maxwell, de "Pergamon Press", qui aurait voulu publier ses écrits – de même que l'éditeur Albin Michel, qui souhaitait d'elle un premier roman. Mais, avec la débâcle de l'Algérie et des problèmes familiaux, elle prenait, dit-elle, une autre direction.

C'est en Angleterre en 1964, qu'elle rencontre son mari, l'artiste Michael Montcombroux. Le jeune couple élève deux enfants, et en 1968, mettant un terme à leur période d'étude, et faisant face à une situation économique peu enviable, les jeunes mariés décident d'émigrer au Canada.

Le couple se dirige vers la Saskatchewan, mais Geneviève ne put trouver longtemps une satisfaction complète à s'établir dans un petit village avant d'avoir exploré le reste du pays... Depuis qu'elle avait assisté, encore adolescente, à une conférence de l'explorateur Paul-Émile Victor, et subi l'influence des romans de Jack London, elle avait désiré découvrir le Grand Nord. Elle passa trois années qu'elle qualifie d'inoubliables à Churchill, sur les bords de la baie d'Hudson. C'est un intérêt qui se poursuit encore aujourd'hui dans l'élevage du husky sibérien et du chien esquimau.

En 1973, le couple vient à Winnipeg avant de retourner en Saskatchewan où le travail de son mari-artiste l'appelle. Puis en 1976, ils reviennent s'établir à Saint-Boniface. C'est là que Geneviève Montcombroux fonda l'École de Danse classique et Ballets Jeunesse, et qu'elle se remit sérieusement à l'écriture.

En 1982, la mort de son fils aîné l'attriste profondément, et la jette dans une période de création littéraire. Mais c'est avant tout l'écriture de livres pour enfants qui la passionne, et qui l'occupe présentement.

Depuis, elle a pu satisfaire un goût pour la solitude et la nature, acquis au cours de ses pérégrinations, en achetant un vaste domaine de fôret vierge dans la région d'Entre-les-Lacs où elle peut à sa guise courir avec ses beaux chiens, et aussi, naturellement, rêver et écrire.

---

1. *La Liberté*, 27 novembre 1980.

2. Ibid.

Touti le Moineau, récit, Saint-Boniface, Éditions des Plaines, 1981.

Tezzero, récit, Saint-Boniface, Éditions des Plaines, 1984.

"Le retour d'âge", nouvelle, dans *L'Ouest en nouvelles*, Saint-Boniface, Éditions des Plaines, 1987.

"Le cancer", nouvelle, dans *Sous le soleil de l'Ouest*, Saint-Boniface, Éditions des Plaines, 1988.

Nom: Eve Combroux
Fugue dans le Grand Nord, roman, Paris, Jules Tallandier, 1980.

Nom: Noémie Trouvère
"Le meilleur", nouvelle, dans *Sous le soleil de l'Ouest*, Saint-Boniface, Éditions des Plaines, 1988.

Paulette Collet, *Les romanciers français et le Canada*, anthologie, Sherbrooke, Éditions Naaman, 1984.

Paulette Collet, "De l'Ouest, des Nouvelles et de l'Histoire", *Lettres québécoises*, printemps 1987.

Paulette Collet, "Eve Combroux", Saint-Boniface, *CEFCO*, n° 16, février 1984.

Claire Dayan-Davis, "Le rôle de la femme dans le roman franco-canadien de l'Ouest", thèse de maîtrise, Université du Manitoba, 1989.

Paul-Marie Duhet, "L'Ouest en nouvelles", *Études canadiennes* n° 24, 1988.

Réginald Hamel, John Hare, Paul Wyczynski, *Dictionnaire des Auteurs de langue française en Amérique du Nord*, Montréal, Fides, 1989, p. 999.

Linda Hutchison, "Plus ou moins" (L'Ouest en nouvelles), *Canadian Literature* n° 117, Summer, 1988.

Ingrid Joubert, "Trois livres d'enfants", Saint-Boniface, *CEFCO*, n° 9, octobre 1981.

Ingrid Joubert, "Une fugue dans le Grand Nord", Saint-Boniface, *CEFCO*, n° 10, février 1982.

Raymond Laprès, "L'Ouest en nouvelles", *Nos livres*, juin-juillet 1987.

Martin Lemay, "Tezzero", *Québec Français*, octobre 1984.

Répertoire littéraire de l'Ouest canadien, Saint-Boniface, Centre d'études franco-canadiennes de l'Ouest, 1984.

Rossel Vien, "Tezzero", Saint-Boniface, *CEFCO*, n° 19, février 1985.

La crypte de Vieil-Armand (Vosges)
Pour que l'on n'oublie pas

Dédié aux trente mille soldats qui ont fait vivre la flamme de la France avant de s'endormir, un soir, pour la liberté (1914-1918).

Vieil-Armand. Émue, j'entrai dans le long couloir.
Le froid m'accueillit. Je frémis dans l'ombre noire.
Tout autour de moi, les soldats se soulevaient
Pour écouter, de mes pas, les bruits qui passaient.

Ô tous ces noms glorieux de tous ces bataillons
Tombés sur le sol nu où béaient les sillons
Qu'un modeste paysan venait de tracer,
Aux dernières lueurs d'une journée d'été.

Vous veillez dans cette immense crypte glacée,
Unis, les uns contre les autres allongés.
Quand le Faucheur avec lui vous a emmenés,
Vous n'étiez plus secondes classes ni gradés.

Ici, le pâle soleil pénètre tremblant
Qui déjà caressait vos visages mourants.
Vous étiez jeunes. Vous étiez enfants encor
Et là, doucement, le coeur pur, vous êtes morts.

Des mains pieuses et inconnues ont déposées,
Sous le vaste dôme, des fleurs déjà fanées.
Vous qui veillez dans les tombeaux de Vieil-Armand,
Levez vous et regardez ce cadre charmant.

Vous rappelez-vous ces bois barrant l'horizon
Et ce grand tertre tout couvert d'un doux gazon?
Les oiseaux égrènent leur coeur en notes claires,
Une odeur de mauve et de paix flotte dans l'air.

Humbles soldats, maintenant d'un autre univers,
Priez afin qu'il n'y ait jamais plus de guerre.
Cette prière que vous faites des cieux,
Un Esprit l'entend, cela suffit car c'est Dieu.

Reposez, rêvez, hommes dont l'aube fut brève
Et dont l'immolation nous assura la trêve.
Votre souvenir vivant, nous conserverons
Jusqu'à la fin du monde, glorieux bataillons.

Émue, je repartis suivant le long couloir.
Il faisait froid mais l'ombre n'était plus noire.
Tout autour de moi, les soldats étaient levés
Pour écouter de mes pas, les bruits attristés.

Inédit, 1956

J.R. Léveillé

1945

Né à Winnipeg le 10 novembre 1945, le jeune enfant a failli ne pas survivre aux premières années de sa vie au cours desquelles il a été sujet à de fortes crises asthmatiques.

Roger Léveillé a fait ses premières années d'études à l'école du Sacré-Coeur de Winnipeg – une de ces écoles privées qui offrait un enseignement en français.

Dès son jeune âge, il a été entouré, sinon de la poésie, du moins d'un monde intellectuel, de la musique et de l'imprimerie. Son père, Gérard, chimiste, a été un des plus brillants étudiants au Collège de Saint-Boniface, terminant son cours classique à l'âge de dix-sept ans. Sa grand-mère maternelle, Berthe Belair, fut une soprano reconnue à Winnipeg, et sa mère, Jeanne, une excellente pianiste. La famille vivait voisine des presses de Canadian Publishers qui appartenaient alors aux Oblats qui publiaient le journal *La Liberté* que gérait son oncle, Brunelle Léveillé. Enfin, il tient sans doute, en partie, de son oncle maternel Denis Belair – qui a été comédien au Cercle Molière et animateur à la radio CKSB de Saint-Boniface – son goût de l'originalité.

La famille – il a un frère benjamin, Bernard, qui se spécialise dans le domaine de l'édition au Manitoba – a déménagé à Saint-Boniface à la fin des années 50 et J.R. Léveillé a fait ses études classiques au Collège de Saint-Boniface, où il a eu pour collègue le poète Paul Savoie.

Il a poursuivi des études universitaires à l'Université du Manitoba, brièvement à l'Université McGill de Montréal, et à l'Université de Paris (où il a étudié sous la direction de Jean-Pierre Richard). Il détient une maîtrise de l'Université du Manitoba où il a rédigé une thèse sur Alain Robbe-Grillet.

Les années 70 l'ont conduit à Ottawa où il prit le temps de

rédiger son second roman (*La Disparate*). Il a enseigné la littérature au CEGEP de l'Outaouais (1975-1976) et la création littéraire quelque temps à l'Université d'Ottawa.

Marié en 1970, lui et son épouse, Suzanne Corbeil, professeure de français, et fille du poète Louis-Philippe Corbeil, ont pris un hiatus de deux ans en 1978 pour vivre dans un centre du "Nouvel Âge" dans les Laurentides.

En 1980, Léveillé est revenu au Manitoba où il a été embauché comme journaliste à la radio, puis à la télévision de Radio-Canada où il poursuit toujours sa carrière.

Son goût pour la littérature et son intérêt pour le journalisme semblent s'être manifestés simultanément, au Collège de Saint-Boniface – ce qui explique peut-être son attachement à la "modernité" de la littérature.

Il a publié ses premiers poèmes dans le journal étudiant *Frontières* dont il a été rédacteur, puis rédacteur en chef. Son activité journalistique s'est poursuivie au *Courrier* où il a été rédacteur suppléant à Rossel Vien, un autre écrivain franco-manitobain; puis à *La Liberté* où il a été correcteur d'épreuves, puis reporter municipal (1965-1966). C'est sur les presses de Canadian Publishers que son premier roman, écrit au collège, a été imprimé. "Naissance littéraire[1]", a dit de ce roman Louis-Philippe Corbeil.

J.R.Léveillé a été brièvement journaliste à la radio de CKSB en 1970 avant de poursuivre ses intérêts journalistiques dans la presse "underground" du Nouvel Âge au Québec, à la fin des années 70. C'est à cette époque qu'il a traduit, rapporte une note liminaire du *Livre des marges*, "plus de dix livres sur la métaphysique, l'ésotérisme, la parapsychologie et l'histoire ancienne".

Son travail d'écriture n'a pas cessé depuis les années de collège, et les premières publications de cet auteur ont eu des recensions fort élogieuses dans les journaux et périodiques du Québec. Il reste que ce n'est pas un auteur facile.

Depuis, il a continué son travail dans le domaine, comme membre du conseil d'administration des Éditions du Blé où il dirige la collection *Rouge*, consacrée aux nouveaux écrivains et artistes, et à la nouvelle écriture.

Journaliste, il a fait paraître à la télévision de Radio-Canada une série de portraits d'auteurs et d'artistes franco-manitobains. Il

a aussi rédigé une brève histoire de la littérature franco-manitobaine pour la revue *Prairie Fire*.

---

1. *Le Courrier*, 20 novembre 1968.

Tombeau, roman, Winnipeg, Canadian Publishers, 1968.

Extrait, texte, Saint-Boniface, Éditions des Plaines, 1984.

Plage, roman, Saint-Boniface, Éditions du Blé, 1984.

L'incomparable, essai, Saint-Boniface, Éditions du Blé, 1984.

Montréal poésie, texte, Saint-Boniface, Éditions du Blé, 1987.

Nom: Jesse Janes:
La disparate, roman, Montréal, Éditions du Jour, 1975.

Nom: J.R.L. Léveillé:
Oeuvre de la première mort, poésie, Saint-Boniface, Éditions du Blé, 1977.

Nom: L. Léveillé:
Le livre des marges, poésie, Saint-Boniface, Éditions des Plaines, 1981.

Autres:

"Louis-Philippe des grandes errances", postface au *Journal de bord du
Gamin des Ténèbres* de L.-P. Corbeil, Saint-Boniface, Éditions du Blé, 1986.

"De la littérature franco-manitobaine – Being a very short history of
Franco-Manitoban writing", dans *Prairie Fire*, Autumn, 1987, vol. VIII.
n° 3.

Alexandre Amprimoz, "Poetry is the Best Weapon", *Prairie Fire*, Vol. VII, No. 4, Winter, 1986-1987.

Auteurs francophones des Prairies, Centre de ressources éducatives françaises du Manitoba, 1981.

Tatiana Arcand, "L'Éloquence des marges", *CEFCO* n° 9, octobre 1981, Saint-Boniface.

Claude Beausoleil, "Des mots qui parlent", *Le Devoir*, 24 octobre, 1981.

Luc Bouvier, "Oeuvre de la première mort", *Livres et Auteurs Québécois 1978*, Québec, Presses de l'Université Laval, 1979.

Michel Clément, "Le livre des marges", *Livres et Auteurs Québécois, Revue de l'année 1982*.

Louis-Philippe Corbeil, "Naissance littéraire" *Le Courrier*, 20 novembre 1968.

Alain Cossette, "Novel is short on pages, but long on imagination", *Winnipeg Free Press*, 18 février 1984.

François Dumont, "Manuscrits des longs vols transplutoniens", *Dictionnaire des Oeuvres littéraires du Québec*, vol. V, Montréal, Fides, 1987.

Guy Gauthier, "The Writer Disappears", *Prairie Fire*, Vol. IX, No. 3, Autumn 1988.

Réginald Hamel, John Hare, Paul Wyczynski, *Dictionnaire des Auteurs de langue française en Amérique du Nord*, Montréal, Fides, 1989, p. 885.

Rosmarin Heidenreich, "Lecture d'un texte de Roger Léveillé – L'oeuvre littéraire comme objet de consommation", *Les actes du quatrième colloque du Centre d'études franco-canadiennes de l'Ouest*, CEFCO, 23 et 24 novembre 1984.

Rosmarin Heidenreich, "Universal Paradigm", *Prairie Fire*, Vol. VII, No. 4 Winter, 1986-1987.

Rosmarin Heidenreich, "Recent Trends in Franco-Manitoban Fiction and Poetry", Winnipeg, *Prairie Fire*, Spring, 1990.

Ingrid Joubert, "Quoi de neuf dans l'Ouest canadien-français", *Canadian Literature*, n° 111, Winter, 1986.

Réginald Martel, "Les jeux ambigus", *La Presse*, 30 août 1975.

Kenneth Meadwell, "La signifiance", *Canadian Literature*, n° 107, Winter, 1985.

Suzanne Paradis, "Deux traductions du silence", *Le Devoir*, 16 septembre 1978.

Janet M. Paterson, "Images du récit", *Canadian Literature*, n° 104, Spring, 1985.

Répertoire littéraire de l'Ouest canadien, Saint-Boniface, Centre d'études franco-canadiennes de l'Ouest, 1984.

Paul-François Sylvestre, "Un récit sensuel et érotique", *Liaison*, printemps 1985.

Daniel Tougas, "Peindre avec les mots", *La Liberté*, 19 juin 1987.

Abscisse

Voyage
dans la parole
Où trouver, moi,
dans la ligne, le lieu
et où placer, haut,
dans les pages, le toit
Poutres sûres
voltige d'araignée
Dessin de sa toison
foyer de son dessein
Fol âge
de la parole
Où toucher, moi,

dans les feuilles d'hiver
le soleil et atteindre
les grandes ombres
Plan tendu
de ciel à ciel
où vol
d'horizon à nuit
se constelle
Forage
de la parole
en elle
Où trouver, moi,
dans la ligne, le lieu
et où placer, haut,
dans les pages, le toit
Où étendre, où élever,
où tendre, moi

———————

Oeuvre de la première mort

Voilactée

Qu'est l'heure à l'aurore
midi d'argent à l'abscisse
minuit sonore
dans la souveraine nuit

Tant de ciels
sous d'autres encore abolis
d'un simple scintillement
de Ta parole
surgit un firmament

Qu'Idée
unitive d'acte
divers soit
miroir de même
intention

Oeuvre de la première mort

Muse

Sainte
au front de feu
toi le sévère sphinx
de l'inchaste aveu

Faste de l'enquête extatique gémissement de
l'espace dans l'éclair orgiaque de réplique

Délire d'être
entre griffe et dents
l'irrévocable parole

Oeuvre de la première mort

Âge

ô os
ossements
que hante la cendre

os
dur or
de ma vie
vertèbre
de nos voix

tombeau et transport
de cette turbulence

an
unique an
astre fulgurant
de magnificence

délire de cendres
divine passion du passage
en la souveraine parole

_____

Oeuvre de la première mort

Que délire
m'est la parole

jet sidéral

danse dans le déclin
et le décor
tranchant d'horizon
descente de soleil
croissant désir
de la couche
autre lame du lit
que triomphale tu surgisses
Tête travestie
de la nuit

_____

Oeuvre de la première mort

Figure

accès d'extase
aise d'art

*

comète commise
à sa trace eblouie
marge fuie dans
l'éclat et dans
la nuit

*

tombeau
ces lèvres que je soulève
pour retourner
d'où je viens

*

de lèvres je suis
née à la parole

*

de lèvres
en sidérale Tête
cinéaire crâne
où je constelle
et m'éclipse
en tout tombeau

*

cette pierre
où inscrire la devise

*

scène

*

l'Heure d'ombre
sur la sirène

*

splendeur sombre
de ma veine

*

appel plein
de soif et de parole
où je pose la main
d'extase folle

*

délice d'oiseau
de prendre vol
dans le délire du mot
de tendre
destin d'entendre
ce vain rien haut

*

éparse couleur
sur la page
traces d'heure
pure
de la nuit au même
âge

*

venue
d'ancien partage

_____

Oeuvre de la première mort

Je suis le nomade
celui dont le premier
nom est effacé
celui sans nom
innommé et l'innommable
déploiement
dont le parcours effectué
est d'accomplir
la distance de ce renversement
entre ce qu'on me dit
et ce qui est à moi
la fureur de l'acquiescement
au don
et le néant du non
jet de l'abandon
au trajet

monade

je suis
MON NOM

_____

Le livre des marges

Éventail de page
dans le pli et le repli
l'Heure et le malheur
le faste et le néfaste
l'ivre et la dérive
la part et le départ
l'axe et l'axiome
l'ex, le sexe et le vortex
l'aile et l'île
le jet et le rejet
le vers et le dévers
le mot et le tu
le c'est et l'excès
l'alpha et l'oméga
yin-yang
teXte

_____

Le livre des marges

Pages suivantes

401-402-403: *Palimpseste* – **Montréal poésie**
404-405: *French Spirit* – **Montréal poésie**
406: *i comme dans* – **Montréal poésie**
407: *ô* – **Montréal poésie**
408: **Extrait** – Le texte original est imprimé en quatre couleurs.
            Dimensions: 66 cm X 101 cm

ni différences discernables *ni* **Plans**
successifs plus rien
qui NE progresse

APRÈS **TOUT** immo bilisé *après* tout
impercep T i bLE
encore peut- être *Une* monumentale absence
puis plus *Rien*
puis LES même s mots Maintenant
dressés *et* détruits
fragments massif s
d'une *ancienne* appArition
elle toujours *la* même
intacte
Mais dépourvue *de présence*

ni suite apparente **ni** direction
entre vue **Ni** croisée Entrouverte

surface *de* nouveau ré fléchie

défaite figée

indiscernable ENTRE **LES** mille *et* MILLE

immobiles *dis jo ints et* in terminables

ÉBLOUISSEMENTS

qu'offr ent encore **une** FOIS les OU VERTURES

Béantes Les EMBRASURES

a Bsentes VI DES *de* **la** construction

imaginaire FUTUR E

Visible in visible IMPROBABLE Orientation

diffé- rence. UNIFORME

aucun aCcident aucun RELIEF

ou **tout** accident tout relevé

éléments SENSIBLEMENT idenTiques

surface exactement égale règlement

DIS PO SÉ

dans *la* **marge**

composé

de CARACTÈRES INDÉCHIFFRABLES

*I*mmobili s é

pour *le* **moment** par *le* dés or d re

qu'il doit CONTENIR

écartement immédiat *disjonction*

l'impression i naccessi ble qu'offrent les **OUVERTURES** Con si dérables **du** VOluME est DE Nouveau reconstituée dans LA *MesurE* ou *sans* éclat **sans** SECTION PRESQUE LE *détail*

s'établit se **perd**

in**C**omple t

non pas **totalement** absent

Non. *pas* immédiatement détruit

ni même **effacé** **ou** trop rapidement *fixé*

NON pas partiellement

Non **PAS** D É T É R I O R É

Non pas amorcé

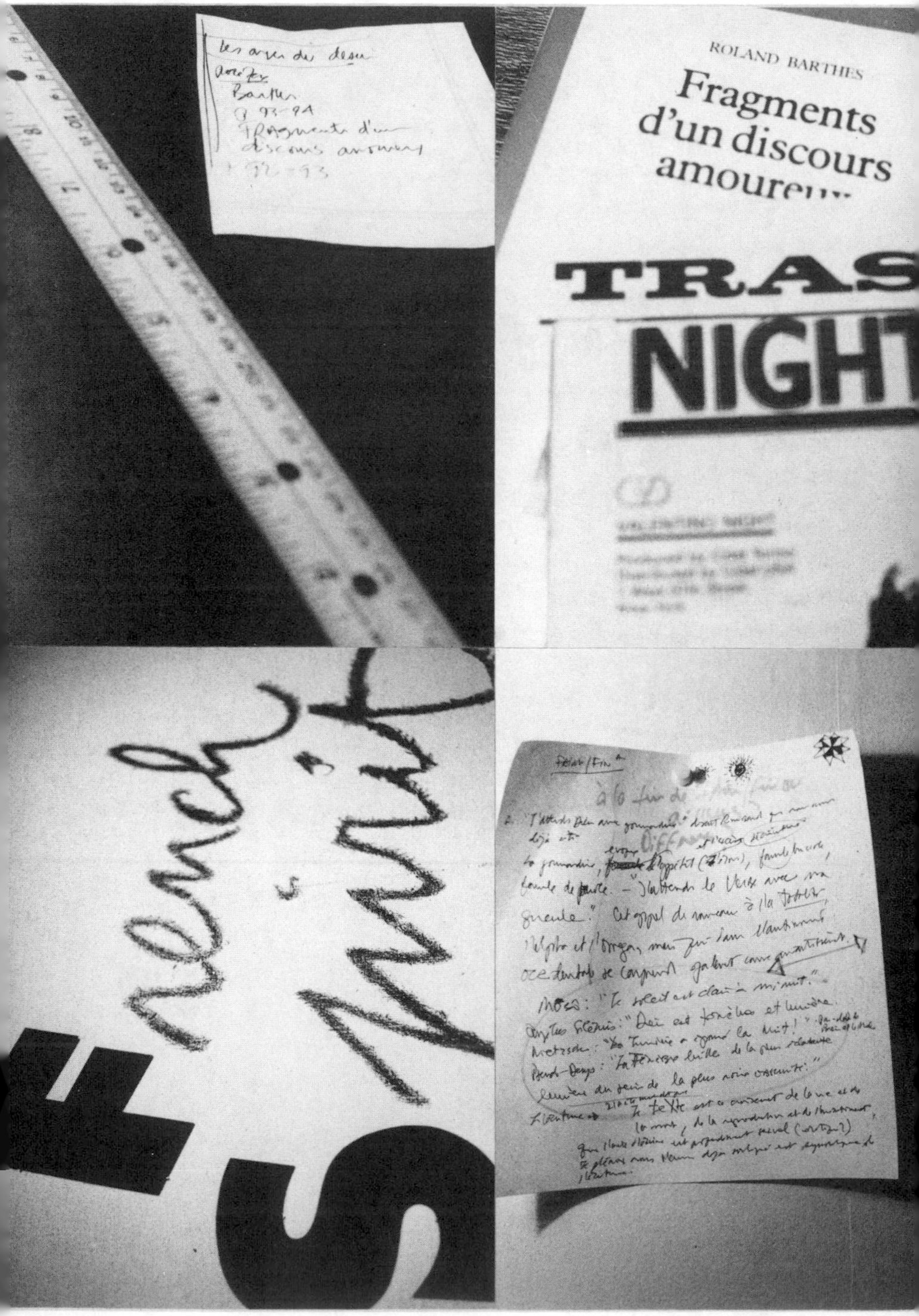
ROLAND BARTHES
Fragments
d'un discours
amoureu
TRAS
NIGHT

s jeunes filles en rut non pas les élégantes en dentelle non pas les noir
on soustraction treplicationterminaison (invocation) utopie vivisection
non pas les bijoux de toute indiscretion non pas la chair rasée non pas
"2 non plus par curiosité avidité impatience entrechat et chien du poil
r l'immortalité surtout pas l'enfer ou le paradis ni pour le retour à la
is ma langue entre tes lèvres ouvertes notre parole à une voie mais toutes
l'explosion atomique
oute chose non pas au plus creux de la chair non pas étendue sur une mer a
n pas dans les laboratoires de parfum ni les filles des champs ni la clé c
pas plaquée sur les murs de cinéma ou les baraques d'armée mais peut-être
les de mon souvenir même pas non pas à l'indienne ou prescrite   ans les ma
non pas à la routine du raclage ni attaché par le cuir par la corde par l
l'esprit non plus à l'esclavage des mots ni par joie ni fureur ni émoi ni
pour moi ni par beau temps ni par temps froid ni par effroi ni pour longte
gloire ni pour l'espoir ni pour tous les territoires ni par rive ou par t
onde non plus comète ou commise plume fume cigarette boa constrictor ni pa
ar dague au plus profond du harem au plus profond sans course ni chien de
ns la tanière ni sur peaux de renard pas là ni ici ni hallali mais comme
l ni pour la vue contre hanche ou creux du dos à l'axe symmétrique des fes
ou par parure non plus à l'eau à l'aube ni voile ni dentelle voilier ou c
as de hylon satin soulier ou certitude ni pour le cri voix d'opéra voix de
e ronce rosace et rose tige pu cristal non pas le poil de la bête non pas
rte entr'ouverte ni par éclair ni par coup de foudre non par nom non pa a
ue vent sable sang ni l'heure qui coule ni choc ni heurt ni par aucun temp
lice ni délire ni désir ni par voie ni parfait ni vierge ni étoilée ni lun
ut en tout temps en dehors en dedans ni pour lune ni pour étoile "ni miel
nt ni sextant ni pôle ni apôtre ni eau ni vent de mer ni mouvement d'air
lel" ni vierge ni vagin ni ouverture pour engin ni par plume ni par page r
re, ni mère ni perroquet pas pour ceci ni pour cela en dessus ou en deça n
olée ni lyre ni lecture ni trouvère par aucun signe aucun temps par ailleu
on invocation provocation ni pour le meilleur ni pour le pire ni de mal e
ravent rien contre ou envers ni dessus ni deça sans parole sans silence sa
sible ni invisible ni noun le dit des dires ni par feu ni fouet ni feu ni
ans lux luxe ni luxure tout plaisir tout désir tout respir souffle sable s
guerre ni crème ni rouge à lèvres ni par sang ni sens ni par chair ni ser
n plus la langue le langage ou la lèvre pour la bouche pour ;e souffle sar
jamais par aucun moyen ni interférence préférence différence ni sentence
par référence déférence aucune différence ni pas littérature ni par succe
blication ni érudition sans docte ni docteur éphémère ni par coup de sole
de foudre ni par éclair ni par temps clair sans gêne ni tact ni tactique
e ni par voie de fait ni zen ni now ni tao ni tard ni par abandon ni pr o
i souvenir ni soupir sans rut ni rupture sang innonence fidélité virgini
eur ni pour adoration immolation abîme abominable par faute fascination fe
ni légion ni lésion blessure ou brûlure ni âme ni démon ni pour la questi
se ou le théorème la torture rien en toi ou en moi ni pour rien au mad mo
haute ni à marée basse ni par cliché ni par désir de vampire par l'orific
et à l'origine ni infraction ni satisfaction n i en entrant en sortant en
SOUS AUCUN POIDS AUCUNE PLUME PAS POUR DESCENDRE (redescendre) OU REMONTE
aradant sous genévrierGenet ou paravent sous aucune loi sous peine de mort
EURE OU POINTE CARREFOUR SUR AUCUN PLANCHER CARRELAGE SANS TRAINE NI Tain
RCONSTANCE JEU DE HASARD ROI REINE HISTOIRE DE COMTESSE DE GONZESSE BONZ
            enclin non plus sous le marteau par aucun signe
R AUCUN SON DE CLOCHE GONG OU GOND EN GANG EN GAG GULAG ARCHIPEL ARCHIENK
ETAL OU MARBRE NI PAR PIERRE NI SUR AUCUNE PIERRE NI EN TON NOM AUCUN NON
NI NEGATION NEANT NEON NEXUS PLEXUS SEXUS NI QUOTE NI QUOTE-PART NI LIE
ER NOR HEAVEN RAVEN NOR EVER MORE NI PAR HARDLUCK NI EASYCOME EASY GO OU
NU PLUS SUR ATOLL NI PAR ABNEGATION ANTICIPATION ADDITION ANNONCIATION A
CIRCONVOLUTION DENEGATION DIVISION EFFRACTION EXCEPTION FACTION GENUFLEXIO
INSPECTION INTIMIDATION INVENTION INTERVENTION ULTRONSATION J KL MULTIPLI
                              negation operation punition questio

HER COOLA —OH
SO
h HER OH HER
FIRST
1½ OZ. KILL COOL
NET WT. WITH VANILLIN
NO YES
HEY
YES HEY

LA MAGIE DE L'IMAGE

IMAGE

"Apotheosis of Hershey Wrapper—They Made Lov
at 3 A.M.," collage on wood, 4¾" square, 1964, by
Alfred Hansen; Contemporary Arts Museum, Hous

"I knew I belonged to the public
and to the world, not because I was
talented or even beautiful but because I had never belonged to
anything or anyone else."

— from the unfinished autobiog-
raphy of Marilyn Monroe

Music: *Blah, Blah, Blah, Blah, Blah, Blah, Blah*

Bernard Faucon
Marvin Gasoi
Holly King
Barbara Kruger
George Legrady

IMAGE

Nic Nicosia
Pierre et Gilles
Richard Prince
Cindy Sherman
Laurie Simmons
Sandy Skoglund

Léveillé Stores Vénitiens Inc.

Si toute la page était noire,

ice this ain't.
values and unfoc
whatever story r
here.

azur
arbre

blé
bleu
boue
bambou

chat
chant
champ
cloche

dedans

fleur
fruit
flûte

geai

hutte

iris

jet
jardin

kimono

lampe
lune

montagne
mont

noix

ô

pluie
pierre
poisson

quenouille
queue
quille

riz
renard
rouge

silence

thé
terre

urne

vent
vague

wa
wind
window

zen
zero

Objet même de son écriture

Depuis la parution de ses premiers textes, **Tombeau** (roman publié en 1968) et **La Disparate** (roman/récit publié en 1975 sous le pseudonyme de Jesse Janes), J.R. Léveillé a fait éclater les formes réalistes de la fiction qui, jusqu'à la fin des années 60 ont dominé la prose littéraire du Manitoba français tout comme celle qui se publiait au Canada en dehors du Québec. Cette première partie de l'oeuvre est polarisée sur le thème du désir et de la mort, de la créativité et de la violence latente, mais c'est l'écriture elle-même qui en occupe le centre, avec la conscience de sa propre fiction (de son artificialité) et, par conséquent, celle de l'absence, de la virtualité, inhérente à l'acte d'écrire. **Tombeau** et **La Disparate** explorent la réalité de l'expérience au-delà du langage, mais le moment épiphanique de la révélation ne se trouve nulle part ailleurs que dans la nomination de l'objet recherché, c'est-à-dire dans le texte archétypal de la langue même.

Le dernier roman de Léveillé (**Plage**, 1984) est dominé par l'image de la femme qui, en interaction avec le narrateur masculin, apparaît comme l'objet du désir au sens le plus large, c'est-à-dire spirituel et culturel aussi bien qu'érotique. Le principe féminin, qui se révèle à travers de multiples images ("la femme" du roman prend constamment de nouvelles formes), apparaît comme le vecteur suprême du sens de la culture en raison des métaphores qui servent à décrire la femme: totem, statue africaine, amphore. La femme émergeant de l'eau est manifestement une figure "protéenne", mais elle évoque aussi l'image même de la création et du désir: on songe à la naissance de Vénus.

Tout au long du roman, le désir et la création esthétique restent inextricablement liés, caractérisés l'un et l'autre par l'absence que représentent métaphoriquement la page blanche et la plage abandonnée. L'acte d'écrire ("sur une page immaculée"), équivaut à pénétrer sur une plage déserte ("la plage immaculée"), l'incarnation du désir: "*il fut happé. C'est le mot. Par le paysage féminin... Dans lequel il s'inscrit. Et qui s'inscrit en lui.*" (p. 24-25). Abandonnant les descriptions richement texturées de décors et d'objets que l'on trouve dans ses romans antérieurs, abandonnant jusqu'à une histoire, toute schématique et non-linéaire qu'elle ait pu être auparavant, *Plage* se caractérise par une économie, un dépouillement, qui donne à cette oeuvre son ambiguïté et son pouvoir d'évocation, sa sensualité intense: "L'écriture de J.R. Léveillé, dit un critique à propos de *Plage*, en est une de feu[1]."

La poésie de Léveillé (*Oeuvre de la première mort*, 1977, et *Le livre des marges*, 1981) élargit et explore davantage la dialectique de la présence et de l'absence, marquée par la langue, que l'on trouve déjà dans les romans. Les multiples références intertextuelles (notamment les épigraphes de Rimbaud et de Mallarmé) mettent en équation *rite* et *mythe*, le faire et le dire, tous deux incarnés par l'idée du divin, d'où l'importance du discours biblique dans la poésie de Léveillé.

Mais en plus de souligner l'idée de la présence et de l'absence, qui revient comme un leitmotiv tout au long des oeuvres poétiques, l'évocation du divin permet de relier les allusions autoréférentielles à l'acte suprême de création (divine) de même qu'à la conception ancienne de l'artiste comme *alter deus*, créateur d'une *altera natura*. À cet égard, l'un des poèmes les plus révélateurs est *Voilactée* (*Oeuvre de la première mort*, p. 22)

Tant de ciels
sous d'autres encore abolis
d'un simple scintillement

de Ta parole
surgit un firmament

Qu'idée
unitive d'acte
divers soit
miroir de même intention

Dans *Oeuvre de la première mort*, c'est précisément la mort qui sert à évoquer l'absence et qui, en tant que telle, relie cette absence au divin (dont l'omniprésence dans la nature, les rites et les signes en soulignent d'autant plus l'absence) et qui la relie encore à la nature du langage puisque celui-ci permet de nommer (et, par là même, de rendre présent) ce qui est absent. La mort s'apparente donc à l'écriture dans la mesure où l'art, comme l'expérience de la mort, élimine toute virtualité, toute altérité. L'action humaine qui prend la forme de l'art devient un objet d'éternité et acquiert la présence immortelle, transcendantale, de la mort elle-même. La conception de la mort présentée dans le texte comme oeuvre d'art désigne ainsi la "première mort" dont il est question dans le titre, à savoir une "création" du langage, une "répétition" de l'expérience de la mort elle-même.

Si la mort constitue la principale métaphore de l'absence dans *Oeuvre de la première mort*, c'est l'espace, le vide, le non-dit, qui domine *Le livre des marges*. Le signe, en particulier celui du langage, la trace, ne fait que mieux ressortir l'absence, le vide, l'espace qui l'entoure: *"Les mots ne sont que le véhicule de l'interligne"* (*Le livre des marges*, s.p.).

L'accent est mis sur le langage en tant que signe indiquant ce qu'il n'est pas, se mettant en relief par rapport au vide (à la marge), et cela engendre une dialectique spatiale qui révèle un autre aspect de l'équation incarnée dans le langage entre la création humaine et la création divine. Car le texte en tant qu'oeuvre d'art reproduit la création divine à travers le "miracle" du langage: le texte esthétique recèle (puisqu'il est constitué de signes) en même temps qu'il révèle (puisque ces mêmes signes peuvent être compris et interprétés). C'est ce que Léveillé exprime lui-même dans une allusion intertextuelle à Rimbaud: *"Je suis caché et je ne le suis pas"*.

Oeuvre de la première mort peut se comprendre comme un projet poétique, une étude sur la production de l'oeuvre d'art, tandis que *Le livre des marges* se présente comme une phénoménologie du texte et de la manière dont celui-ci agit sur le lecteur. D'où la nature dialogique de bien des poèmes et l'insistance sur l'opposition entre "je" et "tu": *"Je suis la Blanche Page pour que tu y laisses tes traces que j'éclaire sans quoi tu ne passeras pas."* (*Le livre des marges*, s.p.)

L'incomparable (1984) constitue à ce jour l'énoncé le plus explicite de Léveillé sur son propre projet poétique. L'évocation de Sapho, l'"incomparable" du titre, est, suivant l'auteur, un "prétexte" dans tous les sens du terme. Car en évoquant le monde ancien du poète grec, l'écrivain moderne recrée ce monde d'une manière inévitablement sélective et fragmentée. Mais loin d'être un défaut, cette fragmentation devient le principe esthétique qui régit le texte. À l'instar des ruines anciennes évoquées, le fragment textuel a pour effet de souligner l'absence, celle du passé. Cela constitue un lien thématique entre la poésie et la fiction de Léveillé. Dans *L'incomparable*, la puissance esthétique du fragment, qui désigne simultanément la présence et l'absence, est ce qui relie le texte de l'écrivain au monde saphique tel qu'il nous a été transmis.

La forme fragmentaire dans laquelle le monde ancien a été transmis détermine la re-création de ce monde par l'écrivain moderne. Autrement dit, c'est la nature fragmentaire de son propre texte qui fait de l'écriture du texte – de l'acte d'écrire – l'objet même de cette écriture.

En tant que "lecture" de Sapho, le texte constitue à la fois un décodage et un ré-encodage. La difficulté de manipuler le code apparaît moins dans le langage que dans la déformation qui résulte inévitablement de la décontextualisation historique; elle apparaît encore dans la forme fragmentaire sous laquelle l'objet à décoder se présente au lecteur moderne. Le fragment, allusion à la rupture du code, apparaît donc comme la stratégie textuelle dominante de *L'incomparable*. Les catalogues et les inventaires des épopées anciennes sont ironiquement évoqués dans le monde saphique recréé par Léveillé, sous forme de listes d'aliments et de condiments, de différentes régions de la Grèce antique.

Le fragment est un signe dont la présence nous rappelle constamment l'absence de quelque chose, et cela nous incite à reconstituer un monde qui n'existe plus mais qui formait autrefois un tout harmonieux. Puisque le monde moderne est lui-même défini par la fragmentation, par la perte de sa complétude et de son harmonie, le fragment devient l'emblème qui désigne à la fois le passé révolu et notre époque moderne où, pour paraphraser T.S. Eliot, la totalité de la connaissance s'est perdue dans la multiplicité de l'information.

Les nombreuses références décontextualisées aux écrivains modernes et contemporains de même que les citations tirées de leurs oeuvres expriment la fragmentation qui caractérise notre époque et illustrent la faille entre le "sens" et le vécu, rupture elle-même liée au fait que la culture a cessé de donner un sens à l'expérience quotidienne.

L'omniprésence des jeux de mots caractérise la stratégie textu-elle globale de Léveillé, qui est en partie ludique, en partie fondée sur l'allusion intertextuelle et sur la mimésis. Les jeux sur l'éty-mologie et l'homophonie *(lyre/lire, elle/aile, verge/vierge)* évoquent le pouvoir de la parole et la vénération dont elle faisait autrefois l'objet, tout en soulignant qu'elle a perdu ce pouvoir et qu'à l'époque moderne elle s'est banalisée.

Extrait (1984) et *Montréal poésie* (1987) radicalisent cette "poétique du fragment" formulée dans *L'incomparable* sur le plan thématique et formel. *Extrait* se présente sous la forme d'une affiche couverte de mots dont certains sont en couleurs. Le mode de présentation et l'attrait visuel de cette oeuvre séduisent le lecteur comme le ferait une affiche ou un poster; mais si *Extrait* parodie l'art commercial et la consommation de masse qui en est la raison d'être, cette oeuvre évoque aussi les rouleaux anciens et les manuscrits du Moyen Âge. D'où l'allusion simultanée au caractère unique de l'oeuvre d'art – voire du texte antique – et au caractère mécanique de la production (reproduction) artistique qui l'a désormais remplacée pour en faire un objet de consommation populaire. En rompant si radicalement les normes de tous les genres considérés comme littéraires, cette oeuvre exclut toute grille qui permettrait au lecteur de lui trouver un sens. Elle se présente en effet comme un mini-inventaire de notre quotidien, une liste hors-contexte qui renvoie aux préoccupations courantes du lecteur de même qu'aux clichés des médias et aux stéréotypes de la publicité.

Dans *Extrait*, il n'y a pas de symboles à interpréter, pas d'événements à analyser, pas de personnages avec lesquels on puisse s'identifier. La quête du sens, dont le texte narratif fait habituellement l'objet, est ici catégoriquement refusée au lecteur. Cette oeuvre a donc sans doute pour principal effet de le désorien-ter et de le sensibiliser davantage à son altérité vis-à-vis d'un texte-objet qui lui présente des mots familiers mais privés de contexte et par là même insolites.

Extrait préfigure à bien des égards les assemblages textuels et visuels qui caractérisent *Montréal poésie*, la dernière oeuvre de Léveillé, où l'on trouve la même profusion de références intertex-tuelles et de citations que dans les oeuvres antérieures, surtout dans *L'incomparable*. Pour ceux qui ne saisiraient pas tout de suite la signification de la photo qui illustre la couverture du livre, l'hôtel Chelsea de New York en surimpression, l'intention de l'oeuvre se dévoile à travers les nombreux hommages au pop art, en particulier à Andy Warhol qui en fut le maître. Mais en lisant simplement le livre comme une oeuvre de pop art, on se limiterait à un seul des codes qui permettent d'y accéder. En tout état de cause, la référence à la culture pop est manifestement rétrospective, car le genre est vu sur le mode ironique et même parodique, comme le signale sans équivoque le caractère contemporain des autres éléments contextuels, dont le slogan "*New graffiti, old revolutions*". *Montréal poésie* tourne donc en dérision à peu près toutes les avant-garde contemporaines, y compris la sienne.

On peut voir *Montréal poésie* comme une réaction contre l'état actuel de notre culture, et même de notre société, qui juxtapose et superpose si facilement la publicité, l'esthétique, la philosophie et le fait divers. Dans une société qui vit à un rythme tel que toute expérience doit être saisie en l'espace d'un spot publicitaire, ("*La vitesse est tout dans la lecture*", comme dit l'auteur), il n'est pas surprenant que les oeuvres d'art produites dans cette société soient des fragments hétéroclites.

Il est difficile de dire si l'auteur s'attaque à l'ordre idéologique du monde qu'il définit dans *Montréal poésie* ainsi qu'aux différents codes artistiques. Apparemment, il manipule ces codes pour exercer un certain contrôle sur le monde qu'il dépeint. Il se rapproche en cela de l'écrivain français Alain Robbe-Grillet à qui est d'ailleurs dédiée une oeuvre en cours. Dans un entretien publié en 1979, Robbe-Grillet déclarait ceci:

> *Je vis dans une société, j'appartiens à cette société. Je suis moi-même pris dans une idéologie, et non pas extérieur à elle. Mais je vois un système qui me permet de conserver ma liberté à l'intérieur de cette prison idéologique. Ce système est né du Nouveau Roman et de tout l'art moderne – du pop art dans la peinture américaine, et aussi de la musique moderne. Il consiste à détacher des fragments du discours de la société et à les employer comme matériau pour construire autre chose.*[2]

L'oeuvre de Léveillé déjoue la quête du sens imposée par les textes littéraires traditionnels, y compris par les textes dits d'avant-garde. Son effet n'en est pas moins déterminé par la capacité du lecteur non seulement à reconnaître les déviations par rapport aux normes traditionnelles mais aussi à interpréter ces écarts. De plus, les textes de Léveillé ne permettent pas d'établir le sens en dehors du processus intégral de la lecture. Voilà pourquoi ces textes sont exigeants sur le plan intellectuel. Ils n'en sont pas moins érotiques et sensuels. De ce point de vue, ils refusent que l'intellect et le cognitif, qui imprègnent notre époque scientifique, soient séparés de l'instinctif, de l'intuitif et du sensuel. Il serait abusif de dire que Léveillé donne de l'expérience humaine une vision holistique, au sens où l'entendait l'époque pré-scientifique. C'est plutôt son éclatement qu'il montre de façon spectaculaire.

Rosmarin Heidenreich

1. Paul-Fançois Sylvestre, "Un récit sensuel et érotique", *Liaison*, printemps 1985.

2. Germaine Brée, "Alain Robbe-Grillet: What interests Me is Eroticism. An Interview", *Homosexualities and French Literature: Cultural Contents/ Critical Texts*, ed. George Strambolian and Elaine Marks (Ithaca: Cornell U.P., 1979), p. 93 (nous traduisons).

PAUL
Savoie
1946

Le premier poète de la première maison d'édition française au Manitoba, telle est la publicité que lui faisait un jour Les Éditions du Blé au moment où Paul Savoie commençait à se dessiner une réputation canadienne.

Né à Saint-Boniface le 11 janvier 1946 dans une famille de quatre frères, Paul Savoie a fait ses études classiques au collège des Jésuites où il a fréquenté un autre écrivain, J.R. Léveillé; études qu'il a poursuivies à l'Université Laval, à Québec et à l'Université du Manitoba où il a fait une thèse de maîtrise en littérature québécoise sur Anne Hébert et Saint-Denys Garneau, indiquant déjà une préférence pour des sujets qui ne sont pas de tout repos : les deux auteurs étant apparentés non seulement par les liens de sang (cousins), mais aussi par le tourment de vivre et l'exil intérieur. *Maison vide, Solitude rompue*, c'est un titre où vibre déjà le ton et le style des oeuvres poétiques de Savoie. Notons en parlant d'Anne Hébert, à laquelle on peut ajouter les noms de Virginia Wolf et de Doris Lessing, que Savoie a toujours professé un grand intérêt pour la littérature féministe. C'est une influence sur son oeuvre à laquelle les critiques ne se sont pas encore attardés.

Il poursuit ensuite ses études à l'Université Carleton d'Ottawa où d'autres travaux de maîtrise portaient sur les littératures comparées, puis sur la littérature anglaise (1972-1974).

Paul Savoie a été professeur de littérature française au Collège de Saint-Boniface (1969-1972), et plus tard, de littérature anglaise au même endroit. Il occupe ensuite une variété de fonctions contractuelles, traducteur, réviseur, recherchiste pour divers organismes (1975-1980).

En 1975, on le trouve à Québec et en 1976 il déménage à Ottawa où il vivra pendant dix ans, responsable d'un secteur du programme "Explorations" du Conseil des Arts du Canada de 1981 à 1986.

C'est en 1974 qu'il publie son premier volume de poésie, *Salamandre*; cette première coïncide avec la fondation de la première maison d'édition au Manitoba français, Les Éditions du Blé. Savoie est de retour dans sa ville natale après des études à l'Université Carleton, et il participe ainsi aux débuts de l'édition française au Manitoba. Il publiera deux autres recueils aux Éditions du Blé avant de se tourner vers Le Noroît et les maisons d'édition de Toronto où il publie également en anglais.

Ses poèmes et articles critiques ont paru dans certains périodiques, notamment *Writers' News Manitoba* devenu *Prairie Fire*, *Arc*, *Anthos* et *Quarry Magazine*. Il a également signé quelques préfaces pour des amis auteurs et artistes.

Parallèlement à sa carrière d'écrivain, Savoie a poursuivi et poursuit toujours, celle de musicien. Il n'est pas inutile de mentionner ici que son père, Émile Savoie, qui a fait carrière comme greffier à la Cour de Comté de Saint-Boniface, et qui a été un des tout premiers animateurs de la radio française de l'Ouest, s'est fait remarquer comme connaisseur en musique. Ses talents ont servi pendant de nombreuses années à la cathédrale de Saint-Boniface où il interprétait la musique religieuse. C'est sans doute grâce à cette influence que Paul Savoie a écrit des pièces pour piano, a composé des chansons et des pièces musicales avec des collaborateurs (Claude Boux, Norman Dugas, J.-P. Brunet, Charlotte Hébert, et un frère, François Savoie). Ce mélange de poésie et de musique l'a conduit à des collaborations avec le Groupe de la Place Royale, entre autres, dans divers spectacles multi-disciplinaires, *Masques* en 1980, et un spectacle de danse en 1984 où il signait des textes qu'il lisait sur scène tout au cours de l'évolution des danseurs. Il a également fait une tournée de régions francophones au début des années 80 avec Madeleine Boucher. *Une sorte de Duo* offrait une soirée de chants et de poésie, textes et chansons composés par l'auteur.

Marié en 1986, Paul Savoie est déménagé avec son épouse à Toronto où il se consacre totalement à son écriture. Il est père d'une petite fille, Julia, née en 1988, qu'il adore.

Salamandre, Saint-Boniface, Éditions du Blé, 1974.

Nahanni, Saint-Boniface, Éditions du Blé, 1976.

La maison sans murs, Hull, Éditions Asticou, 1979.

Acrobats, Toronto, Aya Press, 1982.

À la Façon d'un charpentier, Saint-Boniface, Éditions du Blé, 1984.

The Meaning of Gardens, Toronto, Black Moss Press, 1987.

Soleil et Ripaille, suivi de *L'Arc de poussière*, Saint-Lambert, Éditions du Noroît, 1987.

Bois brûlé, Saint-Lambert, Éditions du Noroît, 1989.

Ted Allan, "Poet Savoie seems 'exotic' to Québécois", *Winnipeg Free Press*, octobre 1979.

Antonio D'Alfonso, "Paul Savoie", *Nos livres*, vol. 18, nᵒ 7193.

Alexandre L. Amprimoz, "Paul Savoie's Eternal Laughter", *Essays on Canadian Writing*, nᵒ 18-19, Summer-Autumn, 1980.

Alexandre L. Amprimoz, "A Knight Exists Somewhere", *Writers' News*, vol. 2, nᵒ 2, 1980.

Alexandre L. Amprimoz, "The Poet Builds", *Prairie Fire*, vol. 7, nᵒ 3, Autumn, 1987.

Auteurs francophones des Prairies, Saint-Boniface, Centre de ressources éducatives françaises du Manitoba, 1981.

Michel Beaulieu, "À la Façon d'un charpentier", *Livre d'ici*, mars 1985.

Gérald Boily, *Paul Savoie, poète franco-manitobain: l'appropriation par le regard*, thèse de maîtrise, Université de Paris-Sorbonne, 1985.

Stéphane-Albert Boulais, "Le risque de l'intelligence", *Le Droit*, 22 décembre 1979.

Barbara Carey, "The Meaning of Gardens", *Poetry Canada Review*, Summer 1988.

B.K. Filson, "Acrobats by Paul Savoie", *Quarry*, vol. 32, n° 1.

Réginald Hamel, John Hare, Paul Wyczynski, *Dictionnaire des Auteurs de langue française en Amérique du Nord*, Montréal, Fides, 1989, p. 1231.

Rosmarin Heidenreich, "Recent trends in Franco-Manitoban Fiction and Poetry", Winnipeg, *Prairie Fire*, Spring 1990.

Marie-Claire Howard, "Paul Savoie : premier écrivain francophone en résidence de la bibliothèque municipale", *L'Express de Toronto*, vol. 13, n° 24, juin 1988.

Ingrid Joubert, "Quoi de neuf dans l'Ouest canadien-français?", *Canadian Literature*, n° 111, Winter, 1986.

Marthe Lemery, "La 'Maison sans murs' ou l'exploration de demain", *Le Droit*, 17 octobre 1979.

Kenneth Meadwell, "La signifiance", *Canadian Literature*, n° 107, Winter, 1985.

François Paré, "Recueillir sa vie en poésie", *Le Droit*, 22 décembre 1986.

François Paré, "À chacun d'ouvrir la fenêtre", *Le Droit*, 21 novembre 1987.

Répertoire littéraire de l'Ouest canadien, Saint-Boniface, Centre d'études franco-canadiennes de l'Ouest, 1984.

Taïb Soufi, "Le Verbe des Prairies", *Bulletin du Centre d'études franco-canadiennes de l'Ouest*, n° 3, Saint-Boniface, CEFCO, octobre 1979.

Ian Sowton, "(Un)making", *Canadian Literature*, n° 99, Winter, 1983.

"La naissance du soleil", *Lettres Québécoises*, n° 47, automne 1987.

Vous

Il y eut l'attente
précédant l'instant où l'eau fleurit
entre vos mains
et une rose moins nocturnale que le rêve fit
de vos yeux
de légers bercements
écrasant la lueur de votre regard
et formant un tissu brisé de clarté
Jusqu'ici, jusqu'à nous, jusqu'à moi
– jusqu'à ce lit ensommeillé –
et vous ayant prise entre mes doigts
j'ai connu ce que fut le jour
                        après l'oeil fermé de la femme
et je vous ai touchée
jusqu'à l'extrême pointe de la sensation,
mes mains en coulant sur votre corps
ont donné naissance à la mémoire
et à l'avenir

et je vous ai vue pour la première fois
appareillée de sommeil
mon regard vous vêtant de souplesse,
et vous êtes entrée pleine de mystère
et d'amertume dans la forme tracée par ma bouche
sur l'étendue du jour

Salamandre

Le labyrinthe

Il n'y a jamais de porte entre moi et l'ombre,
jamais de séparation entre tant de pas;
je marche sans cesse
                    vers chaque instant de pénombre,
je pense à toi qui peut-être n'existes pas.

La fin de chaque souffle te recrée devant moi.
Chaque début de nuit ranime ta présence:
tes mains dont chaque geste est son unique loi,
la parole incessante créée dans la violence.

Dans un regard perdu, il n'y a pas de grâce;
et je n'espère pas, je ne crois même plus
qu'au bout d'un autre temps
                            ou dans un autre espace,
je verrai la frontière des instants révolus.

───────────

Salamandre

La balançoire

Il n'y a pas ici de point-limite marqué.
L'on quitte une esplanade
pour aussitôt se retrouver dans un décor
identique
mais inverse.
Un détroit succède à une baie
dans la pensée
et l'on dort dans une anse
ou dans le littoral,
les bras font pivoter les arcs-en-ciel
que contiennent les surfaces d'eau,
la peau sert de tremplin
pour expliquer au souvenir
les vols d'oiseau
et les agonies du tonnerre.

Et pourtant,
la presqu'île du songe
où les rameurs d'aube viennent s'héberger
n'est pas une frontière définie
entre l'effort qui s'achève
et les pas précipités
d'une respiration qui commence.

Salamandre

Renversement

L'image, avec ses parties diverses,
se referme sur elle-même
Les volets sont clos
Les portes sont fermées

À mesure que le matin devient ridé,
la dimension multiple se resserre
Ton visage devient plus présent,
plus pressant

Étrange cette façon qu'a le point mort,
caché dans le centre de la page,
d'exagérer son importance
et de coincer les figurants

Étrange cet élan inaperçu,
telle une flèche tirée d'au-delà
la frontière marquée,
pour cicatriser le ciel

Le ciel est dérangé
par l'impression de ton visage
sur l'espace nu
Le ciel avec ses figurants
devient l'arrière-fond de la toile
Tu deviens la représentation
de toute couleur
et de toute forme
sur la page entachée
La flèche vient éclabousser
d'encre indélibile
la surface, le contour, le centre

Le ciel chavire
mais tu le tiens
dans tes yeux
La terre chavire
mais tu la tiens
dans ton oeil fermé

_____

Nahanni

La montagne du sang du soleil

Tu as dormi
dans la galerie des moutons morts
tu as défié
la rivière du crâne brisé
et le démon rugissant
ne t'a pas enseveli
dans son temple d'ossements;
les coraux de calcite
ne t'ont pas enfermé
dans leur larme figée

ce que tu as fait,
aucune loi ne l'exigeait de toi
ce que tu es devenu
n'était pas inscrit
sur l'édit de naissance

Le monde n'est pas l'autel
du sacrificateur;
le départ n'est pas la mesure
de la durée

et ce qui reste de l'enfance blessée
dans tes reins
n'est pas immolé à la dictature de l'oubli;
ce qui reste de la recherche de Dieu
n'est pas écrasé par l'ombrage du dolmen

D'autres hommes célèbrent avec toi
cette résurrection sur l'aube,
d'autres hommes assistent
à la consécration du regard

La croyance à la parole
force l'éruption du volcan
de l'endroit où le ciel est
coupé en deux par le glaive,
à l'endroit où la montagne
disparaît dans une fumée d'embrun
où le pied de Dieu foule le sol,
où, de la blessure
     sur le visage de la terre,
coule le sang de l'aigle
sur l'enfance de l'homme

_____

Nahanni

L'enterrement

le linceul, drap de sables,
cloisonne le coeur
plus morne qu'un choeur
de voix criardes,
plus sombre que l'oeil prophétique
du corbeau
la terre n'absorbe plus
ses propres saisons révolues
pourtant une souffrance
en porte une autre
un geste devant l'autel
en cache un autre
les âmes se courbent
dans une génuflexion d'impuissance
pour les choses enterrées
qui n'ont jamais reçu de nom

_____

La maison sans murs

Les dimensions

C'était dans quelle litière,
j'étais dans quelle affirmation
marginale d'être, entre quels
corps dédoublés
épuisés d'eux-mêmes ou entre quelles
formes d'une même fureur?
C'était sous quelle peau
bondée, sous quelle mer
aux entrailles rouillées,
sous quel éclat de verre
dans l'éclatement d'un anneau?

J'étais seul,
enfoui dans une multiplication
d'autrui
ayant à déduire une oeuvre
dans l'immensité

La maison sans murs

J'aimerai une femme brune

ce qui reste pareil, ce sont les
saisons – ou, plutôt, la succession
des saisons – ou presque, car
même ceci n'est plus pareil. l'automne,
celui qui transparaît dans cette
épaisseur de vitre, semble venir
de plus loin, non d'espaces
élargissants, mais d'une surface
rivée au temporel. et il ne s'y trouve
aucun lien avec une saison précédente
ou un éventuel début de saison nouvelle.
ce qui reste pareil ce sont les
diaprures, les taches sur les feuilles,
ensorcelées de leur propre mort.
ce qui reste pareil, c'est qu'un jour
j'aimerai une femme brune aux couleurs
infiniment variées – ou presque, mais
ce ne sera jamais plus la même chose.
cette femme aura été insérée dans un
déroulement qui n'appartient ni à elle, tout
à fait, ni à moi. et la feuille
échappée reposera sur un lit qui n'est
pas le sien. les arbres entre les limites
du champ de vision auront une apparence
métallique.

La maison sans murs

Une femme à sa fenêtre

Elle vit dans une maison
dans une des rues
que j'avais recouvertes d'autres cieux

et voilà qu'elle ouvre soudainement
sa fenêtre
pour me saluer

J'avais tracé de nouvelles villes
par-dessus cette ville-là,
des voix plus fortes, plus insistantes
que cette voix venant d'une chambre
d'une maison
d'un coin de rue
dans une ville engloutie

et voilà que le murmure grandit,
que le visage surgit
parmi tant de visages rencontrés
et que toute mon attention,
toute ma volonté s'y arrêtent

L'espace qui lui appartient
n'était plus qu'un étroit parterre
et un feuillage imprécis
mais il exerce sa souveraineté
et fait rétrécir les rues,
les champs, les villes d'alentour
Et il ne reste plus qu'elle,
à sa fenêtre,
me saluant du bout des yeux

Je la cherche à travers
les fouillis de mots
et le temps qui n'a plus de densité

Je vis de nouveau
dans la petite chambre assombrie
du rez-de-chaussée
je fais le même cheminement
vers le même acte
où nos corps et nos mains
apprennent à naître
Et je cherche dans cette fenêtre
derrière tant de rideaux
et de frimas
un visage qui aurait pu recommencer
puisqu'il existe dans une fenêtre
d'une maison enfouie
mais qui meurt à tout jamais
dans une rue
perdue

_____

À la Façon d'un charpentier

L'oiseau sous ma fenêtre

Elle se faufile entre mes bras
La ville, vue de ma fenêtre,
s'incline sous la pesanteur délicate
de cette nouvelle odeur

Elle s'asseoit sur mon lit
Fleur disparate
effeuillée sur ce rayon de silence,
elle renverse le sablier du temps
Le vent s'incline
sous le chant saisonnier
enfermé dans un geste

Le monde derrière ma fenêtre
tourbillonne entre des frontières de sable
et de ciel bruni
Le soleil s'incline sur cette peau écarlate
jaunie un peu par le crépuscule
Des taches d'obscurité, sur sa peau,
enferment l'arbre de silence
dans leur champ
L'oiseau sous ma fenêtre
s'incline sous la pesanteur délicate

_____

À la Façon d'un charpentier

À la Façon d'un charpentier

À la façon d'un charpentier,
je palperai cette clairière
pour tracer l'aire de vie
Menuisier, j'en ferai une table pour deux
L'oiseau écorchera la surface
dans son vol lumineux
Nos yeux seront bus
dans la coupe ovale
de mains surimposées

J'ausculterai le bleu profond du ciel
où une fleur grandit sur le temps
et, tel un orfèvre,
je parsèmerai de coquillages
l'aurore devenu rivage
Je récolterai les épaves
pour en faire une maison de souvenirs
et d'échos

Le coeur deviendra lame
afin de tailler l'horizon
et de lui arracher
ses fruits meurtris
Tu en feras une fenêtre
avec vue sur jardin
La mer servira de tain
pour laisser grandir l'arbre,
récif sous les vagues
légèrement bousculé d'orage et de corail
sous lequel tu te berceras,
éprise de marées
et de bateaux à la dérive

À la Façon d'un charpentier

VIII

La brisure du sol
avale l'arbre courbé

Les enfants créent
dans l'ombre des peupliers

XIII

Le vent sur l'eau

Des tracés d'horizon
précis
La périphérie et le noyau
à la portée
du souffle
Une densité de ciel
et de terre
dans l'ondulation

L'île :
un champignon bleu
entre nos mains
de cristal
Les nuages comme des vignes
sur les murs d'une chapelle
La mousse sur l'ossature
des arbres écroulés

Un animal farouche
parmi les feuillages

XIV

Les mots glissent
sur la peau
La respiration se transforme
en flèche de sang
tirée vers l'oiseau dépourvu d'horizon
Des milliers de gestes insolubles
viennent contredire l'acte
de se ressembler
Une parole de verre
fait dévier le rayon multiple
Le vent se met à radoter

La porte du rivage
chavire
L'île vacille
sur l'arc de poussière

XVI

Le mugissement te délivrerait
du dédale
Les rayons d'or entre les fêlures
des charpentes
te noueraient les mains
au moyen d'une corde de transparence
et tu resterais fragile,
bousculée par la blancheur
du vent
Le poids de la lune
défoncerait le toit
et tes yeux deviendraient
un sablier
pour l'écoulement des étoiles
De ton silence vacillant,
tu te mettrais à raconter
la bête innommée
livrée à la colère
et aux intempéries du regard
Et, les pieds à peine détachés
de l'opacité triomphante,
tu boirais le sang
de ma poitrine transpercée
me déposant dans l'embryon
du faucon,
l'aile clouée au ciel,
les serres
agrippées au soleil

_____

L'arc de poussière (extraits), dans Soleil et ripaille

la flamme
ne se fait pas voir sur la surface
lorsque le bois se consume
de l'intérieur,
autant de termites

au creux des racines
hallucinant
de lave répandue
à même les souches

bois brûlé
par le volcan
que l'oubli
allume
éperdument

***

La Vérendrye passe
et laisse derrière lui une clairière,
plusieurs gerbes,
un tourbillon

la clôture fend
lorsque l'ouragan s'en prend
aux racines

le collège, la cathédrale
s'effondrent
dans un bruit sourd

les digues ne suffisent pas
la Rouge submerge tout

la débâcle entraîne avec elle
le rêve trop fragile

il reste un bruit de hache,
quelques clous,
un pont vers l'intérieur

***

à cause d'une faille
profonde
la charpente fend
de part en part

on cherche un abri
sous l'arbre
en éclats

un cri en éruption
remplit le ciel
de brindilles
et de lave

les yeux vacillent
sous le tremblement,

l'éclaboussement de l'âme

Riel s'écrase
sous la pesanteur
du bois

Bois brûlé

Une trace dans le corps d'une écriture

L'oeuvre de Paul Savoie n'est pas facile à cerner. Je m'en rends compte en relisant ce que j'ai écrit à ce sujet au fil des années[1]. J'en suis tout à fait persuadé lorsque je relis ce que d'autres ont publié sur le poète[2].

On ne retrouvera donc pas ici ce que j'ai dit ailleurs. C'est par l'autoreprésentation de l'énonciation poétique qu'il faut commencer. On peut, par exemple, calmer les interprètes d'Arthur Rimbaud grâce à une petite dose du même Rimbaud:

> *Que comprendre à ma parole?*
> *Il fait qu'elle fuie et vole!*
> *(Ô saisons, ô châteaux)*

De même, pour rappeler à l'ordre les critiques de Paul Savoie, il suffit de citer trois vers de **Salamandre**:

> *Le vagabond n'a pas d'ombre.*
> *Ses sandales trouées ne laissent derrière lui*
> *aucune empreinte sur le sol. (p. 158)*

L'écho de "Ma Bohème" de Rimbaud et celui de "L'Homme aux Semelles de Vent" ne semblent point faire de doute. Le mouvement perpétuel du poète correspond au mouvement perpétuel du sens. D'un signifiant à un autre, Paul Savoie construit, **À la Façon d'un charpentier** (1984), **La maison sans murs** (1979). C'est ainsi que l'intertextualité rimbaldienne est révélée au lecteur : le poète tente d'exprimer l'inexprimable, de réunir le mouvement et l'immobilité. La maison de l'éternel voyageur n'est donc pas une maison référentielle:

> *Il n'y avait pas de monstre,*
> *pas de sorcier,*
> *pas de main coupée,*
> *pas de labyrinthe*

J'étais dans une maison
sans murs
et j'attendais
qu'on vienne me chercher.
(La maison sans murs, p. 64)

Où est donc passé cet apprivoisement de l'espace si cher à la conscience bachelardienne? Que l'on ne se fasse pas d'illusions, le titre du poème n'est autre que *Le Cauchemar*. Le mouvement perpétuel de sens est justifié par le fait que la recherche de la beauté n'est pas de tout repos. Raconter ses mauvais rêves c'est se confesser et l'énonciation de Paul Savoie rejoint celle de Charles Baudelaire qui conclut dans "Le Confiteor de l'artiste" : "*L'étude du beau est un duel où l'artiste crie de frayeur avant d'être vaincu*". Cette tradition romantique de l'échec, Paul Savoie la connaît fort bien:

Personne n'a eu pitié de lui
car il était beau
et les témoins disaient que toute
pureté a ses racines dans
un crucifiement.
(La maison sans murs, p. 55)

Que peut-il bien rester de cette maison faite de mots et non de briques. Sans doute une trace quelque part dans le corps d'une écriture:

Je récolterai les épaves
pour en faire une maison de souvenirs
et d'échos.
(À la Façon d'un charpentier, p. 208)

Les contradictions apparentes de l'oeuvre de Paul Savoie peuvent ainsi se résoudre grâce à une perspective qui lui est bien particulière: celle de la stabilité dynamique. Alors que certains poètes contemporains à l'instar d'Yves Bonnefoy se plaisent à opposer le mouvement et l'immobilité et que d'autres comme André Frénaud évoquent un moi voué à la plénitude du vide, Paul

Savoie, lui, poursuit une vision très différente. Le titre de son recueil anglais, *Acrobats*, suffit à évoquer cette vision qui est vraiment celle du funambule.

L'équilibre du poète, tant au niveau du signifiant qu'à celui du signifié, dérive d'une stabilité faite de mouvement. Déjà dans *Nahanni* (1976), Savoie assimilait toute expérience humaine à un voyage dont les *Escales* constituaient de nécessaires illusions:

> *Je me suis laissé prendre*
> *à vivre le passage de l'aigle*
> *Je me suis laissé vivre*
> *dans les fortes présences*
> *provisoires.*
> *(Nahanni, p. 37)*

L'oxymore dont les deux pôles sont l'instant et la durée nous montre ici qu'au voyage matériel correspond un itinéraire mental. Les "fortes présences", dès qu'elles s'affirment dans le champ de la conscience, ne deviennent que mémoire, que regret de périples et constituent pour le moi un piège irritant surtout par sa rapidité. Inévitable dans sa répétition même, le voyage est fonction d'un désir qui consiste à construire, *À la Façon d'un charpentier*, un édifice que le sort ne fait que détruire au fur et à mesure que le poète monte sur son échafaudage verbal. La conscience n'est donc qu'un point en mouvement et le trajet de l'esprit doit être stimulé par un déplacement continuel dans le temps et dans l'espace. C'est pour cela qu'*À la Façon d'un charpentier* est un livre qui pourrait être considéré comme le journal de bord d'un poète. Couvrant en effet une période allant de 1964 à Saint-Boniface jusqu'à 1984 à La Guadeloupe, ce livre offre autant de pièges que le journal de Saint-Denys Garneau. Les critiques traditionnels penseront qu'il éclaire l'oeuvre poétique sous l'angle biographique. Mais son véritable intérêt réside dans le fait que le texte considéré est fait de poèmes ainsi que de prose poétique. L'on pourrait au fond penser que l'autoreprésentation du poète se trouve dans un personnage comme celui d'Elsa :

Elle m'a parlé de voyages qu'elle avait faits partout dans le monde.
J'ai eu nettement l'impression qu'elle inventait tout, qu'elle n'avait
pas de passé et qu'elle n'avait surtout pas l'intention de se forger un
avenir. (À la Façon d'un charpentier, p. 162)

Ce personnage, comme l'énonciateur de **Nahanni**, ne vit ni
dans le passé ni dans l'avenir et lui aussi se laisse prendre au piège
tendu par *"les fortes présences / provisoires"* (**Nahanni**, p. 37).
D'ailleurs le poète précise : *"Elle semblait faire de sa vie, de chaque*
instant, un mouvement de balançoire" (*À la Façon d'un charpentier*, p.
162). Le mouvement demeure au fond indispensable à une inspiration poétique qui voudrait tendre vers une certaine objectivité re-
présentée par l'image de la ligne droite[3].

L'originalité de Paul Savoie dépasse le cadre de la couleur
locale en offrant une création verbale qui associe un retour à la
tradition de la bohème et une recherche poétique dont la rigueur
de composition n'a rien à envier à un imaginaire des plus subtils.

Alexandre L. Amprimoz

---

1. Voir la *Bibliographie critique sélective*.

2. Voir à ce sujet le long et traditionnel article de Taïb Soufi (Le Verbe des
Prairies*) dont une partie est consacrée à Paul Savoie. Le symbole de l'aigle
en particulier est interprété en fonction de "l'aigle métis" ainsi que de "la
tentative de souveraineté" (p. 32). Ce genre de lecture ne peut guère
faciliter la recherche de ceux et de celles qui étudient les textes de Paul
Savoie en fonction de leur *littérarité*, c'est-à-dire de leur spécificité
littéraire. L'auteur reste d'ailleurs à découvrir même au niveau bio-
bibliographique. Rossel Vien, dans le **Répertoire littéraire de l'Ouest canadien**, signale amicalement ce fait: "Ayant publié quatre recueils de
poésie, encore trop peu connus, il a été salué par certains critiques, dont
Alexandre Amprimoz, comme un des meilleurs poètes canadiens-français
actuels" (p. 331). Les quelques comptes rendus qui ont été consacrés aux
recueils de Paul Savoie semblent être à la fois simplistes et sommaires. B.K.
Filson, par exemple, reproche au poète de ne pas finir ses textes sur un
point d'orgue (*Acrobats*, p. 81)*. Le sens même de la modernité échappe
ainsi à certains critiques. Seuls Ian Sowton ((Un)making, p. 154-156) et

Kenneth Meadwell (La Signifiance, p. 158-160)* semblent remarquer l'importance de la recherche formelle de Paul Savoie.

* Voir la *Bibliographie critique sélective*.

3. La consolation objective de la ligne droite se retrouve même dans ses métonymies. C'est par exemple le cas de la ligne de métro : *"J'ai fait le voyage aller-retour en métro jusqu'à Longueuil, trois fois, pour me gaver de neutralité"* (**À la Façon d'un charpentier**, p. 164).

ALEXANDRE
Amprimoz
1948

Alexandre Amprimoz est un poète et un érudit dont le nom apparaît si souvent dans les revues littéraires et les périodiques universitaires au Canada et à l'étranger qu'on peut se demander comment il trouve le temps d'exercer ses fonctions de professeur.

Né à Rome le 14 août 1948, Alexandre Amprimoz a fréquenté plusieurs universités dont Aix-Marseilles (baccalauréat en mathématiques, 1966); Toronto (langue et littérature française, 1969); Windsor (maîtrise en littérature française, 1970); Western Ontario, à London (doctorat en littérature française, 1978). Sa thèse de doctorat portait sur *L'évolution poétique de Germain Nouveau*. Par la suite, il signera plusieurs articles sur ce contemporain de Rimbaud.

Polyglotte, il a enseigné le français au Collège Assumption de Windsor, en Ontario (1968-1973); à l'Université de London, en Ontario (1973-1974); et de nouveau à Windsor, au Collège St. Clair (1977-1978).

C'est en 1978 qu'il est venu s'installer au Manitoba, avec sa femme, comme professeur au collège universitaire St.John's. Il faisait du Manitoba sa quatrième patrie, pour ainsi dire, après l'Italie, la France, et l'Ontario.

Au cours des années 1970 à 1980, Alexandre Amprimoz a produit un nombre prodigieux d'écrits.

Ses poèmes sont publiés en français dans *The Canadian Fiction Magazine* (1974), *Liberté* (1977), *Boréal* (1977-1978), entre autres; en anglais, dans une variété de revues dont *Quarry* (1971), *Poetry Australia* (1972-1974), *The Texas Quarterly* (1975), *Canadian Forum* (1976-1978), *Poetry Toronto* (1976), *Canadian Literature* (1976-1979), *The Tamarack Review* (1978), *The Antigonish Review* (1978).

Il a publié des nouvelles dans *Prism International* (1972), *The Canadian Fiction Magazine* (1973), *Wisconsin Review* (1974), *The New York Cultural Review* (1974), *Fiddlehead* (1976), *Descant* (1978), *La Nouvelle Revue Française* (1981,1986), et ailleurs.

Il a également agi comme expert-conseil auprès des comités de rédaction de certaines publications, dont *Écriture Française* (1979-1988) et *Imagine* (revue de science-fiction québécoise).

Comme critique, Alexandre Amprimoz a fait paraître des études et recensions dans un grand nombre de périodiques. Il a signé plusieurs articles dans quatre des cinq tomes du *Dictionnaire des Oeuvres littéraires du Québec*, édité chez Fides. Il a publié des essais sur la sémiotique, en français, spécialement dans *Semiotica : Journal of the International Association for Semiotic Studies*.

Comme traducteur, il a traduit en anglais des textes de Cécile Cloutier, Louis-Philippe Hébert, Esther Rochon et Nicole Brossard; des textes italiens de Giuseppe Ungaretti et de Vittorio Tommassini; et des textes espagnols de Pablo Neruda. Et comme on peut s'y attendre, il traduit de l'anglais vers l'italien, notamment une sélection de poèmes de Menke Katz.

Le professeur Alexandre Amprimoz a participé à un grand nombre de colloques et de congrès, tant au Canada qu'outre-mer; il a publié des dizaines d'articles où il a fait connaître tant la littérature d'expression française que celle d'expression anglaise au Canada. Par exemple, à l'Université du Manitoba en 1978, il a traité des poètes francophones du Manitoba lors de la première conférence annuelle sur la poésie manitobaine; puis à l'Université de Winnipeg, il s'est prononcé sur la littérature et la politique au Québec, lors du congrès Exposure '79.

Membre du bureau de direction du Centre d'études franco-canadiennes de l'Ouest, du Collège de Saint-Boniface (1978-84), il a travaillé avec Antoine Gaborieau à une étude des parlers franco-manitobains.

En 1985, après sept ans au Manitoba, Alexandre Amprimoz a accepté un poste à l'Université Brock, à St. Catharines, en Ontario, où il poursuit toujours son travail poétique et pédagogique.

Jiva and Other Poems, Lakemont, C.S.A. Press, 1971.

Re and other poems, New York, Vantage Press, 1972.

Initiation à Menke Katz, Montréal, Les Presses Libres, 1972.

Visions, Lakemont, Tarnhelm Press, 1973.

An Island in the Lake and Other Dialogues, Lakemont, Tarnhelm Press, 1973.

Menke Katz' Choice Poems in Italian, Windsor, Private Printing, 1974.

Studies in Grey, London, Killaly Press, 1976.

Chant solaire, suivi de *Vers ce logocentre*, Sherbrooke, Éditions Naaman, 1978.

Against the Cold, Fredericton, Fiddlehead Poetry Books, 1978.

Selected poems, Toronto, Hounslow Press, 1979.

10/11, Sudbury, Prise de Parole, 1979.

CDN SF&F: A Bibliography of Canadian Science Fiction and Fantasy (avec John Robert Colombo, Michael Richardson et John Bell), Toronto, Hounslow Press, 1979.

Springtime of Spoken Words : Poems by Cécile Cloutier, Edited and translated by Alexandre L. Amprimoz, Toronto, Hounslow Press, 1979.

Odes for Sterilized Streets, Cornwall, Vesta Publications, 1979.

Other realities, Toronto, Three Trees Press, 1980.

In Rome, Toronto, Three Trees Press, 1980.

Ice Sculptures, Toronto, Three Trees Press, 1981.

Changements de tons, Saint-Boniface, Éditions des Plaines, 1981.

Fragments of Dreams, Toronto, Three Trees Press, 1982.

Conseils aux suicidés, Paris, Éditions Saint-Germain-des-Prés, Le Cherche-Midi Éditeur, 1983.

Germain Nouveau dit Humilis. Étude biographique, Chapel Hill, University of North Carolina Press, 1983.

La poésie érotique de Germain Nouveau. Une lecture des "Valentines", Stanford, Anma Libri, 1983.

Sur le Damier des tombes, Saint-Boniface, Éditions du Blé, 1983.

For a Warmer Country, Brandon, Dollarpoems, 1984.

Dix plus un demi, Saint-Boniface, Éditions du Blé, collection Rouge, 1984.

À l'ombre de Rimbaud : le Germain Nouveau d'avant "La Doctrine de l'amour", Stanford, Anma Libri, 1986.

Bouquet de signes, Sudbury, Prise de Parole, 1986.

Hard Confessions, Winnipeg, Turnstone Press, 1987.

Hervé Aubert, *Lecture de "Dix plus un demi" d'Alexandre Amprimoz*, thèse de maîtrise, Université du Manitoba, 1985.

Neil Bishop, "Plaisirs et Colères" (Sur le Damier des tombes), *Canadian Literature*, n⁰ 104, 1985.

André G. Bourassa, "Des choses à dire. Parole donnée aux Éditions Prise de parole, *LQ*, n⁰ 17, printemps 1980, p. 83-84.

Ann Carson, "Buildings and Food", *Prairie Fire*, Vol. VII, No. 2, Summer 1986.

Michel Clément, "Changements de tons", *Livres et Auteurs québécois*, 1981.

Richard Giguère, "En d'autres lieux (de poésie), *LQ*, n⁰ 17, printemps 1980, p. 30-33.

Richard Giguère, "La Poésie acadienne et ontarienne de langue française: un pari pour la vie, *LQ*, nᵒ 22, été 1981, p. 34.

Réginald Hamel, John Hare, Paul Wyczynski, *Dictionnaire des Auteurs de langue française en Amérique du Nord*, Montréal, Fides, 1989, p. 11.

Marilyn E. Kidd, "Changements de tons", *Canadian Literature* nᵒ 96, Spring 1983.

Clément Moisan, "Alexandre Amprimoz, 10\11, *LAQ*, 1979, p. 92.

Répertoire littéraire de l'Ouest canadien, Saint-Boniface, Centre d'études franco-canadiennes de l'Ouest, 1984.

Henriette Ricou, "Changements de tons", *CEFCO*, nᵒ 8, mai 1981.

D.W. Russel, "Dix plus un demi", *Queen's Quarterly*, 1986.

Maurice Soudeyns, "Sur le Damier des tombes", *Livres québécois*, nᵒ 35, automne 1984.

---

e/11

la neige se fait rare
et je suis déjà ivre
des parfums
de cette forêt noire

je sais le feu
de ce vésuve rose
où sombre tant de lave blanche

paysage incertain
où dérivent d'ocres continents
je connais tes faiblesses
        tes tremblantes rougeurs
        et tes sables émouvants

vieilles jeunes filles
avec la voix de porcelaine
je vous croyais si pures
mais le soleil pleurait rose
aux coeurs de vos humides
baromètres

_____

(10/11)

Triste partage

Au fond de la coupe poreuse
le sable a savouré le sang
d'enfants décapités

Tous les crimes sont fades
et le crâne seul
sait construire
d'improbables patries

Mes lèvres ont effleuré
le front de la folie
et sur le parvis
j'ai baisé l'image
des sages suicidés

Violettes
violettes orange
vous vous rêvez
dans les cerises
quand les camions barbares
évitent le couronnement du chien
j'entends déjà le chêne
vomir les paroles du vent

Toi qui comprends
l'aurore de l'oracle
tu goûteras ces gerbes d'angoisse
maintenant que le réel
est trop loin déjà
comme un triste partage

Changements de tons

Combat avec l'ange

J'évoquerai pour toi les cathédrales que l'amitié des phares sculpte dans le marbre du songe.

Ton corps chantera au bord de la falaise et l'océan phosphorescent fera frissonner ses délicieuses épaves.

Quand j'entends le vent chevaucher d'horribles gammes et que l'infini me vise avec les yeux de l'orage, il n'y a que ta voix pour me retenir – invisible balustrade!

L'univers s'éveille sur tes lèvres avec la symphonie du sang. Ô les cris stridents de l'écluse, moi qui n'ai connu que la douceur monotone des violons...

Il faut t'avoir vue, l'oeil rêveur et pourtant si frileuse au toucher pour comprendre la tragédie de la soif! Seul et oublié, comme l'esprit je voudrais ne parler que pour toi!

Changements de tons

Sainte Volupté

ogre
tu es le seul
à savoir faire l'amour
dans le sang tiède
d'une biche éventrée

comme toi on voudrait vivre
sans lire
sans écrire
avec le goût du sel
larmes sur une chair fraîche

_____

Changements de tons

Hypothèse

au bord d'une sombre feuille
le vent lape
les paroles du soleil

et d'invisibles dogues
tu entends la course

ils vont comme les hommes
vers l'ouate rose d'un certain couchant

ô si les femmes étaient des feuilles
la beauté naîtrait à soixante ans

_____

Conseils aux suicidés

Souvenirs d'inspiration

c'était le temps
où la tempête importait peu

le vent aboyait
comme un dogue enchaîné
et la lune
dans son bocal de nuages
rêvait de liberté

en un grand frou frou d'ailes
mes pensées suivaient d'invisibles spirales

et comme tulipes au printemps
les notes poussaient à mes doigts

_____

Conseils aux suicidés

Toujours l'ailleurs

quand les étoiles pénètrent ma mémoire
ton pas caresse encore
l'allée du jardin

il suffirait d'être ailleurs
il suffirait de voir une abeille
se poser sur une feuille de figuier

mais comment revenir

dans ce pays le vent décide
où tombent les nids

_____

Conseils aux suicidés

Comme des chevaux

fous de douleur
les vagues de la mer
se suicident

l'instant d'une crinière blonde
m'offre à nouveau
l'amer parfum
de ta bouche impossible

ma douleur viole le voile de l'horizon
et les passants ne se doutent de rien

mon dieu
que le malheur est subtil

―――――

Sur le Damier des tombes

L'Antichambre du sommeil

c'est le navire
que l'enfant salue
au bord du caniveau
avant que la coque
d'un vieux devoir
ne s'éprenne
du pays des ordures

et la splendeur
d'un ancien théorème
ira importuner les rats

et tant de poésie
défile ainsi
de la poubelle
à l'égout

tu rêves de caravelles
au bord d'hypothèses
et de poètes qui démontrent
sur le fil des falaises
la caresse de la mort

sur l'échiquier des solitudes
l'enfant et l'exilé
ivres de la douceur d'un problème
s'endorment sur les rives marcescentes du mystère

ô mais comment résoudre
la prose d'un nouveau poème
sinon par le voyage dans l'absence
où les fleuves comme de longs reptiles
dorment au soleil encerclés par l'encens
d'un temps encore trop froid

je veux crier tout le mal
que fait un tel exil
chaque fois que je me penche
pour te faire un bateau en papier

tu te souviens sans doute
de l'aube du printemps
et du souffle encore glacé
qui faisait frémir les frères exilés
du jardin des plantes
et de ta mère forgeant pour l'avenir
tes indispensables photos

et toi que l'erreur des mots
n'avait pas encore contaminé
tu regardais ces hauts oiseaux
rayer de leurs pattes captives
le miroir trompeur du bassin

tes yeux alors parlaient
dis-moi cet ailleurs
cet ailleurs que tu portes en toi
est-il plus beau que l'antichambre du sommeil

_____

Sur le Damier des tombes

A 17

démontrer
par a plus b
que saint barnabé
avant de devenir apôtre
se l'était fait
couper

_____

Dix plus un demi

F 17

à fleur de peau
faire flèche
de tout doigt

ne pas oublier
de caresser la figue
de chatouiller
les raisins

mon dieu
c'est presque
con prêt en cible

_____

Dix plus un demi

On ne remonte pas la danse

tu vois
c'était ici l'école de danse

regarde dans la cour
la fontaine ébréchée

la nuit me touche
de plus près ce soir

la lumière même
semble écarteler
les ombres
et les oreilles me font mal
avec des voix d'enfants torturées

tu vois
c'était ici le seuil de la douleur

ma vie est presque sourde
l'écho du baiser de la morte
se fait aigu
et je me dis
que j'aimerais refaire le chemin
menant du manuscrit
à l'arbre

———————
Bouquet de signes

Jube domine benedicere

la flamme est froide
dans le vitrail
où le couchant
se déteint
et seule la faïence
reste fidèle

adieu cristal des sermons
adieu émail des bûchers

le temps
ne bat plus dans le marbre
et le texte ne coule plus
dans le concile
aux souvenirs

ce qui fut figé au temple
se met à tourner

je n'entends plus la flûte
qui chantait jadis
au coeur de l'épouse

_____

Bouquet de signes

L'évolution poétique chez
Alexandre Amprimoz

Poète et nouvelliste polyglotte, critique littéraire et professeur d'études françaises à l'Université Brock, sémioticien et traducteur: autant d'identités qu'assume Alexandre Laurent Amprimoz. Connu dans le domaine littéraire grâce à ses ouvrages érudits sur la poésie symboliste française[1] ainsi qu'à travers ses articles portant sur diverses disciplines telles que la sémiotique narrative et discursive ou encore la littérature canadienne, Amprimoz vit en profondeur l'activité scripturale à laquelle il s'adonne. Et pourtant, il semble que l'acheminement de l'écrivain ne suive pas un seul itinéraire, et ce d'autant plus que la voix narrative de ses textes français se distingue nettement de celle véhiculée, à titre d'exemple, par ses écrits anglais. Inspirés davantage par les besoins impérieux du vécu quotidien, ces derniers représentent à la fois le dépaysement et l'intégration, la désillusion comme l'exaltation. Ceci dit, et vu l'objectif de cette étude, je juge bon de suivre l'évolution poétique d'Amprimoz au niveau de ses poésies françaises, l'un des aspects de sa participation à la vie littéraire canadienne.

Publié en 1978, *Chant solaire* – premier recueil de poésie française de l'écrivain – évoque "l'antique sagesse" du dieu solaire de l'Égypte pharaonique, sagesse fondée sur une conception cyclique de l'univers. Méditation sous forme d'apostrophe au Soleil, *Chant solaire* rallume chez le lecteur des images de l'antiquité tout en rappelant à celui-ci l'époque moderne. Dans un premier mouvement, Amprimoz présente le Soleil qui monte dans sa barque le matin afin d'accomplir son voyage diurne au ciel d'Égypte; dans un deuxième mouvement, le poète évoque la succession du temps à partir de l'antiquité jusqu'à l'époque moderne en se servant d'une structure anaphorique:

> *entre le sablier et la marée*
> *longues méditations*
> *volées aux mondes des lèvres*
> ......
> *entre le sablier et la marée*
> *pour éviter la page vierge*
> *j'ai rêvé d'une autre histoire universelle*
> ......
> *entre le sablier et l'horloge*
> *elle est venue brûler*
> *les fleurs artificielles*

Tempus fugit, donc, et peu importe la manière que l'on utilise pour en indiquer le passage. Et pourtant, on ne peut s'empêcher de constater que les termes dont se sert le poète pour exprimer la fuite du temps – "sablier", "marée", "pendule", et "horloge" – ne s'excluent pas mutuellement. Car n'est-il pas vrai que "sablier" suggère "sable", et que "marée", "pendule" (astronomique) et "horloge" (solaire) indiquent l'influence des corps célestes?

Ces termes rallument ainsi l'image centrale du poème dans l'esprit du lecteur:

> *une lumière aux tremblements salés*
> *bronzée de*
> *significations parmi les peuples d'ostensoirs*
> *palpite comme une chair*
> *au niveau du sable*

Révélateurs de l'unicité du poème, "sable" et "soleil" constituent des éléments générateurs du texte. Et ce, d'autant plus qu'ils représentent aux yeux du poète une vie primordiale dont la beauté et la simplicité s'opposent à la fadeur de la vie contemporaine. Dans *Chant solaire*, la parole libératrice de la littérature, même s'il est question de l'illusion littéraire, aide Amprimoz non pas à se dissimuler derrière une vision éthérée de l'existence, mais plutôt, à se rendre compte que les Muses d'une époque lointaine peuvent venir à tout moment habiter les songes de l'homme moderne. C'est donc à travers la parole poétique qu'Amprimoz rejoint l'antiquité égyptienne, source d'une sagesse tant recherchée.

Alors que *Chant solaire* se fonde sur un savoir antique, *10/11* et *Changements de tons* font appel à l'absolu tout en s'inspirant du décalage entre le virtuel et le vécu. Dans ces deux recueils les préoccupations du poète semblent se cristalliser dans une dialectique entre monde spirituel et monde incarné, plénitude et aridité. *10/11* fait état surtout de la solitude de l'individu, que d'aucuns diraient marginal, qui vit éloigné de ses confrères dans un monde émaillé de signes: *"dans les zéros des hommes / je me suis promené / mes pieds saignent de nombres / mes lèvres sont gonflées de lettres"*. Dans *Changements de tons*, la vie immédiate n'offre pas non plus de perfection éternelle:

et toute cette vie
n'est que pourriture
arbres
grands frères des champignons
hautes moisissures

Mais Amprimoz n'y renonce pas pour autant : la dignité de la pensée humaine est à préserver à tout prix:

À l'ombre de nos arbres morts la meilleure révolution n'est autre que le travail sur le savoir. Au fond tu regardes l'horizon où les papillons se promènent parmi les tigres. Tu te le dis : c'est la fréquentation de la pensée qui sera difficile à instaurer en ce nouveau monde.

Devant la tâche qu'il endosse, le poète ne peut que sentir la présence de la folie. Il est à noter que les thèmes du suicide et de la démence occupent une place prépondérante dans les vers français d'Amprimoz. Et ceci, pour mieux communiquer l'angoisse qu'il ressent lorsqu'il tente de concilier les mots et les choses:

Mes lèvres ont effleuré
le front de la folie
et sur le parvis
j'ai baisé l'image
des sages suicidés

L'ambiguïté du dernier vers, tiré de **Changements de tons**, mériterait que l'on s'y attarde. S'agit-il là de savants suicidés, ou d'individus avisés qui se sont donné la mort en connaissance de cause? Comme l'on verra dans **Conseils aux suicidés**, Amprimoz ne nous offre nullement une apologie de ceux qui mettent volontairement un terme à leur vie; il dépeint, au contraire, les tourments spirituels des "savants suicidés", qui ne voient autour d'eux que l'abêtissement progressif de l'être humain.

Loin de promouvoir un élitisme intellectuel, le poète croit

sincèrement à la nécessité de ne pas laisser les vicissitudes de l'existence abattre le pouvoir de la raison:

> *Être, même si ce n'est plus tellement à la mode. Pouvoir vivre ses impressions. Dire comment la neige caresse les futurs champs de tournesols. Être l'artisan du texte. Respirer la satisfaction de l'oeuvre finie.*

On ne peut qu'être sensible à la tentative chez Amprimoz de réaffirmer la dignité humaine et, ce faisant, de ranimer dans le coeur du lecteur l'enthousiasme pour la littérature.

Si Amprimoz a trouvé le changement de ton, privilège du poète, la teneur de ses textes français ne semble guère varier. On y retrouve deux tendances: un premier élan vers la sagesse, un second vers la folie. Cette opposition domine *Conseils aux suicidés*. Entre la clarté de la raison et l'obscurité de la folie réside une certaine complexité que le poète traduit le plus souvent par des images frôlant le surréalisme:

> *folle de lavande*
> *cette carte crie*
> *la cime du savoir*
>
> *et les boules aveugles*
> *n'osent traverser la route*

ou encore:

> *pendant le ricochet des songes*
> *laissez-moi vomir*
> *une couronne de fraises*
> *à l'ombre des sapotiers*

Plus les préoccupations esthétiques d'Amprimoz tendent vers le surréel, plus l'image de l'écrivain s'avère floue : "*... je me revois / dans le miroir / autre et inaccessible*". L'une des rares évocations en français d'un portrait du poète, ces vers témoignent de son identité insaisissable.

Conseils aux suicidés est, en fin de compte, non pas un éloge du suicide ni de la démence, mais un appel à la vie. Appel des plus singuliers puisqu'il s'entend à travers la voix d'un individu convaincu que l'engagement littéraire offre l'un des seuls moyens d'apprivoiser la mort.

Dans *Sur le Damier des tombes*, la voix narrative se personnalise en ce que cette dernière communique l'exil ressenti par le poète devant *"cette plaine où la nostalgie / a crevé le miroir / pour venir se vautrer dans tes livres"*. À la sensibilité méditerranéenne, Amprimoz livre dans ce recueil une peinture de la vie d'antan, cette existence primordiale d'avant la chute, ce qui amène le poète à vouloir *"... crier tout le mal/que fait un tel exil / chaque fois que je me penche / pour te faire un bateau en papier"*. Exilé ainsi de sa terre natale, le poète se replie donc sur lui-même tout en s'offrant à la réflexion aboutissant paradoxalement à l'exil intérieur. Nostalgie, rêverie, et même tentation irrésistible: autant de forces qui dirigent les inspirations évoquées par la voix poétique.

Dix plus un demi, recueil moins introspectif que ceux qui ont précédé, fait foi de l'intérêt que le poète porte à la langue, source d'énigmes et de calembours, et mène au septième recueil d'Amprimoz, *Bouquet de signes*, l'étape la plus récente dans une trajectoire qui continue à diriger le poète vers l'exploration langagière. Rimbaud ou Saint-John Perse, sémiotique ou humanisme, sensibilité raffinée ou calembours ludiques : autant de présences dans ce recueil qui donnent lieu à une richesse ainsi qu'à une variété de niveaux de lecture.

Depuis *Chant solaire*, Amprimoz semble avoir franchi l'espace qui distanciait le poète de sa propre écriture. Personnelle, socialisée et idéaliste, la parole poétique chez Amprimoz s'approprie le réel sans pour autant tomber dans le piège du commentaire social sec et nihiliste. Une des constantes de ses poésies serait sans doute la simplicité stylistique qui fait foi d'une esthétique délicate. Dans *Alchimie du vert*, composé de versets à tendance persienne, on lit : *"Après l'antique catastrophe les opales et les agates furent longtemps invisibles. Ce n'était qu'en rêve que les enfants roulaient olives, amandes, émeraudes."* La portée de la poésie amprimozienne n'a cependant pas toujours comme objectif d'atteindre l'esthétique transparente du vers fragile, car les calembours (*"un jeu de mots / c'est le café / où le génie | communique | avec l'idiot"*) se présentent comme bourgeons à éclater sous l'oeil du lecteur. **Bouquet de signes**, feuilles signifiantes selon la perspective du sémioticien qui nous offre le recueil en question, évoque la vision de celui qui sait *"...inventer | sa lumière | comme les peintres de jadis"*. Passé, présent ou encore avenir? L'instance productrice se situe en tout cas dans le présent de la création poétique, mouvement qui entraîne le lecteur dans un dédale spatio-temporel dépaysant ce dernier tout en lui dévoilant le pouvoir enchanteur de la parole.

Ancrées fortement dans la vie quotidienne, les poésies françaises d'Amprimoz offrent pourtant une vision qui tente de concilier les mots et les choses, ce qui a pour résultat toutefois de dévoiler le décalage entre le denotatum d'un Platon et la pensée du sémioticien. La voix poétique d'Amprimoz est avant tout personnelle, faisant état de son vécu tout en instaurant ces expériences au sein d'un savoir idéalisé. Plus intellectualisants que sa poésie anglaise qui est à tendance narrative, les vers français d'Amprimoz offrent au lecteur l'image du poète luttant contre la dégradation de la pensée humaniste. Homme de son époque ou d'une ère éloignée? On ne saurait que difficilement y répondre. Toujours est-il que le poète continuera sans doute à suivre le chemin qu'offre la poésie afin d'effectuer son intégration à la vie actuelle, processus paradoxal chez Amprimoz de rapprochement mais ausi d'éloignement à partir du centre vital de son existence.

Kenneth W. Meadwell

---

1. Voir Alexandre Amprimoz, *Germain nouveau dit Humilis : Étude biographique; La poésie érotique de Germain Nouveau : une lecture des "Valentines"; À l'ombre de Rimbaud. Le Germain Nouveau d'avant "La doctrine de l'amour"*.

GILLES
Cop
1948

Né à Saint-Boniface le 15 mars 1948, Gilles Cop est pourtant originaire de la région de Bellegarde en Saskatchewan où ses parents étaient agriculteurs, et où il a passé sa jeunesse. De fait, il est descendant de cinq générations d'agriculteurs belges, ses grands-parents et arrière-grands-parents étant fermiers en Europe. Il a écrit sa pièce, *Victor*, qui raconte un drame de succession de terre, pour rendre hommage, a-t-il dit, à ses ancêtres, ainsi qu'à ses parents qui ont participé au développement de l'Ouest.

Jamais passionné de diplômes, il a tout de même entrepris, pour son plaisir, diverses études. D'abord au Collège Mathieu à Gravelbourg en Saskatchewan, où il s'est premièrement intéressé au théâtre, puis à l'Académie nationale des annonceurs à Montréal, en 1968. Cette expérience lui permettra, quelques années plus tard, de devenir animateur à la radio, à Saint-Boniface, lorsque le poste CKSB est passé à la Société Radio-Canada en 1973, puis en 1975 au poste multilingue CKJS de Winnipeg.

Au début des années 70, avant qu'il n'entreprenne cette brève carrière à la radio, il étudiera le théâtre et la littérature française à l'Université de Winnipeg. Cela contribuera à ranimer son intérêt pour la scène. De fait, il venait de faire ses débuts au Cercle Molière en 1969 dans *Les Rosenberg ne doivent pas mourir* d'Alain Décaux. Il collabore avec cette troupe jusqu'à ce jour, tenant une bonne douzaine de rôles; jouant, par exemple, dans la première mise en scène de *Je m'en vais à Régina* de Roger Auger (1975), un des plus grands succès du Cercle Molière (la pièce sera publiée subséquemment chez Leméac).

Roland Mahé, directeur artistique du Cercle Molière depuis 1968, classe Gilles Cop parmi les meilleurs comédiens de la troupe: "La qualité des comédiens qui ont percé au Cercle, depuis que j'en fais partie, est assez extraordinaire. (...) En ce moment, le Cercle a plusieurs bons comédiens. Je pense à Louis Hébert, à Gilles Copp (sic), à Gilbert Rosset, à Claude Dorge, à Francis Fontaine[1]."

Radio-Canada, l'Office national du Film, et d'autres feront appel à ses talents de comédien. Il jouera également au Prairie Theatre Exchange, à Winnipeg, et il sera coordonateur du premier Festival Théâtre Jeunesse, qui en est à sa vingtième année. Il donnera aussi pendant un an des ateliers de théâtre dans les écoles françaises de la province grâce à un programme spécial géré alors par la Société franco-manitobaine.

C'est en 1975 qu'il décidera de suivre les traces de ses ancêtres devenant céréaliculteur dans la région, au nom approprié, de Fertile, en Saskatchewan. En 1986, il se portera acquéreur d'une deuxième terre, une ferme à élevage mixte dans la région de Selkirk au Manitoba, où il réside présentement. Durant ce temps, son activité théâtrale se poursuit toujours.

Depuis le début des années 70, Gilles Cop songe à écrire des pièces et en fait des ébauches. Mais c'est à la suite d'un séjour à l'hôpital qu'il décide d'écrire ce qui deviendra *Victor*. L'écriture en est complétée lors d'un stage de formation avec le dramaturge québécois Michel Garneau. Il a dû retarder ses moissons d'une semaine a-t-il avoué dans une entrevue à CBWFT afin de participer à ces ateliers; mais, ajoute-t-il, "c'est la meilleure chose que j'ai jamais faite de ma vie". La pièce aura sa première au Cercle Molière, le 7 avril, 1989.

C'est depuis plus de dix ans qu'il compose, aussi, des vers, un peu à la Jean Narrache, qui racontent, dans un langage parlé, des scènes de la vie quotidienne. Ses poèmes ont fait l'objet d'une lecture dans une mise en scène de Louise Fiset au théâtre d'été du Cercle Molière en 1986.

---

1. Roland Mahé, en collaboration, *Chapeau Bas*, vol. III, Les Cahiers historiques de la Société historique de Saint-Boniface, Saint-Boniface, Éditions du Blé, 1985, p. 242.

Victor, théâtre, Saint-Boniface, Éditions des Plaines, 1989.

———————

Bernard Bocquel, "Le grand jeu de l'équipe technique", *La Liberté*, 14-20 avril 1989.

Bernard Bocquel, "La qualité signée CM2", *La Liberté*, 12 juin 1986.

Philip Clark, "Too short play fails to develop themes", *The Winnipeg Free Press*, April 9, 1989.

Karen Crossley, "Keeping 'em on the farm", *The Winnipeg Sun*, April 7, 1989.

Philippe Descamps, "Victor, empereur rural sans héritier", *La Liberté*, 31 mars – 6 avril 1989.

Kevin Prokosh, "Farmer Harvests Stage Play", *The Winnipeg Free Press*, April 7, 1989.

———————

Paris

Ce sera 500 francs dit-elle
Tout en m'ouvrant la porte de sa chambre
J'lui dis "Oui?"
Le p'tit déjeuner compris?
Elle me regarda comme,
Comme si je venais d'un autre monde.
Vous êtes Suisse?
Non.
"Manneken-Pis, dit-elle, sans doute."
De son meilleur ton moqueur.
J'suis Canadien.
En ce cas jeune homme, ça coûte rien.

———————

Inédit

Ce soir j'ai vu une rose
Et oui, dans une taverne
Elle s'appelle Rose, quelle coïncidence, hein
Elle m'a servi, m'a demandé si gentiment
Vous désirez,
J'ai répondu tout naturellement un rosé
Alors elle m'a souri
Et je me suis mis à gratter gauchement
Dans ma poche pour de l'argent
Un sourire émaillé
Des yeux à me pétrifier l'âme...
Même ses joues sont roses
Et ses fesses, quelles jolies choses.
Un vieux cynique à mon côté
Me dit, regarde sa blouse comme elle est
      bien bourrée
Ah tiens! oui j'avais pas remarqué
Mais maintenant que vous me les soulignez
Et elle, en me servant, me les fout sous le nez
Bien, au moins à portée de main quoi
Avec un ton de papa
J'lui dis, non non la monnaie, c'est pour toi
Elle dit merci, c'est gentil, est-ce qu'il fait froid?
D'un ton austère et d'un homme de mon rang
J'ai dit "Oui", c'est tout ce que je pouvais penser lui dire
Elle dit, zut, je suis à pied,
Alors naturellement il m'est venu l'idée
Mais elle était partie, et j'étais venu seul avec moi, moi
      en train de me rétroviser
Vieux con, c'est pas rien que tes cheveux que tu perds
C'est ton aplomb.

_____

Inédit

L'Enfer

Dix ans plus tard
Elle me rarriva
Comme un pétard
Pour me dire qu'elle m'aimait

Moi qui était déjà décomposé
Et si bien reposé dans ma tombe!

Il me semble
Je n'suis pas certain
Mais je crois qu'elle souffrait d'un excès de vin
Et sans doute qu'elle manquait de sous.

Je l'écoutais
C'est tout ce que je pouvais faire
Puis il me semblait
Que j'étais en si parfaite harmonie
Avec la nature.

Jusqu'à ce moment
Je ne connaissais plus le stress.

Mais tu m'énerves encore
Oh! je sais je sais
Mais ne renifle pas si fort!
Et surtout pas si près de la pierre
Tu n't'imagines pas comme ça résonne ici...
Ah! que c'est fou comme une folle par moment
Me donne l'impression
Que la vie est si...
Infiniment, infinie...

_____

Inédit

JACQUELINE
Barral
1943

Originaire de la région de Nîmes, oú elle est née le 26 décembre 1943, Jacqueline Barral[1] est parisienne de formation, mais elle est venue à se dire manitobaine. Son itinéraire emprunte bien des chemins...

Lorsqu'elle est venue au Manitoba en 1973, elle avait déjà dans ses bagages : un baccalauréat en philosophie obtenu à Paris en 1964; un certificat d'études littéraires générales, obtenu à l'Université de Sorbonne-Censier à Paris en 1965; un certificat d'aptitude pédagogique obtenu de l'Académie de Versailles en 1969. Elle avait été professeure de français et d'études sociales dans la banlieue parisienne, puis elle avait passé trois ans en Allemagne pour y faire l'étude de l'allemand et de la littérature comparée du Moyen Âge. C'est pour finir sa maîtrise et travailler comme assistante en allemand qu'elle vint s'installer au Manitoba. Et elle a décidé d'y rester, obtenant une maîtrise en arts de l'Université du Manitoba en 1981, et une pré-maîtrise en pédagogie en 1983.

À part trois années où elle a travaillé comme rédactrice de nouvelles au poste CKSB de Saint-Boniface, c'est principalement comme professeure de français que Mme Barral a gagné sa vie, enseignant au niveau primaire et secondaire, où elle a aussi participé à la formation de professeurs pour les programmes de français de base, puis à l'Université de Winnipeg. Elle offre, à son propre compte, des cours de langue aux adultes et aux employés de la fonction publique fédérale. Toujours dans ce domaine, elle a signé divers articles de contenu linguistique et culturel dans la revue *Ampitoufe*.

Depuis la publication de *Solévent* (livre de poèmes pour enfants) en 1985, elle anime des ateliers de "lecture active et d'écriture", aux niveaux primaire, pré-secondaire et secondaire, dans les écoles françaises et d'immersion. Ces ateliers sont patronnés par la Manitoba Association of Teachers of French. C'est à ce titre (animatrice d'ateliers) qu'elle a effectué une tournée au Québec en 1987.

Il n'est pas sans intérêt d'évoquer des souvenirs d'enfance chez Jacqueline Barral. Elle a appris à lire à l'âge de quatre ans, "à cause, dit-elle, d'un frère aîné malade à la maison, qui me lisait toujours des histoires jusqu'au moment palpitant et ne me disait pas la fin! J'ai découvert, plus tard, comment goûter la poésie grâce à un professeur de français en 8ᵉ année qui était extraordinaire dans ce domaine."

Mme Barral a été six ans présidente du concours provincial de récitation de poésie, pour les écoles; elle a aussi été membre, puis présidente du conseil d'administration des Éditions du Blé.

Étant trilingue, elle a participé à la chorale allemande de Winnipeg, après avoir fait partie d'une chorale bilingue en Allemagne même, et d'un groupe de folklore germanique à Paris.

Son dossier pédagogique suffirait à expliquer son succès auprès des classes de tout âge!

---

1. Voir l'analyse (De l'amour de la danse à la danse de l'amour) qui lui est consacrée à la page 489.

Solévent, Saint-Boniface, Éditions du Blé, 1985; réédité 1988.

Les Écuries de la Grenouillère, Saint-Boniface, Éditions du Blé, 1988.

Autres:

Les éléments de fabliau dans le roman courtois 'Tristan' de Gottiried von Strassburg, thèse, Université du Manitoba, 1981.

Mon royaume à moi

Coup de soleil et coup de vent,
L'eau scintille de toutes ses rides;
Coup de soleil et coup de vent,
Je suis sûr que les poissons frétillent.

Coup de soleil et coup de vent,
Il faut que je me déshabille!
Coup de soleil et coup de vent,
Pourquoi résister? L'eau t'invite!

Coup de soleil et coup de vent,
Brrr! Mes orteils se recroquevillent!
Coup de soleil et coup de vent,
C'est bon comme un éclat de rire.

Coup de soleil et coup de vent,
Je suis chez moi dans l'eau qui brille.
Et d'un clin d'oeil, soleil et vent
M'ont accueilli d'un air complice.

Coup de soleil et coup de vent,
Toutes mes perles d'eau scintillent...
Coup de soleil et coup de vent,
Même un poisson dans ma main se glisse.

Solévent

Promenade

Un escargot
Par un beau soir d'été,
Un soir d'orage bien mouillant,
Se promenait.

Sa maison sur le dos,
Il prenait le frais,
Glissant d'un pas nonchalant
Le long d'une allée.

Une flaque d'eau
À l'entrée du potager
S'étalait paresseusement:
La route était barrée.

Et l'escargot,
Après s'être recoiffé
Mira ses cornes à côté du soleil couchant.
Pendant qu'il admirait

La beauté du reflet
Il s'entendit appeler:
"Monsieur! excusez le dérangement,
Mais... comment êtes-vous passé

De l'autre côté de l'eau?"
Il regarda, étonné,
Un escargot sans logement
Qui venait du potager.

L'autre de s'exclamer:
– Oh! oh! vous déménagez?
Dépêchez-vous car le soir descend,
Il est temps de s'arrêter!

– Je ne comprends mot!
Je voulais aller au potager;
Il ne s'agit pas de déménagement,
Je m'en vais dîner!

– Mais sur le dos vous avez
Un bien gros paquet,
Êtes-vous marchand ambulant?
Partez-vous camper?

– Monsieur l'escargot
Qu'est-ce que vous racontez?
Ma maison en tout temps
Est bien arrimée

Sur mon dos.
Mais qu'avez-vous fait
De la vôtre? Apparemment
Elle est tombée!

– Escargot!
M'avez-vous bien regardé?
Je suis un limaçon. Mon appartement
Est au potager

Derrière les haricots
Sous une salade frisée
Au bout du rang. Ce serait trop fatigant
De toujours la transporter!

– Oh! ce n'est pas bien gros
Ni bien lourd à emporter
Et je suis chez moi à tout instant
Dès que je l'ai décidé

Ce soir au bord de l'eau
Demain au creux d'un pré
J'ai mon chez-moi immédiatement
Partout où ça me plaît.

Bonsoir, monsieur le limaçon!
– Et bien bonsoir, monsieur l'escargot!

Solévent

Le vent s'enroule et se déroule
Autour des arbres défeuillus
Le vent s'amuse les mains nues
Et d'automne roux se saoule

Le vent-houle surprend la foule
Et la refoule au coin des rues
Autour des arbres défeuillus
Le vent s'enroule et se déroule

Le vent giboule, le vent coule
Par flots au creux des avenues
Du haut des faubourgs battus
Le vent débou-le-vent s'écroule
Le vent s'enroule et se déroule

Inédit

JANICK
Belleau

1946

Auteure protéiforme et agente de communication, Janick Belleau[1] est née à Montréal le 28 juillet 1946. Elle déménagea dans la région d'Ottawa-Hull en 1976 où elle entreprit des études universitaires, obtenant de l'Université d'Ottawa un baccalauréat en communications (1979) et en lettres françaises (1980).

En 1981, Janick s'est rendue à Winnipeg où elle a vécu sept ans avant de retourner à Montréal.

Au Manitoba, elle a travaillé à la pige dans le domaine des communications, s'occupant de la rédaction et de la production de bulletins d'information, de programmes souvenirs, de rapports et de textes publicitaires pour une variété d'organismes tels que la Fédération culturelle des Canadiens français, le Bureau du Commissaire aux langues officielles, l'Office national du film.

Janick Belleau s'est particulièrement intéressée aux revendications des femmes, elle a rédigé pour le compte de Réseau, le groupe d'action politique des Franco-Manitobaines, un mémoire sur les effets de la pornographie, et un deuxième sur le rôle des femmes en éducation (1983-1984).

Mais elle s'est surtout fait connaître au public franco-manitobain par une enquête sociologique et anthropologique qui a abouti à un ouvrage fort original, *Le Manitoba des femmes répond*. L'essai se présente sous forme de questions et réponses, dans le style du fameux questionnaire de Marcel Proust. Préparé à partir de l'oeuvre de Gabrielle Roy, le questionnaire s'étend sur une foule de sujets qui sont généralement d'ordre très personnel. Près de cent cinquante femmes y ont répondu et il constitue un document fascinant sur la condition de la femme.

Janick Belleau s'est fait connaître comme poète au Manitoba en participant à de nombreuses séances de lecture dont la Nuit de la

poésie, et lors de la Journée internationale de la femme, en 1986.
Elle a également présenté un certain nombre de communications,
l'une sur "L'apport des écrivaines à la langue" à la réunion annuelle de la Manitoba Writers Guild (1985).

Son recueil **L'en-dehors du désir** marque l'aboutissement de
son oeuvre poétique au Manitoba, mais Janick a également fait
paraître des poèmes, des nouvelles, des critiques de livres, d'art et
de cinéma ailleurs, notamment dans *Prairie Fire* (automne 1986),
Contemporary Verse 2 (hiver 1985-1986); dans *La Rotonde*, de l'Université d'Ottawa (1977-1979), *Le Temps*, mensuel ontarien (1979-
1980), *Ottawa Revue*, hebdo bilingue (1980), *La Liberté* (1985-1987), *La
Parole Métèque* (1989), bimestriel québécois.

Depuis son installation à Montréal, Janick Belleau a mis sur
pied sa propre compagnie de communication, Des événements et
des mots, qui se spécialise dans la rédaction de documents de promotion, et dans l'organisation d'événements spéciaux (lancements, festivals..). Elle a participé à la rédaction du programme
officiel de la Troisième Foire internationale du livre féministe (mai
1988) et à l'organisation de Images du futur 1989, exposition qui a
lieu chaque année au Vieux-Port de Montréal, et qui a pour objet de
présenter l'art et les technologies de pointe.

---

1. Voir l'analyse (De l'amour de la danse à la danse de l'amour) qui lui est
consacrée à la page 489.

Le Manitoba des femmes répond, essai, Saint-Boniface, Centre d'études
franco-canadiennes de l'Ouest, 1985.

"Pigiste : un bien joli mot", nouvelle, et trois poèmes dans *Nuance*, anthologie, Winnipeg, Lilith Publications, 1985.

"Chevauchée d'une Valkyrie", nouvelle dans *L'Ouest en nouvelles*, Saint-
Boniface, Éditions des Plaines, 1986.

L'en-dehors du désir, poésie, Éditions du Blé, Saint-Boniface 1986.

"Revirements", nouvelle dans *Tessera*, Winnipeg, 1988.

Paulette Collet, "De l'Ouest, des Nouvelles et de l'Histoire", *Lettres Québécoises*, printemps 1987.

Paule-Marie Duhet, "L'Ouest en nouvelles", *Études canadiennes* n° 24, 1988.

Adèle J. Finlayson, "Le Manitoba des femmes répond", *Herizons*, juillet-août 1985.

Rosmarin Heidenreich, "Recent trends in Franco-Manitoban Fiction and Poetry", Winnipeg, *Prairie Fire*, Vol. 11, No. 1, Spring 1990.

Linda Hutchison, "Plus ou moins" (L'Ouest en nouvelles), *Canadian Literature* n° 117, Summer 1988.

Raymond Laprès, "L'Ouest en nouvelles", *Nos livres* n° 7065, juin-juillet 1987.

Les vagues du désir

La brise et moi voyageons sur tes cheveux;
ta bouche se balade sur mon cou.
Seuls sur la plage, nous alléchons le désir.
Celui qui rend folle!

Les baisers se déchaînent sur nos corps;
ta langue me chavire le sexe.
Prends-moi avant que ma cyprine ne t'océanise.
Ah!

La grève ondule sous la caresse solaire;
émue, la mouette se prend à plonger.
Garde-toi mon amour que je me gave de ton écume.
Trop tard!

_____

L'en-dehors du désir

Expressionnisme

Une chambre minuscule. Noire. Carrée. Toute en hauteur.
Une jeune femme. Debout. Au centre. Seule.
Une ampoule allumée descendant du plafond
sur une corde raide.
Effet interrogatoire:
vous jurez de dire la vérité, rien que la vérité?

Les yeux de la jeune femme rivés à la lumière aveuglante.
La bouche démesurément béante. Droite. Immobile.
En attente vertigineuse de l'araignée
qui glisse péremptoirement le long de la corde.
Plus elle se rapproche, plus elle s'énormise.
À 12 pouces de la bouche de la jeune femme
qui pousse un cri de terreur affolée
à la Bette Davis.
Qui réveillerait les morts vivants du Dr Mabuse.
Dont elle se souvient encore.

_____

L'en-dehors du désir

Faire la noce

Au premier clin d'oeil de la lune,
il et elle quittaient leurs maisons par leur chatière respective.
Une nuit par mois, un matou anglais et une chatte lavalloise
se faisaient des chatteries, au clair de la nuit.

Il et elle faisaient la chattemite, volaient dans les plumes.
se pourléchaient confondant moustaches et duvet.

Ah! ces rendez-vous nocturnes au Jardin des Oiseaux,
quel délice!

_____

L'en-dehors du désir

New York, New York

Le train de Cociante vous en rappelle un autre et,
du coup, vos souvenirs se mélancolisent.

Vous pensez à New York, cette ville qui ne dort jamais,
et à elle qui dormait ses nuits sans vous qui ne pensiez
qu'à la culbuter tellement son sommeil vous déprimait.

Le désert du Sahara ayant versé dans un abîme temporel,
vous êtes allées jouer à Bonnie et Clyde
chez les amies de Dapper.
Elle buvait des zombies. Vous mangiez des sauterelles.
Elle pressait sa main sur votre genou. Elle vous adorait.
Mine de rien, elle est tombée dans les yeux d'une punk et
vous avez relevé le défi de lui retirer votre prunelle
sans cravache, ni menottes.

Puis, vous êtes montées dans un taxi d'enfer
sur le dos d'une chamelle qui vous a déposées au Village
qui faisait le trottoir malgré le froid qui lui gelait les fesses.

Une sorcière portugaise vous a grimacé sa chaleur et
a invité votre avenir à s'y brûler.
Dans son antre, elle vous a révélé le secret d'Olympe.

Bras dessus dessous,
vous avez sonné Gertrude sur la rue de Fleurus à Paris.
Comme la nuit pleuvait à gros bouillons,
vous ressembliez à des chattes de gouttière.
Elle vous a servi les brownies d'Alice
pendant qu'Alice dormait, dormait, dormait.
Et elle vous a raconté ses mythes américains
envahis de souvenirs parisiens.
Malgré tout, vous ne l'avez pas aidée à déménager.

Il faisait encore nuit quand
vous vous êtes envolées vers l'Argentine.
Dans les bras d'Evita.
Elle vous a chanté les splendeurs et
les misères d'une courtisane:
vivante, elle était prima donna;
morte, elle est devenue Lady Godiva.

Vous étiez ivres d'Histoire et aviez la gorge sèche.
Vous êtes donc retournées visiter les amies de Dapper.
Elles vous ont reçues au champagne.
La mousse étoilait vos baisers.

Votre amante vous hypnotisait avec des rêves rouges
comme ses lèvres.
Vous étiez éblouissantes : domino.
Elles étaient éblouies : échec aux dames.

Et, vous avez détesté ce train
qui vous ramenait vers une réalité toute montréalaise.
Vous rêviez d'une cabine dans le roulis de laquelle
vous la renverseriez.
Vous l'encouragiez à baisser le fermoir de son pantalon et
à écarter les jambes. Elle hésitait.
Les passagers l'énervouillaient.
Vous vous êtes recouvertes d'un nuage.
Vous avez glissé votre main dans son slip et
elle a posé la sienne sur son sein.
Peu à peu, ses jambes se sont entrouvertes.

Son clitoris dansait sous vos doigts.
Ses yeux voguaient à la dérive, son ventre se contractait.
La peur aiguillonnait vos sens.
Elle mouillait, vous mouilliez.
C'était fluvial!

Fébrilement, votre majeur l'excitait.
Il devançait le train.
Elle vous susurrait des vagues.
Votre bouche cherchait son sein, votre port d'attache.
Et puis, sans crier gare, elle a largué les amarres.
Sons et mouvements exclus.
Le nuage s'est évaporé.
Montréal, la Lumineuse était en vue.

L'en-dehors du désir

Walden's

Alors que je me pâme au goût du Brie en croûte
– une expérience sensuelle qui me rappelle l'orgasme palatal
rarement atteint –
je pense à toi instamment,
souhaitant que tu puisses, toi aussi, en jouir.
À défaut de quoi, je me promets que nous dormirons,
très bientôt,
dans des draps en soie : bourgogne et gris,
dans lesquels nous ferons l'amour, grises ou non.
Au gré des quatre Saisons.
Et nous dînerons chez Walden's, toi et moi.
Nous germaniserons en français et
nous valserons au romantisme de Strauss.
Côté jardin. Oasis sorti du béton.

L'en-dehors du désir

LOUISE
Fiset

1955

Née Louise Cloutier, à Ottawa, le 31 juillet 1955, cette auteure[1] et femme de théâtre a passé sa jeunesse à Sudbury en Ontario où elle fit ses études primaires et secondaires. Études qu'elle a poursuivies au Nouveau-Brunswick à la Polyvalente Mathieu-Martin de Dieppe (diplomée en 1973), puis à l'Université de Moncton où elle a suivi de 1975 à 1978 un programme de langues modernes.

C'est à la suite de ces études qu'elle vient habiter le Manitoba, son père, Roland Cloutier, devenant de 1975 à 1980, le second recteur laïc du Collège de Saint-Boniface.

Louise Fiset poursuivra ses études en Sciences politiques à l'Université du Manitoba où elle obtiendra un bachelier ès arts en 1978.

Entre 1973 et 1985, elle sera journaliste et animatrice à divers postes de radio et de télévision, CKUM-FM (Moncton), CHFA et CBXFT (Edmonton), CKSB et CBWFT (Winnipeg) et CJBC (Toronto).

Mais tout au long de ces études et de ce métier dans les média, c'est le théâtre qui la passionne, comme comédienne, dramaturge et régisseur.

Elle tient son premier rôle dans une de ses propres créations à l'Université de Moncton, *Le début de la fin* (1973). Elle incarnera par la suite plusieurs rôles, principalement au Cercle Molière de Saint-Boniface, jouant dans *Le roîtelet*, de Claude Dorge, *L'ours* d'Anton Tchekhov, entre autres. Elle participera aussi à des pièces télédiffusées à Radio-Canada, et à certaines pièces radiophoniques en anglais pour la Canadian Broadcasting Corporation de Winnipeg, dont *The Rubber Ball* de Victor Lévy-Beaulieu en 1988.

Elle se joindra (1983-84) à la fondation d'une nouvelle troupe de théâtre, un collectif de travail, qui aura une brève existence, Le Théâtre de la Machine, jouant dans *La machine à brouillard*, une version de *One Flew Over the Cuckoo's Nest*, et assurant la mise en scène de *La Corde* (*Rope* de Patrick Hamilton).

De 1986 à 1988 elle a travaillé à la régie pour le Cercle Molière, et fut coordonatrice du Bureau d'animation théâtrale pour cette même troupe.

Son plus grand succès eut lieu en 1987. Elle écrivit *Letinsky Café* pour le Cercle Molière, incarnant elle-même le personnage de Marilyn Monroe. Cette comédie musicale se déroule dans un univers fantomatique où le poète Jacques Prévert mène le bal et où les sex-symbols que sont Marilyn Monroe et Marlène Dietrich confrontent leurs souvenirs et leurs passions tout en côtoyant la clientèle disparate d'une boîte de nuit dirigée par un vrai Québécois.

Cette activité théâtrale influe très évidemment sur son activité poétique. Louise Fiset a participé à plusieurs performances et soirées de poésies, de 1975 à 1988, en organisant elle-même un certain nombre au Collège universitaire de Saint-Boniface en 1976, au Cercle Molière en 1986, avec Gilles Cop (un autre dramaturge du Cercle Molière, poète aussi à ses heures) et au Centre culturel franco-manitobain où elle mit sur pied les Soirées de poésie de la Pleine Lune.

Son recueil, ***404 BCA – Driver tout l'été*** relève à la fois du goût de l'auteure pour la scène et de son engagement au cours des années 80 dans le mouvement de revendication des femmes du Manitoba (oeuvrant pour les Big Sisters, Réseau (un regroupement politique des femmes franco-manitobaines), le Manitoba Action Committee on the Status of Women, et la Commission des droits de la personne du Manitoba), côtoyant alors une autre poète, Janick Belleau, avec qui elle a, à l'occasion, partagé la scène poétique.

Le titre du recueil renvoie à l'occupation que l'auteure a tenue au cours de l'été 89, celle de "driver" les danseuses exotiques d'une salle de spectacle à une autre sur le territoire du "strip" de l'Ouest. Le monde du strip-tease est lui aussi une "scène", et la poésie de Fiset nous offre une voix de tripe, une écriture violentée comme l'est la femme qui évolue dans un théâtre défini par des paramètres phalliques. Univers qui est à la fois un attrait (puisque l'écriture emprunte sa scène), et un attentat contre la présence "innocente?" de la femme (et donc contre le corps de son "écriture" tel que l'auteure l'expérimente).

_____

1. Voir l'analyse (De l'amour de la danse à la danse de l'amour) qui lui est consacrée à la page 489.

_____

404 BCA – Driver tout l'été, Saint-Boniface, Éditions du Blé, coll. Rouge, 1989.

Inédit:

Le début de la fin, théâtre. Cette pièce a été conçue à partir d'un collectif de travail, et mise en scène à l'Université de Moncton en 1973.

Letinsky Café, théâtre. Cette pièce a été mise en scène par le Cercle Molière, à Saint-Boniface, le 6 février 1987.

_____

Philip Clark, "Letinsky Café dishes out fantasy play focusing on ghost of Marilyn Monroe", *The Winnipeg Free Press*, February 7, 1987.

John Danakas, "An unusual café", *The Winnipeg Sun*, February 3, 1987.

Rosmarin Heidenreich, "Recent Trends in Franco-Manitoban Fiction and Poetry", Winnipeg, *Prairie Fire*, Vol. 11, No. 1, Spring 1990.

Kevin Prokosh, "Sex Symbols compare notes on stage", *The Winnipeg Free Press*, February 6, 1987.

Daniel Tougas, "Marilyn, Jacques, Lily Marlene et d'autres", *La Liberté*, 30 janvier – 5 février 1987.

_____

La mentalité d'un char

Arrêt stop
Avance
Burn your wheels
Wheel n' deal
Coca-Cola
Slam les brakes
pi vat'coucher
Oublie
Pas
Si
T'as
Le
Temps
D'aller te faire checker au garage

—————

404 BCA – Driver tout l'été

The ol' cowboy saloon

"Hey! Sweetheart are you up next?"

Les murs sentent les pieds
Le plafond, ils pissent tous dessus
Pis elle
M'avait dit de l'attendre ici

Ici
       à l'ol' cowboy saloon
Les serveuses servent la bière
Le goulot
Balancé creux
Dans la narine gauche

Ici
    Lola existe pas
    Les fantasmes traînent
    Trop être
    Sur les pistes de danse
    On saute-moutonne
    Par-dessus le gros trafic
    On vole
    Les petites cerises rouges
    À tout prix
    Éviter d'offusquer
    Les porteurs
    De gros diamants

Par ici
    L'ol' cowboy saloon
Dans ta tête
Gueuler
Ma tête dans la face du policier

    "Hey, bitch! You up next cause you turned illegally!"

Mon poing
Dans la fenêtre de mon char
Parce que ton ventre
Ferait pas assez mal
Si jamais
Je décidais
De te faire
Ravaler
L'ol' cowboy saloon
En commençant
Par ta narine gauche

    "No, I don't dance. I drive."

---

404 BCA – Driver tout l'été

Je dérange tout

Carrément détraquée
                              vertement bouillonnée
je mijote un nouveau plan
                    pour faire sauter
                    les têtes de pétard
                              et
                    leurs mains galeuses
                              et
                    leurs lignes dirigées

         Du bien comment penser
         Du bien quoi penser
         Du bien fill-in-the-blanks savoir penser

         Remplissez. Remplissez.
         Boum. Pan. Et Vlan.
         Au diable
         Les quatre vents
         Et allez enseigner aux gens
         À l'autre bout de la terre
         Comment les gratte-ciel
         Peuvent finir par vous gratter le cul

Comprendre
Le plaisir
D'un seul pas
En avant...
Et d'y rester un instant

moi...vous croyez
causin' fuckin' commotion

---

404 BCA – Driver tout l'été

Mon quartier

Une ligne tire tous les toits ensemble
Un seul numéro de téléphone
Rejoint la grosse grange de mon quartier
Où se cachent les gens
Les gens avec les poules et les vaches
Bien au chaud dans les blés
Un quartier, une grange dite ville
Où s'étouffent les gens
Des poignées de terre dans la bouche
Et les pieds enfouis loin, loin dans les blés,
                                        dans les blés.

_____

404 BCA – Driver tout l'été

L'esprit du vent

Il fracasse le verre
Tord le bois
S'enfourne dans les théières
Goûte le whisky sûr

L'esprit du vent
Déchire la mémoire
Rompt les chaînes
Fait sauter de ses gonds
La porte de ma véranda
Nature morte dissimulée

Il ne s'annonce jamais
Une bourrasque du nord
peut-être
Du sud
peut-être pas
Les petites cloches de terre
Suspendues au cadre de ma véranda
Semblent le calmer
Il aime faire de la musique

L'esprit du vent
Saccage ma cervelle
Et joue du tambour
À mes fenêtres
Parce qu'il aime
Faire voler la poussière
Et blanchir la peau

404 BCA – Driver tout l'été

De l'amour de la danse
à la danse de l'amour

Jacqueline Barral
Janick Belleau
Louise Fiset

Si l'on a regroupé ces trois auteures, c'est moins à cause de leur affinité littéraire que d'un concours de circonstances; elles en sont toutes les trois à leur premier recueil de poésie. *Solévent*, composé par Jacqueline Barral et illustré par Judy Bilenki, est un recueil pour enfants (de tous les âges), tandis que *404 BCA – Driver tout l'été* de Louise Fiset rassemble des textes avant-gardistes parfois violents; et enfin, *L'en-dehors du désir* de Janick Belleau comporte une méditation sur les divers visages de l'amour, et en particulier de l'amour saphique. Mais en dépit des différences marquées entre le ton, les thèmes et le style, un leitmotiv n'en inspire pas moins ces trois muses: la danse.

Dans *Solévent*, seuls deux poèmes sont consacrés à la danse (*Ronde du vent* et *La danse des cuillères*), mais tous sont imprégnés d'un mouvement joyeux qu'on pourrait qualifier de danse. D'abord, la sensibilité musicale de Jacqueline Barral se manifeste dans chaque texte, qui selon elle, a été composé à partir de la résonance des mots. Le rythme, la sonorité, la cadence des vers créent des strophes mélodieuses:

> *Le vent par-ci*
> *Le vent par-là*
> *Le vent virevolte*
> *Le vent voltige*
> *Une fois par-ci*
> *Une fois par-là*
> *Trois petits tours*
> *Et le voilà*
> *(Ronde du vent)*

Mais ces poèmes d'une simplicité apparente ne sont pas des comptines légères adressées "seulement" aux enfants: ce sont

plutôt des plaidoyers subtils de l'enfance elle-même telle que
l'envisage Jacqueline Barral : un monde caractérisé par l'harmonie
joyeuse entre l'être et le monde, où la nature animée réjouit le coeur
et où l'imagination prend son essor. La danse ne se limite donc pas
à un jeu verbal, mais devient le symbole profond d'une philosophie de la vie où règnent la joie, la liberté et l'amour de la nature:

> *Coup de soleil et coup de vent,*
> *Je suis chez moi dans l'eau qui brille.*
> *Et d'un clin d'oeil, soleil et vent*
> *M'ont accueilli d'un air complice.*
> *(Mon royaume à moi)*

Solévent: sol et vent, soleil et vent, la note musicale "sol" ... le
titre lui-même réunit les éléments d'un univers magique propice
au rêve. Dans *Le roi des plaines*, un enfant, entouré de longues
herbes graciles, se met à recréer le monde au gré de sa fantaisie.
Sensible au rythme des saisons, des orages et du beau temps, des
feuilles d'automne qui tombent, l'enfant crée des rythmes plus
fidèles à la nature: au lieu de commencer l'année au mois de
janvier, pourquoi ne pas la faire débuter le premier mars, alors que
les premières pluies du printemps font renaître la terre (*Les douze
mois de l'Année*)? Il ne faut pas avoir peur de "danser" sa vie,
semble dire Jacqueline Barral, car la liberté est ce qui rend possible
la création. Dans un poème qui rappelle Prévert, un enfant dessine
un oiseau avec "*Deux grandes ailes déployées | Pour que l'oiseau puisse
s'envoler*" (*Comment dessiner un oiseau*).

Mais nous, les adultes, nous perdons souvent notre aptitude à
l'enfance et nous ne "voyons" pas les enfants:

> *Parce qu'un enfant*
> *N'a pas encore son rang*
> *N'a pas encore son argent*
> *Un enfant*
> *N'est pas encore classé*
> *Dans la société*
> *Pas définitivement*
> *Un enfant*
> *Un p'tit bout d'liberté*
> *(Un enfant?)*

L'adulte peut toutefois retrouver sa capacité de rêver: *"Un adulte est toujours / Un enfant-poète / S'il garde son âme d'enfant"* (*Message*, poème inédit). Comme dans le célèbre poème de Saint-Denys Garneau, *Le jeu*, l'enfance est le *"paradis des libertés"* menacé par le monde adulte matérialiste, mais qu'il faut conserver à tout prix.

Dans son roman, publié en 1988, *Les Écuries de la grenouillère*, Jacqueline Barral exprime la même exaltation devant la nature, et dans la célébration de l'enfance un désir profond d'harmonie. Dans *Solévent*, ces thèmes sont évoqués par une musique verbale qui devient celle de l'être entier – une danse épanouie intégrant le corps pesant aux fuites de l'imaginaire, l'individu isolé aux mouvements de l'univers.

Si la danse chez Jacqueline Barral est une affirmation des valeurs de l'enfance, chez Louise Fiset, elle est plutôt l'expression d'une énergie sauvage et désordonnée. Ici, apparaissent l'éclatement de toute logique et la volonté d'étonner. La juxtaposition d'images inattendues rappelle les collages surréalistes où le lecteur/spectateur est invité à créer lui-même des sens à partir de données souvent hermétiques. Mais peut-être est-ce là recherche vaine; l'essentiel serait-il tout simplement la création d'un certain malaise? Et pourtant, l'ambiance de ces textes rappelle *Letinsky Café*, la pièce de Fiset, ainsi que le film *Cabaret*, où la danse et la chanson servent à satiriser la guerre, les injustices sociales et les tragédies quotidiennes. Dans ***404 BCA – Driver tout l'été***, plusieurs poèmes ont pour thème la danse (*Le voyeur*, *The ol'cowboy saloon*, *Madrigal*, *Le tyran du strip*), et tous ressemblent à une danse effrénée qui serait à la fois provocation et contestation, une sorte de strip-tease verbal fait d'un certain exhibitionnisme.

Louise Fiset nous invite à nous embarquer dans un taxi fabuleux qui nous conduira dans son monde fantaisiste, d'où le titre *404 BCA – Driver tout l'été* qui fait sans doute allusion à une plaque d'immatriculation. La conduite de la voiture, avec ses soubresauts, ses virevoltes et ses pirouettes, s'apparente à une sorte de danse. Dans un poème, le corps malade est comparé à une auto qu'il faut réparer, et dans un autre, la conductrice affirme: *"No, I don't dance. I drive."* Pourquoi cette image de l'être-auto? On ne peut que proposer des hypothèses : l'auto se faufile-t-elle dans la ville hostile comme l'être dans une carapace, dans un petit monde privé où il peut se livrer à ses caprices? Peu importe; on sent chez l'auteure une profonde frustration qu'elle tente de conjurer par un mouvement quelconque.

Les rythmes de ces textes semblent provenir d'un être idéaliste et créateur qui se heurte contre un monde insensible et indifférent. D'une part, il y a des poèmes énergiques évoquant un "show", et de l'autre, des textes plus doux et rêveurs: on sent presque le va-et-vient entre le dynamisme d'un spectacle et la lassitude mélancolique d'un bar enfumé et désert, celle de la musique de Tom Waits. Dans *Graffiti de nonchalance*, par exemple, Louise Fiset semble critiquer l'apathie des créateurs eux-mêmes devant les problèmes sociaux, tandis que dans d'autres poèmes, elle évoque l'inévitabilité de la mort, la peur viscérale cachée en nous tous, le découragement professionnel, la grisaille de la vie urbaine, la recherche confuse de l'identité, le dur métier du théâtre.

Plein de vigueur et d'idéaux, l'artiste retombe lourdement dans la vie quotidienne, comme l'albatros de Baudelaire. Non-conformiste, "carrément détraquée", Louise Fiset attaque les bien-pensants:

> *je mijote un nouveau plan*
> *pour faire sauter*
> *les têtes de pétard*
> *et*
> *leurs mains galeuses*
> *et leurs lignes dirigées*
>
> *Du bien comment penser*
> *Du bien quoi penser*
> *Du bien fill-in-the-blanks savoir penser*
> *(Je dérange tout)*

Sentant une affinité avec la colère, la passion, l'indignation de la Rivière Rouge mythique et de ses premiers habitants, l'auteur connaît le mal de vivre, troubadour anachroniste au coeur rongé.

Ainsi, les images décousues et souvent obscures s'accordent aux mouvements déconcertants de la danseuse de cabaret qui devient en quelque sorte l'image de l'artiste déchu.

Si dans **404 BCA – Driver tout l'été**, la danse devient presque une façon de vivre et de penser, dans **L'En-dehors du désir** de Janick Belleau, elle est plus précisément une façon d'aimer : les différentes positions de la danse correspondent symboliquement aux différentes "positions" amoureuses. Cette image ingénieuse de la danse de l'amour est soigneusement développée dans le recueil, divisé en cinq parties : *l'en-dehors "principe fondamental de la danse classique qui détermine les cinq positions particulières des jambes et des pieds* (c'est l'auteure qui nous fournit cette définition). Or, l'architecture classique du recueil, l'organisation sobre et équilibrée des textes, le ton volontairement formaliste – tous les aspects stylistiques du recueil rappellent le mouvement gracieux et raisonné de la danse classique.

Et pourtant, le désir en est tout à fait le contraire. Janick Belleau réussit à créer une belle tension entre cette structure solide et les vicissitudes de l'amour : d'une part, le calme réconfortant d'une belle composition; de l'autre, toute la gamme des émotions intenses qui accompagnent l'amour. Le langage de la danse sert ainsi d'appui au langage de l'amour, si difficile, sinon impossible à exprimer, comme le dit Julia Kristeva:

> *Aussi loin que je me rappelle mes amours, il m'est difficile d'en parler. Cette exaltation au-delà de l'érotisme est bonheur exorbitant tout autant que pure souffrance: l'une et l'autre mettent en passion les mots. Impossible, inadéquat, immédiatement allusif quand on le voudrait direct, le langage amoureux est envol de métaphores: il est de la littérature.*[1]

Recueil ambitieux, **L'en-dehors du désir** nous emmène dans les méandres de l'amour sous toutes ses formes et en toutes ses étapes, là où les rituels de l'amour deviennent une sorte de danse. Les textes semblent même suivre une certaine progression dramatique: au début, c'est l'amour conjugal, déjà empoisonné par de graves problèmes, le divorce des parents et la souffrance qu'il engendre, la lente désillusion et la rupture finale avec l'homme, et enfin, la naissance timide et l'acceptation intrépide de l'amour homosexuel.

L'évocation audacieuse de l'amour lesbien heurtera sûrement certains lecteurs, et Janick Belleau ne recule pas devant le défi. Au contraire, elle termine son recueil par un plaidoyer qui nous rappelle "l'hypocrite lecteur" de Baudelaire:

> *Cherche âme-soeur.*
> *Perdue depuis un millénaire et des poussières.*
> *Langue : femme. Couleur : lavande.*
> *Vous vous reconnaissez?*
> *Trouvez-moi : nous nous ressemblons.*
> *(Espace publicitaire? Annonce communautaire?)*

Après de tortueuses recherches, l'auteur a enfin trouvé la voie de la sérénité, et même si elle n'a pas fini de souffrir les tourments de l'amour, du moins est-elle fidèle à ses convictions. Elle semble nous faire suivre sa lente évolution pour nous montrer qu'en fin de compte, l'amour lesbien est tout aussi naturel et vulnérable que l'amour hétérosexuel, mais que celui-ci était devenu insoutenable. Si elle insère l'expérience lesbienne dans le cadre de la danse classique, et qu'elle y tisse un réseau d'allusions mythologiques, c'est pour lui conférer une certaine dignité tout en rappelant son contexte psychique et historique.

Mais même si certains lecteurs se sentiront rebutés par les poèmes les plus hardis, ils n'en seront pas moins obligés de reconnaître que l'amour, quel qu'il soit, est une expérience universelle, marquée d'intenses contradictions. Comme une eau vive, l'amour s'infiltre dans chaque coeur, le réjouit, le terrasse. "L'amour ne nous habite jamais sans nous brûler", affirme Julia Kristeva. De même, Janick Belleau évoque la jalousie, la joie, l'inquiétude, la tranquillité, la douleur, la déception de l'amour:

> *Je t'aimerai toujours*
> *le temps de trois, quatre remuements.*
>
> *Ça durera toute la vie*
> *le temps de quelques oeufs.*
>
> *Je ne te quitterai jamais*
> *et puis, c'est le départ vers d'autres eaux.*
> *(tenir une anguille par la queue)*

Retourné comme un gant, le désir se manifeste dans toute sa complexité et sa déchirante beauté.

Trois livres, trois voix personnelles. *Solévent*, c'est une célébration, *404 BCA – Driver tout l'été*, une lamentation, *L'endehors du désir*, une réalisation. Mais c'est la danse qui incarne d'une façon différente la vision poétique de chaque femme. Jacqueline Barral préconise la danse harmonieuse de l'être et de la nature; Louise Fiset, la danse vigoureuse mais impuissante de celle qui n'a plus que son cri à offrir; Janick Belleau, la chorégraphie subtile où s'entrelacent la mesure et la démesure.

Louise Kasper

1. Julia Kristeva, *Histoires d'amour*, Paris, Denoël, coll. Folio, p. 9.

CHARLES
Leblanc
1950

Ce poète[1] dont la passion est d'être comédien fondera cinq troupes de théâtre. Il est né à Montréal, le 6 septembre 1950, "le premier de sept enfants", précise-t-il, "né en même temps que la guerre de Corée et la télévision." Exemplairement enfant de son âge, les premières années de sa jeunesse se passent en déménagements fréquents.

De 1961 à 1969, il fait son cours classique au Collège Saint-Paul, le premier collège à être dirigé par des laïcs; c'est l'époque de la Révolution tranquille.

Dès lors, il s'intéresse au théâtre, tenant son premier rôle dans *Le Gibet* de Jacques Languirand. Par la suite, il se "bilinguise", fonde Theatre One et participe à quelques festivals de théâtre pancanadiens comme le Dominion Drama Festival (1969-70).

C'est au cours de ces festivals qu'il visite Winnipeg pour la première fois, avant de s'embarquer une année plus tard pour l'Europe.

L'auteur obtiendra (1969-72) un diplôme en Sciences économiques de l'Université du Québec à Montréal qui vient d'ouvrir ses portes. Par la suite, il enseignera (1973-78) les sciences économiques dans divers cégeps. C'est un milieu qu'il a connu quelques années auparavant (1971-73) lorsqu'il a fondé, avec des amis, la Vraie Fanfare Fuckée, une troupe "hippie" qui aura une certaine influence parmi la jeunesse des cégeps.

Entre 1974-78, il "se prolétarise un peu", dit-il, devenant garçon de table, puis barman dans une boîte dont il est co-propriétaire.

Pendant cette même période, Charles Leblanc fonde la Bébitte à roche, une troupe de théâtre dans la même veine que la Vraie Fanfare Fuckée. En 1975, il est invité en Pologne par une troupe de

Wroclaw pour participer à un festival international.

Cette visite et d'autres expériences de travail "marxisent" Leblanc, selon son expression; il se joint au Théâtre du 1ᵉʳ mai pour jouer des créations collectives engagées dans les assemblées syndicales et sur les lignes de piquetage. C'est une activité qu'il poursuivra jusqu'à ce jour; le théâtre, ainsi que la poésie, étant pour lui transformateur de la société.

En 1978, il rencontre Catherine Graham qu'il épousera et avec qui il déménagera à Saint-Boniface. Ils eurent, en 1982, une fille, Liliane, "pour annoncer le printemps", souligne-t-il.

Arrivé à Winnipeg, Leblanc travaille dans une usine et fonde une nouvelle troupe de théâtre populaire, No Frills Theatricks. Mis à pied en 1984, il retourne aux études au Collège de Saint-Boniface et obtient un certificat en traduction qui lui permet, depuis, de jouer avec les mots et de gagner sa vie.

C'est en 1984 qu'il publie son premier livre de poésie, *Préviouzes du printemps*, imbu de ses voyages, de son coup d'oeil ironique et d'un style urbain qui combat "les maux avec les mots" dit un critique.

Charles Leblanc fonde en 1985 une troupe de théâtre d'improvisation, La Muse Gueule, et participe à l'organisation de festivals de théâtre populaire qui donnent naissance au Popular Theatre Alliance of Manitoba.

En 1987-88, il met en scène l'épopée métisse de Marcien Ferland, *Au temps de la prairie*, et publie un second recueil de poème, *d'amours et d'eaux troubles*.

Il participe depuis à plusieurs manifestations culturelles, poétiques et théâtrales qui continuent à s'inscrire dans la contre-culture.

---

1. Voir l'analyse (De l'intimité à la politique) qui lui est consacrée à la page 526.

Préviouzes du printemps (science friction pour notre présent), Saint-Boniface, Éditions du Blé, collection Rouge, 1984.

Show Time – A Handbook on Producing Cultural Events for Development Education, avec Margo Charlton, Winnipeg, CUSO, 1984.

d'amours et d'eaux troubles (textes sur la fraîcheur), Saint-Boniface, Éditions du Blé, collection Rouge, 1989.

Théâtre inédit (en collaboration):

A Working Woman's Guide to the Economic Crisis, No Frills Theatricks, 1983.

Choices, No Frills Theatriks, 1983.

J'ai déjà été jeune je vous comprend, La Muse Gueule, 1985.

The Legend of Nytorro, No Frills Theatriks, 1985.

Cendrillon Gautrin-Lalonde, La Muse Gueule, 1986.

Forget Me Not – A Play about Unemployment, No Frills Theatricks, 1987.

Encore une autre histoire d'amour, La Muse Gueule, 1988.

No Free Lunch – A Play about Free Trade, No Frills Theatricks, 1988.

In the Land of Core, Popular Theatre Alliance of Manitoba, 1989.

––––––––––

Alexandre L. Amprimoz, "Le Français intime du Manitoba", *Les Cahiers Bleus*, Troyes, France, automne 1986.

Alexandre L. Amprimoz, "Poetry is the Best Weapon", *Prairie Fire*, Vol. VII, No. 4, Winter 88-89.

Rosmarin Heidenreich, "Recent Trends in Franco-Manitoban Fiction and Poetry", Winnipeg, *Prairie Fire*, Vol. 11, No. 1, Spring 1990.

Philippe Kleinschmit, "Préviouzes du printemps", *CEFCO*, Saint-Boniface, n⁰ 21, octobre 1985.

––––––––––

Automne 72 : en tournée à travers le pays

I

Kingston l'hostie
face toi right on red

> ici comme en Gaspé l'automne dégoutte des arbres les amis
> dorment sofas tables d'arborite les p'tits gâteaux les verres de
> coke la lumière malade ma cendre sur le jukebox qui joue mon
> rhume 3 aspirines pour 25¢ affiché sur un mur je me rappelle la
> Gaspésie falaises tristes et des balançoires de métal qui grich-
> ent dans les yeux d'un lever de soleil et les villages vides sauf
> pour les souvenirs shops qui watchent les sirènes passer par le
> trou du rocher Percé voguant vers le Danemark

> les forêts vues à travers l'autobus se grisent et ne se grisent pas
> la mise en terre snow doesn't bounce sur la carte du tendre à
> numéros
un p'tit somme pour
passer le temps d'attendre d'arriver

> nous allumerons la fournaise et mettrons le feu aux poudres
> les fenêtres ouvertes la neige et pas capables de sortir pour
> trois jours ça va nous changer de l'air Holiday Inn bonheur
> aérosol et meubles vernis machines distributrices et tapis mur
> à mur "partout chez nous vous êtes chez vous"

> ma peau me fait mal parfois sluggé steppé d'sus en p'tits
> morceaux à côté de ma tuque j'ai froid en dessous de mes bras
> ici ce soir comme à Gaspé

there is no other way
stuck inside of Kingston
with the Montréal blues again
and again

II
prendre un verre de bière mon minou
(one & one &)

> est-ce Sault Ste Marie la draught ambre la joie et l'ennui des
> arbres d'Ontario ou Sudbury desolation row lunaire quand la
> une est une vie de nickel achetée de New York des sapins
> seulement au cimetière

> anyway les verres de bière de n'importe où se ressemblent les
> castors sculptent des feuilles d'érable sur les bouleaux attrape-
> moi à temps pour enterrer la voix sevrée de la musak

> j'ai perdu mes notes dans la flaque par terre ensommeillé
> Peechees ou Stop 22 le goût de la bière sur le bout des lèvres
> l'ampoule de 200 watts est un mince filament dans ma tête de
> verre

III
ciel des Prairies à travers
villes/campagnes

> à Winnipeg la neige tellement molle un soir le son répercuté
> dans le saxophone crasse les doigts fous dans les cheveux sur
> le semi-trailer de l'hiver je me pense dangereux pour la consti-
> pation mondiale ici ceux qui meurent ce sont les Indiens
> entendre Buffy Ste-Marie "my country tis of thy people you're
> dying" agonie de la main gauche dans les bars cheap de
> l'abrutissement mains grises et calleuses

> et Mozart à la radio violon accordéon guitare the country
> feeling de Lethbridge et la chanteuse est une Yvonne Désilets
> y entrer par la petite entrée pour regarder attentivement des
> enfants écrire leur nom à l'envers ou de la main gauche
> mauves comme ils le veulent

grisâtres comme le ciel du matin à Calgary USA outa-sight comme le sunrise au-dessus de Moose-Jaw chauves comme Saskatoon où un gun l'argent le pouvoir vont si bien ensemble surtout dans la main droite riches comme Olds les fils des riches fermiers friands de statistiques 2000 vaches 2 skidoos et du parking dans la Cadillac de papa les samedis soirs les dindons de la farce la bière pas trop loin du coeur quand le coeur s'englue et que les masques prennent le pouvoir pour de vrai

laver mon mouchoir morvé par le KKK de Calgary où ils ont un chapitre le découpage des buildings bricole un paysage que je voudrais autre que ce radiateur de Medicine Hat qui se lamente au Cecil Hotel en vieux robineux qu'il est comme le moteur de l'autobus un matin de novembre vers Winnipeg

IV
Okanagan Sausage Drive-In
et le tralala Vancouver

le premier pas fut d'enjamber les Rocheuses à Rogers Pass les montagnes ne s'aplaventrent pas et pas encore l'odeur de la mer

drive in y a d'la place autour de la fenêtre regarder une lune éraflée sur un glacier elle y a laissé de la peau blanche poitrine de lune chicken par un temps de lune d'après-midi servi sur un plat d'orange

Rogers Pass de Calgary à Vernon et l'affiche restaurant Oka-nagan Sausage Drive-In dans ce coin postal où les trottoirs rentrent à 9h PM à la chanson lirante du vent dans les feuilles

run out seul sur la rue je charme encore les écorces de bouleau les encrer du sang d'animaux morts attendant le changement au vert maculant sans soin la ligne blanche le farcin ploggé dans la figure

les fils électriques déchargent des oeufs pourris sur la pipe à
eau modèle très cool au bout du tuyau un divan où les amours
paniquent la boue et le ciment ralentissent ma descente au
trottoir

réveillé au lac Kalamalka près de Summerland un lendemain
les nuages au garde-à-vous devant le coucher de soleil qui
prend tout son temps

la peau du ciel plissée comme le Pacifique la pluie nous attendait quand nous sommes arrivés Vancouver et pas le goût de
chanter tralala une ville pour Mack Sennett les autobus électriques les montagnes concurrencent les édifices le quartier chi-
noisé près des moutons océans juste à côté du vieux Vancouver pavé de neuf pour le commerce hurlant le froissement des
chèques de voyage Vancouver aux tramways nommés désirs

. . .

en peine de ma peau
      l'évier sale les toasts oubliés deux stations de radio se chi-
      canent embrouillés comme d'habitude
fuck around
it's a new morning littéralement
je faisais mon smatte je pétais de la broue mythifier
mon ennui de toi ne me dit plus rien
puis l'avion
j'étais parti pour revenir

_____

Préviouzes du printemps

"Her eyes are like a blue million miles"
Cpt. Beefheart

pour Liliane
Lindsay
Nicole
Gabriel

"Nous avons une belle passion
elle s'appelle révolution" Gilles Servat
pour leurs mères
aussi tu sais

non je ne ferai pas une apologie de la mère la femme éternelle
qui porte des enfants pour le bien social et qui n'est que cela

mettre des enfants au monde

"Fast go fast / Slow go slow
rich are rich / poo'are poor
but everybody's doin' the low yo-yo stuff"
Cpt. Beefheart

des fois on veut des fois on veut pas on pense
s'arranger pour ne pas que ça arrive mais ça arrive on pense
s'arranger pour que ça arrive mais ça n'arrive jamais
quand on le voulait tout bizarre hein
de l'excitation en fait c'est de l'euphorie plus un peu
d'angoisse

l'instinct biologique montre sa face
(je suis un animal comme les autres
c'est rassurant)
dans la trouble politique d'essayer
de survivre
(après tout le monde n'est pas
rassurant pantoute à vivre)

c'était dans le premier regard mutuel dès que bébé pouvait
voir l'angoisse nous fait souhaiter se transforme en espoir
qu'on aimerait tant qu'ils/elles habitent un jour assez vite la
tête dure le coeur grand faire leur petit bonhomme de chemin
tout en
poursuivant le nôtre
en tête
un coup d'oeil de temps à autre à l'arrière

l'euphorie de voir vivre une finalement petite-personne qu'on
voudrait voir vivre qu'on voulait vivre avec un peu de courage
un peu de sérieuse fantaisie la regarder explorer ses pieds faire
ses propres décisions

c'est un peu pour ça qu'on se reproduit
ou ne se reproduit pas

on veut le temps de faire ça comme du monde
tout comme on veut le paysage pour ne pas
s'entretuer
pour ne pas
et surtout
pour

Préviouzes du printemps

Amours fragmentés
(en rappel d'octobre 1970)

te zieutant fragile comme une parole
entre mes lèvres sèches
t'approchant calme comme une nappe
ou hurlant
sur toutes les chaises du coeur
je cours autour du chant
(et du ridicule)
de ce bord-ci de la route
dévisageant la lune
et les phares d'automobiles
entre mes majeurs de dynamite mouillée

les soldats sont presque partout
les nerfs à vif sur le trottoir
l'image démocratique explose
et l'espoir prend ses langes
les caresses se défilent
et chaque mouvement ne peut plus être paresseux

une chance ma chance un répit
tu ventes tout doucement
tout doucement derrière mes yeux

---

d'amours et d'eaux troubles

Tout ce qu'elle me dit

1.

un moment d'introspection féroce
me force à rester rivé au téléviseur
la dixième tasse de café de la soirée
et une cigarette qui goûte le papier sablé
des bâillements irréguliers
aucune pulsion c'est la fatigue
que fait la vache sur mon T-shirt
broutant dans trois pieds de neige
l'estomac trop long la faim urgente
je pense au Vermont aux étés de sa jeunesse

écouter pousser le poil de mes oreilles
un moment d'introspection féroce
pour entendre vraiment entendre
tout ce qu'elle me dit

2.

tout ce qu'elle me dit
ce sont les réponses qui commencent par un "oui, mais..."
et les questions qui dépassent le bouche à bouche
qui m'éloignent des miroirs grossissants
tout ce qu'elle me dit sonne un appel à la raison
à l'émotion à l'action
et parfois au secours
des fois c'est sérieux c'est pour elle
tout ce qu'elle me dit parfois
à propos de l'argent qui file
(elle y tient mais pas plus que ça
et moi qui ramasse les 25¢ qui tombent
dans la cuve de la laveuse)

tout ce qu'elle me dit
se met en scène sans vérifier la portée du système de son
elle parle du pouvoir de pouvoir
ah s'armer de théorie
et d'émotion du fond de la panse
on ne va pas à la révolution avec un fusil à eau
tout ce qu'elle me dit
signale une fenêtre de vulnérabilité
où se regarder
un visage

3.

elle me connaît bien malgré mon insomnie
je suis aussi électrique qu'un bleuet
de la tendresse tabarnak
elle ouvre les bras en parlant de choses
et d'autres essentiels
tout ce qu'elle me dit
s'écrit quelque part
avec des mots dont je me rappelle
pourtant parfois
il est plus facile à deux baleines bleues
de s'entasser dans une garde-robe
qu'à elle et moi d'accorder nos métabolismes
des martiens l'un pour l'autre parfois
le silence vit dans le silence
mais la complicité existe quand même dans le silence
des rêves y nichent aussi
d'aventure
moi dans mon coin elle dans le monde du tarot
qui décrivent un présent des angles de vue
nous rêvons ensemble ou tous seuls
ah nager de concert entre les glaciers
et les icebergs de la vie quotidienne
c'est si difficile

tout me pousse à arrêter de rêver
aux océans aux icebergs
à son visage

---

d'amours et d'eaux troubles

Un peu de jazz

> *"fatigué de chercher des traces d'amour dans l'océan*
> *de boue où sombre la pensée"*
> Renaud Séchan

les nuages fous dansent sur les moniteurs
du son comme dans une boucanerie
bon comme du saumon fumé

pourtant le pianiste s'endormait

de la passion disions-nous
(peaux s'effleurent et comme
des regards de rhinocéros en chaleur?)
de l'affection
(écriture froide des improvisations
de la tendresse entre les notes des standards)

et le saxophone me grignotait tranquillement les doigts

c'est ce qu'il fallait
juste un peu d'adrénaline
ce soir-là du début de mars
au réveil du rhinocéros

---

d'amours et d'eaux troubles

Le sacre du printemps

anesthésie
l'hiver a fini
de ruminer au coin des rues
et des cours d'école
les déchets poussent
sur les trottoirs de ciment préparé

mondo nuovo

c'est le temps des partys de motards
et de femmes tatouées
les autres ne font qu'enlever des pelures
et zieuter les matelas

mondo grosso
mondo nudo
mondo houba houba

la mort prend une légère pause
et le Wall Sreet Journal peut toujours
s'afficher
le journal intime du rêve américain
"la reprise est complète mais la croissance est lente"

mondo piastro

ailleurs ça va trop vite
et c'est toujours pour trop peu
le ciel est bleu d'anges qu'ils disent
pourtant la boue s'oublie mal

mondo yucco

(tu les entends désert du vivant
des voix se plaignent du mauvais temps
c'est pour ça que tu hausses le volume

que tu sors tes gros fusils)

mondo whammo

un pays n'attend pas l'autre
mais l'argent ne rentre plus
à pleines pelletées comme avant

mondo bobo

l'hiver a fini de jouer au fou
la prochaine fois il mettra le paquet

mondo grosso
mondo hubba hubba
mondo nucléo

---

d'amours et d'eaux troubles

MICHEL
Dachy
1953

Michel Dachy[1] est né à Bruxelles en Belgique le 21 janvier 1953. Il fit sa scolarité générale avant de suivre pendant trois ans des cours en architecture – section de création de mobilier – à l'Institut Saint-Luc de Bruxelles. De 1973 à 1979, il a été dessinateur au ministère belge des Travaux publics, dans la préparation de plans d'autoroutes et de ponts. Il a immigré au Canada au printemps 1979; et jusqu'en 1984, il a travaillé en Alberta, d'abord comme manoeuvre dans une raffinerie de Cochrane, puis comme aide-géomètre pour des compagnies de Calgary, et enfin comme dessinateur, spécialement pour la TransAlta Utilities Corporation de Calgary, de 1981 à 1984, dans les plans de distribution de l'électricité.

Michel Dachy a déménagé au Québec en 1985. On le retrouve comme estimateur pour la compagnie Paratonnerres Montréal (1986), technicien chez Giroux et Vadnais Architectes, de Saint-Jean-sur-Richelieu (1986), secrétaire au centre de documentation Technologie et Société de l'Université du Québec à Montréal (1987), commis aux logiciels au département des Sciences de l'Éducation de l'UQAM (1988), commis à la biliothèque des sciences de la même université (1989).

Michel Dachy a publié un premier recueil de vers libres au Manitoba, mais il compose principalement des sonnets classiques dont plusieurs ont obtenu des prix dans les concours de poésie, tant au Québec qu'en France et en Belgique. Ses sonnets ont été publiés dans la (défunte) revue québécoise *Vertet*, et dans *Vers-Québec*, revue dirigée par Alphonse Ouellet à Montréal. Il signe aussi des articles dans *Tire-Pipe*, revue du Club des fumeurs de pipe du Québec, dont il est membre!

Père de deux enfants, Michel Dachy vit présentement à Montréal.

1. Voir l'analyse qui lui est consacrée (De l'intimité à la politique), à la page 526.

_____

Persévérance, Saint-Boniface, Éditions du Blé, 1984.

Récital sonnettiste pour deux beaux yeux noirs, Montréal, chez l'auteur, 1986.

_____

Ann Carson, "Nature Poetry", *Prairie Fire*, Vol. VI No.3, Summer 1985, Winnipeg.

Rosmarin Heidenreich, "Recent Trends in Franco-Manitoban Fiction and Poetry", Winnipeg, *Prairie Fire*, Spring 1990.

_____

Respects

L'évolution de la fumée,
D'où se dégage cet encens,
Volutes éprises de liberté,
Enivrantes odeurs du temps.

À l'ombre d'un bougeoir banal,
Qui devine leur sacrifice
Font transpirer la cathédrale.
Blanches puretés meurent et crissent...

_____

Persévérance

Patience

Ces hautes branches emmêlées
Se disputent la liberté du ciel,
Et s'octroient la voix du vent.
Les oies sauvages passent,
Et crient leurs plaintes
Jusqu'aux confins du temps.
Architecte de talent,
Gymnaste professionnelle
À l'imagination prolifique,
Voici l'épeire au cerveau subtil...

_____

Persévérance

Flocons de passage

La neige en attente,
Une fleur en devenir,
Quelques flocons aventureux
Viennent me saluer
À la fenêtre de mon coeur:
Pour un fragment d'instant!
Les cascades tumultueuses
Entendues des lacs sereins
Viennent bercer leurs tristesses creuses,
Bien à l'abri
En dessous des pins.
Quelques flocons aventureux,
Une neige en partance,
Cette rose en devenir...

_____

Persévérance

Chapelle étrange

Comme un bel amour immense
La plaine s'offre au soleil d'été,
Intensément
Avec une lente complicité,
Avec une tendre intimité,
Naissant
Dans la douce tranquillité du matin;
Et le vent nous annonce
Que la plaine chavire l'après-midi.
Et la plaine redevient
Cette chapelle étrange,
Perdue parmi les joncs.
Mais le vent nous dénonce
Inexplicablement.
L'amour est la fête du temps,
Tous les tons il faut voir, ma mie,
Pour l'offrir en chantant.
Puis le déclin du jour
S'annonce en brûlant;
Un amour qui se consume
Jusqu'au petit matin,
Et puis qui recommence,
Comme un nuage qui prie...

Persévérance

L'Escapade

Dans l'errance du matin nouveau,
L'enivrant parfum si agréable,
D'une rose noire inconnue
Qui rafraîchit la solitude
D'un vieil érable en escapade;
Quelle est donc la préférence
De la rigueur
À l'aube du matin éternel?

Persévérance

FRANÇOIS-XAVIER
Eygun
1956

Né à Mayenne, en France, le 1er février 1956, François-Xavier Eygun[1] est venu habiter le Manitoba avec ses parents.

Cherchant des terres fertiles, son père, agriculteur, s'est d'abord installé au Québec en 1972 pour ensuite, comme tant de cultivateurs français du début du siècle, se diriger plus à l'ouest, vers le Manitoba, en 1975.

Ces voyages permirent à F.-X. Eygun de faire des études de baccalauréat français au Collège Stanislas de Montréal (1972-1975), puis un baccalauréat universitaire au Collège de Saint-Boniface (1975-1978). Le jeune homme s'est ensuite déplacé vers Calgary où il obtint une maîtrise en littérature française de l'Université de Calgary en rédigeant une thèse sur Drieu La Rochelle. Une thèse de doctorat présentement en cours à l'Université du Manitoba porte sur *Le Fantastique chez Barbey d'Aurevilly*.

Eygun a été professeur ou moniteur de français à Calgary de 1977 à 1980. De retour au Manitoba, il donne, entre 1982 et 1986, des cours à l'Alliance Française de Winnipeg et au Collège universitaire de Saint-Boniface; de 1984 à 1988, des cours de langue et de littérature françaises à l'Université du Manitoba.

F.-X. Eygun a été lecteur de manuscrits pour plusieurs maisons d'édition au Canada : Éditions Ville-Marie (1981) et Sogides (1983) de Montréal, et les Éditions du Blé, de Saint-Boniface, depuis 1987. Il a exercé, à l'occasion, des fonctions de traducteur. Il a participé à plusieurs rencontres littéraires comme la soirée de poésie du Salon du livre de l'Outaouais (1987), et à la création de revues étudiantes : *La Voix des jeunes* (Saint-Boniface, 1976), *Le Phare Ouest* (Calgary, 1979), chacune ayant publié quatre numéros.

Depuis 1988, il est professeur à l'Université du Mont Saint-Vincent à Halifax, se spécialisant dans la poésie française.

1. Voir l'analyse qui lui est consacrée (De l'intimité à la politique) à la page 526.

Les femmes dans l'oeuvre romanesque de Drieu la Rochelle, thèse, Calgary, Université de Calgary, 1980.

L'Écharpe d'Iris, poésie, Saint-Boniface, Éditions du Blé, 1981.

Inédit:

Jeux de mains, recueil de poésie.

Michel Beaulieu, "De Trois-Rivières à Saint-Boniface", *Livre d'Ici*, Vol. 7, No, 50.

Denis Fréchette, "F.-X. Eygun – L'Écharpe d'Iris", *Livres et Auteurs Québécois*, 1982.

Rosmarin Heidenreich, "Recent Trends in Franco-Manitoban Fiction and Poetry", Winnipeg, *Prairie Fire*, Vol. 11, No. 1, Spring 1990.

Marie-Noëlle Little, "L'Écharpe d'Iris", *58*, octobre 1984.

Répertoire littéraire de l'Ouest canadien, Saint-Boniface, Centre d'études franco-canadiennes de l'Ouest, 1984.

Minuit

Au sphinx des journées
succède le voile des nuits
il y reste l'ennui
et la triste renommée

Satisfait ou inquiet
l'heure tombe sans appel
offrant l'astre qu'épelle
le chuintement secret
    des ombres
    sans nombre

L'esclave de l'action
déboutonne sa vie
et y replie son cou-
rage du lendemain.

_____

L'Écharpe d'Iris

LA DÉCHIRURE
COMME UNE FERMETURE
                ÉCLAIR
LAISSE VOIR
        LE FEU.

_____

L'Écharpe d'Iris

À Fragonard

Derrière l'horizon pâle
des vitres où le chagrin
en buée est déjà loin
une âme tord son mal

la prière de ses doigts
saisit et puis replace
chaque perle de glace
avec un peu d'effroi

la couseuse de larmes
penchée la tête calme
tisse en forme de pleurs
une invisible fleur

l'ouvrage ainsi s'étoffe
de fil et de reflet
puis peu à peu l'étoffe
tel un lent chapelet
étale ses replis
et ses vagues de nacre.

_____
L'Écharpe d'Iris

Attente

Et si le vers à jamais s'exile
des ombres souvenirs jonchantes et graciles
chemins froids, nuits rudes du silence

Et si la chaleur du mot se faisait manque
comme un mort léger qui n'a que la présence
du tricot de sa peau

Et si mon écho de tes yeux se perdait
comme une lueur marine plonge et hisse à nouveau
après un long séjour aux mailles des écumes

Alors que vivre aux horizons sanglants
faut-il s'abreuver de soleils couchants
et se terrer repu des parures offertes

Et puis qu'attendre pour tout laisser
l'une passe l'autre tisse
au rythme des passions
tout n'est-il que décès?

_____
L'Écharpe d'Iris

Aube

Derrière un vent l'aube guette sa fuite
vaste reine
plaine morte
ombre et masque, doigts d'ébène âcre
rebord où glisse le bruit raie

vaste reine
sommeil et songe
songe ronge

plaine et sirène gravèlent et tracent
cierge de sa flamme
la mémoire et le coeur au rythme des dunes vides

clapotis nocturne, la relève à l'essai
sous les astres ténus:

crachat d'or sable.

Prairie Fire, printemps 1990

Départ

Alors que sonnent les années
présences peu à peu fanées
vois la main qui se détache
et se noie dans l'espace

Et les mêmes tirades
peuplent d'abandon la scène
le coeur s'illusionne
d'une quête que rien n'étonne

Alors que gestes et souvenirs
se creusent comme un rire
et que les doigts de l'aube
se tressent en signe d'émoi

Tu pars et puis tu restes
la marée de tes regrets
s'accroche aux rives
ô mer que glace le récif

Tu pars et puis tu restes
hier et aujourd'hui
conjuguent la mémoire
ô vaste écumoir

Tu résistes et tu vas
main qui perd son double
l'instant n'a que faire du silence

Va et puis ne reviens pas
il est de ces exils
paume ouverte
         d'où tout s'échappe.

_____

Jeux de mains – inédit

Sérénité

Qu'importent les cris des minutes
l'âpre affolement des passions
ces étreintes terribles
où se compte le temps
perdu à le chercher

Longues absences des corps
les rêves aux cils bleutés
du parcours des nuages
passants redoutés
au détour d'un envol

L'onde épouse l'eau
le silence le bruit
chaque mouvement se fige
en un bouquet offert
aux magnifiés

La lumière se fait son
le son se fait senteur
l'odeur coule et s'ébruite
touche et voile de chaleur

Métamorphose lente
s'évapore mon souffle
à regarder cet autre
qui se sent comme moi.

_____

Jeux de mains – inédit

De l'intimité à la politique

Charles Leblanc
Michel Dachy
François-Xavier Eygun

Selon Alexandre Amprimoz, "Écrire en français au Manitoba est un geste qui relève bien plus de l'intimité que de la politique". Tout en reconnaissant à cette littérature son statut social de résistance et de "miracle", Amprimoz la croit plus près du journal intime que des rapports financiers. "Langue des origines, le français est aussi la langue d'une minorité devenue aujourd'hui numériquement négligeable. C'est donc au Manitoba la langue idéale de la poésie[1]."

Le discours poétique de trois jeunes poètes dont les recueils ont été publiés par les Éditions du Blé depuis 1982, confirme-t-il pareille conception "intimiste"?

Les Éditions du Blé ont pour but de publier en français soit les oeuvres d'auteurs du Manitoba et de l'Ouest canadien, soit des livres ayant trait au Manitoba et à l'Ouest canadien. Or selon un curieux paradoxe, les trois auteurs, loin d'être originaires du Manitoba, sont des exilés francophones, représentants de la "diaspora" française de l'Ouest canadien qui a fait éclore leurs oeuvres poétiques : le recueil *Persévérance* du poète belge Michel Dachy, publié en 1984, *L'écharpe d'Iris* du poète français François-Xavier Eygun, publiée en 1981 et suivi d'un ensemble de textes encore inédits, *Jeux de Mains,* et enfin deux recueils de l'auteur québécois Charles Leblanc: *Préviouzes du printemps,* publié en 1984, ainsi que le dernier-né *d'amours et d'eaux troubles,* lancé en décembre 1988.

Que ces deux derniers aient paru dans la collection "Rouge", destinée à promouvoir une écriture audacieuse, "avant-gardiste", établit déjà une ligne de démarcation naturelle entre les poèmes de Charles Leblanc et ceux des deux auteurs européens.

Persévérance

Persévérance, comme pour faire honneur à son titre, nous offre 34 morceaux dont la facture évoque les conventions lyriques du

XIXe siècle français : la disposition graphique des vers, le maintien de la rime, la musicalité des vers et surtout la conception de la poésie qui se veut à la fois méditation crépusculaire et chant, soucieux de capter l'ineffable et oscillant entre affirmations et impressions, autant d'éléments qui renouent avec l'écriture romantique dont "l'art poétique" se trouve imprimé dans plusieurs morceaux, tels que le poème *Définition* (p. 27):

> *Le tout optimal de la poésie*
> *S'il en est un pour certains,*
> *Tendrait à l'explication*
> *Des choses quotidiennes*
> *Et vaines de la vie*
> *En un exposé mystique,*
> *Tacheté de rosée matinale*

ainsi que dans *Féerie* où le poète, ce grand inspiré, à l'écoute de "l'âme des choses" dont il capte la respiration grâce à sa pureté intérieure, se fait à la fois mage et magicien du verbe, selon la bonne tradition hugolienne : "Le poète est!"

Malgré ce recours systématique aux lieux communs de la Poésie dont les domaines de prédilection sont l'aube, le crépuscule, les rêves bleus aspirés par un ciel vagabond, la voix du vent et la dérive du temps, un certain réseau métaphorique personnel confère un accent sincère à ces textes et fait éclater en nous certaines images et sonorités originales.

Au centre se trouve l'*étang*, au pouvoir unificateur de l'immanence:

> *Tromperie de l'étang*
> *Qui se joue de notre dualité:*
> *Unissant l'air, la terre, l'eau (p. 9)*

et auquel se fondent même les roches sous la neige (p. 3), ainsi que les "empreintes translucides des feuilles" (p. l5); la lune est "fantôme translucide". Ce pouvoir redoutable d'absorption cosmique éclate dans le poème *Le Saule* (p. 53) qui, à l'instar du *Platane* de Paul Valéry, semble être l'emblème du poète:

Un saule
Ermite en son étang

L'aspiration essentielle de cette poésie se résume dans la découverte d'une "harmonie silencieuse" (p. ll), favorisée singulièrement par la surface *translucide* de l'étang et "l'âme de l'hiver" (p. 47) pour immobiliser la fuite du temps (p. 2l) et métamorphoser le poète en "âme de dentelle" (p. 5):

Étend ton royaume infini, oh silence!
Trompant les humains en devenir
Qui ne cessent de se démanteler eux-mêmes.

Un tel goût de l'immanence et du recueillement possède une résonnance manitobaine dans cet hymne à la plaine, intitulé *Chapelle étrange*, reproduit dans cette anthologie, et qui se termine ainsi:

Un amour qui se consume
Jusqu'au petit matin,
Et puis qui recommence,
Comme un nuage qui prie...

Prière qui pourtant est vite traversée par une inquiétude grave dont fait état le *Poème à cinq sous* (p. 65):

Solitude douce et silencieuse,
qui, aussi, finira un jour.
Trop tôt, mais hélas, à son tour
retrouvant la lune harmonieuse.

Le poète brise-t-il l'harmonie
par ses gribouillages insensés?
Toi, essence même de la vie,
vois-le, comme il vient t'effacer.

Anxiété, qui à son tour, devient source de création dans un cycle sans fin, selon le témoignage du poème *Opinion*:

L'anxiété engendre la création.
Cette plante explore, par ces bras longs,
Le meilleur chemin pour, en dedans du sol, pousser.
Les plus courts veulent se faire entendre du vent.
À la recherche de leurs identités,
Reformant leurs propres univers.
Empreintes translucides des feuilles posées sur l'étang,
Interrompues par la rive d'où elles émergent:
De haut en bas, de bas en haut,
Suivant leur humeur...
Des nids épars sur des arbres sans noms,
Garnis de quelques feuilles bienveillantes,
Les arbres, si sévères, imposent
L'entrée de leur royaume.
Précédés d'herbes sauvages,
Ils devisent.
Ciel d'été à la recherche de l'étoile.
L'anxiété engendre la création.

L'Écharpe d'Iris

Déjà le titre frappe par sa suggestivité et exprime l'inspiration aérienne ainsi que le jeu des nuances et métamorphoses qui caractérisent cet ensemble de poèmes. L'auteur lui donne sa pleine signification dans sa préface où l'écharpe d'Iris symbolise l'arc-en-ciel qui, à son tour, devient *"la métaphore visible de la poésie"*. Celle-ci devient une aventure essentielle, au pouvoir transfigurateur du réel et l'expression privilégiée de la totalité de l'être:

"Dans un quotidien machinalement accepté et subi, la poésie se voudrait cette lueur de l'intérieur qui transfigurerait notre vision de la nature en général, nous donnerait à voir une autre apparence de nous-mêmes et de ce qui nous entoure."
(L'Écharpe d'Iris – préface).

Les quarante-trois morceaux dont aucun ne déborde la page forment un ensemble limpide et harmonieux marqué par l'unité de ton et d'inspiration. Aucun heurt ne semble permis dans cet univers dont le fondu est sensible au lecteur : peu de titres, très peu de ponctuation pour l'empêcher de glisser d'un vers à l'autre, en un mouvement d'une extrême légèreté.

Celle-ci tient sans doute à l'inspiration des poèmes qui les apparente à l'art japonais, aux aquarelles ou encore à Fragonard, évoqué par le poète dans un des rares titres retenus : art tout en dentelles, en arabesques, aux couleurs insaisissables. Rien ne pèse dans ce monde qui paraît comme aspiré par l'immensité des cieux, dans un refus incessant des limites. Seuls points de repère dans cet espace défini comme "absence de lieu" : quelques étoiles ou encore "l'oiseau nuée" qui appelle déjà sa propre transformation.

En effet, la métamorphose est la loi fondamentale de cet univers, sous ses multiples formes, sonorités, lignes et jeux de lumière, formes qui sont unies par le caractère gratuit de leur apparition. Gratuit dans le sens positif de jeu, d'activité ludique, mais aussi dans le sens négatif de geste vain, d'agitation inutile. L'inspiration des divers poèmes se joue entre ces deux pôles. Silence et espace illimité sont les dimensions essentielles où se résorbe toute agitation vaine. Quant aux jeux de lumière, les deux extrêmes en sont l'ombre, la brume et l'éclair, l'éclat de l'or. Entre les deux vibrent toutes les nuances de l'arc-en-ciel. L'ensemble est sous le signe du "rêve doré" menacé par les forces de l'ombre.

Ces transformations incessantes sont comme aspirées par le vertige du néant qui fait du poète un "absent vivant", un "écumeur d'espoir" ou encore un "semeur de vent", condamné à vivre en exil, dans l'attente d'une vaine délivrance. Seule l'activité poétique trouve grâce devant cet appel du vide. Tout en traçant des arabesques en apparence futile, elle se fait l'expression lyrique de ce mouvement cosmique:

> *Les mots se signent*
> *arabesques colorées (...)*
> *communiquent le chant*
> *à la fuite du temps*
> *à l'absence du lieu. (p. 17)*

Ainsi justifie-t-elle sa parenté avec l'arc-en-ciel et son pouvoir de transfiguration.

Préviouzes du printemps

À un monde politique en demi-teinte et en métamorphose feutrée placé sous le signe de l'arc-en-ciel, s'oppose la violence bruyante et irrévérencieuse de l'écriture militante de Charles Leblanc. *Préviouzes du printemps*, au sous-titre révélateur de *science-friction pour notre présent*, donne le ton à ce contre-univers poétique ou à ce monde du "contre" : la transcription phonétique d'un terme anglais (previews) ainsi que le calembour sur science-fiction nous indiquent de façon humoristique que la science, même poétique, de notre présent technologique et urbain ne peut être que "friction" contre un monde hostile, placé sous le signe de l'aliénation économique et idéologique. Une telle poésie, résolument enracinée dans l'expérience la plus quotidienne et "crasseuse", ne peut-être que fragmentée si elle se veut le miroir de l'écartèlement auquel est soumis l'individu sous l'effet conjugué de la violence d'un monde capitaliste, de la pollution des esprits par les slogans, les clichés d'une propagande envahissante et la contamination par un langage majoritaire (anglophone) qui "se pense" en nous. Poésie qui procède par "fragments éclatés" (p. 18) par "pages dispersées écartillées" (p. 25), partant en croisade contre le capital:

> *Nous faisons notre propre politique*
> *le capital a une maladie historique*
> *il prend son temps pour agoniser*
> *nous l'achèverons*
> *chantant un toast à notre santé (p. 37)*

contre le "gun l'argent le pouvoir" (p. 11), incarné par le cowboy américain; contre la peur de la mort, exploitée par les "boss":

> *"la société capitaliste est entièrement*
> *basée sur l'idée de la mort (...)*
> *c'est à travers la peur de la mort que*
> *le pouvoir perpétue sa domination"*
>   *i. ferrari*
>   *(p. 20).*

Une telle croisade fait éclater nos mythes les plus tenaces en nous engageant à nous battre:

> *le mot à mot contre les églises*
> *le cul sous les couvertures*
> *contre les philanthropes du savoir*
> *armés de muscles et de concepts (...)*
> *contre ceux qui gèlent les corps*
> *sur un tapis de piastres (p. 33)*

contre "le paradis social" promis par les boss et leur propagande de production. Vole en éclat aussi notre mythe le plus durable, celui de l'amour romantique, celui des "photoromans" qui nous transmettent

> *la métaphysique amoureuse*
> *ancrée dans la tête et les gestes*
> *(le rose bonbon de l'amour île déserte) (p. 48)*

Afin de mieux

> *enterrer définitivement*
> *le Nelligan tapi(s) en chacun de nous (p. 31)*

l'auteur nous offre "une chanson d'amour et de cul" où "la marde se pense selon les classes" (p. 32).

Au lieu d'écrire un poème d'amour où la rime est: "douceur, paix, toujours" alors que "d'autres mots étaient plus pressés" (p. 50), voici l'écriture amoureuse qu'il nous propose pour notre présent fragmenté:

poème d'amour (pléonasme)

> *elle a*
> *des yeux d'eau d'érable*
> *vissés au solstice d'été*
> *des sourires*
> *effrayamment lucides*
> *(les briques fermentent*
> *et crient au béton)*
> *je la vois*
> > *visites irrégulières rythme*
> > *brisé*
> *par les fissures*
> *un peu de tendresse*
> *(l'iceberg prend peu de place*
> *en surface)*
> *elle maîtrise ses pas*
> *même dans la salle de projection*

> *look ahead for some kind of titanic to be drowned*
> *de l'autre côté du miroir*
> *through the looking glass lens*
> *moment d'intuition violent porteur d'action*

> *son corps pris en (ses) mains. (p. 21)*

Dans ce nouvel "art d'aimer" affleure toute une mythologie
personnelle, faite de ruptures, de syncopes, d'éclats d'images bil-
ingues, où s'affirme la femme, tendre et lucide, [ou "le mouvement
des femmes" (p. 51)] comme initiatrice d'un bouleversement
majeur, capable de briser les briques des murs idéologiques, à
l'instar de l'iceberg (encore peu visible) s'attaquant au Titanic
patriarcal. Grâce à l'action constante de démystification ["*maquil-
lées et déguisées les tasses de café du quotidien sont à décaper*" (p. 25)] et
grâce à l'intuition de ce nouvel ordre des choses, on nous montre
que "*la décomposition lente de la vie quotidienne fragmentée (...) et
l'isolement individuel sont dépassables*" (p. 24).

Même si une telle chanson est "paranoïaque" (p. 29) et la

fragmentation de l'écriture inévitable, on en fait un nouvel art poétique "éclatant": *énergie du jeu plus le dire du désaliénant* (p. 19), et dont le principe organisateur, à l'instar de celui du cinéma, est: *découpage montage lutte* (p. 18).

Ces tendances-chocs, amorcées dans **Préviouzes du printemps**, s'épanouissent en se concrétisant dans le second recueil de l'auteur, **d'amours et d'eaux troubles** (textes sur la fraîcheur). L'usage massif du paradoxe et des jeux de mots, comme en témoigne le titre du livre, en harmonie avec l'épigraphe "féministe", place le recueil sous le signe du rire (dans le sens brechtien de distanciation) et de la libération. L'auteur nous fournit une "table des matières du quotidien", le plus souvent sordide, fractionné et marginal. Ce sont les "fleurs du mal" franco-manitobaines où la poésie, au "goût de poubelle", sort de la pollution d'un monde contaminé par la violence, l'usure et l'aliénation socio-économique et linguistique:

> *dans les légendes que j'avale*
> *et dans la vie qui me réchauffe*
> *la terreur douce au pouvoir*
> *a une peau lisse et trompeuse*
> *qui brûle les papilles*
> *et graisse le dedans du tréfonds de soi*
> *(Au petit restaurant du coin, p. 58.)*

Et *Le sacre du printemps* (reproduit dans cette anthologie) donne une illustration éloquente de ces fleurs du mal modernes, au sarcasme provocateur.

Les constantes mythologiques des **Préviouzes** se trouvent amplifiées dans le nouveau recueil. Les icebergs flottant dans les eaux troubles de la pollution semblent acquérir un pouvoir destructeur souterrain qui doit préparer l'avènement d'une nouvelle ère. Même si l'amour est fragmenté, si l'on trouve les traces dans "un océan de boue", ou s'il se fait dans un "garbage can of love", il est une forme de résistance : *"l'amour c'est quand on s'aime même sans les instructions du fabricant"*. C'est ainsi que, aux

> *"jours solides,*
> *une résistance électrique te projette*
> *contre le mur de briques grises"*

révélant qu'il suffit de "défoncer la porte" (*Méditation pas calme du tout*, p. 23).

Ce mouvement "électrique" débouche sur des rêves, mais des "rêves durs", actifs, où le coeur devient un "bulldozer" (*Télégramme s.-f.*, p. 37). Son rôle, à l'instar de celui de l'iceberg, est d'"ouvrir les corridors", comme dans *Télégramme sur la marge* (p. 36):

s'inventer un bonheur
collectif ouvrir les corridors
de l'air
bâtir la vie
 changer la saison
acheter des combinaisons d'hiver
et garder des fenêtres ouvertes
sur les rêves durs
ça nous prend un autre monde

C'est dans ce contexte d'ouverture violente que l'écriture prend tout son sens, par les "chocs électriques" dont elle assaille l'aliénation collective et par l'énergie ludique qui ouvre les oreilles polluées. Car il faut choisir entre la révolution et la mort, selon le témoignage du poème *Au petit restaurant du coin* (p. 55), qui insiste sur le rôle subversif et régénérateur de l'écriture éclatée :

des idées de fou
de vouloir écrire sur les murs
pour barbouiller le monde
de couleur et de rire
(...)
des idées de fou que je me dis
les manifestations d'espoir
global
ne courent pas les rues

Si la subversion est censée pulvériser les murs de l'aliénation, c'est pour déboucher sur un authentique engagement socio-politique, selon la troisième partie du poème *Sydney : le gris, le noir et le rouge du Cap Breton* (p. 60-62):

nous tentons de fabriquer des morceaux de réalité
d'ouvrir des fenêtres de changement
et de craquer quelques murs de préjugés
pour le pouvoir de ceux qui ne l'ont pas
ceux que déverse la rue le soir
ceux que cache la cheminée de l'aciérie

et nous y étions tous pour montrer
nos images apprendre quelque chose
peut-être mais surtout se refaire
une santé mentale et politique
se rappeler qu'on a fait un bon choix
malgré la confusion et le manque d'argent

et nous avons vu de l'eau tout autour
(les icebergs se préparent-ils
à ranimer une mémoire de classe
noyée dans l'alcool et la résignation?)
une ville grise de maisons en bois
des vies noircies pour survivre
et un ciel qui passerait si bien
de l'orange au rouge

Le marxisme n'est donc pas mort, même dans la fragmentation d'un univers capitaliste voué à une pollution qui prend des couleurs apocalyptiques, transformant la rivière en un "étang de goudron" et enveloppant la ville de fumées noires ou oranges, selon le caprice dantesque des aciéries. Par goût du paradoxe, voici des fleurs du mal vouées à faire éclater le mal dont elles se nourrissent, pour ranimer la foi révolutionnaire! Baudelaire était plus pessimiste... Vive la poésie écologiste!

Ingrid Joubert

---

1. Alexandre Amprimoz, "Le Français intime au Manitoba", Troyes, France, *Les Cahiers bleus*, automne 1986, p. 95.

RHÉAL
Cenerini
1961

Né le 13 mars 1961 à Notre-Dame-de-Lourdes au Mani-toba, Rhéal Cenerini fit ses études primaires et secon-daires à l'école du village, partageant son temps entre les pour-suites scolaires et les travaux quotidiens sur la ferme mixte que tenait son père.

En 1980, son père prit sa retraite de l'agriculture et la famille déménagea à Saint-Norbert. Cenerini avait, l'année précédente, entrepris des études universitaires au Collège de Saint-Boniface, où il obtint un baccalauréat (1983) avant de fréquenter l'école d'agriculture de l'Université du Manitoba où il fut diplômé en 1985.

Encore collégien, il signait des poèmes dans une revue étudiante, *La Voix des Jeunes*, mais c'est le théâtre qui l'attirait plus que tout, en tant que comédien, et dramaturge. Deux de ses pièces ont été regroupées dans un recueil qui porte le titre de la plus importante des deux oeuvres, **Aucun Motif**. Cette pièce a été créée au Club de Théâtre du Collège, le 4 mars 1982, dans une mise en scène de l'auteur. La seconde pièce, *Les Partisans* a été créée au Cercle Molière, le 9 juin 1983, une fois de plus dans une mise en scène de l'auteur. De ce théâtre qui a des affinités avec le théâtre de l'absurde, Ingrid Joubert a pu souligner la modernité: " D'autres tentatives font la preuve de la vitalité du théâtre au Manitoba français. Une pièce certes originale du jeune auteur Rhéal Cenerini, *Aucun Motif*, [...] semble s'adresser à un public plus intellectuel par des références indirectes à Pirandello, Brecht, Sartre [...] les person-nages d'abord, l'auteur ensuite et finalement le spectateur sont amenés à mettre en question le rôle qu'ils jouent. Ce jeu de miroirs est des plus stimulants pour un lecteur averti et rejoint les préoccu-pations du théâtre moderne. Par contre, sauf certains registres de la langue, l'enracinement régional est pratiquement absent, comme si l'auteur s'adressait d'emblée à un public universel pour ne pas limiter son talent créateur par un cadre trop restreint[1]."

Après ses études universitaires, Rhéal Cenerini a passé une année, qu'il préfère oublier dit-il, dans la fonction publique provinciale. Puis il a décidé de suivre les traces de son père, et il s'est établi en 1986 comme fermier maraîcher dans la région de Saint-Norbert.

Les poèmes les plus récents qu'il signe parlent de cet attachement à la terre dans un ton franc et direct qui laisse croître les images de fraîcheur qu'exhale la nature en un spectacle de simple merveille.

---

1. Ingrid Joubert, Le Théâtre franco-manitobain.

Aucun Motif, théâtre et poésie, Saint-Boniface, Éditions du Blé, 1983.

Inédit:

Kolbe, théâtre. Cette pièce a été mise en scène par Ingrid Joubert, au Collège de Saint-Boniface, le 8 mars 1990.

Renate Benson, *Aucun motif : théâtre et poésie*, L'Art dramatique canadien, vol.II, n° 1, 1985.

Philippe Descamps, "Kolbe, âme d'Auschwitz", *La Liberté*, Saint-Boniface, 2-8 mars, 1990.

Ingrid Joubert, "Le théâtre franco-manitobain", *Revue d'Histoire littéraire du Québec et du Canada français*, numéro spécial Théâtre, Ottawa, Presses de l'Université d'Ottawa, hiver-printemps 1983.

Ingrid Joubert, "Current Trends in Franco-Manitoban Theatre", Winnipeg, *Prairie Fire*, Vol. 11, No. 1, Spring 1990.

Raymond Laprès, "Aucun Motif", *Nos livres*, vol.15, juin-juillet 1984.

André Maltais, "Aucun Motif : théâtre du monde", *Le Réveil*, vol.III, n⁰ 8, 25 mars 1982, Saint-Boniface.

Liberté

I

Au coin de la rue
Qui coule en longeant la rivière
Et du pont vert qui sort du ciel
Naît un quartier immense
Répandu comme une tumeur
Sur une centaine de lieux
Sale et suppurant
Où l'oubli comme une amibe
S'est introduit
Où le passé par une plaie
De brique rouge est disparu
Où le présent est avalé
Tandis que quatre ou cinq passants la tête nue
                              aux vents gris
Grelottent et attendent

Au coin de la rue
Les feux jouent
Rouges surtout il semble
Et se moquent de ces ombres
Qui veulent seulement se voir sur le pont vert
Et en croisant la longue rivière
Jeter un tendre regard vers
Celle qui coule sans ralentir
Elle qui sans cesse mène à la promesse
Le long lac bienheureux
Et en s'échappant croire
Qu'ils sont rivière ou rue roulante
Savoir que le soleil sourit déjà pour eux
Dans un quelque pays

Au coin de la rue
Le front haut
Le rêve toujours s'élève
Toujours les airs d'une vieille jeunesse
Que les murs gris reflètent
Oh! jamais je ne me soumettrai
Pour moins de cent vingt pièces dorées
Tandis que quartiers blancs et vitres sales
Et tuyaux vomissent dans la rivière
Et passants les mains fermées les yeux semés
D'étoiles attendent

II

Le soleil perçant la membrane de l'horizon de sa pointe rouge, tu sus d'un coup qu'il était temps de partir à la rencontre du désert. Ayant entendu un appel qui pouvait tout aussi bien être le vent qu'une voix ou un oiseau qu'un ange, tu ne pouvais plus rester, sous peine de perdre tout ce qu'une vie de fidélité t'avait gagné. Et c'est ce qui rompait les liens de la raison: devoir commettre l'acte qui annihilerait l'avenir...

Mais où aller sinon tout droit de l'avant, à la rencontre du désert – loin de celle qui t'avait donné dans ta vieillesse un fils? Et donc, lorsque chanta le coq, tu accueillis toi aussi le soleil. Le devoir de trois jours s'étendait devant toi dans le désert et, tout au bout, il y avait la montagne, à mi-chemin entre le ciel et la terre.

Et c'était sur cette estrade que le sort se jouerait, tu en étais sûr. Si les autres se méprenaient sur l'objectif de ce trajet, toi, tu en étais parfaitement sûr. Tu regardais le visage blond et les cheveux balayés par le vent sec et tout de suite, je le crois, tes yeux se levaient vers un ciel d'une pureté opaque et silencieuse. Et ils cherchaient un oiseau peut-être ou un éclair – mais il n'y avait même pas de nuages. Et le visage blond souriait et l'avenir vivait sur ses joues et ses genoux qui serraient fort les côtes de sa monture.

Mais peut-être ne cherchaient-ils pas du tout. Peut-être savais-tu que tout ce que tu voyais là était vrai – absolument vrai – et qu'il n'y aurait pas de mesquinerie ou de revirement. Mais alors, je ne comprends qu'à peine et je reste à t'attendre avec tes serviteurs.

Tandis que tu gravis la montagne, seul avec ton fils qui t'a été donné comme un arc-en-ciel. Et accomplissant tout ce qui a été prescrit, tu lèves un bras meurtrier et regardes une dernière fois le visage blond gonflé de vie... Et tout à coup, entends un bélier, je le crois, empoigné dans un amas de branche, perdu par un mauvais berger sans doute, et reconnais que tu es sauvé.

III

Je n'irai plus parmi les hommes
Aveugle et tâtonnant
Je n'irai plus parmi les hommes
Dans les habits du temps

Ce qui coulera de mon coeur
Sera pur et perçant
Ce qui coulera de mon coeur
Ira aux quatre vents

Et moi je ne serai plus rien
Mon corps sera percé
Et moi je ne serai plus rien
Le monde en a assez

IV

Au coin de la rue
Une artère bleue-grise se fond dans l'autre
Et de leur union naissent
Des façades uniformes avec des bouches en véranda
Et des paupières en rideaux tirés

Ce n'est pas réel
Et un bras en biais dont la main s'ouvre sur une porte
Où l'on sort pour marcher le soir
Lorsque la ville est vide
Et les rues se rendent aux rêveurs
    Je le jure
Et le jour
Le soleil jaune s'infiltrera par l'encre
Explosant en couleurs inattendues
Recréant royaumes inexistants
Exaltant l'amour inoubliable
    Ce n'est pas réel
    Ce n'est pas réel je le jure.

———————

Aucun Motif

L'étable

Il ouvre la porte
La brume coule par l'ouverture comme une
    bouffée d'air exhalée par un jour d'hiver
Obscurcissant un intérieur vieux de soixante ans
    et riche de textures
Rude comme les cotons de trèfle invitant
    comme le dessous du cou d'une bête à cornes
Et lorsqu'elle se referme le rituel recommence
Deux cartelles de luzerne au parfum sucré et
    une cartelle de paille d'avoine par crèche
Un coup de fourche pour refaire la litière
Le défilé des vaches givrées par la neige sous
    les poutres rendues obliques
Obéissantes à l'habitude fidèles à l'ordre
    qu'il leur a imposé
Et l'étable qui se gonfle du bruit des chaînes
    enfilées d'un geste comme une aiguille
D'éternuements gutturaux de – Range ma garce!
    souligné par un coup de poing derrière la hanche

Qui se meut en caresse
Souvent
Je le regarde debout près du baril de
    cassage sous l'échelle qui mène au
    grenier
J'attends qu'il finisse
Pour que nous traversions ensemble la
    cour blanche où la neige étincelle et
    fait des étoiles par terre

Inédit, mars 1989

Appendices

Appendice A

Hebdomadaires et revues

Il n'y a pas eu de revue littéraire proprement dite au Manitoba français, mais nombreux sont les hebdomadaires qui, à l'occasion, ont prêté leurs pages aux poètes. Il ne faut pas oublier non plus les bulletins et les revues, comme celle du CEFCO (Centre d'études franco-canadiennes de l'Ouest), où l'on peut, entre un essai et une critique, trouver quelques vers. À cela, il faut ajouter les journaux des étudiants du Collège de Saint-Boniface où certains de nos poètes ont publié leurs premières oeuvres, notamment Placide Gaboury, dans le *Bonifacien*; J.R. Léveillé et Paul Savoie, dans *Frontières*. Il y a aussi des publications aux objectifs délimités, comme *Les Plumes d'Or*, une publication photocopiée qui a vu le jour vers la fin des années 1970, consacrée aux aînés qui s'essaient à la "création littéraire". Enfin, on retrouve des publications de circonstance, comme **Recueil** de Louis A. Boily qui a regroupé ses créations en une plaquette, photocopiée elle aussi, pour fêter un jubilé.

De ces hebdomadaires et revues, le recensement poétique reste à faire, et leur histoire littéraire, à écrire[1].

Nous nous attarderons à souligner, ici, la contribution des deux premiers hebdomadaires franco-manitobains, *Le Métis*[2] et *Le Manitoba*, en ajoutant, à la fin, un exemple tiré de **Recueil** de Louis A. Boily.

Le Métis (1871-1881)

La poésie occupe une mince place dans *Le Métis*, premier hebdo français du Manitoba. Comment s'en étonner, pour une publication dont l'existence même, correspondant à peu près à la première décennie de la province lilliputienne, présente une sorte de prodige?

Réunir tous les textes poétiques de ses dix ans de publication ne donnerait pas une plaquette. En outre, il n'y a pas de continuité sous-jacente.

Du moins, on vise sur du certain. Si l'on excepte la "chanson" *Le Dieu du Libéral* attribuée à Pierre Falcon, parue le 23 novembre 1871, le premier   poème, *La femme* (30 novembre 1871) est tiré d'un classique canadien, Pamphile Lemay; et le second, *France* (14 décembre 1871), du classique français par excellence, Victor Hugo.

Un auteur moins connu, Ferjus Saint-Georges, a droit à deux insertions en 1872: *Décalogue de l'épouse* et *Les sept commandements de l'époux!*

Le morceau le plus personnel – mais anonyme – est un "envoi" dédié à une mère qui a perdu un jeune enfant, *À Mme D.*, et daté du 25 mars 1878 à Saint-Norbert. L'édition du 14 mars rapportait le décès, à Saint-Norbert, de Charles, enfant de M.A. Deschamps, 5 ans 2 mois 5 jours.

> *O béni soit le ciel qui t'accorda cet ange.*
> *Espiègle gai, charmant comme l'humble mésange...*

Le morceau le plus pétillant – et deux fois reproduit! – est *Éloge du maringouin* (6 juin 1878 et 8 septembre 1880). La seconde fois, il est aussi assorti d'une présentation:

> *Que dites-vous du plaisant qui se fait original au point de faire en plein Manitoba l'apologie de cet harmonieux artiste, de lui découvrir des propriétés éminemment médicales...!*

Le Manitoba (1881-1925)

Le successeur du *Métis* ne s'est pas pressé d'ouvrir ses colon-

nes à la poésie. Il avait bien d'autres préoccupations, faut-il croire...
Les années 1880 voient la marche grandissante de la colonisation,
l'arrivée du chemin de fer transcanadien, l'affaire Riel, les luttes
scolaires qui pointent. Et on peut croire aussi que son fondateur, et
directeur pendant quinze ans, Alphonse-Alfred-Clément Larivière (qui parafait, pour l'embêtement de la postérité: A.A.C.)
était accaparé par ses tâches publiques et politiques.

Le futur sénateur était venu au Manitoba en même temps que
d'autres notables, dont Joseph Royal, fondateur du *Métis*, dont il
fut collaborateur. Il a lancé la Société de Colonisation en 1874, est
devenu surintendant des écoles catholiques, député fédéral de
Saint-Boniface de 1878 à 1889, député fédéral de Provencher de
1889 à 1904. Il a en plus occupé des postes ministériels au niveau
provincial.

Les premiers poèmes dans *Le Manitoba* ne sont parus qu'en
1882: *Les enfants*, un petit texte de seize vers, joliment rimés, signé
M.J. (2 mars); et l'autre, *La femme vertueuse*, anonyme, la semaine
suivante: beaucoup plus long, mais non-structuré, et où la morale
prend le dessus sur l'art. Les deux portent à croire, en tout cas,
qu'ils sont de confection locale.

Ensuite, il faut attendre l'année 1885. Trois poèmes, dont deux
de Lamartine, le célèbre maître de l'école romantique en France. En
1886, et 1887, par contre, un total de 41 poèmes respectivement, soit
un par numéro de parution, à peu près! Le poète canadien Louis
Fréchette, qui a atteint la notoriété, est le favori : quatre textes en
1886, trois en 1887, trois en 1889! Suivi de... Victor Hugo : deux fois
en 1887, trois en 1888, deux en 1889, cinq en 1890. On table sur des
valeurs sûres.

On remarque en 1888 un bon nombre de textes anonymes, de
même que l'année suivante. Deux de novembre 1889, appropriés à
ce mois de l'année, s'intitulent respectivement *Les morts* et *Regret*.
Le premier comprend sept strophes en alexandrins, l'autre, huit
strophes en vers de six syllabes; les deux, étalés en première page.

Il arrive que les thèmes tristes ou nostalgiques, si fréquents,
cèdent la place à un brin d'humour. Ainsi, de Gabriel Bonnet, Le
'mea culpa' d'un fumeur repentant, *À bas le tabac*.

Au cours de cette même année 1889, *Le Manitoba* publie une
berceuse indienne où l'on trouve ce vers étonnant: "Roule, roule,
vague aérienne..." Ce poème qu'on pourrait attribuer à Alexandre

de Laronde, est de composition rigoureuse : deux stances de quatre vers, suivies de deux stances de huit vers, tous en huit syllabes. C'est un des plus beaux de la littérature manitobaine.

Et dans les années 90, d'autres noms de poètes canadiens: William Chapman, Nérée Beauchemin, Albert Lozeau, Octave Crémazie. Dans la poésie française, on note surtout les noms de: Alphonse Daudet, Edmond Rostand, Théodore Botrel, Alfred de Musset, Théophile Gautier, François Coppée, Jean Richepin, Victor de la Prade.

Au cours des années 1880, l'hebdo est devenu partisan, c'est-à-dire conservateur, et il s'aventure un jour à publier, en anglais, un hommage direct au premier ministre (conservateur) Rodmond Roblin et à ses réalisations, *The town that Roblin built*!

On note que le député Larivière a été remplacé comme directeur-rédacteur par Joseph Bernier (1898), qui à son tour est assisté, puis remplacé par son frère Noël. (Ces deux avocats sont les fils du sénateur T.-A. Bernier.)

Le Manitoba a continué à publier de la poésie après 1900, malgré – ou peut-être à cause de – la concurrence d'un ou de plusieurs hebdos libéraux qui eurent leur jour de gloire, et dont le principal fut *L'Écho du Manitoba* (1898-1905) rédigé par Henri d'Hellencourt. Le récent ouvrage de Bernard Pénisson, *Henri d'Hellencourt, un journaliste français au Manitoba*[1], éclaire beaucoup sur l'époque et ses idéologies. Remarquons en passant qu'au-delà des disputes plus ou moins mesquines entre factions politiques et entre individus, cette diversité de la presse franco-manitobaine au début du siècle n'avait jamais eu et n'aura jamais d'égale par la suite; ceci s'est maintenu jusqu'en 1916, l'année où s'éclipsa *Le Soleil de l'Ouest*, dont le dernier rédacteur fut Auguste-Henri de Trémaudan. Celui-ci fonda alors sa propre feuille libérale, *La Libre Parole* (1916-1919).

Au demeurant, la naissance de *La Liberté*, journal politiquement indépendant fondé par Mgr Adélard Langevin en 1913, signalait le déclin, non seulement du contenu du *Manitoba*, mais du journal lui-même.

Au cours des années 1914-1918, presque tous les poèmes de l'hebdo conservateur sont inspirés par la guerre et des thèmes qui s'y rattachent, le patriotisme, la bravoure, les adieux... Mais peu ou pas de cueillette "locale", si ce n'est un envoi de celui qui avait chanté les "tours jumelles" et le collège de la Rivière-Rouge, le père Armand Chossegros qui résidait alors à Montréal : *La dernière vision du soldat chrétien*. Un autre envoi, cette fois d'outre-mer, reproduit les paroles d'un chant ayant allure de cantique: *Pour la patrie belge*.

Après la guerre, la publication de poésie tarit. (Les héros sont fatigués?) Rien en 1919. Très peu en 1921, 1922. 1920 est une exception : Victor Hugo, et même de grands classiques du grand siècle, comme Boileau et Racine, apparaissent parmi une quinzaine de textes ayant droit aux colonnes du journal.

André Castelein de la Lande, un des fondateurs du Cercle Molière, signe *La Canadienne* le 11 janvier 1922. On souligne la *Fête nationale* avec Crémazie le 21 juin suivant... Et les deux derniers morceaux, en 1923, sont du père Édouard Lecompte: *Être Canadien ne gâte rien* et *Mon drapeau*. Curieux retour des choses: cet austère Jésuite s'est fait le biographe de Joseph Dubuc, le premier rédacteur de la première feuille franco-manitobaine, un demi-siècle auparavant: *Le Métis!* Lecompte avait séjourné deux fois au Manitoba, la deuxième fois comme recteur en 1913-1914, et restait très attaché à cette province.

Rossel Vien

---

1. Le premier essai du genre écrit au Manitoba français fut probablement de la plume du juge L.-A. Prud'homme, *La littérature française au Nord-Ouest*, Mémoires de la Société Royale du Canada, section I, série III, vol. IX, décembre 1915.

2. On consultera, à profit, la section que Soeur Marie-Diomède, S.N.J.M., a consacré au *Métis* et à la poésie dans son *Essai sur la littérature française au Manitoba*, thèse de doctorat, Université d'Ottawa, 1947.

Éloge du maringouin

Libre à vous de trouver mon goût peu raisonnable;
À votre aise augurez qu'il sera peu durable;
J'aime le maringouin. Après tout, mon héros,
Ses mérites à part, est quasi sans défauts.
Du vaillant Canada c'est un noble indigène,
Bruyant, gourmand, taquin, souvent un peu sans gêne.
Mais un être marquant, un type original.
Voyez : quand le soleil redevient matinal,
Que le printemps s'avance et la neige s'efface,
Et qu'enfin l'on revoit la terrestre surface,
Qui vient vous assurer que ce beau changement
N'est pas un cruel rêve, un songe décevant,
Sinon le maringouin dont l'aile musicale
Vient stimuler les fleurs et la vie animale?
Les insectes au bruit reprennent leurs ébats,
Le papillon son vol, la fourmi ses amas;
L'abeille vole aux fleurs, la guêpe à la bataille;
L'araignée en son coin guette, file et travaille;
Le taon produit gratis à lui seul un concert,
Et bâtit son hôtel au milieu du foin vert.
Ce qui rend à mes yeux le maringouin aimable
C'est qu'il est avant tout un être sociable.
Il aime notre espèce, il approche sans peur,
Et posé sur nos fronts les baise avec vigueur.
Nul besoin de filoche à qui veut le connaître,
Des tentures alors calmeront son caquet.
Il aime franchement et n'a rien de coquet,
Comme ce papillon qui s'approche pour rire,
Et qu'il faut suivre en vain s'il voit qu'on le désire.
Médecin charitable, il enlève et pour rien
Les vilaines humeurs, le superflu du bien,
L'embonpoint excessif, le trop-plein de nos veines.
Si tant d'attentions bien souvent restent vaines,
C'est que nous ignorons nos amis les plus sûrs.
Nous sommes inconstants, difficiles et durs.
Veilleur infatigable, il devance l'aurore,

Il combat la mollesse, et dans son vol sonore,
Il prêche au paresseux, lui sert d'excitateur,
Et sans pitié l'arrache au repos corrupteur.
Enfin, brave à l'excès, fougueux et téméraire,
Il meurt trop fréquemment comme un foudre de guerre,
Sur le champ de bataille et la lance en avant;
Broyé par notre main, il expire content;
Son aile se raidit, menaçante et sublime.
Sur nos fronts en mourant, pour vengeance il imprime
Un dernier témoignage, un stigmate brûlant,
Qui soulève bientôt, mausolée éloquent,
Un tertre douloureux, reproche et monticule,
Enseignant à mieux faire à l'autre canicule.

Anonyme – Le Métis, 6 juin et 8 septembre 1880

Les enfants

Ces petits anges de la terre,
Qui vivent sous les traits d'enfants,
Dans les bras de leur douce mère
S'endorment calmes et souriants.
 En vain près d'eux gronde l'orage:
Il n'interrompt pas leur sommeil,
Car ils savent qu'un cher visage
Veille sur eux jusqu'au réveil.
Ils voient nos pompes et nos richesses,
Mais sans les envier jamais:
Riche d'amour et de caresses,
Leur mère a pour eux tant d'attraits!
Jamais le trouble ni la crainte
N'ont terni l'éclat de leurs yeux.
Et la paix de leur âme est peinte
En la paix de leur front joyeux.

M.J.- Le Manitoba, 2 mars 1882

Regret

La brume de l'automne
Obscurcit le ciel bleu,
L'arbre se découronne,
L'oiseau nous dit adieu.

L'aube mystérieuse
Voit les cieux s'embraser,
Et la brise amoureuse
Donne un dernier baiser.

Sur sa tige penchée
La fleur se voit pâlir;
La nature épuisée
Comme moi va mourir.

Car ensemble au navire
Brisé, qui rentre au port,
À mon premier sourire
Je rencontre la mort.

Un regret me consume:
J'aurais voulu voguer,
Voir bouillonner l'écume,
Avec l'onde jouer;

M'éloigner du rivage
Par le flot déchiré,
Et défier l'orage
Près d'un arbre adoré.

Ainsi vont toutes choses,
C'est la loi du destin;
Je pars avec les roses
Sans accomplir le mien.

L'arbre a donné son ombre,
Flore un air embaumé.
L'oiseau des champs sans nombre:
Moi, je n'ai pas aimé!

Anonyme – Le Manitoba, 14 novembre 1889

À bas le tabac

Vieux fumeur repentant, je m'adresse à ma pipe,
Qui, sombre, menaçante, attend que, comme Oedipe,
Je devine le mot de l'étrange combat
Que livre à ma raison le caustique tabac.

Oui je fus, je l'avoue, un ami fanatique
De ce poison sournois, de ce froid narcotique,
Qui glace le cerveau, l'estomac et les yeux,
Qui marque le priseur d'un gros nez... *roupieux*;
De ce tabac, enfin, de cette herbe ennemie
Qui pousse à la démence et cause l'ophtalmie;
Qui recèle en ses sucs, nous prouvent les savants,
Des acides sans nombre, horribles dissolvants
De l'organisme humain dont la puissance est telle,
Que l'on voit chaque jour grossir la clientèle
D'aveugles et de fous des docteurs patentés,
Qui bénissent Nicot du fond des Facultés.

Gabriel Bonnet – Le Manitoba, 17 octobre 1889

Chant d'une mère indienne

Balance-toi, joli berceau,
Roule, roule, vague aérienne...
Dors, mon enfant, si frais, si beau,
Nulle beauté ne vaut la tienne

Dors au murmure du ruisseau,
Ta petite main dans la mienne.
Balance-toi, joli berceau,
Roule, roule, vague aérienne.

Balance-toi, joli berceau,
Roule, roule, vague aérienne.
Dors dans ton nid, petit oiseau,
Au souffle de la brise indienne.
J'ai pour ton réveil un cadeau,
Il faut dormir pour qu'on l'obtienne.
Balance-toi, joli berceau,
Roule, roule, vague aérienne.

Balance-toi, joli berceau,
Roule, roule, vague aérienne.
Veux-tu la plume d'un corbeau?
Ton père donnera la sienne.
Moi, je te dirai de nouveau,
Enfant, une légende ancienne
Balance-toi, joli berceau,
Roule, roule, vague aérienne.

Anonyme (possiblement Alexandre de Laronde)
Le Manitoba, 31 octobre 1889

Mon Drapeau*

Pour mon drapeau, pure et brillante page
Portant, écrits en traits si glorieux,
Au Canadien qui vit sur toute plage,
Le souvenir et la foi des aïeux,
Je veux celui qu'au jour de la victoire
Le grand Montcalm planta sur le rempart,

Que Crémazie au Temple de l'histoire,
Auréola de son merveilleux art.
Pour mon drapeau, gage assuré de gloire,
Ô Carillon, je veux ton étendard!

Sur mon drapeau, je veux un autre emblème.
Une guirlande au milieu de ses plis:
Au champ d'azur il convient que l'on sème
Feuilles d'érables auprès des fleurs de lys.
Dans nos forêts, où, devant le courage
Du preux colon, le sentier s'est ouvert,
Règne, drapé dans son ombrage,
Un arbre aimé dont le sol est couvert.
Sur mon drapeau, je veux ta noble image,
Ô Canada, je veux ton rameau vert!

Sur mon drapeau, comme dernier symbole
Plus beau qu'un lys, plus brillant que l'or pur,
Sur mon drapeau, je veux une auréole
S'irradiant en rubis dans l'azur.
Du Golgotha Jésus brise la pierre,
Dompte le monde et son rire moqueur,
Et conquérant le palais, la chaumière,
Roi légitime, il s'avance en vainqueur.
Sur mon drapeau, qui marche à ta lumière,
Ô Christ, ô Roi, je veux ton divin Coeur!

Édouard Lecompte, s.j. – Le Manitoba, 20 juin 1923.

* Voir Appendice F

Crépuscule

Le jour lentement s'achève,
Au loin, les ombres se lèvent.
Un dernier rayon encore,
Pour quelques minutes, dore
Les vitraux et les arcades
De l'imposante façade
Étincellante de mille feux
Comme autant de joyaux précieux

Magnifique cathédrale
Cernée de pierres tombales,
Jalons de granit, de marbre,
Sous l'ombrelle de vieux arbres,
Dans la sérénité du soir,
Des aïeux, garde l'histoire,
Dernier vestige de la vie
Voué aux cendres de l'oubli.

Mais les ombres montent toujours,
Atteignent les jumelles tours,
Les cloches silencieuses
Le seront jusqu'à l'aurore
Lorsqu'elles rediront joyeuses
Le début d'un jour encore,
Course des jours et des années
S'enfonçant dans l'éternité.

Louis A. Boily, *Recueil*, chez l'auteur, dactylographié et photocopié, Saint-Boniface, 1975.

Appendice B

La Chanson des Métis

Sur le thème des *Tribulations d'un roi malheureux* s'ajoute une autre chanson connue simplement comme *La chanson des Métis** qui raconte, elle aussi, avec raillerie, la déconvenue de McDougall. Le texte et l'air, composés par un ou des bardes métis inconnus ont été reproduits par l'abbé Georges Dugas dans **Histoire véridique des faits qui ont préparé le mouvement des Métis à la Rivière-Rouge en 1869**, Montréal, Beauchemin, 1905.

La chanson des Métis

De McDougall, amis, chantons la gloire,
C'est un héros digne d'un meilleur sort;
Aujourd'hui même il a gagné victoire
En combattant contre le vent du nord.
À la faveur d'une nuit sans lumière,
Il a voulu faire un pas en avant,
Et nous montrer là-bas sur la frontière,
Qu'il ne craint pas de s'exposer au vent.

Allons, dit-il à ses compagnons d'armes,
Je dois sortir; prenez tous vos capots.
Le ciel est noir, mais soyez sans alarmes,
À l'aquilon ne tournez pas le dos.
C'est aujourd'hui qu'à notre souveraine
Je dois donner le plus beau dévouement,
En me rendant jusqu'au poteau de chêne
Pour afficher son précieux document.

Chanson des Métis

1. De Mac-Dou-gall, a-mis, chan-tons la   gloi - re,   C'est un hé -

ros di-gne d'un meil-leur sort; Au-jour-d'hui même il a   ga-gné vic -

toi - re   En com - ba - tant con - tre   le   vent du nord.   A la fa -

veur d'u-ne unit   sans lu -   miè-re, Il a   vou-lu faire un pas en a -

vant, Et nous mon-trer ˙ là-bas sur   la fron - tiè - re, Qu'il ne craint

pas de s'ex-po-ser au vent. Et nous mon-trer   là bas sur la fron -

tiè -   re, Qu'il ne craint pas de   s'ex - po - ser au vent.

Dans mon royaume il faut que je proclame
Que j'ai reçu le pouvoir de régner,
Et Provencher jurera sur son âme,
Que c'est lui seul qui vient de le signer.
Un jour, Messieurs, nous lirons dans l'histoire,
Que McDougall sous vingt degrés de froid,
En plein minuit sur ce beau territoire,
Devant sa cour prit le titre de roi.

Sur le chemin le bataillon s'élance,
Accompagné d'un chien pour éclaireur.
De tous côtés règne un profond silence,
On entend seul le vent qui fait fureur.
Mais au moment de toucher la frontière,
L'un deux propose et dit qu'il est prudent
De boire un coup, car son humeur guerrière
Était un peu refroidie par le vent.

Chacun approuve un conseil aussi sage,
Et sur le champ il est exécuté.
On sent bientôt renaître le courage,
Et bravement le drapeau est porté.
À deux pieds joints on saute la frontière,
Et l'on proclame à tous les éléments,
Que McDougall a brisé la barrière,
Qui s'opposait à son gouvernement.

———————

* On pourra trouver d'autres chansons de l'époque dans :

Au pays des Bois-Brûlés, Saint-Boniface, Le Collège
universitaire de Saint-Boniface, 1977.

Margaret Arnett MacLeod, *Songs of Old Manitoba*, Toronto, The Ryerson
Press, 1959.

Appendice C

Partitions des chansons de Pierre Falcon

Le lecteur intéressé pourra consulter des compositions d'un autre ordre dans Marcien Ferland, *Chansons à répondre du Manitoba*, Saint-Boniface, Éditions du Blé, 1979.

Le Bal à Fort William ou La Danse des Bois-Brûlés

Air des Francs Maçons

1. Al - lons, vite ac - cou - rez   Rats mus-qués, Bois Brûlés,   Au

Fort   Wil - liam   un   Mi - lord   fait   re - gal.

Refrain

Al - lons   donc, dé - pê - chez,   Vous saut'-rez, vous dans' -

rez,   Y   a   mu - sique,   et   vous au - rez   beau   bal!

La Ballade du général Dickson

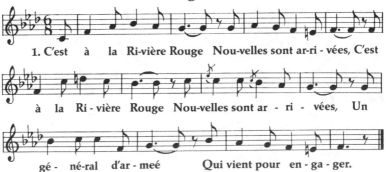

1. C'est   à   la Ri-vière Rouge   Nou-velles sont ar-ri - vées, C'est

à   la Ri - vière Rouge   Nou-velles sont ar - ri - vées,   Un

gé - né-ral   d'ar - meé   Qui vient pour en - ga - ger.

La Chanson de la Grenouillère

1. Vou-lez vous é - cou - ter chan - ter U - ne chan - son de

vé - ri - té? Le dix - neuf de juin, la bande des Bois-Brû-

lés Sont ar - ri - vés comme des bra - ves guer-riers.

Dernier couplet

Qui en a com - po - sé la chan-son? Pier - re Fal-con, po - ète

du can-ton. Elle a é - té fai - te et com-po-sée Sur

la vic- toi - re que nous a - vons ga - gnée.

Elle a é - té fai - te et com - po - sée

Chan -tons la gloire de tous les Bois - Brû - lés.

Les Tribulations d'un roi malheureux

Air: Le Juif errant

1. Est - il   rien   sur   la ter - re   De plus   in - té - res -
sant   Que   la tra-gique his - toi - re   De McDoug'et ses gens?
Je vous la   con - te - rai;   Veuil - lez bien m'é - cou - ter.

Le Dieu du Libéral

Air: Cadet Rousselle

1. Peuple, é-cou - tez   dé - vo - te-ment, Peuple, é-cou-tez   dé-vo-te-
ment,   Un ré-cit   bien   in - té - res - sant;   Un ré - cit
bien   in - té - res - sant;   Vous n'y trou - v'rez   au-cun   fait
d'ar-mes; Vous ne ver - se - rez pas   de   lar - mes, Ah!
Ah!   Ah! mais vrai-ment   C'est un ré - cit   bien sur - pre - nant.

Appendice D

Partition de La Métisse de Louis Riel

Le manuscrit de cette chanson est conservé aux Archives provinciales du Manitoba. "L'écriture est incontestablement celle de Georges Dugas qui en serait sans doute le compositeur" nous dit Guy Michaud dans *Riel en musique*[1]. Paroles de Louis Riel.

Nous ajoutons, ici, pour les intéressés deux autres pièces ayant trait à Louis Riel, provenant de la même publication:

Le Chant du Métis de Georges Lemay qui faisait ses études classiques au Collège de Saint-Boniface pendant les événements de 1869-1870 à la Rivière Rouge, et qui entreprit ses études musicales sous ce même Georges Dugas (voir l'article consacré à Dugas dans cette anthologie).

Et une composition plus récente (15 avril 1984) d'un métis originaire de la région de Saint-Laurent, *La Nouvelle Nation*, de Jules Desjarlais.

------

1. *Riel en musique*, coll. Chansonniers manitobains, vol. 4, Saint-Boniface, Éditions du Blé, 1985.

On pourra aussi consulter:

Rémi Bouchard, *Hommage à Riel*, coll. Chansonniers manitobains, vol. 3, Saint-Boniface, Éditions du Blé, 1985.

Le compositeur Rémi Bouchard a mis en musique certains poèmes de Riel, en plus d'avoir créé une série d'hommages musicaux inspirés par l'oeuvre de Riel.

Et dans la même collection, dans un autre ordre d'idée : *Chansonniers manitobains*, vol. 1, Saint-Boniface, Éditions du Blé, 1975, où l'on retrouve une musique de François Savoie sur des paroles du poète Paul Savoie (voir l'article qui lui est consacré dans cette anthologie) qui a d'ailleurs composé quelques chansons et pièces musicales en marge de ses oeuvres poétiques.

La Métisse

Je suis mé‑tisse et je suis or‑gueil‑leuse D'ap‑par‑te‑nir à cet‑te na‑ti‑

on; Je sais que Dieu de sa main gé‑né‑reu‑se Fait cha‑que peuple avec at‑ten‑ti‑

on. Les mé‑tis sont un pe‑tit peuple en‑cor‑re mais vous pou‑vez voir dé‑jà leurs des‑

tins; Être ha‑is comme'ils sont les ho‑no‑re, ils ont dé‑jà rem‑pli de grands des‑

Chant du Métis

Le vent qui souffle à travers la prairie
Lèche en passant le gibet d'un pendu.
Le coeur est froid, mais la vérité flétrie
murmure encor : "Les lâches m'ont vendu!
Ils m'ont vendu pour sauver leur pitance,
Pour ce clinquant qu'on nomme croix d'honneur.
Pour faire hélas! Pardonner leur naissance,
Ils n'ont pas craint l'éternel déshonneur,
Ils n'ont pas craint l'éternel déshonneur.

"Ils m'ont livré, méprisant vos prières,
Ils ont tressé la corde du bourreau;
Ils se sont faits les valets des sectaires,
Trinquant ensemble aux pieds de l'échafaud.
Entendez-vous les chants des orangistes
Qui, pleins d'histoire, célèbrent mon trépas:
"Nous marcherons dans le sang des papistes,
"Nous foulerons leurs crânes sous nos pas?"

"Ai-je plus fait que défendre mes frères,
Dépossédés par des nouveaux venus,
Que réclamer, sur ce sol de nos pères,
Un coin de terre et des droits méconnus?
Et quand un jour, fatigués d'injustice,
Nos gens émus élevèrent la voix,
On cria : "Mort à la race métisse!"
On nous traqua jusqu'au fond de nos bois.

"Vous souvient-il de ce jour homicide,
Où leur Crozier se lança contre nous?
Qui commença ce duel fratricide?
Vous qui pendez, dites, le savez-vous?
Ils ont frappé des blessés sans défense,
Ils ont pillé, puis brûlé nos maisons,
Et quand nos voix implorent leur clémence,
Ils n'ont pour nous que gibets et prisons."

Dors Ô RIEL! tranquille au cimetière,
Le gibet donne à ta cause un martyr.
Un cri vengeur s'élève de ta bière
Que tout leur or ne fera que grandir:
Le vent qui passe à travers nos campagnes
Longtemps dira : "les lâches l'ont vendu!"
Longtemps aussi l'écho de nos montagnes
Répètera: "Les lâches l'ont pendu!"

Georges Lemay

Chant du Métis

Le vent qui souffle à tra - vers la prai - ri - e Lèche en pas - sant le gi - bet d'un pen -

du. Le coeur est froid, mais la lè - vre flé - tri - e mur-mure en - cor: "Les là-ches m'ont ven-

du! Ils m'ont ven du pour sau - ver leur pi - tan - ce. Pour ce clin - quant qu'on

nom - me croix d'hon - neur. Pour faire hé - las! Par - don - ner leur nais - san - ce.

Ils n'ont pas craint l'é - ter - nel dés - hon-neur. Ils n'ont pas craint l'é - ter - nel dés - hon - neur.

La Nouvelle Nation

Sur les côtes de la rivière Rouge
Mis en défense pour leur vallée
Dans les prairies, dans les ravines
Quand les arkanies ont apparu
Ils ont bien rencontré nos carabines.
Louis Riel, Louis Riel, le patron et le commandant
Gabriel Dumont, ton adjudant
Disait : chers amis comprenez
On suit la Nouvelle Nation
Tout fiers, l'épaule à l'épaule
Le défendait leurs pays et le droit.
Ça savait bien que l'arkanie
Arrivait pour piller leur belle vallée.
Sont fait dire les arkanies
Jusqu'à la dernière balle on va tirer
Nos mires vers toi seront fixées
On va être là, te regarder tomber
Faire voir Thomas Scott
On te serrera pas la main en amitié.

Jules Desjarlais

La Nouvelle Nation

Appendice E

La chanson du Collège de Saint-Boniface

Refrain

Mon collège, rien ne surpasse
La douceur de ton souvenir,
Et je pense à Saint-Boniface
Quand mon coeur veut se rajeunir.

I

Dans l'Océan de la prairie
Et des blés du Manitoba,
Tu parais une île fleurie
Où le regard de Dieu tomba.

II

Tu reçus jadis le baptême
Des mains de l'humble Provencher
Et plus tard l'onction du chrême
Des mains de l'immortel Taché.

III

Maintenant dilate tes voiles
Au souffle aimé des Langevin,
Du ciel où brillent les étoiles
Te guide un sourire divin.

IV

Tes maîtres versent la science
Dans les coeurs ouverts par l'amour,
Ils éclairent l'intelligence
Comme les rayons du jour.

V

Latin, grec et mathématiques,
Suave langue des aïeux,
Surtout vertus évangéliques
S'abritent sous ton toit pieux.

VI

Baseball, hockey, bicyclette
Voilà tes virils passe-temps,
Qui rendent gais comme fauvette
Plus frais que roses du printemps.

VII

Tes fils marqués à ton empreinte,
Celle du vaillant Loyola,
Souriant à leur tâche sainte
Diront bravement : Nous voilà!

VIII

Je reverrai souvent le home,
L'oasis de l'Alma Mater,
Car j'aime à respirer l'arôme
Du bon vieux temps toujours si che·

La Chanson du Collège de Saint-Boniface

IX

Un jour viendra, maison bénie,
Où je verrai le ciel s'ouvrir
Pour avoir aimé dans la vie
Ce que tu m'appris à chérir.

X

Par delà le temps qui s'efface
Emportant ton doux souvenir,
Je veux chanter Saint-Boniface
Pendant l'éternel avenir.

Appendice F

Le Drapeau canadien-français[*]
(Dédié au peuple canadien)

Attaché fermement à ta hampe d'érable
Emblème du pays, du Canada français
Tu caches dans tes plis le signe remarquable
De la croix glorieuse et du coeur qui t'aimait

Il t'aimait, Canada; car il aimait la France!
Quand on aime la mère on aime son enfant:
On applaudit au fils fort dans l'indépendance,
On presse sur son coeur le héros, le vaillant.

Car depuis trois cents ans, votre race guerrière
A lutté chaque instant sur ce sol généreux;
Et vous avez conquis la liberté, la terre
Où vous vivez en paix, où vous êtes heureux.

Le lis blanc de Saint Louis sur le bleu de Lutèce
Rappelle à vos enfants un passé glorieux,
Les Croisés pleins de foi, la valeur qui se presse
Pour donner aux Chrétiens l'Empire des Saints Lieux.

Il rappelle des preux les luttes séculaires:
La défaite parfois, la victoire souvent;
Il rappelle qu'un Franc jamais ne désespère,
Qu'il est plus vigoureux, plus il verse son sang.

Il rappelle l'écho de la noble éloquence:
Le siècle du Grand Roi, les poétiques voix;
Il chante le progrès de la grande science
Plaçant le nom Français bien haut sur son pavois.

Où le pied des Français, où des fils de la France
Sur ce globe livré aux efforts des humains
Ne s'est-il pas planté ferme, sans défaillance,
Rapide ou lent selon le sol de son chemin?

Où n'est-il pas allé, pionnier, missionnaire,
Cultivateur, savant, législateur, soldat?
Où n'a-t-il pas porté le flambeau des lumières
Où n'a-t-il pas laissé la trace de ses pas?

Soyez fiers, Canadiens, des illustres ancêtres,
De vos pères aussi couchés au Saint-Laurent:
Gardez bien votre foi, ne laissez disparaître
Jamais du nom français les glorieux accents!

Regardez ce drapeau, comprenez son langage:
Il vous dit Canadiens, qu'on ne doit reculer,
Que vous devez garder entier votre héritage,
Que vous devez mourir plutôt que de céder!

Pierre Lardon (1911)

---

* Il s'agit du drapeau appelé Carillon-Sacré-Coeur, devenu drapeau national des Canadiens français aux environs de 1900, au Canada et même
aux États-Unis. Le drapeau de Carillon est traversé d'une croix blanche,
portant au centre l'emblème du Sacré-Coeur avec une guirlande de
feuilles d'érable. Il a été adopté à Saint-Boniface en 1903, par le collège,
l'archevêché, la Société Saint-Jean-Baptiste et d'autres groupements. Le D^r
Jean-Joseph Trudel (*Le Bonifacien*, juin 1945) laisse entendre que cette
adoption a été la première au Canada.

Sur le même thème, on peut retrouver en Appendice A la composition
Mon drapeau du père Édouard Lecompte, s.j., qui séjourna brièvement au
Manitoba. Les strophes qu'il a composées ont été chantées lors d'une
séance publique, le 18 mars 1903, au Collège de Saint-Boniface, pour
commémorer vraisemblablement l'adoption du drapeau Carillon-Sacré-
Coeur.

Appendice G

Les Cloches de la deuxième
cathédrale de Saint-Boniface
(Traduction de *The Red River Voyageur*, de J.G. Whittier)

Le vent du Nord gémit tristement dans les branches,
La Rouge étend au loin ses anneaux paresseux;
À l'horizon se dresse un camp de tentes blanches;
Un camp assiniboine ou de chasseurs saulteux?

Le regard s'assombrit; la pensée éperdue
Scrute les profondeurs de la plaine sans fin;
Devant l'immensité de la verte étendue,
L'aviron se fait lourd, et des mains, glisse enfin.

Voyageur attardé, voici la nuit, arrête;
Qu'entends-tu? Les soupirs de la brise qui mord;
Ou le perfide appel du Sioux qui te guette?
Est-ce le cri plaintif de l'outarde du Nord?

C'est un son argentin qui sème dans l'espace
L'adieu mélodieux de la cloche du soir;
Le voyageur écoute, il sourit à l'espoir,
Il reconnaît vos voix, tours de Saint-Boniface.

Les voix des deux tours soeurs, divines voix du ciel,
Réjouissant le coeur du Métis intrépide,
De l'Indien harassé, des voyageurs sans guide,
Perdus et s'avançant dans un ennui mortel.

Sur les bords désolés du fleuve de la vie,
Parfois soufflent aussi les vents glacés du Nord,
La main perd l'aviron, la course est infinie,
Pour pousser le canot, le coeur n'a plus d'effort.

Heureux alors celui dont la docile oreille
Entend l'appel divin pour déposer le faix;
C'est le dernier voyage. Enfin il appareille
Au carillon joyeux de l'éternelle paix.

Armand Chossegros

Le voyageur de la rivière Rouge[*]

Il arrive parfois que des oeuvres littéraires de second ordre exercent sur nous, pour diverses raisons, une influence plus marquante que les grands chefs-d'oeuvre. Pour moi, rien n'illustre mieux cette évidence que mes sentiments à l'égard du poème *The Red River Voyageur* de John Greenleaf Whittier. Dès mon enfance, ses images évocatrices, alliées à la cadence et à l'harmonie des vers, n'ont pas cessé de me fasciner. Que de fois au cours de ma vie, au moment de franchir la rivière Rouge ou de longer ses rives, j'ai cité les premiers vers qui décrivent les anneaux de sa "long red chain". Et que de fois, alors que la Cathédrale de Saint-Boniface avait encore ses deux clochers, j'ai cité, surtout pour les visiteurs, les vers célèbres qui évoquent les "turrets twain".

Mais le plaisir que me procuraient ces vers n'était nullement un privilège exclusif. Pendant la première moitié de ce siècle, le poème se trouvait dans des livres de classe qui étaient obligatoires pour toutes les écoles du Manitoba. Ainsi, tout jeune écolier manitobain de cette époque connaissait le poème et très souvent le savait par coeur. Ainsi, pour peu qu'un interlocuteur de mon âge ait un minimum de mémoire et d'intérêt pour la littérature, je peux faire allusion aux "turrets twain" avec l'assurance qu'il saura de quoi je parle. Malheureusement, il y a bien longtemps que le poème ne figure plus dans les livres de lecture et les jeunes Manitobains, hélas, ne le connaissent pas – lacune que j'ai constatée plus d'une fois dans mes classes. Certains diraient peut-être que, du fait de leur sentimentalité désuète, ces vers méritent l'oubli dans lequel ils ont sombré. Pour ma part, cependant, je suis convaincu qu'ils devraient faire partie de l'héritage culturel des Manitobains, bien qu'ils soient d'un poète américain qui n'avait jamais vu les rives de la rivière Rouge ni la Cathédrale de Saint-Boniface.

Lorsque je dis "Manitobains", je veux dire, bien entendu, tous les Manitobains, car l'histoire colorée du voyageur, du commerce des fourrures et des premières missions de l'église catholique sont d'une importance capitale pour toute personne qui s'intéresse aux origines de sa province – on pourrait même dire aux origines de l'Ouest tout entier. L'idée m'est venue que ma campagne pour la revalorisation du poème pourrait prendre une nouvelle dimension si les milliers de jeunes élèves qui font leurs études entièrement en français ou qui fréquentent les écoles d'immersion pouvaient en lire une version française.

Or, je savais qu'une traduction existait déjà : en novembre 1908, le Révérend Père Chossegros, s.j., publia dans *Le Semeur* une adaptation française du poème sous le titre *Les Cloches de la deuxième cathédrale de Saint-Boniface*. Bien que cette version évoque assez bien l'atmosphère de l'original, et que bon nombre de vers soient incontestablement réussis, elle n'est pas à vrai dire très fidèle. Non seulement les dix strophes ont été réduites à sept, mais encore plusieurs belles images ont été totalement supprimées, et un certain nombre d'autres, qui ne se trouvent même pas dans le poème de Whittier, ont été ajoutées. Par trop souvent ces libertés nous éloignent du sens des vers anglais. Le meilleur exemple en est sans aucun doute la traduction de la strophe la plus célèbre :

> *The bells of the Roman Mission*
> *That call from their turrets twain*
> *To the boatman of the river,*
> *To the hunter on the plain!*

Ces vers deviennent en français:

> *Les voix des deux tours soeurs, divines voix du ciel*
> *Réjouissant le coeur du Métis intrépide,*
> *De l'Indien harassé, des voyageurs sans guide,*
> *Perdus et s'avançant dans un ennui mortel.*

De plus, le traducteur dénigre gratuitement une tribu indienne en parlant du "perfide appel du Sioux qui te guette". Les Sioux ne figurent point dans le poème original, pas plus que les Saulteux auxquels le traducteur fait allusion dans sa première strophe.

Conscient de ces faiblesses dans la traduction du R. P. Chossegros, je me suis décidé à composer ma propre version du poème. Sur le plan poétique je n'ambitionnais pas de surpasser mon prédécesseur, mais j'avais la conviction que je pouvais au moins rendre plus fidèlement que lui certains aspects du poème de Whittier. Tout d'abord, il me semblait que l'alexandrin utilisé par Chossegros était un peu trop grandiose pour le sujet, et que l'on pouvait mieux rendre l'effet créé par les vers de Whittier (de 6,7,8,ou 9 syllabes) en employant l'octosyllabe français. Quant à la rime, j'ai opté pour la rime croisée, sentant que le quatrain n'aurait pas une sonorité française sans les deux rimes répétées. Puis, ayant adopté cette strophe on ne peut plus traditionnelle, je me suis senti obligé d'observer une autre règle de la versification française, l'alternance des rimes masculines et féminines. Dans la mesure du possible, j'ai essayé de conserver les images de la version originale, mais j'ai dû, comme tout traducteur, me résigner à un certain nombre de "pertes".

En dernière analyse, la poésie est, bien entendu, intraduisible. Toute tentative pour rendre les effets incantatoires du poème de Whittier était vouée en partie à l'échec. Mais la certitude de ne pouvoir réussir qu'à moitié dissuade rarement celui qui est à la fois un fervent de la poésie et de la traduction. Pour cette personne, comme pour l'alpiniste, c'est l'âpreté du défi qui rend l'aventure passionnante.

Voici donc les deux versions, anglaise et française, disposées côte à côte, non pas pour les mettre sur un pied d'égalité – l'une n'est qu'un écho respectueux de l'autre – mais pour inviter le lecteur à participer en quelque sorte aux peines et aux plaisirs du traducteur.

Hubert G. Mayes

---

* Cet article, accompagné de la traduction qui suit, a paru, sous une forme légèrement modifiée, dans le bulletin du Centre d'études franco-canadiennes de l'Ouest, en février 1984.

The Red River Voyageur	Le voyageur de la rivière Rouge
Out and in the river is winding	La Rouge en méandres sans fin
The links of its long, red chain,	Trace les anneaux de sa chaîne
Through belts of dusky pine-land	Dans les sombres forêts de pins
And gusty leagues of plain.	Et les plis venteux de la plaine.
Only, at times, a smoke-wreath	Parfois, au loin, on aperçoit
With the drifting cloud-rack joins,-	La fumée montant vers les nuages
The smoke of the hunting lodges	Des camps de chasse dans les bois
Of the wild Assiniboines!	Des Assiniboines sauvages.
Drearily blows the north-wind	Le morne vent du nord descend
From the land of ice and snow;	Des contrées de neige et de glace;
The eyes that look are weary,	Le regard va s'affaiblissant,
And heavy the hands that row.	Les mains sur les pagaies se lassent.
And with one foot on the water,	L'un de ses pieds placé sur l'eau
And one upon the shore,	Et l'autre posé sur la rive,
The Angel of Shadow gives warning	L'Ange du Soir, ombrant les flots,
That day shall be no more.	Annonce le noir qui arrive.
Is it the clang of the wild geese?	Est-ce la clameur des Indiens,
Is it the Indian's yell,	Ou ce vol d'outardes tout proches,
That lends to the voice of the north-wind	Qui prête aux soupirs éoliens
The tones of a far-off bell?	Le timbre lointain d'une cloche?
The voyageur smiles as he listens	Bientôt, le voyageur sourit -
To the sound that grows apace;	Le son n'est plus faible et fugace.
Well he knows the vesper ringing	Ô chant vespéral tant chéri
Of the bells of St.Boniface.	Des cloches de Saint-Boniface!
The bells of the Roman Mission	C'est un appel des deux clochers
That call from their turrets twain,	Veillant sur la mission romaine
To the boatman on the river,	Au batelier las du trajet
To the hunter on the plain!	Au chasseur tout seul dans la plaine.
Even so in our mortal journey,	Ainsi va le voyage humain:
The bitter north-winds blow,	Les vents sont coupants tels des lames
And thus upon life's Red River	Sur ce fleuve mortel on geint,
Our hearts, as oarsmen, row.	Et nos coeurs, vieux bateliers, rament.
And when the Angel of Shadow	Et quand l'Ange du Soir, furtif,
Rests his feet on wave and shore,	Se glisse sur onde et rivage,
And our eyes grow dim with watching	Et nos yeux deviennent craintifs
And our hearts faint at the oar,	Et nos coeurs n'ont plus de courage,
Happy is he who heareth	Bienheureux celui qui apprend
The signal of his release	Qu'au dernier repos on l'appelle
In the bells of the Holy City,	Par les cloches du firmament
The chimes of eternal peace!	Qui sonnent la paix éternelle.

Appendice H

Édouard Pailleron, de l'Académie Française, signait des poèmes dans *Le Manitoba*. Il en dédiait un ("À un poète") à Gaston Guénebault dans le numéro du 2 mars 1892 auquel Guénebault répond.

Pailleron écrivit la première pièce jouée par le Cercle Molière lors de sa fondation en 1925, *Le monde où l'on s'ennuie*, sous la direction d'André Castelein de la Lande.

À un poète

Laisse leur dire qu'il est vain
    Qu'il est sans flamme,
Le baiser du couple divin
    La muse et l'âme;

Laisse leur railler tour à tour
    L'oeuvre insensée
Du rythme qui s'unit d'amour
    À la pensée.

Et ces vers, enfant de la nuit
    Aux douces fièvres,
Et ces rimes qui font le bruit
    Que font deux lèvres.

Jourdain se demande à quoi bon?
    Ayant la prose?
L'âne aussi demande au chardon:
    "Pourquoi la rose?"

Pourquoi des ailes à l'oiseau?
    Dit le reptile...
Va! cela seul qui n'est pas beau
    N'est pas utile.

La muse te veut pour amant!
    Cède à son charme,
Taille à loisir ton diamant,
    Sourire ou larme

Cependant fuis ce coeur bruyant
    Vois l'alouette:
Elle s'élève en gazouillant
    Suis-la poète!

TABLE DES MATIÈRES

Achevé d'imprimer
par les travailleurs de l'imprimerie
Hignell Printing Limited
de Winnipeg (Manitoba)
en août mil neuf cent quatre-vingt-dix
pour le compte de
Les Éditions du Blé.